D1666191

Edition Graugans

DIE AFRIKA-CHRONIK, BD. 1

Tanja Bädecker

Afrikaflug

Roman

Edition Graugans

1. Auflage
Copyright © 2016 Tanja Schwarz-Bädecker
Copyright © 2016 Edition Graugans
Friedrichstraße 95
D-10117 Berlin
www.edition-graugans.de
Alle Rechte vorbehalten

Erste Auflage
ISBN: 978-3-94470-435-7

Umschlagfotos: „Quiver Trees by Night 2",
(c) Florian Breuer, www.floriansphotographs.com; iStock
Serien-Logo und Landkarte: Lisa-Maria Graf
Satz und Layout: Leni Waltersdorf
Lektorat: Annett Zingler
Druck: BoD – Books on Demand, Norderstedt
Printed in Germany

Die Deutsche Nationalbibliothek verzeichnet diese Publikation in
der Deutschen Nationalbibliografie; detaillierte bibliografische Daten sind im Internet über www.dnb.de abrufbar.

Für meine Kinder

Usisafirie nyota ya mwenzio.
Richte dein Segel nicht nach dem Stern eines anderen.
--Ostafrikanisches Sprichwort

Leben heißt, langsam geboren zu werden.
Es wäre auch zu bequem, wenn man sich fertige
Seelen besorgen könnte. Ich sage dir: es gibt keine göttliche
Amnestie, die dir das Werden erspart.
--Antoine de Saint-Exupéry,
Flug nach Arras

1

Man nennt ihn den Kaiser Afrikas. Wir erblickten ihn zum ersten Mal vor genau fünf Monaten bei unserem Hinflug auf der Strecke von Nairobi nach Daressalam aus einer Höhe von dreißigtausend Fuß. Dennoch schien er so nah, als könnten Daniel und ich in seinen weißen Krater greifen und einen Schneeball formen.

Aber das ist lange her. Mit den ahnungslosen Jugendlichen von damals haben wir nur noch die Namen gemeinsam. Ansonsten ist nichts mehr so, wie es einmal war. Unser damaliges Leben ist für immer vorbei.

Damals waren wir nur Jenny und Daniel Sandau, zwei ganz normale Gymnasiasten aus München, und nicht Jenny und Daniel Sandau, die gesuchten Flugzeugdiebe und Terroristen.

Ja, es ist kaum zu glauben, aber so werden wir jetzt genannt. Im Internet, in allen Zeitungen, auf allen Sendern. Daran darf ich aber jetzt nicht denken. Ich denke nur noch an den Kaiser. Mein Bruder und ich sind nämlich mit Seiner Majestät verabredet.

Seine Personalien kann man in jedem Geografiebuch nachlesen: Erloschener Vulkan. 5.895 Meter hoch und damit der höchste Punkt des Kontinents. Erste europäische Entdeckung: 1848. Gletscherschwund durch den Klimawandel.

Diese Fakten, diese Zahlen kommen mir kurz in den Sinn, werden aber bald von anderen Fakten, von anderen Zahlen wieder verdrängt. Unsere Höhe: 10.002 Fuß. Unsere Geschwindigkeit: 159 Knoten. Öldruck: normal. Außentemperatur: -2 Grad. Uhrzeit: 3.05 Uhr, ostafrikanische Zeit. Wetter: Gewitterfront im Anmarsch. Turbulenzen: gering.

Wir fliegen ohne Beleuchtung und ohne Transponder. Wie zwei Schmuggler.

Daniel schläft neben mir im Pilotensitz. Er windet sich gelegentlich, als ob ihn innerlich etwas auffressen würde. Ich weiß, was ihn quält, aber ich kann ihm nicht helfen. Gleich muss ich ihn wecken, damit er wieder das Kommando übernimmt. Für den letzten Akt. Schließlich ist es sein Afrikaflug. Sein Weg. Seine zweite Chance. Das habe ich erst jetzt wirklich begriffen.

Aber wir sind Geschwister, und wir gehen diesen Weg, wir wagen unseren ersten Nachtflug gemeinsam. Auch wenn es unser letzter sein wird. Es bleibt uns nichts anderes übrig. Und wir müssen zusammenhalten. Das habe ich übrigens hier unten gelernt. Das und vieles andere mehr.

Ich halte den Steuerknüppel fest, während meine Augen nochmals alle Zeiger und Displays überprüfen. Höhe: 9.998 Fuß. Geschwindigkeit: 161 Knoten ... Ich muss fast lachen, als ich mir überlege, dass wir in unserem Alter noch lange kein Auto fahren dürfen. Und nun fliegen wir ein Flugzeug!

Das dürfen wir allerdings auch nicht.

Wo bleibt unser Ziel? Es kann nicht mehr weit sein. Noch eine halbe Stunde vielleicht. Hinter der nächsten Wolkenbank. Oder der übernächsten.

Dann werde ich den erblicken, den die Menschen hier den „Weiß leuchtenden Berg" nennen. *Kilima-Njaro.* Den Kaiser eben. Und dann ist unser Weg zu Ende. So oder so.

Mein Tagebuch liegt aufgeschlagen auf meinem Schoß. Ich greife immer wieder nach meinem Bleistift und kritzele ein paar Stichworte hin, damit ich nichts vergesse: Kaiser. Krater. Schneeball. Nachtflug. Weg. Lebensbaum.

Simba. Mbuyu. Korongo.

Wenn wir diesen Flug überstehen, wenn wir noch in dieser Nacht wieder den Boden unter unseren Füßen spüren, dann weiß ich eines: Ich werde Zeugnis ablegen. Ich werde alles niederschreiben.

Ein für alle Mal.

Wird man es mir glauben – wenn ich es selbst kaum glauben kann? Darauf weiß ich jetzt schon die Antwort. Bibi Sabulana hat es mir beigebracht. *Jede Geschichte ist wahr*, hatte sie immer gesagt. *Man muss sie nur zu verstehen wissen.*

2

Was hatten wir überhaupt in Afrika zu suchen? Wie waren wir beide in diese verrückte Situation geraten? Wie kam es zu unserem Termin beim Kaiser? Während ich das Flugzeug unterm Sternenzelt auf Kurs halte und Daniel neben mir schlafen sehe, krame ich in meinem Gedächtnis.

Und dann weiß ich es wieder.

Es begann mit dem Schnee.

Ich erinnere mich an einen eisigen Freitagnachmittag Anfang Dezember. Ich bemerkte die erste flauschige Flocke, als ich gerade aus dem Bus ausstieg. Ich fing sie mit meiner Zunge auf und dachte: *Morgen kann ich mit Nadine und Jana im Olympiapark rodeln!*

Als ich unsere Haustür erreicht hatte, fielen die Schneeflocken schon so dicht, dass ich keine zwei Meter weit sehen konnte.

Ich hatte noch nie so viel Schnee in München erlebt. Die nächsten Tage würden sicher turbulent werden. Nach dem Abendessen wollte ich deshalb unbedingt mit Christine die Tagesschau sehen. Wir saßen zusammen auf dem Sofa wie zwei Schwestern – beide gleich groß, beide gleich blond, beide gleich unruhig. Daniel und Papa fehlten. Daniel trieb sich irgendwo in der Stadt herum. Das war damals typisch für ihn, weswegen Christine schlecht drauf war und sich kaum beherrschen konnte. Dazu erzähle ich gleich mehr.

Papa war im Auftrag seiner Zeitschrift irgendwo in Italien unterwegs und wollte erst Anfang der darauffolgenden Woche zurückkommen.

19.58 Uhr. Christine seufzte. „Ich muss endlich auf andere Gedanken kommen." Ich hatte meine Mutter noch nie so hibbelig erlebt wie an jenem Abend. Sie nahm immer wieder Zeitschriften in die Hand, legte sie wieder zur Seite, schaute alle zwei Minuten auf ihr Handy und tigerte durch das Haus wie ein eingesperrtes Zootier. Nun hatte sie endlich den Fernseher eingeschaltet. Ich war gespannt zu sehen, ob sie auch nur eine Viertelstunde stillsitzen konnte.

Zuerst kam die Vorschau für eine Komödie über zwei tollpatschige Touristen, dann eine für einen Thriller mit Geheimagenten und gestohlenen Flugzeugen. Dann erschienen endlich die großen weißen Ziffern der Digitaluhr, die die Tagesschau ankündigte.

Ich schaute so gut wie nie Nachrichten. Mit meinen dreizehn Jahren dachte ich noch, dass die Geschichten, die da erzählt wurden oder die in Papas Zeitschrift erschienen, gar nichts mit mir zu tun haben konnten. Genauso wenig wie die Serien, die ich guckte, irgendetwas mit der äußeren Wirklichkeit gemeinsam hatten, obwohl sie wenigstens unterhaltsam waren. Ich wollte lediglich mehr über den Schneesturm erfahren. Würden wir am Wochenende nicht nur rodeln, sondern auch Ski fahren können, zum ersten Mal in diesem Winter? Christine wollte bestimmt wissen, ob Papa es bei diesem Wetter zurückschaffen würde oder ob er seinen Flug verschieben musste. Sie musste ihn dringend sehen und mit ihm über unsere Zukunft reden.

Die Nachrichten rauschten an mir vorbei. Ich erinnere mich an einen Bericht über einen neuen Vertrag gegen biologische Waffen, der gerade in Wien unterzeichnet wurde. Dann wurde von politischen Unruhen in irgendeinem Land in Afrika berichtet. In Stockholm wurden die Nobelpreise während einer großen Gala verliehen. Danach folgten Berichte über Wintersturmwarnungen in ganz Mitteleuropa und ein Wissenschaftler wurde interviewt, der behauptete, das Ganze würde mit dem Klimawandel zusammenhängen.

Davon verstand ich überhaupt nichts. Es machte mich nicht einmal neugierig. Hauptsache, ich konnte mich am nächsten Tag mit meinen Freundinnen im Schnee vergnügen. Aber gegen Ende der Sendung kam ein Bericht, den ich sehr wohl verstand. Man brachte Bilder von einem Einfamilienhaus im Allgäu, dessen Dach urplötzlich unter dem Gewicht der Schneemassen eingestürzt war. In einem Augenblick saß die Familie friedlich zusammen – vielleicht waren sie gerade beim Mittagessen –, und einen Augenblick später fiel das Dach über ihnen ein und begrub sie lebendig unter sich. Die Mutter, den Vater und zwei Kinder im Teenageralter. Einfach so. Ich weiß noch, wie ich mich damals fragte, wie so etwas passieren konnte. Warum guten Menschen böse Dinge widerfahren – als ob das überhaupt eine gescheite Frage wäre. Aber ich war dreizehn, das Allgäu war weit weg, Stockholm und Afrika viel weiter, und eigentlich ging es mich nichts an.

Ja, so dachte ich damals.

Dass es tatsächlich einen Zusammenhang zwischen dem Einsturz eines Einfamilienhauses im Allgäu am Nachmittag und dem tödlichen Absturz eines einmotorigen Flugzeugs über den Alpen in den frühen Morgenstunden, worüber anschließend berichtet wurde, geben könnte, wäre mir nie im Leben eingefallen. Jedenfalls nicht, bis zwei Stunden später das Telefon klingelte. Denn wenige Augenblicke danach stürzte mein eigenes Leben ein. Aber der Einsturz erfolgte nicht auf einmal, wie im Falle des Hauses bei Kempten, obwohl es mir damals so vorkam. Nein, diese Nacht war nur der Anfang.

Die Art und Weise, wie sich mein Leben in nur anderthalb Jahren veränderte, war so verrückt, so abartig irre, dass ich heute fast darüber lachen könnte. Fast.

12

Damals lebten wir nicht auf dem Gelände einer staubigen, isolierten Klinik irgendwo im Osten Afrikas. Unser Haus in Bogenhausen, im vornehmen Osten Münchens, war eine wunderschöne Villa in einer ruhigen Seitenstraße. Das Haus hatte einen riesigen Garten mit hohen Ulmen und blühenden Magnolienbäumen, dazu einen duftenden Rosengarten, wo unsere Mutter ihre spärliche Freizeit in Gummistiefeln und mit einem Spaten verbrachte. Das Esszimmer hatte keine niedrige Decke mit verschmutzten Adobewänden und einem rauchenden Kamin. Es war nicht mit groben Tischen und Stühlen aus einer nahe gelegenen Berufsschule möbliert. Ganz im Gegenteil: Unser Esszimmer in Bogenhausen hatte eine hohe Stuckdecke gehabt, mit hellen weißen Wänden und bunten, gerahmten Bildern. Jeder hatte uns darum beneidet. Es war gefüllt mit edlen alten Möbeln, mit einem kristallenen Kronleuchter, der sich auf dem polierten Mahagoniholz des langen Esstisches spiegelte. Wir hatten einen Wintergarten mit Blick auf den Park gegenüber. Da konnte man sich an kalten Wintertagen in Decken hüllen und Kakao trinken, während draußen der Schnee – der Schnee! – in der Luft wirbelte.

In München hatten wir Haustiere gehabt. Keine nervigen Paviane, die ständig Leckerbissen erbettelten und gelegentlich in die Küche einbrachen und alles auf die Erde schmissen, wenn man einmal vergaß, die Tür des Missionshauses abzuschließen. Nein, wir hatten richtige Haustiere, wie es sich in Deutschland gehörte. Wir hatten eine graue Perserkatze namens Scheherazade, die auf meinem Schoß lag und schnurrte, während wir fernsahen, und die abends mein Bett wärmte. Ich besaß auch zwei weiße Kaninchen namens Frank und Franziska, die in einem Käfig in meinem Zimmer wohnten und jeden Nachmittag nach der Schule frei im Haus herumhoppeln durften, ohne die Angst zu haben, im Kochtopf eines Nachbarn zu landen, wenn man nicht höllisch aufpasste.

Zwar liebte ich alle drei so, als wären sie meine eigenen Kinder. Aber mein größter Traum damals war ein eigener Hund. Ich hatte mich überall umgehört und ziemlich viel Zeit in verschiedenen Online-Foren auf der Suche nach dem perfekten Hund verbracht, und ich wusste schon, welche Rasse die richtige für mich wäre: Ein Golden Retriever. Davon wussten meine Eltern längst, aber ob ich den Hund dieses Jahr zu Weihnachten oder erst nächstes Jahr bekommen würde, war noch offen.

Wie hätte ich wissen sollen, wie gut Daniel und ich es damals hatten – auch ohne Hund? In Bogenhausen konnte man das Wasser tatsächlich direkt aus dem Hahn trinken, ohne es vorher zu filtern und es eine Viertelstunde lang abzukochen. Und wir hatten rund um die Uhr elektrischen Strom, und zwar durchgehend und ohne Spannungsschwankungen. Statt einer Kerosinlampe auf unseren Kommoden hatten Daniel und ich jeweils eine ganze Vielfalt an Lampen, ein Fernsehgerät, eine Stereoanlage, ein Smartphone, einen Tablet und ein Notebook. Ich hatte einen Blu-ray-Spieler, der an meinen Breitbildfernseher angeschlossen war, womit ich jederzeit exotische Landschaften und wilde Tiere in mein Zimmer holen konnte. An Daniels Fernseher waren eine PlayStation und eine Xbox mit Virtual Reality angeschlossen. Damit konnte er sich mit einem leichten Druck auf den Controller in atemberaubende Abenteuer stürzen und ganze Nächte im Endkampf mit Orks und Zombies verbringen.

Damals hieß „Einkaufen gehen" nicht das Feilschen an den wackligen Marktständen in Zimmermann's Bend, zwischen Haufen von Bananen und Papayas, salzigem Stockfisch und billigen Textilien. Für mich bedeutete Einkaufen damals einen Gang in den Supermarkt oder eine Fahrt mit der U-Bahn zur Sendlinger Straße, zur Kaufinger Straße oder zu den Boutiquen im Westend. Für Daniel bedeutete es ein entspanntes

Durchstöbern von CDs und der neuesten Computer-Software bei Saturn oder Media Markt.

Damals bedeutete „Schule" nicht ein langes, niedriges Gebäude ohne Strom, wo fünfzig bis hundert tansanische Kinder jeglichen Alters auf langen kratzigen Holzbänken saßen und unverständliche Wörter von der Kreidetafel abschrieben. Es bedeutete auch nicht das todlangweilige Heimschulungsmaterial von der Fernschule, womit man uns jahrelang quälte. Nein, Schule bedeutete zunächst unsere Grundschule und dann das Gymnasium – für Daniel natürlich das Rupprecht-Gymnasium in Neuhausen und für mich ein privates Gymnasium in Nymphenburg – beides mit hellen modernen Klassenräumen und sehr gut ausgebildeten Lehrern. Schule bedeutete Freunde. Schule bedeutete Aktivitäten, echte Aktivitäten. Schule bedeutete, sich auf das Abitur, die Universität und ein fantastisches Leben zu freuen.

So sollte es auch sein. Christine wollte immer das Allerbeste für uns beide. Als einziges Kind eines wohlhabenden Juraprofessors und einer Gymnasiallehrerin in Passau war ihr das Beste gerade gut genug. Ihre Eltern Heinrich und Linda Jäger, die Daniel und ich immer Opa Heinrich und Oma Linda nannten, hatten ihre Tochter auf die besten Schulen geschickt und auch ihr Medizinstudium in Berlin und London finanziert. Nach ihrer Heirat und sogar nach unserer Geburt hatte Christine es noch geschafft, ihre Ausbildung in einem Krankenhaus in München zu vollenden und für ein Jahr in einer Dorfklinik in Honduras zu arbeiten. Nun arbeitete sie als Partnerin in einer vornehmen Gemeinschaftspraxis in der Maximilianstraße.

Obwohl sie erst fünfunddreißig Jahre alt war, hatte sie es schon sehr weit gebracht. Das Leben war gut zu ihr gewesen. Es hatte sie mit einem fabelhaften Aussehen gesegnet, mit Verstand, zwei wunderschönen Kindern (wenn ich es so sagen darf!) und einem erfolgreichen Ehemann. Nur schade, dass sie selbst nicht gut zum Leben sein konnte und keine Zeit hatte, mit Daniel und mir zu reden.

Ich meine, es war nicht so, dass sie nicht wusste, wie man redet. Sie redete den ganzen Tag, ob mit ihren Patienten über deren Beschwerden oder mit ihren Partnern über den Ausbau der Praxis, ob sie Vorträge hielt oder psychologische Beratung anbot. „Das gesprochene Wort", wie sie es nannte, war der Kern ihrer Arbeit als Psychologin. Das war sogar der Titel der monatlichen Kolumne, die sie für die Zeitschrift „Beziehungen" schrieb und die sie bundesweit ziemlich bekannt gemacht hatte. Sie hatte mittlerweile drei erfolgreiche Bücher veröffentlicht, die schon in mehreren Sprachen erschienen waren, und war mehrfach in Talkshows aufgetreten. Mindestens einmal im Monat konnte man direkt nach dem „Tatort" live erleben, wie sie ihren wohlüberlegten, sachkundigen Senf zu diesem oder jenem gesellschaftlichen Problem gab. Die Privatsender hatten schon eine eigene TV-Sendung ins Gespräch gebracht. Ihr Wartezimmer war immer rappelvoll, denn sie hatte sich inzwischen den Ruf erworben, eine Antwort auf alles zu haben.

Das Problem war, dass sie nach einem langen Tag oder gar Abend gesprochener Wörter einfach nichts mehr zu sagen hatte. Ich denke, sie wusste schon, dass es Fragen gab, die sie stellen sollte, aber sie fand keine Worte mehr, um sie auszudrücken.

Wenn Christine diejenige war, der das Beste gerade gut genug war, dann war es ihr Mann, und unser Papa, Max Sandau, der das Beste möglich machte. Max hatte immer Zeit für Daniel und mich – wenn er zu Hause war, was aber leider immer seltener der Fall war. Max konnte Zaubertricks vorführen. Max brachte uns von seinen vielen Reisen immer Geschenke mit. Es war Max, der unseren Tanzunterricht und unsere Reitstunden finanzierte. Er trug immer maßgeschneiderte Anzüge und roch so, wie Väter zu riechen haben – nach französischem Rasierwasser und kubanischen Zigarren. Max hörte nie auf zu reden. Max konnte uns immer zum Lachen bringen. Wenn er da war, hörte das Lachen niemals auf. Max liebte schnelles Essen und schnelle Autos. Dabei konnte ihm Christine seine Extravaganzen nicht übel nehmen, weil es gerade diese lebensfrohe Art war, mit der Max unsere Mutter einst für sich erobert hatte.

Max nahm Daniel und mich immer auf Reisen mit, wenn er Zeit hatte und Christine beschäftigt war. Wir waren schon in Hongkong und Rio de Janeiro und zweimal in Jakarta und Sydney. Dreimal in Paris und gar viermal in New York – oder schon fünfmal? Wir wussten nicht, wie oft er uns schon nach London mitgenommen hatte. „Es gibt nur eine Welt", sagte Max immer, wenn Christine ihn fragte, ob er mit Daniel und mir nicht zu viel und zu schnell gereist wäre. „Die Zukunft ist global." Oder: „Im Informationszeitalter ist ein Ort wie jeder andere. Es geht darum, in Bewegung zu bleiben, und je eher die Kinder das lernen, umso besser für sie." Oder: „Fliegen werden sie eines Tages selber", pflegte er zu sagen. „Es ist unsere Pflicht als Eltern, dafür zu sorgen, dass sie flügge werden."

Papa schrieb für die Zeitschrift MONITOR. Er war wegen bestimmter Ereignisse in seiner Familiengeschichte Journalist geworden – Ereignisse, die unter anderem dazu geführt haben, dass er seine Großeltern nie gekannt hatte – und er lebte geradezu dafür, alte Rätsel zu lösen und neue Schandtaten aufzudecken. Jahrelang hetzte er von einem Brennpunkt zum nächsten. Ob Wirtschaftsskandale, Flüchtlingsdramen, rechtsradikale Ausschreitungen, Naturkatastrophen – Max Sandau war immer zur Stelle. Er hatte auch zwei Bestseller über Menschenhandel und Waffenschmuggel geschrieben. Dabei habe ich mich damals kaum für sein Geschreibsel interessiert. Im Gegensatz zu Mama ist er nie im Fernsehen aufgetreten, denn dazu hatte er gar keine Zeit und noch weniger Lust. Ich wusste zwar, dass er sich einen Namen gemacht hatte, aber das war es auch schon. Was er damals in China und Indien zu tun hatte, im Nahen Osten und neuerdings in Afrika und den USA, wo er immer viele Wochen am Stück unterwegs gewesen war, blieb ein Rätsel. Woran er jetzt gerade arbeitete, wussten wir nicht – ich glaube, kein Mensch außer ihm hatte den Durchblick –, das kam alles viel später. Aber mit uns hatte es sowieso nichts zu tun.

Zumindest damals noch nicht.

Dabei ging seine ständige Abwesenheit nicht spurlos an Daniel vorüber. Max war in Daniels Leben ein einziges schwarzes Loch. Mein Bruder kam sich wohl wie ein Halbwaise vor. Er war in den vorausgegangenen Monaten fast nur noch mit seinen Freunden unterwegs, und ich hatte schon mitbekommen, wie seine Schulnoten litten. Obwohl er damals erst fünfzehn war, bangte Christine schon um sein Abitur. Dass er schon einmal bei einem kleineren Ladendiebstahl erwischt wurde, war mir auch nicht entgangen, auch wenn wir nie darüber redeten.

Am Nachmittag vor dem großen Schneesturm klingelte es an der Wohnungstür. Ich legte mein Handy beiseite und schaute aus meinem Zimmerfenster. Draußen vorm Haus stand ein Streifenwagen. Christine machte die Wohnungstür auf. Ich sah vom Flur aus, wie zwei Münchner Polizisten ihre Ausweise zückten und eintraten. Die Beamten zeigten Christine eine Reihe von Fotos, die die Sicherheitskameras der Münchner Verkehrsbetriebe einige Tage zuvor in einer U-Bahn-Station aufgenommen hätten. Es bestand kein Zweifel. Daniel – mein Bruder Daniel – hatte versucht, die ganze Station mit schwarzer und roter Farbe vollzusprühen, bis er von einem späten Fahrgast überrascht wurde und die Flucht ergriff. Offenbar hatte die Polizei schon länger ein Auge auf ihn gehabt, und die Fotos waren das letzte Puzzleteil. Daniel hatte sich nicht einmal die Mühe gegeben, sich zu vermummen.

18

Christine ließ sich in einen Sessel fallen. Ihr Gesicht war bleich wie Sauerteig. Ich glaube, sie hatte den Rest der Geschichte gar nicht mitbekommen, aber ich habe die beiden Polizisten sehr wohl verstanden. Die Sache würde ganz gewaltige Folgen nach sich ziehen. Und wo blieb Daniel? „Ich rufe euren Vater an", sagte Christine zu mir, sobald die beiden Polizisten gegangen waren. „Er muss endlich nach Hause kommen. Es ist mir egal, was er in Italien macht und was er für eine Story recherchiert – er muss sich endlich um seine eigene Familie kümmern."

Am späten Abend hatte Christine Max schließlich erreicht. Er hatte geantwortet, dass er bei Tagesanbruch zum nächstgelegenen Flughafen fahren und endlich nach Hause fliegen würde.

Von Daniel fehlte weiterhin jede Spur.

Und nun fielen die Schneeflocken. Die Tagesschau war schon lange zu Ende und ich saß in meinem Zimmer. Ich hockte vor meinem Laptop und schrieb hier und da einen Kommentar in einem Forum für Golden-Retriever-Besitzer und -Züchter, während ich Scheherazade das dichte Fell kraulte. „Keine Angst", sagte ich zu ihr. „Auch wenn ich einen Hund bekomme, wirst du immer meine Nummer Eins sein." Ich hatte inzwischen drei Züchter ausgesucht und auch schon ein paar vorsichtige Preisanfragen abgeschickt. Schließlich stand Weihnachten vor der Tür.

Dann klingelte das Festnetztelefon. Ich sprang auf, als ich es hörte. Mir war so, als hätte ich auf eine Botschaft gewartet. Ich stand im Flur, als Christine den Hörer abnahm. „Hallo?" sagte sie. „Ja, Frau Doktor Sandau am Apparat." Einen Augenblick später: „*Polizei*? Haben Sie Daniel gefunden?"

Und dann – Stille. Und dann noch mehr Stille, als Christine den Hörer wie in Zeitlupe auflegte. Sie verschwand wortlos in ihr Arbeitszimmer. Ich zögerte eine ganze Minute, dann folgte ich ihr. Ich entdeckte meine Mutter auf ihrem Schreibtischstuhl, zusammengekauert, ihre Notizen für die neue Zeitungs-kolumne waren auf dem Fußboden verstreut. Eine der Topf-pflanzen war vom Schreibtisch gekippt und lag wie ein Häuf-chen Verwüstung auf dem Parkett. Christine hatte ihre Knie an sich gezogen und hielt ihre Augen fest geschlossen. „Euer Vater", murmelte sie. „Ein Flugzeugabsturz."

Draußen rieselte der Schnee. In meinem Inneren schlug ei-ne Tür zu. Ich hörte geradezu, wie sich der Schlüssel umdreh-te. Auf einmal wusste ich, dass mein bisheriges Leben für alle Zeiten zu Ende war. Dass ich mich ab jetzt von allen Gewiss-heiten verabschieden musste.

Als ich meine Augen schloss, sah ich vor mir – so scharf und deutlich, als ob das Bild mit einem Stahlgriffel in meine Netzhaut eingeritzt worden wäre – eine weite, öde, von einem eisigen Wind durchfegte Steppe. Ohne Straße. Ohne Pfad. Ohne Wegweiser.

Das, schien mir der Wind zu sagen, *ist deine Zukunft*.

3

Christine sagte in dieser Nacht nicht mehr viel. Benommen wie ich war, atmete ich ein paar Mal tief durch und erledigte zwei oder drei Anrufe für sie. Eine halbe Stunde später stand eine von Christines Partnerinnen aus der Gemeinschaftspraxis vor der Tür. Sie hatte sich trotz der Schneemassen irgendwie einen Weg zu uns gebahnt. Kurz danach kam eine ihrer ältesten Freundinnen dazu. Zu dritt verbrachten sie die halbe Nacht im Arbeitszimmer.

Gegen 1.00 Uhr tauchte Daniel endlich auf. Bleich, nass und durchgefroren. Daniel hatte Papas dunkle Haare und dunkle Augen geerbt, sodass man uns kaum als Geschwister erkennen kann. In unserer Familie fällt der Apfel wahrhaftig nicht vom Baum, zumindest was das Aussehen betrifft. Als Christine ihm in wenigen Worten mitteilte, was geschehen war, ließ er einen Schmerzensschrei los, den ich nie im Leben vergessen werde. Ich dachte fast, er würde wieder in die Nacht verschwinden. Aber Daniel rannte stattdessen in sein Zimmer und schlug die Tür hinter sich zu. Als ich etwa eine Stunde später schlaflos durch die Wohnung geisterte, hörte ich sein Schluchzen.

Ich nahm die Sachen für den nächsten Tag, die ich auf dem Bett sorgfältig in Häuflein aufgestapelt hatte, und schmiss sie auf den Boden. Dann legte mich auf die Decke, nahm Scheherazade in meine Arme und begrub mein Gesicht in ihrem Fell.

Am Morgen waren vom nächtlichen Schneesturm nur noch Matschberge und Wasserpfützen übrig. Man hätte denken können, dass gar nichts passiert wäre, und für ein paar Augenblicke versuchte ich zu glauben, dass die Ereignisse in der Nacht nur ein böser Traum gewesen waren. Es wäre mir fast gelungen.

Aber dann klingelte es wieder an der Tür. Wieder die Polizei. Dieses Mal waren es eine Frau und ein Mann. Diese beiden interessierten sich ganz und gar nicht für Daniel und die U-Bahn-Station. Ihre Mienen verrieten eine ganz andere Bestimmung. Christine schickte mich aus dem Wohnzimmer, aber durch den Türspalt bekam ich alles mit. Daniel blieb untergetaucht.

Eigentlich gab es nicht viel zu erzählen: Ein einmotoriges Flugzeug mit nur einem Passagier. Ein Wintersturm über den Alpen. Ein Absturz aus großer Höhe irgendwo an der italienisch-österreichischen Grenze. Eine gefährliche Rettungsaktion. Keine Überlebenden. Max Sandau hatte keine Chance gehabt.

In den darauffolgenden Tagen ging alles sehr schnell. Davon bleibt nur einer grauer Fleck in meinem Gedächtnis. Am Sonntag tauchten zwei Kollegen vom MONITOR auf, die uns bedächtig die Hände schüttelten und uns ihr aufrichtiges Beileid aussprachen. Nach diesen Formalitäten fragten sie vorsichtig nach eventuellen Unterlagen, die Max möglicherweise zu Hause aufbewahrt hatte. Schließlich dürfe sein letztes Projekt nicht unvollendet bleiben, sagten sie. Christine verneinte die Existenz solcher Papiere. Schließlich arbeitete Max nie zu Hause. Die Kollegen nahmen diese Auskunft zur Kenntnis und machten sich bald auf den Weg.

Eine Stunde später tauchten ein Mann und eine Frau auf, die sich als Mitarbeiter des Bundeskriminalamts auswiesen. Sie stellten dieselbe Frage nach möglichen Unterlagen über eine Reportage, die „von Interesse" sei. Sie gaben sich ebenfalls mit Christines Antwort zufrieden und zogen wieder ab. Ich war in jenen Tagen dermaßen durch den Wind, dass mir diese Besuche nicht weiter fremd vorkamen. Jedenfalls keineswegs fremder als alles andere, was mir damals sonst noch von meinem früheren Leben um die Ohren flog.

Max' Anwalt kam am Montag, gefolgt vom Bestattungsdirektor. Opa Heinrich und Oma Linda kamen aus Passau nach München, um bei Daniel und mir zu bleiben, während Christine die nötigen Vorbereitungen traf. Das Begräbnis fand am Donnerstag statt, und zwar in Bad Aibling, wo Max geboren worden war und wo seine Schwester noch immer lebte. Wir fuhren in zwei Autos hinunter. Ich saß mit Nadine und Jana in unserem Auto und Daniel fuhr mit unseren Großeltern mit. Auf dem Kirchhof stand ich zwischen meinen Freundinnen und hielt ihre Hände so fest, als würde ich an einem Abgrund stehen.

Ich schaute mich um. Wann war ich überhaupt zum letzten Mal hier gewesen? Alpenluft, Zwiebeltürmchen, lauter fremde Leute – eine fremde Welt. Als Max' Sarg ins Grab hinabgelassen wurde, begriff ich auf einmal, wie wenig ich eigentlich über meinen eigenen Vater wusste.

Als sich das Begräbnis dem Ende näherte, bemerkte ich einen mittelgroßen Herrn mit Schnurrbart und Brille, etwa vierzig. Er trug einen grauen Anzug und Mantel. Er stand etwas unruhig am Rande der Trauergesellschaft und nahm die anderen Teilnehmer in Augenschein. Unter seiner schweren Winterkleidung schien sein Körper sehr durchtrainiert zu sein. Attraktiv wirkte er aber deshalb noch lange nicht. Im Gegenteil, dieser Mann wirkte alles andere als attraktiv.

Einmal begegneten sich unsere Blicke. Er starrte mich durch seine Brille aus schwarzen Augen an, bevor er plötzlich wieder Gleichgültigkeit vortäuschte und seinen Blick auf den Priester richtete. Als sich die Gesellschaft allmählich auflöste, griff er in seine Manteltasche und zog eine Schachtel Zigaretten hervor. Sobald er seinen Glimmstängel angezündet hatte, schnipste er das noch brennende Streichholz in einem hohen Bogen zur Seite, so dass es zwei Meter weiter auf einem Schneehaufen erlosch. Ärger ergriff mich. Wer raucht bei einem Begräbnis, und wer schmeißt mit brennenden Streichhölzern um sich?

Auf der anschließenden Begräbnisfeier in einem Wirtshaus am Marktplatz trat ein anderer Herr auf mich zu, der mir schon bekannt vorkam. Er trug einen schwarzen Anzug und die vielen Falten auf seiner hohen Stirn verrieten ein Leben voller Fragen und Sorgen. „Jenny, ich bin Richard Bergmann vom MONITOR", sagte er mir, während er mir seine Visitenkarte überreichte. „Du wirst kaum nachvollziehen können, was für ein Verlust der Tod deines Vaters für uns alle in der Redaktion bedeutet – und nicht nur persönlich. Wenn du irgendetwas brauchst, wenn du und dein Bruder in irgendwelche ... Schwierigkeiten geraten solltet, zögere bitte nicht, mich zu kontaktieren."

„Schwierigkeiten?", fragte ich. „Was für Schwierigkeiten könnten das denn sein?"

„Ruf mich einfach an", sagte er und verschwand wieder in der Menge.

Gegen acht ging die Gesellschaft auseinander. Bis dahin schien Christine ganz tapfer durchgehalten zu haben. Aber kaum hatte sie sich ans Steuer gesetzt, um uns nach Hause zu fahren, fing sie an zu schluchzen. Sie sprach fast kein Wort, bis wir die Lichter des Olympiaturms erblickten.

Nachdem wir Nadine und Jana nach Hause gebracht hatten und in unsere eigene Straße einbogen, entdeckte ich den Streifenwagen zuerst. „Ich bedaure es sehr, Frau Doktor", erklärte der schneidige Beamte, der an unserer Haustür stand, „aber bei Ihnen ist eingebrochen worden. Ihre Nachbarin hat die kaputte Scheibe vor einer Stunde gemeldet. Dürfen wir hereinkommen und einen Blick darauf werfen?"

Die Einbrecher hatten es auf Papas Arbeitszimmer abgesehen. Dort lagen zwischen den Scherben der Scheibe überall Papiere auf dem Fußboden verstreut. Ein ausgedienter Notebook-Computer, der oben auf einem Bücherregal gestanden hatte und seit mindestens einem Jahr nur noch seltsame Geräusche von sich gab, war verschwunden. Abgesehen davon, dass alle Türen im Haus offen standen, entdeckten wir keine Spur von Diebstahl oder Zerstörung.

Christine erstattete Anzeige gegen unbekannt. Die Täter sind bis zum heutigen Tag nicht ermittelt, obwohl ich meine Vermutungen habe. ... Aber eins nach dem anderen.

Am nächsten Tag ließ Opa Heinrich eine Alarmanlage einbauen, als ob uns das jetzt irgendeinen Nutzen bringen konnte. Unsere Großeltern blieben noch zwei Wochen bei uns.

So verwirrt, wie Daniel und ich waren, dauerte es noch einige Tage, bis wir alles, was sich zugetragen hatte, wirklich verstanden. Als Papa spätabends die Nachricht von der Angelegenheit mit Daniel und der U-Bahn-Station erhielt, hatte er seine Gespräche im Hotel in Bergamo sofort abgebrochen und ein Privatflugzeug gechartert, um am nächsten Tag vor dem Morgengrauen nach München zu fliegen. Der Pilot der kleinen Maschine, den er endlich nach vielen Absagen auftreiben konnte, hatte offenbar mehrfach Probleme mit Alkohol gehabt und die Wetterberichte, die größere Winterstürme ankündigten, ignoriert und seinen Flugplan gefälscht.

Als der Pilot sich nicht mehr meldete und als die Maschine in München überfällig war, hatte die Flugsicherung Alarm geschlagen. Es hatte Stunden gedauert, bis das Wrack gefunden wurde, und noch länger, um die Toten zu identifizieren. Max' Bruder, der in Innsbruck lebte, hatte die Identifikation übernommen. Wenigstens das blieb Christine erspart.

Und so schien seine Geschichte zu Ende zu sein. Aber für mich hatte sie kein Ende, denn Papa hatte zu viele Fragen zurückgelassen. Warum musste er so plötzlich aus unserem Leben herausgerissen werden? Was war an seinem Arbeitszimmer so verdammt interessant? Und was hatte er überhaupt in Italien zu suchen? Aber auf diese Fragen schien es einfach keine Antworten zu geben. Jedenfalls nicht in München.

Jetzt war aber eh nicht die Zeit für Fragen. Unsere Familie lebte nur noch im Schweigen. An der Oberfläche hatte sich kaum etwas geändert, nur dass wir selten ein Wort miteinander wechselten. Ich habe meinen eigenen Bruder kaum noch gekannt. Vorbei seine nächtlichen Streifzüge. Er schloss sich meistens in seinem Zimmer ein und saß Tag und Nacht an der Spielkonsole. Von seinen sogenannten Freunden, die ihn in solche Schwierigkeiten gebracht hatten, haben wir nie wieder etwas gehört.

4

Vom Rest des Winters weiß ich nur noch, dass er dunkel war. Wir verbrachten einen fast wortlosen Heiligabend bei unseren Großeltern in Passau. Ich bekam keinen Welpen geschenkt – in jenem Jahr nicht und im darauffolgenden auch nicht. Diesen Wunsch, wie so viele andere, die in einem einzigen Augenblick absurd und kindisch geworden waren, strich ich stillschweigend von meiner inneren Liste.

Nach dem Dreikönigstag gingen wir wieder zur Schule, aber wir lernten fast nichts. Unsere Noten stürzten so weit ab, dass die Lehrer sich bis zum Frühling ernsthaft fragten, ob sie mich und Daniel in die nächste Klasse versetzen konnten. Im Februar wurde ich vierzehn. Mein erster Geburtstag ohne Papa. Gott sei Dank bleibt dieser Tag ein weißer Fleck in meinem Gedächtnis.

Christine kündigte sofort ihre Zeitungs-Kolumne und nahm einen einmonatigen Urlaub von der Praxis. Es folgten ein zweiter und ein dritter Monat. Als der Frühling unbemerkt in den Sommer überging, wurde der Urlaub zum Dauerzustand. Die Urlaubsreise nach Irland, die wir in diesem Sommer unternehmen wollten, wurde schon im Dezember storniert. Daniel und ich verbrachten drei Wochen bei unseren Großeltern in Passau, dann weitere drei Wochen in einem Sommerlager an der Ostsee. Als wir Ende August nach Hause zurückkehrten, erklärte uns Christine, dass sie die Praxis endgültig aufgegeben hätte. Sie fühlte sich einfach nicht mehr in der Lage, zu praktizieren oder psychologische Beratung anzubieten, geschweige denn für andere Menschen zu schreiben. Ihr waren die Antworten ausgegangen. Sie hatte einfach keine Wörter mehr.

Am Anfang des neuen Schuljahres schien das Leben fast wieder normal zu sein. „Wenn man dich so erlebt", sagte mir einmal Nadine, „würde man nie auf die Idee kommen, dass du vor acht Monaten deinen Vater verloren hast." Das zeigte lediglich, wie wenig Ahnung sogar Nadine von meinen inneren Gefühlen hatte. Dennoch freute ich mich, dass mir der Verlust nicht mehr auf der Stirn geschrieben stand.

Daniel spielte wieder Fußball nach der Schule und ging jeden Samstagabend mit seinen Freunden ins Kino. Zu Hause aber schloss er sich nach dem Abendessen stundenlang in seinem Zimmer ein, um die Welt vor Zombie-Attacken zu retten oder, immer öfter, um zu lesen.

Dabei hatte unsere persönliche Tragödie die Sache mit Daniels Sprayaktion keineswegs aus der Welt geschafft, so lächerlich wie sie jetzt auf mich wirkte. Die Angelegenheit endete mit einer gepfefferten Geldstrafe, die Christine bereitwillig zahlte, um sich die Behörden vom Hals zu schaffen, sowie einer teuren, mehrwöchigen psychologischen Beratung für Daniel, die er ohne Widerrede und ohne erkennbare Wirkung über sich ergehen ließ. Geld hatte Christine, vor allem jetzt, wo sie Max' Lebensversicherung ausgezahlt bekam. Was ihr fehlten, waren Nerven.

Immerhin raffte sie sich im September dazu auf, uns von einer privaten Berufsberatungs-Firma auf Herz und Nieren prüfen zu lassen. „Ihr braucht eine Perspektive", sagte sie uns knapp, bevor sie uns ins Büro der Firma begleitete. „Je eher ihr wisst, worauf ihr hinzuarbeiten habt, desto besser wird es euch gehen." Nicht, dass ich es ihr hätte übelnehmen können, jede Unsicherheit aus unserem Leben entfernen zu wollen.

Unausgesprochen blieb ihr offensichtlicher Wunsch, dass wir jeglichen Gedanken an die spannende, aber umso gefährlichere und am Ende auch tödliche Laufbahn unseres eigenen Vaters im Keim ersticken sollten. „Du und dein Wandertrieb", hatte sie ihm vor seiner letzten Reise gesagt, als sie sich über seine ständigen Auslandsreisen beklagte. „Du hast wohl Nomadenblut in den Adern, denn du kannst nie für drei Tage hintereinander in einem Land bleiben, geschweige denn in einer Stadt!" Christine selbst hatte sich spätestens seit ihrem Aufenthalt in Honduras ihres eigenen Wandertriebs geschämt, und nun wollte sie, dass auch wir möglichst sesshaft wurden.

Und so fiel das Ergebnis unserer Berufsberatung entsprechend aus: Die Versicherungsbranche für Daniel, der öffentliche Dienst und eine Beamtenlaufbahn für mich. Ein Vollkasko-Leben. Die Vorstellung war nicht wirklich aufregend, aber wenigstens hatten wir beide endlich eine Perspektive, auf die es sich hinzuarbeiten lohnte.

Nadine hatte während des Sommers begonnen, sich ernsthaft fürs andere Geschlecht zu interessieren, und sie konnte nicht umhin, mir mitzuteilen, wer süß und wer „abartig" war. „Mach doch die Augen auf, Jenny!", sagte sie mir immer. „Du lebst zu sehr in deinen Träumen. Dabei gibt es hier draußen eine ganze Welt zu entdecken!" Vielleicht lag es an Nadines Einfluss, oder vielleicht waren es die Veränderungen, die die Zeit mit sich brachte, die auch meine Wahrnehmung der Welt um mich herum allmählich änderten. Eine Veränderung, die ich nicht leugnen konnte, war die Tatsache, dass der Mensch, der mich aus dem Spiegel anblickte, kein kleines, schüchternes Mädchen mehr war, sondern eine aufgeweckte junge Frau mit langen goldenen Haaren und Augen, in denen, wie mir Nadine versicherte, alle Farben des Meeres leuchteten. Neuerdings zwickten meine Kleider ungewohnt an einzelnen Körperstellen. Immer mehr männliche Köpfe drehten sich nach mir um, und ein gutgekleideter Herr in einer Schlange am Geldautomaten fragte mich einmal, ob er mich in seinem Studio fotografieren dürfe (was ich natürlich sofort abgelehnt habe).

Aber nicht nur meine Wahrnehmung durch andere hatte sich verändert. Seit Ende November dachte ich, wenn ich an die Schule dachte, nicht mehr nur an meine Freundinnen und an meine Hausarbeiten und Aktivitäten. Ich dachte auch an ein faszinierendes Paar brauner Augen, das mir im Schulkorridor oder in der Kantine begegnete, und an eine Stimme, die laut und schroff grölen konnte, wenn sie andere Jungs rief, die aber sanft und tief klang, wenn sie meinen Namen aussprach.

Mark ging in eine Parallelklasse. Ich wusste wenig über ihn, außer dass er nach der Schule Fußball spielte und ein guter Schwimmer sein sollte. Nadine, die allgemein als Expertin galt für alles, was ein Y-Chromosom besaß, gab Mark eine glatte 9,5 und gratulierte mir zu meinem Geschmack. „Mit ihm kannst du dich sehen lassen", sagte sie mir. Aber ich verriet meine Gedanken über Mark und die neuen Wendungen in meinem Leben meinem Tagebuch und niemandem sonst.

Unser Leben wäre fast wieder normal geworden, wenn nicht *der Traum* gewesen wäre. Jede Nacht in den ersten Monaten nach dem Absturz träumte Daniel, den das alles scheinbar noch mehr beschäftigte als mich, denselben schrecklichen Alptraum, den er mir einmal und dann immer wieder bis ins kleinste grauenvolle Detail schilderte:

Unser Vater saß auf dem Rücksitz eines kleinen Flugzeugs, gefesselt und geknebelt, hinter einem verlotterten Piloten, der verrückt lachte und seine Arme wild um sich warf. Der Pilot warf das Flugzeug hin und her und flog mit Vollgas zwischen verschneiten Berggipfeln hindurch, bevor er es absichtlich gegen ein Bergmassiv richtete, wo es unter seinen Freudenschreien zerschellte. Daniel wachte immer entsetzt auf, wenn er das träumte, verschwitzt und nach Luft ringend. Seine Schilderung sowie das Bild, das er heraufbeschwor, waren dermaßen drastisch und einprägsam, dass ich Daniels Traum bald selbst träumte, und zwar am helllichten Tag. Jedenfalls ging er mir selten für länger als ein paar Minuten aus dem Sinn. Manchmal hatte ich das Gefühl, dass dieser Traum alles war, was uns wirklich miteinander verband.

An Fliegen war in unserer Familie gar nicht mehr zu denken. Vor Max' Unfall verbrachten wir jedes Jahr mehrere Tage in der Luft. Christine jettete ständig zu Konferenzen und Seminaren in ganz Europa und Amerika. Daniel und ich flogen im Durchschnitt sieben Mal im Jahr, mit oder ohne Max. Wir hatten seit unserem dritten Lebensjahr die Welt schon sechsmal umflogen. Vorher hatte keiner von uns auch nur die geringste Angst vorm Fliegen gehabt, aber seit Max' Tod ließ der bloße Gedanken daran bei uns Panik ausbrechen.

Im September hatte Christine eine Einladung zu einer Konferenz in Genf erhalten, wo sie über „Frauen in der Medizin" referieren sollte. Dies sollte der erste Schritt zurück in ihre Karriere sein – so hatte sie sich das zumindest vorgestellt. Aber kaum hatte sie das Flugzeug erblickt – eine Turboprop-Maschine mit sechzig Sitzen, die erwartungsvoll auf der Rollbahn stand –, als ihr so schwindlig wurde, dass sie beinahe umgekippt wäre und es kaum in den Wartebereich zurückschaffte. Seitdem hatte sie kein Flugzeug mehr von innen gesehen.

Als der Herbst wieder in den Winter hinabglitt und ein freudloses Weihnachtsfest sich in ein neues freudloses Jahr auflöste, wurde Daniel und mir klar, dass es unserer Mutter kein bisschen besser ging. Sie blieb fast die ganze Zeit zu Hause. Zweimal in der Woche ging sie zu einer Art Gruppentherapie. Ansonsten blätterte sie in ihren Büchern oder saß einfach in ihrem Arbeitszimmer, in Gedanken versunken.

Während dieser ganzen Zeit nahm Christine kein einziges Mal die Wörter „Vater" oder „Max" in den Mund. Aber ansonsten redeten wir alle nach einer gewissen Zeit genauso viel oder so wenig miteinander wie zuvor. Nur das wichtigste Thema war völlig ausgeblendet. Es fehlten die Wörter.

5

An einem Sonntagnachmittag im Februar erhielt Christine Besuch von Antonia. Antonia war eine alte Freundin vom Studium, die Tropenmedizin studiert hatte und inzwischen zu einem hohen administrativen Posten in einer internationalen Nichtregierungs-Organisation namens „Doctors Without Limits", kurz „DWL", aufgestiegen war. Nachdem sie Christines Kaffee getrunken und ihre Neuigkeiten angehört hatte, lehnte sich Antonia im Sessel zurück und schaute ihrer Freundin direkt in die Augen.

„Aber natürlich, Christine, ich verstehe allzu gut, wie schwer das alles für dich gewesen ist." Ihre Stimme klang aber nicht mitleidig, sondern streng – fast ärgerlich. „Aber hör' mal zu: Max' Tod ist schon über ein Jahr her. Das ist viel mehr Zeit, als ein Baby braucht, um sich zu entwickeln und geboren zu werden. Aber was entwickelt sich aus deiner Trauer? Wie lange willst du sie noch in dir tragen?" Christine wollte mich gerade aus dem Zimmer scheuchen, als Antonia die Hand erhob und sagte: „Lass deine Tochter hierbleiben und hören, was ich dir zu sagen habe. Das geht schon viel zu lange so, Christine. Du musst dich endlich zusammenreißen und wieder anfangen, zu leben. Ich verstehe schon, dass es dir keinen Spaß mehr macht, alten Witwen Hämorrhoidensalbe zu verschreiben und liebeskranke Teenager über Kondome aufzuklären, oder meinetwegen die Beziehungsexpertin im Fernsehen zu spielen. Warum sollte es auch? Warum versuchst du nicht einmal, jemandem richtig zu helfen?"

„Helfen? Meinst du im Ausland, so wie du?" Christine lachte. „Was heißt heute noch helfen? Es ist längst nicht mehr so, dass wir Europäer den Rest der Welt beglücken müssen."

„Wie du anderen helfen willst, bleibt dir überlassen", sprach Antonia weiter. „Aber so wie du jetzt bist, nützt du niemandem etwas, gell? Ich meine, was ist schon dein Kummer im Vergleich zum Kummer dieser Welt? Glaubst du, dass du die erste Frau auf dieser Welt bist, die ihren Mann verloren hat? Das ist nicht sehr wahrscheinlich, oder?"

Als Christine nicht auf ihre Worte reagierte, erzählte Antonia ihr weiter, dass ihre Organisation gelegentlich nach Ärzten suchte, die in ihren Krankenhäusern im Ausland benötigt wurden. Man könne sich mal erkundigen.

Danach sprachen sie über tausend andere Sachen, aber Christine gingen Antonias Worte offenbar nicht mehr aus dem Kopf.

Schon am nächsten Tag rief Christine den Direktor der DWL in seinem Schwabinger Büro an und vereinbarte gleich für den Nachmittag einen Gesprächstermin. Beim Gespräch bewunderte Dr. Kaiserwetter, wie er hieß, die Begeisterung seiner prominenten Kollegin, wie mir Christine später berichtete. Aber er sagte bedauernd, dass er wenig anzubieten hätte. Der einzige Job, der momentan in Frage käme, wäre eine halbe Stelle als Sachbearbeiterin in der Personalverwaltung, und zwar im Büro nebenan. „Etwas Interessanteres kann ich Ihnen nicht anbieten", hatte er ihr erklärt. „Zumindest heuer nicht."

„Ich werde es mir überlegen", sagte Christine enttäuscht. Und das schien das Ende zu sein.

Eine Woche später rief Dr. Kaiserwetter bei uns an. Es würde doch bald eine Stelle geben, sagte er, und zwar eine volle Stelle, die sie interessieren könne. Er müsse es aber mit ihr persönlich besprechen. Keine Stunde später saß Christine wieder in seinem Büro.

„Ich werde nächsten Monat nach Tansania reisen", erklärte sie Daniel und mir beim Abendessen. *Wo ist denn das?*, fragten wir uns. „Es sieht so aus, als ob der Chefarzt einer Klinik in einem Dorf namens Zimmermann's Bend plötzlich verstorben ist. Seine Stelle ist ab sofort frei und man sucht jemanden, der sie möglichst schnell übernehmen kann. Ich habe ja unter anderem Tropenmedizin studiert und während meines Jahres in Honduras fast alles erlebt und gesehen. Wisst ihr, es handelt sich um eine sehr entlegene Gegend, und es fällt den Menschen dort schwer, einheimische Ärzte ..." Christine zögerte. „Ich werde für zwei Wochen dahin fahren, um mir alles anzuschauen", sagte sie weiter. „Wenn es mir dort gefällt, dann kann es sein, dass wir alle nach Ostafrika ziehen werden."

Schweigen. Ich spürte schon in meinen Haarspitzen, dass das, was von unserem Leben übriggeblieben war und das ich gerade wieder zusammenpuzzelte, im Begriff war, ein zweites Mal einzustürzen, und zwar endgültig. Ostafrika? In meiner Phantasie sah ich vor mir wieder die flache, endlose Steppe, die mein Leben verschluckte – und mittendrin zwei braune Augen, die in meine eigenen schauten. Ich drehte mich zur Wand, um die Tränen, die sich schon bildeten, vor den anderen zu verbergen.

„Für wie lange?", gelang es Daniel zu fragen.

„Na ja", sagte Christine, als sie ihre Brotscheibe nebenbei mit Butter beschmierte. Die Scheibe zerfetzte unter ihren zackigen Bewegungen und sie griff nach einer neuen. „Es hängt von mehreren Faktoren ab", sagte sie so beiläufig, wie sie konnte, während sie das Messer schwang. „Aber wenn alles so läuft, wie wir es uns vorstellen, dann für mindestens zwei Jahre. Vielleicht für viel länger."

„Aber das Haus!", protestierte ich. „Und dein Rosengarten! Und was ist mit meiner Schule? Und mit meinem Abi?"

„Wir werden das Haus wohl verkaufen müssen", sagte Christine. „Schade nur um den Rosengarten. Und was die Schule betrifft, es soll ein ausgezeichnetes Internat geben …"

„Kein Internat!", brüllte ich. „Ich gehe niemals auf ein Internat!"

„… Oder wir können Heimschulmaterial vom Bildungsministerium anfordern."

„Und … der öffentliche Dienst? Und meine Beamtenlaufbahn? Ich dachte, du wolltest, dass ich etwas Bodenständiges mache!"

„Das ist nicht aus der Welt. Ein Afrika-Aufenthalt ist ein ganzes Studium für sich. Dort werdet ihr erfahren, wer ihr wirklich seid."

„Und unsere Freunde …?"

„Ihr werdet neue Freunde finden."

Ein entsetzlicher Gedanke schoss mir durch den Kopf: „Und Scheherazade …?"

„Wir werden bestimmt ein schönes neues Zuhause für eure Mieze finden, denn in Afrika wird sie nicht glücklich werden. Bei den Tieren, die dort unten unterwegs sind, würde sie keinen Tag überleben. Sie könnte zu deiner Freundin Nadine, zum Beispiel. Oder vielleicht werden sich meine Eltern dazu breitschlagen lassen."

Ich griff nach meiner Katze, die neben mir auf dem Fußboden schlief, und nahm sie fest in meine Arme. Meine Tränen benetzten ihr Fell.

Daniel stand auf. „Du machst Witze, oder? Das kann doch nicht wahr sein."

„Aber es *ist* wahr, Daniel", sagte Christine. „Wir müssen etwas unternehmen. Wir können nicht immer so weiterleben."

„Nein, vielleicht kannst *du* nicht immer so weiterleben. Aber was ist mit uns?"

Christine setzte das Messer ab. „Ihr seid beide jung. Es wird euch nicht schwerfallen, ein neues Leben zu beginnen. Es wird ein großartiges Erlebnis für euch sein und ihr werdet euch prima anpassen. Es wird sich alles von selbst lösen, ihr werdet sehen. In eurem Alter wird es für euch sogar viel leichter sein als für mich. Neue Menschen kennenlernen, eine komplett fremde Kultur erkunden, eine ganz neue Sprache von der Pike auf erlernen ...“

„Aber das kann ich alles nicht!“, rief ich.

„Du weißt gar nicht, was du alles kannst“, antwortete Christine. „Wenn wir dieses Gespräch in einem Jahr wieder führen, wirst du dich wundern, wozu du alles fähig sein wirst. Aber macht euch keine Gedanken darüber. Bis jetzt ist es nur so eine Idee. Ich habe diesen Ort noch gar nicht gesehen.“

„Vergiss es!“, sagte Daniel. „Wir wollen keine großartigen Erlebnisse. Papa hätte uns das nie angetan. Er wollte immer, dass für uns gesorgt wird.“ Er rannte aus dem Esszimmer und knallte die Tür so laut hinter sich zu, dass ein Familienfoto von der Wand fiel. Das Glas zerschmetterte und glitzerte wie Kristallsplitter auf dem gebohnerten Parkettboden. Christine kniete sich hin und fing an, die Splitter aufzulesen. Sie schnitt sich dabei in den Zeigefinger, und als sie das Bild umdrehte, sah ich, dass sie einen daumenlangen roten Blutfleck auf dem Foto hinterlassen hatte. Zum ersten Mal seit der Beerdigung senkte sie ihren Kopf und weinte heiße Tränen.

Wir hatten unsere Mutter seit Max' Tod nie so beschäftigt gesehen. Normalerweise wurden die Ärzte zwischen sechs Monaten und einem Jahr ausgebildet, aber Christine hatte schon gute Vorkenntnisse und wegen der Notlage in der Dorfklinik musste alles in nur vier Wochen geschehen. Sie hatte wieder eine Bestimmung und wir bekamen sie kaum noch zu Gesicht. Am ersten Tag unterzog sie sich einer ärztlichen Untersuchung und ging dann zum Tropeninstitut in der Leopoldstraße, um gegen alle möglichen Krankheiten geimpft zu werden.

Sie musste Malariapillen schlucken, die sie noch unruhiger machten und sie nachts wach hielten. Sie begann, Bücher über tropische Krankheiten zu lesen und besuchte medizinische Vorträge an der Universität. Sie schrieb sich bei einer Sprachschule in einen Swahilikurs ein und kam mit ganzen Armen voller Bücher über ostafrikanische Kultur und Geschichte nach Hause. Sie verbrachte ganze Tage in der Bibliothek.

Je mehr sie sich vorbereitete, umso weniger Zeit hatte sie für uns. Daniel blieb auch am Wochenende in seinem Zimmer. Ich verbrachte die meiste Zeit mit Nadine. Daniel und ich sprachen zwar noch gelegentlich mit unserer Mutter, aber nie über Afrika.

In einer Woche sollte sie fliegen. Ich konnte es immer noch nicht begreifen. Vielleicht würde es ihr dort gar nicht gefallen, hoffte ich. Wie könnte sie jemals außerhalb von München leben? Wie könnte sie es ohne ihr Haus und ihre Bücher, geschweige denn ohne ihre Eltern und Freundinnen aushalten? Und überhaupt – wie sollte sie jemals dahin kommen? Man konnte nur hinfliegen, und nach dem missratenen Flug nach Genf waren Daniel und ich sicher, dass sich unsere Mutter nie wieder in ein Flugzeug setzen würde.

Und plötzlich war der Tag da. Oma Linda war gekommen, um für Daniel und mich zu sorgen, und wir fuhren alle zum Flughafen. Während Christine am Check-in stand, wunderte ich mich über ihr Erscheinungsbild. Auf mich wirkte sie ziemlich lächerlich mit ihrem breiten Strohhut und der blauen Aluwasserflasche, die sie für die Reise gekauft hatte, als ob sie wochenlang durch die Sahara wandern würde. Aber der Blick in ihren Augen war ... irgendwie entschlossen, als ob es keine andere Richtung für sie geben würde außer *vorwärts*. Nachdem wir uns ein letztes Mal umarmt hatten, sahen Daniel und ich sie noch einmal kurz, als sie die Sicherheitskontrolle verließ und immer geradeaus weiterging, ohne ein einziges Mal zurückzublicken.

Nun hieß es abwarten. Solange Oma Linda bei uns war, war es leicht, zu vergessen, dass Christine trotz ihrer vielen Weltreisen noch nie so lange von zu Hause weg gewesen war.

Zwei Tage nach ihrem Abflug bekamen wir einen Anruf von einem finnischen Pharmazeuten in Daressalam, das, wie ich inzwischen wusste, die größte Stadt Tansanias war. Er habe per Funk erfahren, dass Christine sicher in Zimmermann's Bend angekommen sei und dass sie uns alle lieb hatte. Anscheinend gab es im Dorf weder ein Telefon noch einen Internetanschluss. In den darauf folgenden zwei Wochen hörten wir gar nichts mehr.

„Ich wette, es geht ihr ganz schön dreckig", sagte ich eines Abends zu Daniel, als wir zur Brotzeit in der Küche zusammensaßen. Ich hatte gerade mit einem Mädchen in der Schule gesprochen, deren Vater einmal in Simbabwe gearbeitet hatte. Unmittelbar nach seiner Ankunft hatte ihn eine Magengrippe erwischt und ihn entsetzlich krank gemacht. Kaum hatte er sich davon erholt, bekam er Malaria und starb fast daran. Als er endlich nach Hause kam, schwor er, dass er niemals wieder einen Fuß auf afrikanischen Boden setzen würde, egal wie viel man ihm zahlte.

„Ja, wahrscheinlich." Daniel biss in seine Schwarzbrotschnitte. Wir schauten einander an, wohl wissend, dass wir beide denselben Gedanken im Kopf hatten: Je schlimmer es ihr dort geht, umso besser die Chancen, dass wir zu Hause bleiben können.

„Hoffen wir nur, dass sie okay ist", sagte ich.

Zwei Tage vor ihrer geplanten Rückkehr nach München traf eine E-Mail von ihr ein. Sie stammte von der Adresse „www.simba-airways.com" und hatte den folgenden Inhalt:

„Liebe Jenny und lieber Daniel, liebe Mama: Es geht mir gut. Es tut mir leid, aber es ist etwas passiert und ich werde noch zwei Wochen hierbleiben müssen. Ich komme am 29.

um 21.45 Uhr am Flughafen an und werde euch dann alles erklären. Ich liebe Euch alle. Christine."

Es ist etwas passiert ... Was hatte das denn zu bedeuten? Was konnte passiert sein? Und warum konnte sie es uns nicht sagen? Hatte sie einen Unfall gehabt, oder war sie an einer Tropenkrankheit erkrankt und lag in Quarantäne?

Wir mailten ihr zurück, bekamen aber keine Antwort. Oma Linda bedrängte Dr. Kaiserwetter so lange, bis er versprach, weitere Informationen einzuholen. Einige Tage später erhielten wir erneut einen Anruf von dem finnischen Pharmazeuten in Daressalam, der sagte, dass er sich ein weiteres Mal mit Christine per Funk verständigt hätte, und dass sie berichtet hätte, alles wäre „im grünen Bereich", was immer das auch heißen mochte. Mehr konnte er uns nicht sagen.

Als wir dann am Abend des 29. wieder zum Flughafen fuhren, erwarteten wir schon das Schlimmste. Ich erkannte Christine im ersten Augenblick nicht, als sie sich mit ihrem Gepäckwagen durch die Zollkontrolle hindurchschob. Es lag nicht daran, dass ihr Strohhut staubig und ihre Kleider zerknittert und abgenutzt waren. Als sie uns entgegenkam, sahen wir, dass ihr sonst so helles Gesicht und ihre Arme tief gebräunt waren, ihr strohblondes Haar fast sonnengelb geblichen. Sie hatte leicht abgenommen und trug ein Lächeln, das wir nie zuvor gesehen hatten. Sie umarmte jeden von uns einzeln. Tränen standen ihr in den Augen. „Ich freue mich so, euch wiederzusehen! Es gibt so viel zu erzählen." Sie griff nach einer Ebenholz-Skulptur, die schon aus dem zerrissenen Zeitungspapier in arabischer Schrift herauszufallen drohte und legte sie in Oma Lindas Arme. „Das ist für dich, Mama, für deine Mühe. Tut mir leid, Jenny und Daniel, aber ich habe keine Geschenke für euch. Wenn die Zeit gekommen ist, werdet ihr schon genug zu tragen haben."

„Meinst du, dass wir ...?", fragte ich.

„Genau. In drei Wochen fliegen wir alle hinunter. Es ist alles vorbereitet. Ihr werdet Zimmermann's Bend *lieben*."

Daniel und ich schwiegen.

„Komm doch, heraus mit de Sproch", sagte Oma Linda. „Was is da unten gschehen? Was hat dich so lange dort festghalten?"

Christine errötete. „Ich überlege die ganze Zeit, wie ich es euch am besten beibringe." Sie biss sich auf die Unterlippe und seufzte. „Am besten sage ich es einfach: Mama ... Jenny und Daniel ... im vergangenen Monat ist viel geschehen. Ich habe für uns nicht nur ein neues Zuhause gefunden. Ich habe auch einen Ehemann gefunden."

„Was sagst du da?!", fragte ich.

„Ja, ich bin verheiratet", sagte sie und zeigte uns dabei den goldenen Ring an ihrem Finger. „Und ihr, meine Lieben, werdet einen neuen Vater bekommen." Oma Linda verbarg ihr Gesicht in den Händen.

„Er ist so ein lieber Mensch", sagte sie weiter. „Er heißt Will – Will Chapman, aus Seattle in Amerika – und er arbeitet für eine Fluggesellschaft. Ihr werdet ihn garantiert lieb haben. So wie ich ihn einfach lieben muss!"

„Du bist doch verrückt, Mama", sagte Daniel.

Ich drehte mich einfach weg.

Die darauffolgenden drei Wochen vergingen wie im Traum – wie in einem Traum, aus dem man nicht aufwachen kann, so sehr man sich hin und her wälzt, und bei dem man immer wieder aus dem Bett fällt. Zuerst kamen die Spritzen, die Malariatabletten und der Papierkram. Dann mussten wir fast über Nacht unsere Möbel in einer Art Mietlager am Stadtrand unterbringen und fast alles andere verschenken oder verscherbeln. Unsere elektronischen Geräte würden da draußen kaum noch funktionieren, erklärte uns Christine, schon wegen der schlechten elektrischen Versorgung.

Am Ende erlaubte sie jedem von uns nur einen großen Koffer und einen Rucksack. Das sei mehr als genug, denn mehr dürften wir im Flugzeug auf der letzten Etappe sowieso nicht mitnehmen. Wir durften auch eine Kiste nachschicken lassen, aber sie würde viele Wochen brauchen.

„Du meinst doch nicht, dass wir die ganze Strecke bis dahin fliegen werden?" Ich riss meine Augen weit auf. „Der Linienflug nach Daressalam wird schon schlimm genug sein. Aber du hast nicht gesagt, dass wir dann wieder in ein Flugzeug steigen müssen."

„Natürlich werden wir auch das letzte Stück fliegen", sagte Christine. „Mit dem Geländewagen würden wir zwei Tage brauchen, und so viel Zeit hat Will nicht. Die Straßen sind sowieso furchtbar und wir werden so schnell da sein, dass ihr es gar nicht bemerken werdet. Ihr solltet eigentlich dankbar sein."

Ende der Diskussion.

Von nun an sahen wir unsere Mutter kaum noch. Sie musste in Rekordzeit einige Schnellkurse zum Thema Tropenmedizin absolvieren. So wurden wir mit der Auflösung unseres alten Lebens weitgehend alleingelassen. Daniel, stoisch wie immer, verkroch sich immer tiefer in seinen eigenen Panzer. Ich dagegen heulte mich bei Scheherazade und bei Nadine aus und fing zum ersten Mal in meinem Leben ernsthaft damit an, Tagebuch zu führen und alles, was mir widerfuhr, festzuhalten. Meine Mutter kam da nicht gut weg – das kannst du mir glauben.

An einem Wochenende, während Christine an einem Seminar über tropische Krankheiten teilnahm, kamen ihre Eltern und fuhren mit Daniel und mir zu einer kleinen Stadt an der Donau, gerade zwei Stunden von München entfernt. Dort mieteten wir Fahrräder und verbrachten zwei Tage damit, den Fernradweg am Flussufer zu befahren. Es hatte in den Tagen zuvor starke Regenfälle gegeben. Die Bäume und das Gras schimmerten hellgrün und saftig. Ein leichter Nebel hing noch über den Wiesen. Die Sonne schien aber hell und warm und die Luft roch nach frischem Laub.

„Ich verstehe Christine einfach nicht", sagte ich, während ich neben Oma Linda auf dem sandigen Radweg in die Pedale trat. „Ich verstehe zwar, dass sie sehr unglücklich ist. Aber auf mich wirkt es so, als ob sie ihr Leben wegwirft. Und unser Leben gleich mit. Es macht mir Angst."

„Denk nicht, dass es uns koana Angst macht", sagte Oma Linda. „Und denk nimmer, dass es auch Christine koana Angst macht. Aber sie hat ihre Entscheidung gtroffen und sie wird das Beste daraus machen. Da bin ich sicher."

„Aber sie hat uns nie gefragt."

„Naa, das hat sie nimmer", sagte Oma Linda und seufzte. „Sie hat noch nie jemanden um Rat gbeten, wenn es um die großen Entscheidungen ihres Lebens ging. Es würd' mich sogar überraschen, wenn sie jetzt plötzlich damit anfangen würde. Verstehst du, Christine war schon immer ein ehrgeiziges Madl, gell? Sie wollte immer ebbas ganz ganz Großes in ihrem Leben erreichen. Ich ferchte, ihr werdet ihre Entscheidung einfach akzeptieren und ebenfalls das Beste daraus machen müssen. Ohne a bissl Geduld geht halt nix bei ihr."

Wir hielten an einem urigen Gartenlokal am Ufer. Wir setzten uns an einen Holztisch, der unter einer ausladenden, uralten Eiche stand und bestellten Kakao und frischen Käsekuchen. Andere Familien waren auch mit ihren Fahrrädern unterwegs, und nicht weit von unserem Tisch entfernt waren einige Handwerker damit beschäftigt, eine eiserne Wetterfahne in Form eines Hahns auf einem Häuserdach anzubringen. *Das ist doch alles direkt aus einem Märchenbuch,* dachte ich. *Aber es ist alles unser Zuhause, und hier gehören wir hin. Afrika wird niemals so sein.*

„Dies alles erinnert mich an einen anderen Tag vor vielen Jahren", sagte Opa Heinrich.

„Ach naa, Heinrich Jäger, du willst doch ned schon wieder vom Krieg erzählen?", mahnte Oma. „Bist du noch gscheit? Lass es doch. Das will doch koa Mensch hören. Du machst andere Leut' nur traurig damit."

„Ihr wisst, dass ich kurz vorm Zweiten Weltkrieg geboren wurde", fuhr Opa fort, während er mit der Gabel in seinem Käsekuchen stocherte. Daniel und ich hatten die Geschichte schon oft gehört. Wie Opa von seinen Eltern aus Nürnberg zu Verwandten geschickt wurde, um den Bombenangriffen zu entkommen. „Es war im März 1944", sagte er. „Ich war gerade sieben Jahre alt. Mein Vater sollte an die Front geschickt werden und wir wollten vorher zu dritt eine Radtour an der Donau entlang machen, ganz in der Nähe. Das Wetter war ungewöhnlich warm, fast wie heute. Am zweiten Tag hielten wir in einem Dorf an, das für seine Störche berühmt war. Menschen kamen aus dem ganzen Land dahin, um sie zu beobachten."

„Ich weiß nicht, ob ich jemals einen echten Storch gesehen habe – außer im Zoo", sagte Daniel. „Auf mich wirkten sie immer wie Märchenfiguren, die Babys durch den Schornstein fallen lassen und das alles."

„Nein, nein, sie sind ganz echt." Heinrich trank einen Schluck Kakao. „Sie sind echte Weltreisende. Wir denken immer, dass sie europäische Vögel sind, aber sie verbringen nur den Sommer im Norden. Den Winter verbringen sie in Afrika – keine so schlechte Idee, gell? – und sie reisen jedes Jahr Tausende von Kilometern, nur um immer in genau dem gleichen Nest zu landen wie im Jahr zuvor. Und kein Mensch weiß genau, wie sie das fertigbringen."

„Wie kann man wissen, wohin sie fliegen?", fragte Jenny. „Sie sehen doch alle gleich aus, oder?"

„Die Wissenschaftler markieren sie. Sie befestigen Ringe mit einer Codenummer an den Beinen der Störche. Heute legt man ihnen sogar winzige Funkgeräte an und verfolgt sie per Satellit. Sie kommen ganz schön herum, das könnt ihr mir glauben."

„Woher weißt du so viel über Störche, Opa?", fragte ich.

„Na ja", sagte Heinrich. Er legte seine Stirn in Falten und fuhr mit der Hand über seine spärlichen weißen Locken. „Wir saßen da zusammen am Tisch, genau wie jetzt, tranken Kakao und aßen Kuchen. Nur, dass überall Störche zu sehen waren – auf den Dächern, am Flussufer, in der Luft über uns. Als wir da saßen und ihnen zusahen, erzählte mir mein Vater alles über sie. Über ihre Flugrouten, über ihre Gewohnheiten, und auch einige der Legenden, die um sie entstanden sind. Dann sagte er mir etwas, das ich damals nicht verstand. Er meinte: ‚Die Störche machen's richtig. Sie führen ein freies und abenteuerliches Leben und sie können über jedes Hindernis fliegen, das sich ihnen in den Weg stellt: Ozeane, Berge, Wüsten, Straßen und Flüsse. Aber sie vergessen nie, wo sie hingehören und was sie zu tun haben. Und wenn es dir da unten bei den Bayern gut gehen soll, dann musst du selbst lernen, ein Storch zu sein.""

„Ach, lass doch, Heinz", sagte Oma Linda. „Du verwirrst sie ja nur."

„Ich habe nie aufgehört, über diese Worte nachzudenken", sagte Heinrich und schaute übers Wasser. „Und ich vermute, er meinte auch sich selbst, denn er hatte diese Regierung und diesen Krieg immer zutiefst verabscheut. Aber ich bezog seine Worte auf mich selbst, und ich habe immer versucht, danach zu leben. Es ist sogar das letzte Gespräch mit meinen Eltern, an das ich mich erinnern kann. Wisst ihr, kurz darauf saß ich in einem Zug, der mich ins Allgäu und damit in Sicherheit bringen würde. Meine Eltern habe ich nie wieder gesehen. Sie sind beide zwei Tage nach meiner Abreise bei einem Bombenangriff ums Leben gekommen. So musste mein Vater aber wenigstens nimmer in den Krieg ziehen."

„Es tut mir leid, Opa", sagte Daniel.

Opa Heinrich drehte sich zu uns um. „Ich gebe euch denselben Rat: Wenn ihr nach Afrika geht, dann müsst ihr selbst zu Störchen werden. Es ist nicht einfach, aber es ist der einzige Weg."

Ich will aber kein Storch werden, dachte ich, als wir die Pause beendeten und wieder auf unsere Fahrräder stiegen. *Ich will nicht um die ganze Welt fliegen oder um mein Leben rennen. Ich will wie diese Eiche sein. Meine Wurzeln ausstrecken und für immer an dem festhalten, was mir gehört.*

7

Oma und Opa, die uns dabei geholfen hatten, die letzten Gegenstände aus der Wohnung hinauszutragen, fuhren zurück zu ihrem Hotel. Christine, Daniel und ich schliefen auf Luftmatratzen. Wie so oft zuckte Daniel im Schlaf. Ich wusste, wovon er träumte: Von unserem Vater, wie er gefesselt und geknebelt und hilflos auf dem Rücksitz des einmotorigen Flugzeugs mit dem verrückten Piloten saß und mit ihm gegen den Berg krachte.

Mein letzter Schultag. Meine Deutschklasse gab mir eine stehende Ovation, die mir die Schamröte ins Gesicht trieb. Mark schenkte mir einen warmen Händedruck und einen traurigen Blick aus seinen nachdenklichen braunen Augen.

Als ich mich am Nachmittag von Nadine verabschiedete, nachdem ich ihr die Kaninchen Franz und Franziska in ihrem Flechtkorb übergeben hatte, sagte ich ihr beiläufig: „Und pass gut auf Mark auf, ja?"

„Da brauchst du dir gar keine Sorgen zu machen", antwortete sie – ebenso beiläufig, wie ich damals dachte. Wir versprachen, einander zu schreiben.

Am nächsten Morgen brachten Oma und Opa frische Semmeln und Brezen vom Bäcker an der Ecke. Christine kochte Nescafé und Ovomaltine und wir aßen ein provisorisches Frühstück im Stehen. Während Christine die leeren, öden Räume fegte und ein paar letzte Anrufe erledigte, nahmen Oma und Opa Daniel und mich auf eine letzte Rundfahrt durch München mit. Wir bretterten in ihrem BMW die Prinzregentenstraße hinunter und bogen links in die Ludwigstraße ein. Wir fädelten uns durch die Innenstadt und hielten endlich am Olympiapark an und fuhren den Olympiaturm hoch, wo wir einen letzten Blick auf die Dächer und Türme unserer Heimatstadt werfen sollten. Unsere Großeltern hatten alles nur gut gemeint, aber schon im Aufzug fühlte ich die alte Panik in mir aufsteigen. Als ich die Großstadt unter mir und die Alpen am Horizont sah, wünschte ich mich nur wieder nach unten, auf die gute Mutter Erde, von der ich mich nie wieder verabschieden wollte. Nach einem Eisbecher im Restaurant nahmen wir den Aufzug wieder nach unten und fuhren wortlos zu unserer Wohnung zurück.

Und dann ging alles atemberaubend schnell. Daniel und ich suchten überall nach Scheherazade und fanden sie endlich unter der Heizung im Esszimmer. Der Tragekäfig, in dem Oma und Opa sie nach Passau transportieren wollten, stand auf dem Fußboden. Seine Tür stand erwartungsvoll offen. Ich streckte meine Hand aus, um sie zu streicheln, bevor ich sie in den Käfig steckte, aber zum ersten Mal sperrte meine geliebte Perserin ihre grünen Augen weit auf und fauchte mich an. Dann sprang sie wütend auf und verschwand aus dem Zimmer. Wir brauchten eine halbe Stunde, um sie inmitten der Trümmer unseres alten Lebens wieder einzufangen.

Als wir unser Haus verließen, schloss Christine die Haustür zum letzten Mal ab und ließ den Schlüssel ohne weitere Beachtung in Opas Hand fallen. *Als wär's ein Hotelschlüssel*, dachte ich. Sie hatte es jetzt eilig. Am Flughafen winkten wir unseren Großeltern zu, während Christine uns durch die Sicherheitskontrolle und den Wartebereich führte.

An einem Souvenirladen kaufte ich spontan ein dunkelblaues Basecap von Bayern München für fünfzehn Euro und setzte es mir gleich auf den Kopf.

„Wozu brauchst du so was?", fragte Christine. „Wie wirst du da unten aussehen, mit so einer Mütze?"

„Es ist ein Stück Zuhause", erklärte ich. Ich riss den Schirm trotzig nach hinten. „Reicht es dir nicht, dass du unser ganzes Leben hier kaputtgemacht hast? Du willst wohl, dass ich nackt und barfuß da ankomme, oder?" Christine sagte gar nichts mehr.

Dann saß ich benommen auf einem der Sitze und dachte an die leeren Wände hinter mir und die leere Welt vor mir. Die Klimaanlage im Wartebereich war voll aufgedreht und ich zitterte in meinen Jeans und meinem schwarzen Hoodie. Daniel stieß mich in die Seite. „Schau dir das mal an", sagte er und zeigte auf den Airbus von KLM, der gerade hinter der Glasscheibe angerollt kam. „Darin müssen wir fliegen."

„Wenigstens ist es keine Propellermaschine", flüsterte ich. „Ist nicht Papa in einer Propellermaschine abgestürzt?"

Unser Flug wurde aufgerufen. Daniel und ich zitterten noch mehr, als wir durch die Luke stiegen und uns auf zwei schmalen Sitzen festschnallten. Wir hielten uns die Ohren zu, als die zwei Motoren hochgejagt wurden und das Flugzeug in Position kam. Als sich die Maschine in die Luft schwang, schlossen wir beide die Augen und verpassten somit den letzten Blick auf unsere Heimatstadt.

Der Flug nach Amsterdam dauerte anderthalb Stunden. Es gab schwere Turbulenzen über dem Rheinland und ich war froh, dass ich am Flughafen nichts zu mir genommen hatte. Ich legte trotzdem einen Kotzbeutel griffbereit auf meinen Schoß. Endlich landete die Maschine unsanft in Schiphol. Meine Knie schlotterten, als wir das Flugzeug verließen. Daniel trug den Kopf hoch und versuchte, mutig zu wirken, aber schon an seinem Gesichtsausdruck sah ich, dass sich sein Magen wie ein Wasserrad drehte.

In Amsterdam hatten wir zwei Stunden Aufenthalt. „Mama, dieser Will Chapman, der Mann, mit dem du verheiratet bist …", begann Daniel, während wir in einem Flughafenrestaurant saßen. Daniel und ich bestellten Cola, um unsere Mägen zu beruhigen, und Christine nahm einen Tee. Auf der Rollbahn hinter der Scheibe starteten die Maschinen im Zweiminutentakt. „Du sagtest, er ist Amerikaner. Wie kam er denn dazu, für eine Fluggesellschaft in Tansania zu arbeiten?"

„Na ja, Simba Airways ist nicht gerade das, was wir in Europa eine *Fluggesellschaft* nennen würden", sagte Christine langsam. Sie rührte ihren Tee mit einem roten Plastiklöffel um und nahm einen hastigen Schluck aus dem bunt bedruckten Pappbecher. „Er bietet eher so etwas wie eine Art … Lufttaxidienst an. Ich habe euch schon eine ganze Menge über ihn erzählt, wisst ihr nicht mehr? Er und ein tansanischer Pilot namens Ibrahim Kharusi aus Sansibar besitzen je ein Flugzeug. Sie fliegen die Post, liefern Medikamente, bringen Leute ins Krankenhaus, fliegen Touristen herum und transportieren Gäste. Flugzeuge sind lebensnotwendig dort. Wie ich euch schon sagte, die Straßen sind furchtbar."

„Ich dachte, er wäre eine Art Mechaniker oder so etwas", sagte Daniel.

„Ach was!" Christine kicherte. „Du erzählst Geschichten, oder? Ich meine, natürlich ist er auch Mechaniker, das muss er sein. Aber wisst ihr, Will und Ibrahim *sind* die Fluggesellschaft."

Ich knallte meinen Pappbecher auf die Tischplatte. „Willst du damit sagen, dass er ein Pilot ist? Sogar ein *Busch*pilot? Mit einem kleinen Flugzeug? Und darin sollen wir fliegen?"

„Ja, es ist eine einmotorige Maschine. Eine Cessna, glaube ich. Sie hat wohl ein paar Jahre auf dem Buckel. Aber habt keine Angst, es ist alles total sicher und Will fliegt schon sehr lange."

„Aber … wie kam er denn nach Afrika?", wiederholte Daniel seine Frage.

50

„Das ist eine ziemliche lange Geschichte. Er war nicht immer ein Buschpilot, wie ihr es nennt. Davor war er ein echter Linienpilot und flog Jets. Also, er war in einen Absturz verwickelt und verließ die Fluggesellschaft – oder er musste sie verlassen, je nachdem, wie man die Dinge sieht. Es ist alles furchtbar kompliziert – und gar nicht einfach zu erklären. Jedenfalls hatte er einige Probleme gehabt, nicht nur wegen des Absturzes und eines weiteren Unfalls – es gibt sogar Geschichten, dass er seine eigene Familie auf dem Gewissen hat, was natürlich völliger Schmarrn ist – und er musste weit weg und seitdem fliegt er eben in Tansania. Ich weiß, dass es sich vielleicht komisch anhört, aber ihr braucht wirklich keine solchen Gesichter zu machen!"

8

Eine Stunde später saßen wir in einem Jumbo der KLM.

Nachdem unser Film – ein Thriller, der sich um eine gestohlene Atombombe drehte – zu Ende war, versuchten Daniel und ich zu schlafen. Aber der Traum kehrte zurück. Dieses Mal war ich es, die ihn träumte. Aber in dieser neuen, grusligeren Variante war es nicht unser Vater, der gefesselt hinten im Flugzeug saß, sondern Daniel und ich selbst. Der Pilot trug ein Khakihemd und einen breitkrempigen Hut. Er lachte, als er das Flugzeug zuerst in die eine, dann in die andere Richtung steuerte. Kurz bevor wir gegen den Berg prallten, wurde ich vom Brummen des Fahrwerks an der Unterseite des Jets geweckt. Ein paar Augenblicke später landete das Flugzeug auf dem Flughafen von Nairobi.

Die meisten Passagiere – Geschäftsleute, Touristen, Nonnen und Missionare – stiegen aus, aber wir blieben an Bord und froren unter unseren Decken, während das Bodenpersonal an Bord kam, um die Gänge und die leeren Sitze zu reinigen. Danach kamen neue Passagiere, um die nächste Etappe nach Daressalam mit uns zu fliegen. Die spärlichen Scheinwerfer ließen die Dunkelheit draußen noch dunkler erscheinen. Die Steppenlandschaft vor unserem Fenster mit ihrem Gestrüpp und den Dornbäumen wirkte kalt und grausam – nicht wie die Oberfläche eines anderen Kontinents, sondern eher wie die Konturen eines fremden Planeten.

Eine Stunde später, als gerade die Sonne über der Hochebene aufging, starteten wir wieder. Die freundlichen holländischen Flugbegleiterinnen in ihren himmelblauen Uniformen servierten das Frühstück. Obwohl Daniel und ich keinen Appetit hatten, nahmen wir etwas Brot und Obst zu uns.

„Schaut mal!", rief Christine und zeigte aus dem Fenster. „Der Kilimanjaro!" Ich sah von meinem Frühstückstablett auf und erblickte einen riesenhaften schwarzen Berg, der aus der platten Landschaft aufragte. Sein abgerundeter Gipfel war mit glitzerndem Schnee bedeckt und halb in Wolken gehüllt. „Man nennt ihn den Kaiser Afrikas, und jetzt versteht ihr auch, warum."

„Er ist wunderschön", sagte ich.

„Ja, das ist er wirklich." Daniel nickte. Dann fügte er hinzu: „Er ist so schön, dass ich hoffe, wir sehen ihn bald wieder, und zwar aus der anderen Richtung!"

Ich schmunzelte. Ja, das wünschte ich mir auch.

Die Maschine begann ihren Sinkflug. Der Kilimanjaro lag schon weit hinter uns. Nun breitete sich ein Flickenteppich aus winzigen Hütten und Gärten unter uns aus.

Die Sonne stand hoch am Himmel, und je tiefer wir flogen, umso stärker wurden die Turbulenzen. Daressalam erschien unter uns als ein unförmiger Haufen von Hochhäusern, Wellblechhütten, Hafenkränen und Palmenhainen. Wir kreisten einmal, zweimal um die Stadt und unsere Maschine wurde wie eine Rassel von Windböen hin und her geschüttelt. „Bei meiner ersten Reise war es genauso", erklärte Christine. „Versteht ihr, wir haben noch keine Landeerlaubnis erhalten. Deswegen müssen wir so lange hier oben herumkurven, bis der Tower dem Piloten grünes Licht gibt. Aber es wird nicht viel länger dauern."

Als wir den Flughafen zum vierten Mal an uns vorbeiziehen sahen, fing ich an, mein Frühstück zu bereuen, und ich musste an den Kotzbeutel denken, den ich schon seit dem Abflug in

München in Bereitschaft hielt. Ich hatte nämlich jede einzelne Flugmeile mit einem Absturz aus zehntausend Metern Höhe gerechnet. Daniel, nach seinem Gesichtsausdruck zu urteilen, ging es kaum besser. Und jetzt das!

Christine legte ihren eigenen Kotzbeutel auf meinen Schoß. Ich drehte die Luftdüse über mir voll auf, schloss die Augen und atmete tief ein.

Der Pilot fuhr das Fahrwerk aus. Ein paar Minuten später landeten wir sanft und rollten zum Terminal, wo der Jumbo neben einem neuen Airbus der Air Tanzania parkte. Der Ausstieg aus dem Flugzeug war wie der Einstieg in eine Sauna. Ein heißer Windstoß wehte über die Palmen und zerzauste meine Haare. Ich schnappte nach Luft. Spontan zog ich meinen Wollpullover aus. Schweiß perlte auf meiner Stirn und mein T-Shirt klebte sofort feucht und klamm wie ein riesiges Pflaster an meinem Rücken fest.

Was war das bloß für ein Terminal! Überall Stahl und Glas, wie bei jedem anderen Flughafen auf dieser Welt, aber an der Klimaanlage hatte man offenbar gespart. In der Schlange vor der Einwanderungsbehörde war es noch heißer als im Eingangsbereich. Die muffige Luft war mit dem Schweißgeruch hunderter Flughafenarbeiter und Fluggäste gewürzt. Endlich schaute ein tansanischer Beamter gelangweilt auf unsere Pässe, unsere Visa und unsere Impfausweise und versah sie alle mit einem Stempel. Wir verbrachten eine weitere halbe Stunde benommen und schwitzend an der Gepäckausgabe.

Jetzt, wo der Flug überstanden war, blieb nur noch eine große Hürde: Die Begegnung mit Christines neuem Ehemann. Das hatte mir noch gefehlt … Obwohl sie im vergangenen Monat ununterbrochen von ihm erzählt hatte, konnte ich mir immer noch kein richtiges Bild von diesem Mann machen. Aus den verwackelten und überbelichteten Handyfotos, die Christine von ihrer Reise mitgebracht hatte, wurde ich auch nicht schlau. Auf einem Bild sah er besonders seltsam aus –

wenn nicht zu sagen, finster: Alles, was wir sehen konnten, war ein schlanker Mann in verstaubten Khakisachen und mit einem breitkrempigen Hut auf dem Kopf, der sich gegen die Veranda eines altmodischen Backsteinhauses lehnte. Wir konnten seine Augen nicht sehen. Sein Mund war ein schattiger Strich, wie mit grauer Kreide gemalt. Als ich Nadine das Bild gezeigt hatte, hatte sie mich ungläubig angesehen. „Er sieht aus wie ein Cowboy!", rief sie.

Cowboy hin oder her – ich mochte ihn nicht.

Ich mochte ihn erst recht nicht als Piloten.

Ich wollte nichts mit diesem Menschen zu tun haben.

Ich wollte mit alledem nichts zu tun haben.

Endlich kamen unsere Koffer auf dem Förderband angerollt. Nachdem wir alles auf einen Gepäckwagen geladen hatten, führte Christine uns durch den Zoll und dann durch eine Glastür.

Wir traten in die belebte Haupthalle. Christine blieb stehen und schaute sich langsam um. Einen Augenblick später lag sie in den Armen eines langen Mannes mit kurzen sandfarbenen Haaren. Und was war das nur für ein Mann! Will Chapman zeichnete sich vor allen anderen Reisenden in der Haupthalle durch sein allgemein schäbiges Aussehen aus. Die Afrikaner, die zu ihren Flugschaltern eilten oder Zeitungen kauften, waren fast alle gut angezogen, ob in bunten Batikhemden, langen weißen arabischen Kaftanen oder westlichen Anzügen. Die Europäer trugen entweder Anzüge oder ordentliche Freizeitkleidung, und die zahlreichen Inder trugen blitzsaubere weiße Turbane auf dem Kopf. Aber ausgerechnet dieser Mann trug ausgeblichene Jeans und ein verschwitztes Khakihemd. Während er Daniel und mich aus kühlen grauen Augen musterte, hielt er seinen Hut achtlos in der einen Hand, die andere steckte er in seine Hosentasche. Tätowierungen prangten auf der gegerbten Haut seiner Arme. Keine coolen Tätowierungen wie die, die man bei uns in München trug, in der Schule oder

in den Clubs, sondern hässliche, verblichene Schmierereien –
wie die Tattoos eines alten Matrosen. Oder eines Piraten, wie
mir spontan einfiel. Mit einem Papagei auf der Schulter ...

Darüber hinaus stellte ich gleich fest, dass er schlecht rasiert
war und nach Benzin roch. Mit unserem eigenen Vater hatte
er nicht die geringste Ähnlichkeit – außer vielleicht dass beide
Warmblüter waren. Mehr hatten sie nicht gemeinsam.

Er war noch tausendmal furchtbarer, als ich ihn mir vorgestellt hatte.

„Will, das ist Daniel und das ist Jenny", sagte Christine auf
Englisch. „Und das", sagte sie mit einem breiten, geradezu
fratzenhaften Lächeln, „ist Will. Er wird euer neuer Vater
sein." Will gab uns beiden die Hand, ohne uns dabei in die
Augen zu sehen. Seine Hand fühlte sich feucht und klebrig an,
sein Griff war schwach. Mir wurde schlecht, als ich den gräu-
lichen Schmutz unter seinen Fingernägeln erblickte. *„How's it
going?"*, fragte er mit einer leisen, müden Stimme. Er lächelte
nicht.

Daniel und ich schossen uns gegenseitig mörderische Blicke
zu. *Wie konnte sie so jemanden heiraten?*, sagten unsere Augen.
Was hat sie sich bloß dabei gedacht?

„Wir dürfen keine Zeit verlieren", sagte er knapp auf Englisch. „Hier lang." Er drehte sich um und ging Daniel und mir
voraus, Hand in Hand mit Christine, durch die verschmierten
Glastüren nach draußen. Den schwerfälligen, quietschenden
Gepäckwagen hatte er uns beiden überlassen. Wir mussten
unsere ganze Kraft aufbringen, um hinterherzukommen. Die
Sonne stieg schnell in den Himmel und die diesige Luft kochte. Essbuden und Geldwechselschalter drängten sich aneinan-
der, und Dutzende von verstaubten Taxis standen Stoßstange
an Stoßstange auf der Zufahrtsstraße. Junge Afrikaner in T-
Shirts und Basecaps kamen auf uns zu und fragten: „Taxi?
Taxi?" Aber Will schüttelte nur den Kopf und ging schwei-

gend mit Christine weiter. Sie dagegen redete unentwegt auf ihn ein und legte ihren Kopf auf seine Schulter.

Wir gingen hinaus auf einen Parkplatz, auf dem einige Dutzend zerbeulte japanische Gebrauchtwagen standen. Ein weißhaariger Afrikaner wartete neben einem zerkratzten blauen Lieferwagen, dessen Lenkrad sich auf der rechten Seite befand, wie in England. Will sagte ein paar Worte auf Kiswahili zu ihm, woraufhin der Mann die hinteren Türen aufmachte und anfing, unser Gepäck hineinzustellen. Dann stiegen wir selber ein, Will und Christine auf die lange Vorderbank links neben dem Fahrer und wir hinten. Der Lieferwagen stank nach altem Käse, und ich sah, dass die Ladefläche mit leeren Milchflaschen beladen war. Der Fahrer drehte den Zündschlüssel herum und der Wagen stürzte nach vorne, schüttelnd und ratternd. Er fuhr im Zickzack über den Parkplatz, dann hinaus auf eine lange Holperstraße. Er bog um die Ecke, wurde von einem Wächter durchgewunken und fuhr durch ein Tor in einem Maschendrahtzaun. Er hielt vor einem Hangar aus verrostetem Wellblech, wo wir wieder ausstiegen.

Und dort stand ein Flugzeug. Es war lang und schlank mit zwei leichten Tragflächen, die über dem blauen Rumpf befestigt waren. Die Maschine war blau und weiß bemalt. Die zwei Blätter des Propellers glänzten schwarz mit roten Streifen an den Spitzen. Die Tragflächen waren je mit einem schmalen orangefarbenen Streifen verziert, der sie ganz umwickelte. Auf beiden Seiten des Rumpfes, hinten am Heck, stand das Kennzeichen N-1047K. Die kleine Maschine balancierte grazil auf ihrem Fahrwerk und zitterte leicht in der Morgenbrise. Für mich sah sie aus wie ein übergroßer Sperling, der gerade über eine Hecke hierher gehüpft war, um einen Brotkrümel aufzupicken. Will ging auf die Maschine zu und schloss beide Seitentüren auf. Auf der rechten Passagierseite kippte er den Vordersitz nach vorn. Will setzte eine dunkle Brille auf, die seine Augen ganz verschwinden ließ. Dergestalt gegen unsere

Blicke gepanzert, nahm er die drei Koffer, die uns der Fahrer hinterhergetragen hatte, und verstaute sie geübt im hinteren Teil des Flugzeugs.

„Steigt ein", sagte er zu Daniel und mir. „Ihr werdet eure Rucksäcke auf den Schoß nehmen müssen. Das ist wichtig für die Gewichtsverteilung."

Daniel schluckte und griff nach meiner Hand. „Das ist doch ...", flüsterte er mir zu.

Ich nickte. Er musste nicht weitersprechen, denn ich wusste es schon: Das kleine einmotorige Flugzeug in seinem Traum, genau wie die Maschine, die unseren Vater in den Tod befördert hatte, muss genauso von außen ausgesehen haben.

„Mama!", rief ich. „Du glaubst hoffentlich nicht, dass wir beide da einsteigen! Nach allem, was passiert ist!"

Christine seufzte. „Was dachtest du denn, Jenny? Ich hab's doch schon gesagt: Zimmermann's Bend liegt mindestens eine Tagesreise mit dem Auto von hier entfernt." Sie schüttelte den Kopf. „Macht schnell", sagte sie, und senkte dabei die Stimme. „Bringt mich jetzt nicht in Verlegenheit. Heute nicht! Ihr braucht doch keine Angst zu haben." Sie griff nach uns beiden und zog uns an das Flugzeug heran. „Steigt jetzt ein!", zischte sie. „Das werden wir alles später besprechen."

Will hustete einmal und kratzte sich am Nacken. Dann zog er ein Tuch aus seiner Gesäßtasche und fing an, einige unsichtbare Ölflecke am Flugzeugrumpf wegzuwischen.

Was sollten wir tun? Wegrennen und über den Maschendrahtzaun klettern? Uns im Terminal verstecken und unsere Großeltern um Hilfe anrufen? Je länger wir alle da standen, desto mehr Afrikaner – Bodenpersonal und Piloten – schauten in unsere Richtung. Einige grinsten. Zwei Mechaniker, offenbar Bekannte von Will, kamen langsam auf uns zu und tauschten belustigte Blicke aus.

Daniel seufzte und flüsterte einige Flüche. Dann ging er langsam zur rechten Tür, stellte seinen Fuß auf die Einstiegsstufe und kletterte an Bord.

Ich schaute Christine einige Augenblicke wie ein armes Waisenkind an, dann gab ich mir einen Ruck und folgte Daniel. Sobald ich auf dem rechten Rücksitz fest saß, klappte Christine ihren eigenen Sitz nach hinten, setzte sich hin und knallte die Tür zu. „Das will ich nicht wieder erleben", sagte sie, halb zu sich selbst.

„Mensch, ist es eng hier hinten", flüsterte Daniel. „Wie in einem Mini."

„Und es stinkt alles nach Benzin", sagte ich. „Ich kriege überhaupt keine Luft hier drin."

Wir fummelten mit unseren Sicherheitsgurten herum, bis sich Christine umdrehte und uns mit einem geübten Handgriff festschnallte. Will, der noch draußen zu tun hatte, stieg ein und setzte sich links auf den Pilotensitz, wo er sich ebenfalls anschnallte, sich Kopfhörer aufsetzte und ein weiteres Paar Christine reichte. „Wozu braucht sie denn die?", flüsterte ich. Aber sobald Will den Motor anließ und der Propeller anfing zu rotieren, verstand ich nur zu gut, wozu sie sie brauchten. Mein Gott, was für ein Lärm! Die Maschine ratterte wie eine Wäscheschleuder. Benzinabgase frästen sich in meine Nasenschleimhäute.

Will drehte am Steuerknüppel und bewegte die verschiedenen Klappen und Ruder auf und ab und hin und her. Ich starb fast auf meinem Sitz. Die verschiedenen Türchen und Scharniere sahen so was von klapprig, so was von instabil aus, wie ein Haufen Aluschrott. Ich konnte auch klar erkennen, dass die Maschine mehr als nur ein paar Jahre auf dem Buckel hatte. Dann brachte Will den Motor auf Hochtouren. Er sprach ein paar unverständliche Worte ins Mikrofon und ließ die Bremse los.

Die Maschine rollte vorwärts. Sie fuhr an den anderen Kleinmaschinen vorbei und tänzelte wie ein junges Fohlen über das Vorfeld zur Startbahn. Während vor uns ein Privatjet startete, hielten wir an einem gelben Streifen, der auf die Rollbahn gemalt war, und Will sprach wieder ins Mikrofon. Nun nahmen wir unsere Position auf der Startbahn ein. Sobald der Jet außer Sichtweite war, sprach Will noch ein paar Worte, dann schob er einen Hebel am Instrumentenbrett bis zum Anschlag ein und jagte den Motor hoch. Er ließ die Bremse los und das Flugzeug stürzte nach vorn. Es rollte immer schneller, hüpfend und knatternd, über den Beton. Nach einhundert, zweihundert, vierhundert Metern stürzte die Erde unter uns fort. Ich griff nach Daniels Hand und schloss die Augen. Das Flugzeug holperte und kippte von einer Seite zur anderen wie eine Flaschenpost auf hoher See. Dann legte Will die Maschine scharf nach rechts in die Kurve. Ich riss die Augen auf und sah die Stadt unter uns ausgebreitet, dahinter die blaue Linie des Ozeans. Dann kam der Flughafen wieder in Sicht – lauter Spielzeughäuser und Modellflugzeuge. Und vor uns Gärten und Dörfer, kilometerweit, die sich allmählich im bläulichen Dunst, der diese fremde Welt umhüllte, wie ferne Erinnerungen ins Nichts auflösten.

Ich fühlte, wie mein Frühstück nun doch nach oben stieg. Ich hielt weiterhin Daniels Hand und biss mir auf die Lippe. „Atme tief ein", riet mir Daniel. Ich schüttelte nur den Kopf und kramte in meinem Rucksack nach dem Kotzbeutel. Ich fand ihn gerade noch rechtzeitig, ehe sich mir der Magen umdrehte.

Will wandte sich zu mir um und sah mich durch seine Sonnenbrille an. Als ich fertig war, nahm er mir den Beutel aus der Hand und warf ihn aus dem offenen Seitenfenster. Erleichtert, aber immer noch leidend, lehnte ich mich zurück. Daniel biss weiterhin die Zähne zusammen, dass sie nur so knirschten.

Als Daressalam hinter dem Horizont verschwand, wurde die Landschaft immer öder. Nun überflogen wir ein kahles Gebiet, das hier und da von ausgetrockneten Flussbetten und isolierten Hütten und Gärten unterbrochen war. Raue Berge stiegen vor uns auf und schrumpften hinter uns wieder. Die monotone Szenerie, das Gedröhne des Motors, die Sonneneinstrahlung und das leichte Schaukeln der Maschine schläferten mich nach und nach ein. Ich merkte noch, wie Will Christines Hand nahm und sie nicht mehr losließ. Ich drehte mich zu Daniel, der es ebenfalls gesehen hatte und wieder ein paar stumme Flüche ausstieß. Ich zog den Schirm meines Basecaps tief über die Augen und schlief ein.

Eine heftige Böe rüttelte mich wieder wach. Die Maschine stürzte sich geradezu auf eine karge Steppenlandschaft an einem Flusslauf. Durch die Windschutzscheibe sah ich eine Ansammlung von niedrigen Gebäuden und hohen, ausladenden Bäumen. Wir flogen einmal tief über die Siedlung. Dann nahm Will die Maschine wieder hoch, legte sie in eine Linkskurve, kreiste über einige Gärten, ein Stück Wald, eine Gruppe von Hütten und einen trägen braunen Fluss. Dann fuhr er die Klappen aus und brachte uns weiter nach unten. Ich spürte wieder die Farbe aus meinem Gesicht verschwinden und hielt mich am Vordersitz fest. Ich bereute, dass ich mir keinen zweiten Kotzbeutel eingesteckt hatte. *Nein, es darf nicht passieren!*, beschwor ich meinen Körper. Ich verschränkte meine Hände und drückte so fest zu, dass die Knöchel schneeweiß wurden. Ich atmete die muffige, benzingeschwängerte Luft tief ein und versuchte mir vorzustellen, ich wäre irgendwo auf dem Boden, weit weg von hier. Plötzlich hatte ich das Gefühl, dass das Flugzeug still stand, während sich die Welt um mich bewegte. Die staubige Graspiste, die vor uns auftauchte, tänzelte nach rechts, nach links, nach oben und unten. Dann, nur ein paar Meter über dem Boden, flog die Maschine glatt geradeaus und landete sanft auf der Piste. Sie humpelte noch circa hundert Meter, dann drehte sie einen weiten Bogen ums grasige Feld und hielt neben einer roten einmotorigen Maschine an. Der Motor hauchte sein Leben aus und der Propeller hörte auf, sich zu drehen. Während Will einen Stift und ein Klemmbrett in die Hand nahm und ein Formular ausfüllte, öffnete Christine ihre Tür und hüpfte mit einer leichten Bewegung ins Freie hinaus, als wäre sie nach einer langen Geschäftsreise endlich wieder nach Hause zurückgekehrt.

Steif und ungelenk, verschwitzt und klebend, kletterten Daniel und ich ebenfalls herunter. Der Himmel leuchtete tief blau und ein kühler Wind wehte. Ich atmete tief ein und hielt mir den Bauch fest. *Nein, nein, nein, nein …*, dachte ich.

Ein kleines Empfangskomitee wartete auf uns. *Ich muss mich in den Griff kriegen*, ermahnte ich mich. *Was wird das für einen Eindruck machen, wenn ich mich vor aller Welt übergebe, bevor ich überhaupt Hallo sagen kann?*

Die Dorfbewohner standen da und grinsten. Als nichts passierte, fing einer von ihnen an zu schmunzeln. Will war verschwunden.

Christine räusperte sich, dann hakte sich bei uns unter und schleppte uns wie zwei schwere Koffer zu den Versammelten. „Das ist Anita Tajomba", sagte Christine. Sie stellte uns eine dunkle, kurzhaarige afrikanische Frau in einem einfachen blauen Kleid vor. „Anita managt das Missionshaus und wird meine Verwaltungsassistentin in der Klinik sein." Anita lächelte und schüttelte uns die Hände. Ihre Handfläche fühlte sich warm und trocken an. „Es ist mir eine große Freude", sagte sie in fehlerfreiem Englisch. „*Karibuni.*" Christine stellte uns dann einem schlanken jungen Mann in einem weißen Arztkittel vor. „Das ist James Mwamba, mein medizinischer Assistent. Es gehört zu meinem Job, ihn auszubilden, damit er in zwei Jahren die Klinik übernehmen kann." James nahm unsere Hände mit einem kühlen, festen Griff. „*Karibuni*", sagte auch er. *Welcome.* Sie stellte uns einigen weiteren Menschen vor – dem Dorfältesten in einem dunklen Dreiteiler und dem greisen Dorfpfarrer in einem grauen Anzug mit Hundekragen. Dann der Köchin, die Veronica hieß, dem Gärtner und seinem Assistenten, dem Haushandwerker, und schließlich drei afrikanischen Krankenschwestern in gebügelten weißen Uniformen, die alle stumm nickten.

Als Christine damit fertig war, führte sie uns zu einem gutaussehenden, dunkelhäutigen Jugendlichen in unserem Alter, der ein weißes Hemd mit blauem Schlips und eine Anzughose trug. Obwohl die Temperatur sicherlich nicht unter fünfunddreißig Grad lag, war auf seiner Stirn und auf seinen Kleidern kein einziger Schweißtropfen zu sehen. „Und das hier", fuhr Christine fort, „ist Joseph Tajomba, Anitas Sohn. Ich hoffe, ihr werdet Freunde werden." Joseph nickte uns zu und nahm unsere Hände fest in seine. „*Hujambo. Karibuni Afrika*", sagte er. „Willkommen in Afrika. Und in Zimmermann's Bend."

Ich konnte nicht anders. Ich nahm Reißaus und rannte hinter das geparkte Flugzeug, wo ich mich in Ruhe auskotzen konnte. Nur Will, der seelenruhig seine Zahlen in sein Formular eintrug, betrachtete mich desinteressiert durch seine dunkle Brille.

Als ich wenig später zurückkam, hatte sich das Empfangskomitee schon halb aufgelöst. Anita, die Haushälterin, sah mich besorgt an. Ihr Sohn Joseph lächelte mir einfach zu und zuckte mit den Schultern, als wollte er sagen: „Kann schon passieren."

„Während der Gärtner und sein Assistent das Gepäck holen", sprach Christine weiter, als ob ich gar nicht fort gewesen wäre, „werde ich euch Zimmermann's Bend zeigen. Die Berge, die ihr in der Ferne seht, gehören zum Ruaha-Nationalpark. Der kleine Fluss da, der Ruaha, bildet schon die Parkgrenze. Da drüben, hinter den Palmen", sagte Christine und zeigte auf ein langes, gedrungenes Backsteingebäude mit einem Blechdach, „steht die Klinik. Sie wurde erst vor einem

Jahr mit Geldern von Doctors Without Limits renoviert und ich werde sie leiten – ja, eure eigene Mutter! Direkt dahinter ist die Missionsschule, wo wir circa einhundert Kinder aus der Gegend unterrichten. Es wird vielleicht interessant für euch sein, ab und zu hinzugehen und etwas Kiswahili zu lernen."

„Da unten, im Dorf", sprach sie weiter, „seht ihr die alte Missionskirche aus den 1890er Jahren. Sie wurde damals von den Deutschen gebaut, als das hier ihre Kolonie war. Deutsch-Ostafrika. So hieß die Gegend, stellt euch das mal vor! Die Kirche könnte irgendwo in Bayern stehen, gell? Heute ist sie fest in afrikanischer Hand. Da drüben ist unsere *shamba*, unser Garten, wo wir das ganze Jahr über frische Bananen und auch andere Obst- und Gemüsesorten ernten können. Ihr könnt immer dort arbeiten, wenn euch langweilig wird. Die Eukalyptusbäume dahinter haben die Engländer aus Australien importiert, als sie hier das Sagen hatten. Und dort", sagte sie, indem sie auf eine steinerne Scheune mit einem Strohdach und einer Satellitenschüssel obendrauf zeigte, „ist der Hangar. Das ist auch der Grund, warum Will und sein Geschäftspartner Ibrahim Kharusi, den ihr bald kennenlernen werdet, überhaupt hier sind – DWL hat ihnen den Hangar und die Flugpiste mietfrei verpachtet, und sie fliegen sowohl für die Kliniken als auch für die Parkverwaltung. Und nun will ich euch etwas ganz Wichtiges zeigen." Sie führte uns zu einem langen ebenerdigen Haus aus gelben Ziegelsteinen. Es hatte eine breite, von Kletterrosen und Efeu überwachsene Veranda, die das Haus ganz und gar umgab. Das Dach war mit roten Ziegeln gedeckt und hatte auf jeder Seite vier Mansardenfenster. „Das ist unser neues Zuhause", sagte sie stolz, als hätte sie es mit ihren eigenen Händen gebaut. „Es nennt sich das Missionshaus. Es wurde von den ersten Missionaren gebaut und ist über hundert Jahre alt. Es ist das größte Gebäude innerhalb von hundert Quadratkilometern."

Ich ließ das alles über mich ergehen, ohne ein Wort zu sagen. Der saure Geschmack meines Erbrochenen lag nach wie vor auf meiner Zunge. Die Sonne stand direkt über unseren Köpfen und tat meinen Augen weh. Ich atmete auf, als Christine uns zu den Stufen der Veranda und durch die Vordertür in einen weiß getünchten Flur führte. Ein Geruch von Holzrauch und Schimmelpilz kitzelte meine Nase.

Tja, was hatte ich sonst erwartet? Die schlichten Dielenbretter waren zerschrammt und knackten unter meinen Turnschuhen. Handabdrücke und Kratzer, stumme Zeugen von Jahrzehnten der Verwahrlosung und der schieren Gedankenlosigkeit, verunstalteten die geweißten Wände. Während der Gärtner und sein Gehilfe unsere Koffer auf der knarrenden Holztreppe nach oben schleppten, unternahm Christine – ganz die Immobilienmaklerin – mit uns eine Hausbesichtigung.

„Das ist unser Wohnzimmer." Sie zeigte uns ein bescheidenes Zimmer zur linken Seite des Flurs, das mit schlichten Holzstühlen und Tischen möbliert war. Eine Sammlung afrikanischer Skulpturen und Masken schmückte die Wände. An einem Ende des Zimmers stand ein Tisch mit alten Rundfunkgeräten, am anderen ein wuchtiger Kamin aus weiß gestrichenen Backsteinen. „Wir sind zwar nur ein paar hundert Kilometer südlich des Äquators, aber wir liegen sehr hoch über dem Meeresspiegel und es kann abends manchmal kühl werden." Daniel schnäuzte sich und schaute gelangweilt aus dem Fenster. „Hier ist unser Esszimmer", fuhr Christine fort, indem sie uns einen ebenso bescheidenen Raum auf der anderen Seite des Flurs zeigte. Hier standen nur ein langer, grob gearbeiteter Holztisch, ein Dutzend ebenso grober Stühle, ein von Holzwürmern zerfressener Konsolentisch und ein weiterer Kamin. Die Küche dagegen wirkte erstaunlich modern und war sowohl mit einem Gasherd als auch mit einer elektrischen Spülmaschine ausgestattet. Das Bad gehörte wiederum einer anderen Zeit an, mit seiner gigantischen, abgeschabten Emaillebadewanne, die sich auf eherne Löwenkrallen stützte. Ich zuckte zusammen, als eine Kakerlake über die abgenutzten Fliesen flitzte und unter der Wanne verschwand.

Die Toilette, erklärte Christine flüchtig, würden wir im Hintergarten finden. „Ein Plumpsklo, natürlich, wie bei uns auf dem Lande, aber was soll's?" Neben dem Bad war Wills Arbeitszimmer – abgeschlossen und unnahbar, wie der Mann selbst. Christine zeigte uns dann ihr eigenes Arbeitszimmer. Es war eine schmale Kammer, eher ein Einbauschrank, mit einem schweren, altertümlichen Schreibtisch, der offenbar aus der Zeit der Mission stammte und auf dem eine alte mechanische Schreibmaschine verstaubte. Im Regal standen einige moderne Medizinbücher und ein rundes Dutzend zerfledderte theologische Schwarten, deren Leser garantiert nicht mehr auf dieser Erde weilten. In einem anderen Regal im Flur standen Hunderte von bunten Taschenbüchern – Krimis und Thriller ohne Ende.

Das untere Schlafzimmer, das Christine mit Will teilte, sei nebenan, sagte sie, aber sie zeigte es uns nicht.

„Nun wollt ihr bestimmt wissen, wo ihr schlafen werdet." Daniel und ich schleppten unsere müden Körper die Treppe hoch und betraten einen engen dunklen Flur. Hier standen sich vier Zimmer gegenüber. Eins davon gehörte James, dem medizinischen Assistenten, eins Ibrahim, Wills Geschäftspartner, und das dritte wurde als Vorratskammer benutzt. „Das ist euer Zimmer", sagte Christine. Daniel und ich steckten unsere Köpfe neugierig durch die Tür.

Oh Gott. Wo waren wir bloß gelandet? Nun wusste ich endgültig, dass wir nicht mehr in München waren. Obwohl die Decke niedrig lag und auf einer Seite abgeschrägt war, wirkte das Zimmer wenigstens halbwegs geräumig. Es war mit zwei schlichten Holzbetten möbliert, die von weißen Moskitonetzen umhängt waren. Ein langes weißes Bettlaken, das an einer

Wäscheleine hing, diente als Raumteiler. Vor jedem Mansardenfenster stand ein grob gezimmerter Schreibtisch. Gegenüber standen zwei ebenso schlichte Kommoden, auf denen je eine Kerosinlampe, eine Taschenlampe, eine Waschschüssel mit Krug, ein Trinkwasserkanister aus Blech sowie ein Trinkglas standen. An einer der Seitenwände stand ein riesengroßer Kleiderschrank, der mindestens so alt wie das Haus zu sein schien. Zwei Holzstühle standen auf dem bunten Flickenteppich, der die unbehandelten Dielenbretter zierte. Eine nackte Glühlampe baumelte an einer Strippe von der Decke. Die Wände waren frisch gekalkt und ganz kahl, bis auf das schlichte schwarze Holzkreuz, das über jedem Bett hing.

Es gab keine Steckdosen.

„Ich denke, Anita hat sich wirklich sehr viel Mühe bei der Vorbereitung des Raumes gemacht", sagte Christine, „aber ihr könnt ihn natürlich so gestalten, wie ihr wollt. Ich weiß, dass es euch in eurem Alter nicht gerade angenehm sein wird, ein Zimmer miteinander zu teilen, aber es ist doch groß, oder? In den alten Kolonialzeiten wurde dieser Raum sogar als Hospital genutzt. Draußen im Dorf würden sich drei ganze Familien geehrt fühlen, einen solchen Raum teilen zu dürfen. Außerdem hat Will selbst vier Jahre lang hier drin gewohnt, bis er jetzt nach unten zog, und er hat sich nie beschwert." Sie klopfte uns beide auf den Rücken. „Na gut, ihr könnt euch jeweils ein Bett aussuchen und auspacken. Das Mittagessen ist bald fertig. Wisst ihr, Anita und die Köchin Veronica haben eine Art Begrüßungsfest vorbereitet. In einer Stunde wird gegessen. Lasst bitte nicht auf euch warten, denn wir haben alle Hunger!" Und damit war sie wieder verschwunden.

Nun waren Daniel und ich endlich allein. Ich wählte das linke Bett, zog das Moskitonetz auseinander und legte meinen Koffer auf die grobe Bettdecke. Daniel trat ans offene Fenster und schaute auf die trockene Landschaft vor sich – auf den schmalen, sich dahinschlängelnden Fluss, die Büsche und

Dornbäume, die kahlen Berge dahinter. „Was für ein Kaff."
Er schnappte plötzlich nach Luft und drehte sich zu mir um.
Der Raum schien sich weiterzudrehen. „Jenny, kannst du das
alles glauben?"

Ich schüttelte den Kopf. Es kam alles in einem großen
Schwall in mir hoch: Unser schönes Haus in Bogenhausen,
der grüne Park, meine Katze Scheherazade und die Kaninchen
Franz und Franziska, meine Freundin Nadine und nicht zuletzt diese braunen Augen, die freundlich und interessiert in
meine schauten – Augen, die einem Jungen gehörten, den ich
wahrscheinlich nie im Leben wiedersehen würde. „Ich glaub's
nicht", flüsterte ich. „Ich kann es nicht glauben. Ich will es
nicht glauben."

Und zum ersten Mal seit Max' Unfall legte ich mich aufs
Bett und fing an, wie ein kleines Kind zu schluchzen. Denn in
diesem Augenblick wusste ich: Papa ist wirklich tot. Er würde
niemals wiederkommen. Und auch wir würden niemals wiederkommen.

Daniel setzte sich auf einen der Stühle und biss sich auf die
Lippe. Ich kannte ihn doch – er würde nie und nimmer vor
seiner kleinen Schwester weinen.

Aber die Tränen kamen trotzdem.

Zimmermann's Bend, am 3. Juni

Liebe Oma!
Lieber Opa!

Ihr hattet mich doch gebeten, euch möglichst bald zu schreiben, und hier ist nun mein Brief – ein richtiger Brief auf richtigem Papier in einem richtigen Umschlag, weil wir kaum eine Chance haben, online zu gehen, und ich habe eh keine Lust dazu. Okay, da Ihr wirklich wissen wollt, wie es uns geht: Afrika ist furchtbar! Wir müssen zunächst einmal mit Will, Mamas neuem Ehemann, zusammenleben. Ich habe ihn noch nie freundlich lächeln gesehen und er sagt fast gar nichts! Er ist das genaue Gegenteil von Papa, und Daniel und ich können gar nicht verstehen, wie sie so einen Kerl hat heiraten können. Wenigstens sehen wir ihn und seine komischen Tätowierungen so gut wie nie, denn entweder bastelt er an irgendwas in seinem Hangar herum oder er ist mit seinem Flugzeug unterwegs. Und Zimmermann's Bend liegt echt im Nirgendwo, es taucht auf den meisten Landkarten nicht einmal auf. Es gibt hier absolut nichts zu tun.

Ich hätte mir niemals vorstellen können, wie es sich anfühlt, so richtig fremd zu sein. In den ersten Tagen haben uns die Kinder alle angestarrt und immer wieder „*Wazungu! Wazungu!*" geschrien. Das heißt „Weiße" auf Kiswahili. Die haben es vor allem auf mich mit meinen blonden Haaren abgesehen. Doch inzwischen haben sie sich an uns gewöhnt. Ich muss aber sagen, dass die meisten Leute hier wirklich sehr nett sind. Die Haushälterin heißt Anita, sie hat früher mal BWL in London studiert und spricht perfekt Englisch. Sie hat uns in den ersten Tagen sehr geholfen und zeigte uns alles und warnte uns davor, das Wasser zu trinken, bevor es gefiltert und abgekocht wurde. Sie arbeitet im Büro der Klinik. Ihr Mann ist eine Art Naturwissenschaftler, der seit anderthalb Jahren an einer Universität in Straßburg arbeitet und nur selten nach Hause fliegen kann. Anita hat mit uns gestern Kürbisse in der *shamba* gepflanzt – das ist unser Garten –, damit wir sie zu Halloween schnitzen können.

Sie und ihr Mann haben einen 16-jährigen Sohn namens Joseph. Sein Englisch ist auch perfekt. Er ist wirklich nett und unglaublich klug, ganz anders als die Jungs in meiner Schule in Nymphenburg, aber wir werden wohl nicht viel von ihm sehen, da er auf ein Internat in Daressalam geht. Seine Mutter sagt, dass er in der Dorfschule keine richtige Bildung bekommen würde.

Manchmal ist auch ein Mann namens Ibrahim Kharusi hier, der Muslim ist und von der Insel Sansibar stammt, wo er den Rest der Zeit mit seiner Familie wohnt. Er ist Pilot und Wills Partner im Flugdienst, aber er ist ganz anders als Will. Er scheint aus einer sehr wohlhabenden Familie zu stammen und er hat Stil. Er hat vor allem einen Sinn für Humor und findet immer Zeit, mit uns zu reden. Will kann man dagegen ganz vergessen.

Wir würden sofort zurückkommen, wenn wir es könnten. Aber im Augenblick gibt's keine Möglichkeit und wir langweilen uns zu Tode. Schickt uns bitte so viele Bücher wie möglich, denn der Arzt, der vor Mama hier war, hat nur Thriller hinterlassen, und wir werden Will definitiv nicht bitten, für uns einzukaufen. Und schickt uns bitte meine CDs und meinen alten MP3-Player, denn sie wurden irgendwie im Haus zurückgelassen, und mein Lieblingsplayer ist schon am ersten Tag beim Aufladen kaputtgegangen. Aber schickt uns sonst nichts Elektrisches, denn wir haben nur für sechs Stunden elektrischen Strom, manchmal weniger. Die Zeit reicht gar nicht aus, um die Akkus aufzuladen, und die Stromschwankungen machen alles kaputt.

Ganz liebe Grüße
Eure Jenny

PS: Ich habe noch keinen einzigen Storch hier unten gesehen, aber Anita sagt, sie kommen erst im November, wenn die Regenzeit einsetzt. Die sind wohl alle noch in Europa.

*

Zimmermann's Bend im langweiligen Tansania, am 4. Juni

Liebe Nadine,
endlich kann ich dir eine E-Mail senden. Du würdest gar nicht glauben, wie furchtbar es hier ist! Christines verrückter neuer Ehemann hat uns in seinem blöden kleinen Flugzeug hierher geflogen, und ich habe alles vollgekotzt! Zimmermann's Bend selbst ist das Allerletzte. Hier gibt's nur das Missionshaus, wo wir wohnen müssen, Christines Klinik, eine Schule, eine alte Kirche und dann einen Haufen Lehmhütten, wo die eigentlichen Menschen wohnen. Ansonsten nur Affenbrotbäume – so richtig groß und knorrig und komisch – und Dornbüsche. Ich habe noch nie so arme Leute gesehen. Kein Wunder, dass man niemanden anders findet, der diesen Job macht, außer unserer verrückten Mutter.

Das Missionshaus ist nicht wirklich schlecht, aber es ist über hundert Jahre alt und ich muss mir ein Zimmer mit meinem Bruder teilen!!! Kannst du dir das vorstellen? Ich bin schon fünfzehn Jahre alt und teile mir mit meinem großen Bruder ein Zimmer, als ob wir wieder Babys wären. Und es ist alles total primitiv. Wenn du dich badest, kommt das Wasser zunächst braun aus dem Hahn! Wenn wir schlafen, müssen wir die ganze Zeit ein Moskitonetz über dem Bett hängen haben, denn Christine sagt, dass wir sonst Malaria kriegen und sterben könnten! Wir nehmen jeden Tag Malariatabletten, aber es gibt eine andere Art, die „Malaria tropica" heißt, und die tötet dich sowieso! Bevor wir morgens unsere Schuhe anziehen, müssen wir sie ausschütteln, falls da in der Nacht Skorpione hineingekrochen sind. Ich habe schon drei Skorpione in der Küche gesehen, und frage mich bloß nicht nach den Kakerlaken. Und Anita sagt, dass es schon mal Kobras in der *shamba*, dem Garten, gegeben hat, und dass wir nie ohne einen festen Stock hineingehen sollten, damit wir sie rechtzeitig totschlagen können. Und weißt du was? Ich hatte doch Mama gebeten, meine CDs in ihrem Reisekoffer mitzunehmen, weil ich keinen Platz mehr hatte, und SIE HAT SIE ZU HAUSE GELASSEN! Ich hätte sie umbringen können! Noch schlimmer ist, dass man hier nichts machen kann. Wir können nirgendwo einkaufen gehen, wir können nichts streamen, es gibt keine Videos und keine anständigen Radiosender – gar nichts. In den wenigen Stunden, in denen es Strom gibt, können wir unsere Handys und Tablets gar nicht neu aufladen, die gehen hier eh leicht kaputt, und Empfang gibt es hier sowieso keinen. (Ich hätte mit den CDs eh nicht viel anfangen können.) Und es gibt auch niemanden, mit dem man reden könnte, außer Daniel und der Haushälterin, Anita, die in London studiert hat und perfekt Englisch kann, weil fast alle anderen nur Kiswahili sprechen, und wir verstehen kein Wort. Und natürlich Anitas Sohn, der echt nett ist, aber er ist so gut wie nie da!

Unsere Mutter ist echt durchgedreht. Zuerst heiratet sie diesen verrückten Piloten, und dann schleppt sie UNS auch noch hierher und verbringt ihre ganze Freizeit MIT IHM ZUSAMMEN! Es sieht so aus, als ob wir für immer hier sein werden. Manchmal könnte ich nur noch laut schreien.

Aber stell' dir vor: Gestern kamen zwei Journalisten von der Süddeutschen Zeitung im Geländewagen angefahren und haben uns alle interviewt! Sie sagten, das Foto, das sie von uns drei gemacht haben, wird auf der ersten Seite der Sonntagsausgabe erscheinen, in Farbe! Schneidest du's für mich aus? Und für nächste Woche hat sich eine Filmcrew von der BBC angemeldet, um ein Feature über uns zu drehen, so dass wir von der ganzen Welt bestaunt werden können. Alle finden die Geschichte von der blonden Psycho-Kolumnistin und ihren süßen Münchner Kindern in der afrikanischen Buschklinik soooo interessant. Wer hätte gedacht, dass meine Mutter so berühmt ist?! Daniel und ich finden es nur noch peinlich.

Erzähl mir was über die Schule und unsere Freundinnen. Und was macht Mark? Weißt du, ich vermisse euch alle, aber manchmal vermisse ich ihn am meisten.
Liebe Grüße
Deine Jenny

*

Zimmermann's Bend, am 9. Juni
Liebe Oma!
Lieber Opa!
Ihr müsst uns irgendwie hier rausholen, denn dies ist der langweiligste Ort auf der ganzen Welt. Hier gibt's rein gar

nichts. Die Sonne geht morgens um sechs auf und abends um sechs unter. Dazwischen ist der Himmel blau und es ist heiß. Man nennt es „die Trockenzeit", und da es dazu auch noch Dürre gibt, wird möglicherweise bis zum Herbst kein Tropfen Regen fallen. Ein kräftiger Regenguss würde uns wenigstens ein bisschen Abwechslung bescheren.

Es ist echt schwer, von allem abgeschnitten zu sein. Wir haben kein normales Telefon, keinen Handyempfang. Will hat zwar einen Laptop und eine Satellitenverbindung für Funk und E-Mail, aber das gehört alles ihm und ich will ihn nicht danach fragen. Ansonsten gibt es nur Mamas wackligen Internetanschluss und das alte Funkgerät im Wohnzimmer, das Mama jeden Dienstagabend benutzt, um mit den anderen Kliniken in ganz Ostafrika zu kommunizieren. Man nennt es „Radio Call", und wenn du draufsprichst, kommst du dir wie in einem alten Schwarzweißfilm vor. – Ja, das ist es auch: Ich komme mir so vor, als wäre ich in einer langweiligen Filmszene stecken geblieben, aus der ich nicht mehr rauskomme.

Wir waren nur ein Mal in der Schule. Die ist deprimierend, echt – weil wir dazu Kiswahili lernen müssten, um überhaupt etwas zu verstehen, aber das ist hoffnungslos und wir sehen keinen Sinn darin. Ansonsten lernen wir drei Stunden am Tag mit einer Art Selbstlernprogramm, das die Bundesregierung für Diplomatenkinder entwickelt hat. Diplomatenkinder! Ausgerechnet wir!

Heute Morgen hat James, der medizinische Assistent, der Mama irgendwann ablösen soll, ein paar Stunden freigenommen und uns im Geländewagen herumgefahren und uns ganz viel über die Gegend erzählt. Die Menschen hier nennen sich die Wahehe und sie wohnen in kleinen Lehmhütten. Er fuhr uns eine Weile am Fluss entlang und wir haben tatsächlich eine Zebraherde am anderen Ufer gesehen! Mama sagt zwar immer, dass sie uns in den Park mitnehmen wird, aber sie sagt, dass sie vorher lernen muss, wie man so einen Geländewagen fährt, weil es so gefährlich sei und man auf den Straßen hier leicht umkippen kann. Aber ich weiß nicht, wann sie jemals die Zeit dazu finden wird.

Das einzig Gute hier ist die Musik. Mama nahm uns am Sonntag in die Kirche mit, nur um unseren guten Willen zu zeigen, sagte sie, und der afrikanische Pfarrer predigte auf Kihehe, der Stammessprache – es gibt in diesem Land über 120 Sprachen! –, und wir verstanden natürlich kein Wort. Aber dann fing der Chor an zu singen und alle sangen mit und zum Schluss tanzten sie alle, mitten in der Kirche! Die Musik war wunderschön. Ich glaube, ich habe noch nie so etwas Schönes gehört.

Was ich eigentlich sagen will ist, dass man hier gut Urlaub machen könnte, so einigermaßen, wenn man auf so was steht, aber nun reicht's und wir sind beide bereit, nach Hause zu fahren.

Was macht Scheherazade? Ich vermisse sie so!
Alles Liebe
Jenny

*

Zimmermann's Bend, am 11. Juni

Liebe Oma!
Lieber Opa!
Jenny hat Magenprobleme. Es begann gestern, und wir denken, es kommt von dem Obst, das wir gestern auf dem Markt im Dorf gekauft haben. Mama hat ihre Temperatur gemessen und sagte uns zum millionsten Mal, dass wir alles, was wir essen, vorher schälen oder kochen müssen, weil wir sonst Bakterien schlucken könnten, und davon kriegt man Durchfall. Auch, dass wir nie nicht abgekochtes Wasser trinken dürfen,

weil wir Cholera kriegen und sogar sterben könnten! Dazu kommt, dass Dr. Kowalski – der Arzt, der vor ihr hier war – ausgerechnet am Ebolavirus gestorben ist, und keiner weiß, wie er sich angesteckt hat. Als Jenny ihr das mit dem Magen erzählte, war Mama so nervös, dass ihr fast das Thermometer aus der Hand gefallen wäre. Sie arbeitet echt zu viel! Aber Jenny wird wieder gesund werden. Sie liegt jetzt im Bett und redet darüber, wie böse sie mit unserer Mutter ist und wie furchtbar sie Will findet und dass Papa das alles nie im Leben erlaubt hätte. Und so gern ich etwas zu Mamas Verteidigung sagen würde, aber mir fällt im Augenblick nichts ein.
Liebe Grüße
Euer Daniel

*

Zimmermann's Bend, den 15. Juni

Liebe Nadine,
Ich war einige Tage lang richtig krank, aber es geht mir schon wieder besser. Es war eine Art Wahnsinnserkältung. Ich hätte nie gedacht, dass ich mich in Afrika erkälten würde, aber hier scheint alles möglich zu sein. Ich musste mit meiner Mutter in die Klinik, um durchgecheckt zu werden, und ich bin verdammt froh, dass ich nicht da bleiben musste wie die anderen Patienten! Okay, es ist alles sauber und so, und Anita sagt, dass Christine wahre Wunder vollbringt, aber es ist alles schrecklich altmodisch. Schon die kotzgrüne Farbe an den Wänden macht mich krank. Die Klinik ist immer voller Menschen, die von überall herkommen, weil es in der ganzen Gegend nichts anderes gibt. Drumherum schlafen sogar die Angehörigen unter freiem Himmel, denn die Familien kommen mit, um die Kranken zu versorgen. Und was gibt's da alles für

Krankheiten: Atemwegsprobleme, Tuberkulose, Hepatitis, Cholera, Malaria, dazu Brandwunden von den Holzfeuern und sogar Krokodilbisse! Das sind alles Dinge, die in Europa kaum oder gar nicht vorkommen, aber hier gibt es sie überall. Christine redet manchmal von einer Krankheit namens Ebola. Sie ist unheilbar, aber bisher hat es in der ganzen Region nur einen einzigen Fall gegeben. Leider war das Doktor Kowalski, und er muss sie sich von irgendwoher geholt haben. Das größte Problem ist das Aidsvirus, sagt sie. Es ist sogar eine Katastrophe, aber keiner will darüber reden.

Gestern Abend hatten wir gar keinen Strom, nur die Kerosinlampen. Es ist ganz schön unheimlich in unserem alten Zimmer, wenn der Wind durch die Ritzen pfeift und die Schatten an der Wand rauf und runter springen. Als Anita hereinkam, um nach mir zu schauen, wollte Daniel wissen, was das überhaupt für ein Haus ist. Anita sagte ihm, dass vor über hundert Jahren, als Tansania noch Deutsch-Ostafrika hieß, die Missionare die oberen Räume als Klinik benutzten, und dass sie dort sogar Pockenkranke behandelten. Kannst du dir das vorstellen? Pocken! Und Daniel musste sie dann unbedingt fragen, ob es im Haus jemals gespukt hat. Sie sagte, sie wüsste keine Gespenstergeschichten über diesen Raum, aber dass einige Leute in Zimmermann's Band solche Geschichten kennen würden, und auch dass der alte Haushandwerker sich weigert, die Treppe hochzugehen, weil sein Großvater in unserem Zimmer gestorben sei! Ja, er ist hier jämmerlich verreckt, wahrscheinlich gerade da, wo mein Bett steht. Lustig, nicht?!

Schön und gut – als Anita sah, was sie mit ihren Anekdoten angerichtet hatte, fuhr sie einfach fort, uns Gespenstergeschichten zu erzählen, die sie von ihrer Urgroßmutter im Dorf kennt, eine nach der anderen. Sie handeln alle von Hexen und Zombies – echten Zombies, meine ich, die es wirklich gegeben haben soll, und keine Filmzombies. Die Geschichten waren dermaßen gruselig, ich meine so richtig eklig, dass wir zum Schluss nur noch lachen konnten und keine Angst mehr hatten. Das war wohl auch ihre Absicht. Anita ist ganz in Ordnung.

Aber Will ist einfach furchtbar. Auch wenn er da ist, scheint er ganz woanders zu sein. Zum Glück sehen wir ihn kaum. Er war wieder vier Tage unterwegs, und heute ist er mit unserer Mutter nach Iringa geflogen und dann wieder zurück. Nur er, sie und seine komischen Tattoos. Seit wir hier sind, waren sie mindestens drei Mal zusammen in Iringa – das ist der nächste größere Ort – und sie fliegt immer wieder mit ihm nach Daressalam und Gott weiß wohin sonst. Ja klar, sie sagt immer, dass wir mitkommen sollen, um das Land zu sehen, aber wir steigen nie wieder bei ihm ein. Daniel sieht das genauso, auch wenn er manchmal ein ziemlicher Idiot ist. Kurz und gut, wir haben noch gar nichts gesehen. Und wenn Christine sich nicht irgendwann um uns kümmert, werden wir einen Hungerstreik beginnen oder einfach nach Hause laufen müssen. Oder sonst was. Sie macht uns verrückt.

Ich weiß, dass es Tage oder Wochen dauern wird, bis du diesen Brief bekommst, und ich habe immer noch nichts von dir gehört, aber schreib mir bitte so schnell wie möglich zurück und sag' mir vor allem, was Mark so treibt!!!!
Viele liebe Grüße
Deine Jenny

*

Zimmermann's Bend, am 19. Juni
Liebe Nadine,
Jetzt ist auch Daniel krank! Er hat Fieber und hat die ganze Nacht gehustet. Er sah so schlimm aus, dass ihn Christine im

ersten Augenblick in Wills Flugzeug packen wollte, um ihn zu einem Krankenhaus nach Daressalam zu fliegen. Aber Daniel hat sich einfach geweigert und gesagt, er würde um sich schlagen, wenn jemand versuchen würde, ihn wieder in die Nähe dieses Flugzeugs zu bringen! Aber nach einigen Tests stellte Christine fest, dass er nur eine schwere Grippe hat, und sie hat ihm dann eine Spritze und ein paar Aspirintabletten gegeben und ihn für einige Tage ins Bett gesteckt.

Unser größtes Problem sind weiterhin Christine und Will. Ich kann ihn mir als Stiefvater gar nicht vorstellen. Er ist ganz anders als Papa und er hat sogar etwas Unheimliches an sich, irgendein Geheimnis. Aber Mama redet immer davon, wie toll er ist. Es hat sich übrigens herausgestellt, dass er nicht nur Pilot, sondern auch Naturfotograf ist. Mama zeigt immer auf einen Wandkalender vom Worldwide Fund for Wildlife, der im Wohnzimmer hängt. Er soll das Novemberbild geschossen haben. Es sind ausgerechnet Störche drauf. Er hat in den letzten Jahren drei Bildbände mit ostafrikanischen Naturfotos veröffentlicht. Mama lässt sie immer auf dem Kaffeetisch im Wohnzimmer herumliegen – wahrscheinlich, damit wir reinschauen und unser Urteil über ihn ändern. Die Bilder sind nicht schlecht. Es sind sowohl Nahaufnahmen von Tieren und Blumen als auch jede Menge Luftaufnahmen. Aber das reicht alles nicht aus, um ihn zu unserem Stiefvater zu machen, geschweige denn zu unserem echten Vater.

Und überhaupt: Wir haben herausbekommen, dass Will tatsächlich mit einem Passagierflugzeug abgestürzt ist und dabei einige Leute umgebracht hat! Mehr wissen wir noch nicht. Und stell dir vor: Du wirst es nicht glauben, aber wir vermuten sehr stark, dass er einige Zeit im Gefängnis verbracht hat. Krass, oder? Die Tätowierungen, die er an den Armen hat, haben nichts gemein mit denen, für die man im Studio viel Geld bezahlt. Sie sehen aus wie mit einem rostigen Nagel gemacht, und er wirkt einfach irgendwie wie ein Knasti. Komische Zeichen und Buchstaben. An seinem linken Handgelenk trägt er ein Tattoo, das eine Armbanduhr ohne Zeiger zeigt. Richtig unheimlich. Irgendwie abwesend. Ich habe Christine gefragt, und auch Ibrahim, Wills Partner im Flugdienst. Sie wollen beide nichts sagen, als ob es etwas richtig Schlimmes wäre, sondern sagen Daniel und mir immer, dass wir Will selbst danach fragen sollten, wenn wir's unbedingt wissen wollen. Und nun fliegt er unsere Mutter in seiner klapprigen Maschine durch die Welt! Manchmal frage ich mich echt, was er wirklich treibt, denn er ist nie zu Hause. Fliegt er tatsächlich nur Medikamente und Postsäcke herum? Könnte es sein, dass er Drogen oder Waffen oder so was schmuggelt? Mich würde GAR NIX mehr überraschen. Es kommt mir alles echt krass vor. Und wenn ich seinen Motor nur höre, dreht sich mir der Magen um.

Was ist mit Mark? Ich warte immer noch auf einen Brief von dir!!!!!!!!
xxx Jenny

*

Zimmermann's Bend, am 22. Juni
Liebe Nadine,
hast du mich schon vergessen, oder warum schreibst du nicht? Und was macht Mark??????
xxx Jenny

*

Zimmermann's Bend, am 28. Juni

Liebe Mama, lieber Papa,

habt vielen Dank für die letzten zwei Briefe und vor allem für das Paket! Jenny hat sich sehr gefreut, endlich ihre CDs und den MP3-Player zu bekommen, und der leckere Gugelhupf hat die Reise unbeschadet überstanden. Er schmeckte ganz nach zu Hause.

Nun bin ich froh, berichten zu können, dass die Kinder ihre beiden Infekte halbwegs überstanden haben. Zum Schluss habe ich beide selber bekommen, mit allen Folgen, aber ich konnte es gut verstecken und das ist wohl ein Risiko, an das ich mich gewöhnen muss. Ich habe das Gröbste mittlerweile hinter mir. Ob krank oder gesund – meine Arbeit ist genauso hart wie in den ersten Tagen, und sie wird auf absehbare Zeit nicht leichter werden. Mein Assistent James Mwamba, der hier eintraf, als Doktor Kowalski schon krank war und deshalb lange Zeit ganz sich selbst überlassen war, lernt schnell, und ich bin sicher, dass er sein Examen schafft und bereit sein wird, mich in zwei Jahren ganz abzulösen.

Das Problem ist nicht die Anzahl der Patienten, die sich seit Doktor Kowalskis Krankheit und seinem tragischen Tod angesammelt haben. Ich fürchte, das Problem war Kowalski selbst. Wisst ihr, ich bin wirklich nicht mehr in der Maximilianstraße, und als ich diese Stelle annahm, hatte ich entsetzliche Selbstzweifel und glaubte fast, ich würde ihm – dem erfahrenen Tropenarzt – niemals das Wasser reichen können. Aber inzwischen habe ich erfahren, dass Kowalski nicht sonderlich hart gearbeitet hat und dass er keinen Schimmer davon hatte, wie man eine Klinik leitet. Das Schlimmste daran ist, dass er den Menschen kaum richtig geholfen hat. Seine Vorstellung von Medizin war offensichtlich, den Menschen Spritzen zu verpassen, anstatt sie von vornherein gesund zu halten. Ich habe inzwischen begriffen, dass Letzteres der ganze Sinn meiner Arbeit hier ist, da die meisten Krankheiten sowieso vermeidbar sind. In München sagte mir Dr. Kaiserwetter, dass ich nur hierher geschickt werden sollte, um meinen Assistenten auszubilden und mich selbst überflüssig zu machen, bevor mein Arbeitsvertrag ausläuft, damit wir endlich unsere Brücken hier abbrechen und dieses letzte kleine Kapitel der Kolonialzeit ein für alle Mal beenden können. Aber Kowalski hat anscheinend seine Zeit lieber damit verbracht, Thriller zu lesen und von großen Taten zu träumen. Sein Hobby waren seltene tropische Krankheiten, und er hat sich eine unglaubliche Sammlung von Gerätschaften und Schutzanzügen zusammengestellt. Ihr würdet euren Augen nicht trauen. Will hat mir erstaunliche Geschichten über ihn erzählt. Armer Mensch — was für ein Tod.

Es gibt aber noch weitere Probleme, die es mir schwer machen, meine Arbeit richtig zu genießen. Die politische Situation zum Beispiel ist sehr angespannt. Präsident Dambala hat vor etwa anderthalb Jahren die Macht an sich gerissen und prompt einigen privaten Konzernen Zugeständnisse gemacht, vor allem im Gesundheitswesen. Und nun sind allerhand Gerüchte im Umlauf. Eins besagt, dass die Regierung meine Klinik ganz schließen wird, und zwar noch vor Ablauf meines Arbeitsvertrags. Ich weiß nicht, wem das nützen könnte, aber es scheint möglich zu sein. Es ist auch Besorgnis erregend, wie einige der internationalen Organisationen, die im Land operieren, zunehmend unter Druck geraten. Mitarbeiter der World Health Organisation und des Roten Kreuzes bekommen keine Einreisevisa mehr. Und Will sagt, dass einige der Naturschutzorganisationen, die früher im Ruaha-Nationalpark gearbeitet haben, vor einem Jahr hinausgeworfen wurden. Er hat gestern einen Biologen vom WWF über den Park geflogen, und wenn die Parkverwaltung davon erfahren würde, könnte er seinen Job verlieren. Gleichzeitig werden immer größere Teile des Parks für Touristen geschlossen. Es macht alles keinen Sinn. Auch Will ist besorgt.

Und ich werde immer ganz nervös, wenn ich an den Einbruch denke, der in der Woche nach meinem ersten Besuch hier im Missionshaus passiert ist. Jemand kam mitten in der Nacht und nahm alles auseinander, vor allem Kowalskis Arbeitszimmer und Wills Hangar. Zwar gibt es hier unten eine gewisse Kriminalitätsrate, wie überall auf der Welt, aber das Merkwürdige daran ist, dass offensichtlich nichts gestohlen wurde, nicht einmal Geld. Die Einbrecher haben nach irgendetwas gesucht. Alles genau wie bei uns in Bogenhausen am Tag von Max' Beerdigung. Es kann keine Verbindung zwischen den beiden Fällen geben, aber die alten Ängste kommen wieder hoch. Manchmal, wenn Will weg ist und im Hause Stille herrscht, denke ich, dass sie irgendwann wiederkommen könnten. Ich wusste nicht, ob ich den Kindern davon erzählen sollte, und ich bin froh, dass ich es nicht getan habe. Sie haben es schon schwer genug.

Aber macht euch keine Sorgen. Ich liebe meine Arbeit und zum ersten Mal in meinem Leben weiß ich, dass ich meine wahre Berufung entdeckt habe. Ich wünschte nur, dass Jenny und Daniel eine positivere Einstellung zu alledem haben würden. Ich habe die beiden unendlich lieb, aber ich weiß gar nicht, wie ich es ihnen zeigen soll. Sie haben sich ganz verschlossen und wollen sich auf nichts einlassen. Ich hatte gedacht, sie würden flexibler sein, aber ich hatte anscheinend völlig vergessen, wie ich mit fünfzehn und siebzehn Jahren war! Die Liebe macht tatsächlich blind, vor allem für die Befindlichkeiten der eigenen Kinder. Nun weiß ich, dass ich sie nicht gut vorbereitet habe, dass ich völlig an ihnen vorbeigedacht habe. Ich bereue nicht, sie hierher gebracht zu haben, aber ich hatte die Probleme völlig falsch eingeschätzt. Ich habe vor allem falsch eingeschätzt, wie schwer es ihnen fallen würde, sich für Will zu erwärmen. Aus vielen Gründen – ihr wisst schon. Nein, eigentlich wisst ihr nicht alles. Wenn ich ehrlich bin, muss ich zugeben, dass ich selber nicht einmal die

Hälfte von alledem verstehe. Ich hoffe, der Tag wird kommen, an dem wir das alles ganz offen besprechen können – auch Jenny und Daniel. Aber bis sie ihre Flugangst besiegen und lernen, Will wenigstens ein bisschen zu vertrauen, werden sie unglücklich bleiben.

Wie ihr seht, habe ich es gut, weil ich meine Arbeit und eine echte Aufgabe habe. Ich habe sogar ein Gartengeschäft in Dar entdeckt, in dem ich neulich drei Dutzend Rosenbüsche für unseren Garten gekauft habe. Das bedeutet ein kleines Stück Heimat. Ansonsten ist alles schwer und ich bekomme starke Konkurrenz von einer alten Frau im Dorf, einer gewissen Bibi Sabulana, der Urgroßmutter unserer Haushälterin Anita, die seit ewigen Zeiten als Hellseherin und Wunderheilerin gilt und selbst eine Art medizinisches Wunder darstellt. Manche Einstellungen ändern sich nur langsam. Aber nach einer Karriere, in der ich sonst nur Symptome behandelt habe, bin ich jetzt endlich dabei, die Wurzeln von Krankheit und Leid auszurotten. Aber Jenny und Daniel haben keine richtige Aufgabe, und ohne Sprachkenntnisse wird es ihnen schwerfallen, Freundschaften zu schließen. Leider gibt es hier kaum Europäer oder Leute, die wenigstens etwas Zeit außerhalb Afrikas verbracht haben, mit denen sie sich unterhalten können. Und die bloße Tatsache, dass ein Mensch aus Europa oder sonst woher stammt, ist keine Garantie dafür, dass dieser Mensch dein Freund ist.

Ich wünschte nur, die Kinder könnten erst mal akzeptieren, dass ab jetzt nichts mehr so sein wird, wie es früher war, und dass das eine riesengroße Chance bedeuten kann. Aber sie haben noch gar nichts akzeptiert. Das würde eben einen gewaltigen Sprung ins Ungewisse darstellen, und nach einem knappen Monat sind sie noch nicht bereit, einen solchen Sprung zu wagen.

Morgen kommen Journalisten – schon wieder! –, dieses Mal von der BBC. Eine kleine Notiz im MONITOR und dann

diese ganzseitige Reportage in der Süddeutschen haben überall
das Fernsehen aufhorchen lassen, und nun ausgerechnet die
BBC! Viel Spaß beim Gucken!
Alles Liebe
Eure Christine

*

Zimmermann's Bend, am 29. Juni
Hallo Mark,
hast du schon meine anderen Ansichtskarten bekommen?
Hoffentlich magst du dieses Bild. Eigentlich habe ich noch
keine Löwen gesehen, aber irgendwann besuchen wir hoffentlich den Nationalpark und vielleicht treffen wir unterwegs einen echten. Wie geht's dir? Bitte schreib mir was!
Ganz liebe Grüße von deiner
Jenny

10

Aber nun sollte alles anders werden, denn der große Tag war endlich gekommen. Unser BBC-Interview kam ins globale Fernsehen!

„Und nun zur Münchner Ärztefamilie, die Ende Mai ihre mitteleuropäische Heimat verließ und sich inzwischen im ostafrikanischen Busch vorbildlich eingerichtet hat." Die aparte Engländerin im Safari-Look grinste wie eine Schaufensterpuppe in die Kamera. Das Bild auf dem Display von Mamas Laptop flackerte. Die Farben wechselten von purpur-grün zu schwarzweiß zu purpur-gelb. „Wie Zeitungsleser und Fernsehzuschauer in aller Welt inzwischen wissen, ist die international anerkannte Kolumnistin und Buchautorin Frau Doktor Christine Chapman, geborene Jäger, verwitwete Sandau, achtzehn Monate nach dem tragischen Tod ihres ersten Mannes, dem investigativen Reporter Max Sandau, in den Süden Tansanias gezogen, um in einer Buschklinik zu arbeiten. Sie ist buchstäblich eine Ärztin ohne jegliche Grenze. Über ihre aktuelle Bilderbuchromanze und Ehe mit einem echten afrikanischen Buschpiloten wollen wir natürlich alle mehr erfahren. Aber erzählen Sie uns zunächst, Dr. Chapman, wie schwer es für Sie war, Ihre erfolgreiche Münchner Arztpraxis und Ihre brillante Schriftstellerkarriere aufzugeben, um härteste medizinische Aufbauarbeit zu leisten."

Jetzt kommt's, dachte ich.

Die TV-Christine setzte ihr bestes Interviewlächeln auf und warf ihr wallendes blondes Haar hinter die Schultern. „Wissen Sie, ich sage mir immer, Arbeit ist Arbeit, egal wo man ist. Hauptsache, man wird gebraucht."

Oh Gott! Ich wand mich im Stuhl.

„Und wie war es für dich, Daniel", fragte die Journalistin weiter, „ein luxuriöses Haus in einem der nobelsten Viertel Münchens, ein erstklassiges Gymnasium, deine Freunde und alle Wunder der modernen Technik hinter dir zu lassen?"

Der echte Daniel klappte die Hände über die Ohren.

„Es ist nicht immer leicht", sagte der TV-Daniel. „Manchmal möchte ich schon alles hinschmeißen. Afrika wird nie München sein."

Daniel begrub sein Gesicht in den Händen. „Mann!", flüsterte er.

„Und hast du vielleicht etwas anderes zurückgelassen?", bohrte die Journalistin. „Eine Freundin zum Beispiel? Oder vielleicht sogar einen ... Freund?"

„Na ja, es gab doch diese französische Austauschschülerin bei uns auf dem Rupprecht-Gymnasium", sagte TV-Daniel. „Sie heißt Céleste und ist total nett. Kaum zu glauben, dass ich sie vielleicht nie wiedersehen werde. Aber das senden Sie bestimmt nicht, oder?"

Daniel sprang auf. „He!", rief er. „Sie hatte doch geschworen, dass die Kamera gar nicht lief, als sie mich das fragte! Diese Zicke bringe ich um!"

„Und was fehlt dir am meisten, Jenny?", fragte die Journalistin. „Mit nur fünfzehn Jahren ist es bestimmt nicht einfach, so fern von der Heimat."

Hilfe, dachte ich, während Daniel sein tomatenrotes Gesicht zwischen die Knie steckte.

„Meine Freundinnen natürlich", sagte die schwächliche, wabernde Gestalt auf dem Bildschirm. „Vor allem Nadine und Jana von meiner Schule." Bloß gut, dass ich Mark nicht erwähnt hatte! *Aber das bin ich sowieso nicht*, dachte ich. *Dieses Mädchen, das zufällig meinen Namen trägt, sieht aus wie ein Klon unserer berühmten Mutter, nur kleiner und ängstlicher. Nicht blond, sondern blass.* Der linke Spaghetti-Träger ihres Oberteils war verrutscht und verriet einen weißen Streifen auf ihrer Schulter. *Nein, das bin ich nicht*, sagte ich mir wieder. *Das ist nur die TV-Jenny. Nur so ein komischer Reality-TV-Star. Die hat gar nichts mit mir zu tun. Ich kenne sie nicht einmal.* „Ich vermisse mein Handy ... hmm ... meine Katze und die Kaninchen auch, und ... eigentlich alles."

Oh je!, dachte ich. Hätte ich bloß den Mund gehalten! Aber wenn sie so bescheuert fragt?

Die Kamera zeigte Bilder vom Missionshaus mit seinen gelben Backsteinmauern, von unserem zellenartigen Schlafzimmer unterm roten Ziegeldach, vom gedrungenen, weiß getünchten Klinikgebäude, von den zwei einmotorigen Flugzeugen in Wills Flugdienst, und schließlich von den einfachen Lehmhütten im Dorf, die auf dem Bildschirm nur noch schäbig aussahen. „Dr. Chapman", sprach die Journalistin dann weiter und wandte sich wieder an Christine, die nun mitten in ihrem geliebten Rosengarten stand. Die Stauden hatte sie erst vor wenigen Tagen in Dar gekauft und sie verbrachte jede freie Minute mit ihrer Pflege. „Sie sind durch Ihre Ratgeberkolumnen und -bücher nicht nur in Deutschland ein Begriff, sondern Sie schmücken die Bestsellerlisten von London bis Sydney. Welchen guten Ratschlag würden Sie Ihren Leserinnen und Lesern heute aus Ihrem neuen Betätigungsfeld in Afrika mit auf den Weg geben wollen?"

„Wie ich schon immer sagte", dozierte die TV-Christine. „Wer sich selbst helfen will, muss bereit sein, anderen zu helfen. Und kaum ein anderes Gebiet auf diesem Planeten eignet sich so gut dafür, wie eben Afrika."

Daniel und ich stöhnten. Das war wirklich das Allerletzte. Sogar Christine errötete und schaute weg. „Sie hat doch versprochen, das herauszuschneiden", flüsterte sie. „Stattdessen hat sie die paar intelligenten Dinge, die ich über die medizinische Versorgung in ländlichen Gegenden in Ostafrika zum Besten gegeben hatte, offenbar gelöscht. Wozu hat sie eine ganze Stunde mit uns geredet?"

„Weise Worte, von denen wir sicherlich alle etwas lernen können", resümierte die Journalistin. „Mehr zur Familie und was sie sonst so in ihrer neuen afrikanischen Heimat treibt, erfahren Sie auf unserer Homepage. Und das war's von mir, Bridget Callaghan, unterwegs für die BBC in Zimmermann's Bend, Tansania."

Christine riss die DVD aus dem Laufwerk ihres Laptops und steckte sie wieder in ihre Hülle. „Nun, das hätten wir überstanden", sagte sie. Die beiden afrikanischen Krankenschwestern, die an der Tür zum Klinikbüro zugeschaut hatten, lächelten uns kurz zu und gingen an ihre Arbeit zurück. „Was für eine Woche! Zuerst die Süddeutsche und die BILD-Zeitung, dann CNN, Deutsche Welle, RTL ... mehr war da nicht, oder?"

„Reicht's dir nicht schon?", fragte Daniel.

„Ich vermute Dr. Kaiserwetter hinter dem ganzen Rummel", meinte Christine. „Er dachte vermutlich von Anfang an, dass er durch mich sein Spendenaufkommen verdoppeln könnte. Denn warum hatte er ausgerechnet mir diese Stelle angeboten, wo es doch wesentlich erfahrenere Tropenärzte gibt? Ich kann mir gut vorstellen, wie er jetzt in seinem Büro sitzt und sich ins Fäustchen lacht."

Der stämmige Afrikaner im roten Hemd zu Christines Rechten grinste. Ibrahim Kharusi war Anfang vierzig und wie gesagt Wills Geschäftspartner im Flugdienst. Doch während Will immer noch unheimlich auf uns wirkte, mit seinem abwesenden Blick und seinen schmierigen Tätowierungen, war Ibrahim inzwischen zu einem guten Freund geworden. „Es ist zwar ein bisschen ungewohnt, euch im Reality-Fernsehen zu erleben", sagte er auf Englisch im gerundeten Dialekt der

Swahiliküste, „aber ich denke, ihr habt wieder eine gute Figur gemacht."

„Es war grässlich", erwiderte ich. „Wenn das unsere Freunde zu Hause sehen ..."

„Ja, Céleste zum Beispiel ..." Daniel rieb sich die Augen. „Ich kann immer noch nicht glauben, dass diese Zicke meine blöde Bemerkung gesendet hat!"

„Die BBC-Sendung wurde offenbar gestern gezeigt", sagte Ibrahim. „Der CNN-Bericht lief schon letzte Woche an und wurde bisher fünfmal wiederholt. Das Internet redet auch über nichts anderes. Es wird kaum noch jemanden auf der Erde geben, der eure Gesichter nicht kennt."

Na toll!, dachte ich.

„Das Fernsehen ist gnadenlos." Christine drehte ihren Schreibtischstuhl so, dass sie Daniel und mir ins Gesicht sehen konnte. Ihr enges Bürozimmer mit den dichtgedrängten Bücherreihen und Ordnerstapeln ließ uns keinen Platz zum Sitzen. „Tja, mal sehen, was Will dazu meint, wenn er wiederkommt. Ihr habt aber das Wesentliche gesagt – dass es schwer ist, sich einer neuen Kultur anzupassen. Das versteht jeder. Ein Wunder, wenn's anders wäre."

„Aber wir sind schon seit einem Monat hier", sagte ich. „Wir kennen fast niemanden und können fast kein Wort Kiswahili. Wie lange wird das so weitergehen?"

„Ich glaube, ihr seht da etwas falsch." Ibrahim lehnte sich in seinem Stuhl zurück und legte seine breite, dunkle Stirn in Falten. „Ihr könnt nicht erwarten, dass Afrika eines Tages auf euch zukommt und sagt ‚Willkommen zu Hause! Wo wart ihr so lange?' Und überhaupt – es ist nicht der Boden, auf dem man gerade zufällig steht, der ein Zuhause ausmacht. Es sind die Menschen. Ob in Afrika oder sonst wo auf der Welt. Wie wir auf Sansibar sagen: *Mtu ni watu.*"

„Und das heißt?" fragte Daniel.

„Ein Mensch ist Menschen.' Keiner existiert ganz allein, nur für sich. Ich glaube, ihr seid schon mehr zu Hause, als ihr ahnt. Schaut euch die Skulptur da an." Er zeigte auf eine dunkle, etwa halbmetergroße Ebenholzplastik, die mitten auf Christines bepacktem Schreibtisch stand, ein Begrüßungsgeschenk von ihren Mitarbeitern in der Klinik. Sie stellte einen Turm aus grazilen, ineinander verschlungenen Menschen dar. Ich hatte mich schon oft gefragt, was sie darstellen sollte. „Sie ist vom Makonde-Volk. Die Makonde sind ein Stamm, der an der Südostküste Tansanias lebt, und sie sind berühmt für diese Ebenholzskulpturen, die sie ‚Ujamaa-Schnitzereien' oder auch ‚Lebensbäume' nennen. Sie werden zwar tonnenweise für die Besucher geschnitzt und gelten mittlerweile bei vielen Europäern als Touristenkitsch, aber ihnen liegt ein sehr alter Gedanke zugrunde."

„Sie sieht witzig aus", sagte Daniel. „Auf mich wirkt sie so, als würden die Leute alle übereinander steigen. Fast wie Ameisen."

Ibrahim schüttelte den Kopf. „Vielleicht kommt sie dir jetzt so vor. Aber für mich unterstützen sich die Menschen alle gegenseitig. Eigentlich geht es euch ganz gut. Aber ihr habt bestimmt schon festgestellt, dass das Leben hier für die meisten Leute sehr hart ist, und ohne Familie und Freunde könnten sie keinen Tag überleben. Der Lebensbaum repräsentiert das Leben selbst. Die Idee, die dahinter steht, ist ziemlich einfach: Keiner ist, wer er ist, ohne andere. Keiner hat etwas ohne die Leute, die ihn unterstützen und die an ihn glauben. Jeder ist wichtig und hat einen Platz in der Gemeinschaft, die wiederum zusammengesetzt ist aus allen Menschen, die jemals gelebt haben, die heute leben, und die in der Zukunft leben werden."

„Das ist doch eine ganze Philosophie für sich", sagte ich. „Du hättest lieber die Statue im Fernsehen präsentieren sollen, anstatt dass wir uns alle vor der ganzen Welt zu Affen machen mussten."

Ibrahim lachte. „Ja, die Zuschauer hätten bestimmt davon profitiert. Nennt es Solidarität oder einfach Familie. Darum dreht sich doch alles, vor allem hier. Es ist nur diese Solidarität, diese Familie im weitesten Sinne des Wortes, was einen beliebigen Ort zu einem Zuhause macht. Nichts anderes."

Von draußen ertönte das Brummen eines Motors. „Das klingt nicht wie Wills Maschine", sagte Christine. „Schaut mal, wer da kommt, ihr beiden – und drücken wir die Daumen, dass es keine Journalisten sind!"

11

Daniel und ich knallten die Kliniktür hinter uns zu. Wir liefen an der roten Bougainvillea-Hecke vorbei, streiften Christines neuen Rosengarten und umrundeten das Missionshaus, bis wir die breite Flugpiste erreichten. Dann stiegen wir auf die Veranda und schauten in den Himmel. Ein weißes Kleinflugzeug umkreiste das Gelände einmal, bevor es zur Landung ansetzte. Rote Sonnen prangten auf den Tragflächen.

Es war ein Tiefdecker der Marke Piper Warrior, wie wir später erfuhren, von etwa derselben Größe und Ausstattung wie Wills Cessna. Als die Maschine neben Ibrahims roter Beechcraft Bonanza in einer Staubwolke zum Stehen kam, klappte die rechte Tür auf und ein etwa fünfzigjähriger Mann mit kurzen ergrauten Haaren sprang heraus. Er trug trotz der Mittagshitze einen grauen Nadelstreifenanzug aus Wolle und hielt einen ledernen Aktenkoffer in der Hand. Dann öffnete sich die Pilotentür und eine schlanke junge Frau um die zwanzig entstieg der Maschine. Sie trug ein sportliches Jeanshemd und eine enge Jeanshose. Auf dem Kopf saß ein rotes Basecap und ihr langer dunkelbrauner Zopf wehte im Wind. In ihrem linken Arm hielt sie ein kleines Bündel, etwa so lang und breit wie ein Brotlaib, der in ein weißes Tuch gewickelt war.

„Hallo, Nachbarn!", rief uns der Mann entgegen. Die junge Frau folgte ihm mit respektvollem Abstand. „Darf ich mich vorstellen?" Er stieg mit ausgestreckter Hand die Verandastufen hinauf. „Gestatten – Nelson Hobart von der Black Star Tea Company. Zu euren Diensten."

„Sehr erfreut", sagte Daniel. „Wir heißen …"

„Wie ihr heißt, weiß inzwischen die ganze Welt", unterbrach ihn Hobart. Aus seinen englischen Worten klangen die harten Vokale eines Australiers. „Daniel und Jenny Sandau, die neuen Stars des globalen Digitalfernsehens."

„Oh nein", rief ich, als ich Hobart die Hand reichte. „Sagen Sie bloß nicht, dass Sie uns in der BBC gesehen haben."

„In der BBC, auf CNN, im englischsprachigen Programm eurer eigenen Deutschen Welle …" Die junge Frau hustete leise hinter ihm. „Wie unhöflich von mir", sagte Hobart und drehte sich zu ihr um. „Darf ich euch meine Assistentin vorstellen – Mademoiselle Marie-Heloise Benoit."

Marie-Heloise strahlte übers ganze Gesicht, als sie das Bündel auf ihrem linken Arm verschob und Daniel und mir die Hand drückte. „Als wir euch im Fernsehen sahen", sagte sie mit leichtem französischem Akzent, „gab ich meinem Chef keine Ruhe, bis wir …"

Sie ging in die Hocke. Das Bündel bewegte und rollte sich. Ein helles Japsen ertönte, als es sich gänzlich auflöste und ein kleiner gelber Golden-Retriever-Welpe mit einer breiten roten Schleife um den Hals aus Marie-Heloises Armen sprang und direkt vor meinen Füßen landete. „Wie süß!", rief ich und nahm ihn sofort in die Arme. Der Welpe wedelte mit dem Schwanz und leckte mein Gesicht.

„Ich hoffe, ihr mögt Hunde", sagte Marie-Heloise. „Die Hündin meines Nachbarn in Daressalam hatte einen neuen Wurf, und die Vorstellung, dass zwei junge Menschen wie ihr ganz allein ohne ein Haustier leben müsst, fand ich einfach unerträglich."

„Meine Mitarbeiterin hat eine Schwäche für Hunde." Hobart schnaufte. „Ich selber mache mir nichts aus Tieren."

„Sie meinen, wir können ihn wirklich behalten?", fragte ich. Der Welpe knabberte gerade an meinem linken Ohrläppchen.

Marie-Heloise nickte. „*Bien sûr*", als eine kleine Begrüßung. Ich habe alle Papiere und Impfscheine bei mir, und wir haben Nahrung für einen Monat mitgebracht. Mein Nachbar hat ihn Tari genannt. Das ist Kiswahili für ‚Blitz', weil er ein so helles Fell hat und schnell wie ein Blitz rennt."

Nun kraulte auch Daniel ihm die Ohren, während Tari ihm die Finger leckte. Der Welpe fühlte sich warm an in meinen Händen und sein heißer Atem duftete nach Hundekuchen. Mr. Hobart schaute dieser Szene einen Augenblick lang missbilligend zu. „Ich störe euch nur ungern an so einem wunderschönen Tag", sagte er, „aber Mademoiselle Benoit und ich waren gerade in der Gegend, um einige unserer neuen Plantagen aus der Luft zu besichtigen. Jedenfalls dachte ich, ich könnte die Gelegenheit nutzen und ein paar Worte mit eurer lieben Mutter wechseln. Von Nachbar zu Nachbarin sozusagen."

„Mama ist noch in der Klinik", sagte ich, „aber sie macht gleich Mittagspause. Wollen wir erst mal reingehen?" Ich kitzelte Tari den Bauch und er winselte und wedelte mit dem Schwanz. Ich konnte es nicht fassen: Endlich hatte ich meinen eigenen Hund! Und ausgerechnet einen Golden Retriever!

„Und nun raus mit der Sprache", sagte Hobart wenig später, als er sich in einen der Wohnzimmersessel warf. Der scharfe Geruch des Holzkamins hing in der Luft und die Fratzen der afrikanischen Masken, die an den weißgestrichenen Wänden hingen, schauten auf uns herab. Obwohl die deutschen Missionare, die die Siedlung vor über hundert Jahren errichtet hatten, alle schon längst zwei Meter unter der Erde lagen, kam es mir manchmal so vor, als würden sie immer noch dort zu Hause sein und wir wären nur zu Besuch.

„Wie geht's euch jetzt?", fragte Hobart. „Haltet ihr die Ohren steif?"

Marie-Heloise setzte sich auf einen Bambusstuhl neben der Zimmertür. Sie saß auf ihren Händen und streckte ihre langen Beine von sich.

„Na ja, es ist mehr oder weniger so, wie wir es den ganzen Journalisten erklärt haben." Ich teilte die Colaflaschen aus, die ich soeben aus der Küche geholt hatte, während Tari auf dem Lumpenteppich saß und sich kratzte, bis er umkippte. „Wir fühlen uns soweit sicher, aber es ist alles sehr fremd hier und wir möchten lieber zu Hause sein."

Hobart lachte. „Glaubt mir, es geht uns allen so auf diesem gottverlassenen Erdteil. Was würde ich dafür geben, wieder nach Sydney zurückkehren zu können! Aber was ich euch noch fragen wollte: Wann habt ihr vor, mit euren Safarispielen aufzuhören und wieder zur Schule zu gehen?"

„Wir haben doch Selbstlernmaterialien", sagte ich. Das kalte Grau seines Anzuges setzte sich im Grau seiner Augen und in seinen buschigen Augenbrauen fort. Ich hatte längst begriffen, dass mit diesem Mr. Hobart nicht zu spaßen war. Mir fröstelte. „Wir haben sie schon für das letzte Schuljahr durch und fangen bald mit dem neuen an. Unsere Mutter hätte uns ins Internat nach Arusha schicken können, aber wir wollten doch zusammenbleiben."

„Zusammenbleiben? Hier? Welchen Vorteil hat das denn?"

„Mama sagt, dass ein Afrika-Aufenthalt ein ganzes Studium für sich ist", erklärte ich. Ich merkte schnell, dass ich meinen Worten selber nicht richtig glauben konnte. „Dass das einfache Leben hier und die vielen Herausforderungen den Charakter formen."

„Ah." Hobart lachte. „Was mich nicht tötet, macht mich stärker. Ja, mein alter Vater hatte auch immer solche Sprüche auf den Lippen. Am Ende haben sie ihm wahrhaftig nicht viel geholfen."

„Es ist schon schwer", fügte Daniel hinzu. „Aber wir schaffen das alles besser zusammen."

„Ja, sicher, sicher", sagte Hobart. Er nahm einen Schluck aus der Flasche und setzte sie auf den Fußboden. „Blut ist dicker als Wasser und so weiter. Habe ich schon tausendmal gehört. Aber seien wir ganz ehrlich: Das ist keine Perspektive für euch. Arbeitshefte vollzukritzeln ist eine Sache, aber wie wollt ihr später studieren? Und das Internat in Arusha ist ein Saustall. Nein, was ihr braucht, ist eine anständige Schule, wo ihr fachmännisch ausgebildet werdet, interessante Leute kennenlernt und vor allem aus diesem Loch hier rauskommt. In Kapstadt gibt's genau das Richtige für euch. Da könnt ihr reiten und schwimmen, und ihr könnt sogar euren neuen Hund da mitnehmen. International akkreditiert, alles auf dem neusten technischen Stand. Das hier ist kein Ort für euch. Großer Gott, ich gehe jede Wette ein, dass eure Mutter nicht einmal online ist!"

„Aber wir wollen doch nicht ...", setzte ich an, doch bevor ich meinen Satz zu Ende sprechen konnte, ging die Außentür auf und Christine trat ins Haus. Dem Arztkittel, den sie über ihrer grauen Bluse und ihren Jeans trug, sah man nicht mehr an, dass er erst gestern gewaschen und heute früh frisch gebügelt worden war. Zwar drückte ihr Gesicht die Müdigkeit eines langen und abrupt unterbrochenen Arbeitstages aus, der noch lange nicht zu Ende war, aber sie strich sich die goldenen Haare hinter die Ohren und setzte trotzdem ein freundliches Gesicht auf. Der Geschäftsmann erhob sich und stellte sich vor. „*Karibuni*", sagte Christine und nahm seine und Marie-Heloises Hand. „Willkommen. Besucher sind eine Seltenheit in Zimmermann's Bend."

„Wissen Sie, meine Arbeit führt mich sehr oft in diese ... eher exotische Gegend", sagte Hobart. „Das wird wohl nicht mein letzter Besuch sein, darauf können Sie sich verlassen. Dabei will ich Sie gar nicht von Ihrer wichtigen Arbeit abhalten."

„Nicht nötig, Mr. Hobart, ich brauchte sowieso gerade eine Pause." Sie warf einen irritierten Blick auf Tari.

„So ein Glück! Das wäre mir sonst äußerst peinlich gewesen. Aber da wir uns jetzt endlich kennenlernen ..." Hobart setzte sich wieder. „Sie werden staunen, aber meine liebe Frau schwärmt von Ihnen. Sie hat alle Ihre Bücher gelesen und sie wird nicht glauben, dass ich Sie persönlich getroffen habe. Schließlich war ihr letztes Opus, ‚Das Beziehungshandbuch', drei Monate auf der australischen Bestsellerliste. So viel Weisheit auf einmal – ich kann mir nicht vorstellen, woher Sie die ganze Inspiration nehmen." *Wie schleimig kann man sein?*, fragte ich mich. Christine lächelte, aber ich merkte, dass ihre Geduld allmählich nachließ. „Nun, darf ich fragen, wie Sie mit ihrer neuen Berufung hier draußen zurechtkommen?"

„Ach, Mr. Hobart, ich weiß gar nicht, wo ich anfangen soll." Christine setzte sich ebenfalls in einen Sessel. Daniel reichte ihr eine Flasche Fanta, die er gerade aus der Küche geholt hatte und sie trank einen Schluck daraus. „Manchmal wünsche ich mir, ich könnte mich in vier Christine Chapmans spalten: In eine, die sich um die Verwaltung und die Versorgung kümmert; in eine, die die Patienten behandelt; in eine, die die umliegenden Dörfer betreut; und schließlich in eine, die für Aufklärung und Vorsorge zuständig ist – am besten gleich zwei. Es ist viel mehr Arbeit, als ich mir jemals hätte vorstellen können. Es ist unglaublich, was vor allem Aids und Malaria hier anrichten. Trotzdem gehe ich jede Nacht mit dem Gefühl ins Bett, etwas geleistet zu haben."

„Ich bin sicher, dass Sie Unglaubliches leisten", sagte Hobart. „Ich frage mich nur, ob Sie wissen, wie sich die Lage im Lande ändert? Das Ergebnis der letzten Wahl ist Ihnen sicherlich nicht verborgen geblieben."

Marie-Heloise stellte ihre Cola-Flasche auf einen Nebentisch und formte lautlos die Worte „Wollen wir rausgehen?" mit ihren Lippen. Daniel, der dem Gespräch sowieso nur halb zugehört hatte, nickte und folgte ihr zur Tür hinaus. Ich schnappte Tari und ging hinterher.

„Ich könnte ein bisschen frische Luft gebrauchen, Daniel", sagte Marie-Heloise, als wir auf die Flugpiste traten. Sie sprach seinen Namen nach französischer Art aus. *Danièl.* Ansonsten war ihr Englisch perfekt. Irgendwie spürte ich, dass sie eher mit ihm als mit mir reden wollte, aber ich blieb trotzdem in der Nähe und spielte mit Tari. Was für ein tolles Geschenk! So einen Hund hatte ich doch ewig gesucht, ich hatte mich so danach gesehnt, und nun sprang er tatsächlich um mich herum und leckte meine Finger. Und er gehörte mir! Tari war rundherum der perfekte Hund.

Diese Marie-Heloise war nicht nur nett – sie kam mir irgendwie bekannt vor. Was war es? Das Gesicht? Die Haare? Hübsch war sie auf jeden Fall, mit ihren feinen Gesichtszügen, den Grübchen um den Mund, den funkelnden schwarzen Augen. Ja, sie strahlte etwas aus. Sie wirkte eben wie deine beste Freundin, der du alles erzählen kannst. Und klug war sie auch – das erkannte ich sofort.

Aber an ihrer Miene, an ihren Gesten merkte ich, dass irgendetwas sie beunruhigte.

„Ich weiß nicht, was ihr dabei empfindet", sprach sie weiter, „aber diese endlose Fachsimpelei geht mir entsetzlich auf die Nerven. Alles heiße Luft, *vous savez?*" Einige lose Haarsträhnen wehten ihr übers Gesicht.

„Was will er überhaupt von unserer Mutter?" Daniel musterte ihr Gesicht.

„Hobart ist der Geschäftsführer unserer Firma in Ostafrika", sagte Marie-Heloise. „Ich kann nicht behaupten, dass es leicht ist, unter ihm zu arbeiten, oder überhaupt in seiner Nähe zu sein. Das wird eure Mutter bestimmt auch bald feststellen. Da kann ich ihr leider nicht helfen."

„Um was geht's überhaupt?", fragte ich.

„Eigentlich darf ich euch nichts verraten, aber ihr habt vielleicht mitbekommen, dass der neue Präsident Tansanias, Dambala, die internationalen Organisationen hier im Land hinausschmeißen will", erklärte Marie-Heloise. „Greenpeace, der WWF, Terre des Hommes. Es ist nicht einfach, aber er arbeitet daran. Eure Mutter hat es allein ihrer Berühmtheit zu verdanken, dass Doctors Without Limits als eine der letzten internationalen Organisationen vorläufig im Land bleiben darf."

„Mama hat neulich etwas davon erzählt", sagte ich. Ich warf einen Stock und Tari rannte tatsächlich wie ein kleiner, geölter Blitz los, um ihn zu holen.

Marie-Heloise nickte. „Damit macht sich Dambala nicht gerade beliebt, aber was soll's? Jedenfalls will Hobart eure Mutter auch ein bisschen weichklopfen."

„Verstehe ich nicht", sagte Daniel. „Unsere Mutter hilft den Menschen hier, mehr nicht. Was hat der Präsident dagegen? Und was hat das alles mit Tee zu tun?"

„*Mon dieu*, was weiß ich denn? Rein persönlich hat der Präsident wohl nichts dagegen." Marie-Heloise rupfte einen trockenen Grashalm aus der Stoppelwiese und steckte ein Ende zwischen die Zähne. „Aber einige seiner Freunde – sowohl Afrikaner als auch Europäer und vor allem Chinesen – haben festgestellt, dass sie mehr verdienen können, wenn sie die Entwicklungshilfe privatisieren. Sie wollen zwar weiterhin Geld aus dem Ausland beziehen, aber die Leistungen selbst erbringen – in Naturschutz, Medizin, überhaupt. Ich weiß nicht, ob es effizienter ist, aber man kann auf jeden Fall ... *Ça se dit comment?* Ein Schweinegeld verdienen. Wisst hier, ich bin nach Afrika gekommen, um die Welt auf meine Weise zu verbessern. Andere wiederum wollen nur ihren Kontostand aufbessern. Und Hobart gehört zur zweiten Kategorie. Tee ist nur eines seiner Geschäftsfelder, und Dambalas Idee passt ihm anscheinend ins Konzept."

„Du scheinst ihn nicht sonderlich zu mögen", sagte Daniel.

Marie-Heloise spuckte den Grashalm aus und lachte los. „Ist das so offensichtlich? Dann muss ich aufpassen. Du hast recht: ich kann ihn nicht leiden. Aber das Gefühl beruht auf Gegenseitigkeit. Du hast keine Ahnung, wie es ist, mit so einem Menschen zusammenarbeiten zu müssen. Eigentlich bin ich Naturwissenschaftlerin. Ich mache das seit Ende Mai, um mein Studium an der Sorbonne zu finanzieren, und normalerweise arbeite ich auf den Plantagen. Bodenproben und dergleichen. Eine bessere Gärtnerin, *vous savez?* Ansonsten pendele ich dauernd zwischen Dar und Iringa. An sich kein schlechter Job, aber meine Vorgesetzten sind etwas ... merkwürdig. Wenn ich nicht zufällig meinen Pilotenschein hätte, würde ich nie rauskommen. Du wirst nicht glauben, wie lange ich Hobart anbetteln musste, damit ich ihn heute hierher fliegen durfte. Ehrlich gesagt, ich musste Carlos Figueira, seinen Piloten, bestechen."

„Warum wolltest du kommen?" Daniel musterte weiterhin ihr Gesicht, ihr Profil. Irgendetwas an ihr kam ihm offenbar auch bekannt vor.

„Wegen Tari, natürlich. Du ahnst nicht, wie mich euer Fernsehauftritt bewegt hat! Ihr saht wirklich aus, als ob ihr eine Freundin gebrauchen konntet. Hört mal." Marie-Heloise seufzte. „Hobart wird eurer Mutter viel Mist erzählen. Das macht er mit allen Ausländern, die noch hier sind. Aber in einem hat er Recht. Die Situation spitzt sich zu. Und ich denke, die wenigen von uns, die übrig geblieben sind und halbwegs klar im Kopf sind, sollten zusammenstehen."

„Aber unsere Mutter wird uns schon beschützen", sagte Daniel. „Sie und ihre Organisation und das Auswärtige Amt. Und unser Stiefvater Will ... Ich meine, ich kann nicht viel mit ihm anfangen, aber er kennt sich im Land aus. Er wird schon wissen, ob's gefährlich ist."

Natürlich!, dachte ich. Jetzt hatte ich es. Sie sah aus wie Céleste. Céleste, die besagte Austauschschülerin aus Paris im vergangenen Jahr, die Daniel monatelang aus der Ferne bewundert hatte, bis er endlich den Mut aufbrachte, sie ins Kino einzuladen, und zwar genau eine Woche, bevor wir Richtung Afrika abgedüst waren. Deren Foto immer noch an der Wand neben Daniels Bett hängt. Eine wahre Liebestragödie, wie er die Geschichte schilderte. Sie hatte nämlich auch so einen langen, braunen, seilartigen Zopf.

„Was euren Stiefvater anbetrifft …" Marie-Heloise richtete ihre Augen auf die Berge. „*Eh bien*, warum sage ich euch das alles? Ich kenne ihn nicht persönlich, aber Hobart hat neulich durchschimmern lassen, dass er ihn von früher kennt, dass er ‚eine Vergangenheit' hat, wie er sich ausdrückt. Er hat's auf ihn abgesehen. Er behauptet sogar, dass Will Chapman sein Flugzeug benutzt, um Waffen für Jonathan Lobulu zu liefern. Das ist Präsident Dambalas Rivale um die Macht."

„Will? Ein Waffenschieber?", fragte ich.

Marie-Heloise zuckte mit den Achseln. „Das ist sicherlich nur die … was? Sagt ihr dazu die *Gerüchteküche*? Hier redet jeder über jeden, es ist wie eine Krankheit hier draußen. Aber hört zu: Ich habe keine Ahnung, was mit eurem Stiefvater ist, aber lasst euch auf nichts ein, was Mr. Hobart betrifft, bis wir mehr wissen." Die letzten Worte flüsterte sie fast. „Hier draußen kann alles passieren, wenn's um Geld und offene Rechnungen geht. Glaubt mir, ich weiß, wozu Mr. Hobart fähig ist."

Wozu er fähig ist? „Sag mal", protestierte ich. „Er wirkt tatsächlich nicht sehr nett, aber er sieht nicht gerade gefährlich aus."

„*Ecoutez.*" Mare-Heloise lächelte müde. „Wenn ich eines gelernt habe, dann das: Der äußerliche Schein kann trügen. Das ist manchmal eine schmerzliche Erkenntnis, aber wenn ihr sie einmal begriffen habt, werdet ihr mit ganz anderen Augen durchs Leben gehen."

„Verstanden." Daniel blickte zu mir. „Wir werden schon aufpassen."

Sie reichte in die Brusttasche, entnahm zwei weiße Kärtchen und drückte sie uns in die Hände. „Meine Visitenkarte", sagte sie. „Für alle Fälle." Darauf stand unter dem Firmenlogo der Black Star Tea Company lediglich die Wörter „Marie-Heloise Benoit. Technical staff", zusammen mit einer Handy- und Email-Adresse.

Marie-Heloise seufzte. „Furchtbar, was eurem Papa passiert ist", sagte sie. „Mein Beileid. Ich habe selber eine gute Freundin in einem Absturz verloren, erst vor wenigen Monaten. Einfach so, von einem Augenblick auf den anderen. Sie hatte gerade geheiratet – *quelle tragédie!*" Sie atmete tief durch. „Wisst ihr was? Hobarts Firma hat Teeplantagen im Südwesten des Landes. Manchmal transportiere ich Werkzeuge und Proviant dorthin. Wenn ich mal eine Chance sehe, hier haltzumachen – und ich kann wirklich nichts versprechen –, dann tue ich das. Mal wieder mit normalen Menschen verkehren. Und wir halten zusammen, Danièl, okay? Du, deine Schwester und ich. *Comme les Trois Mousquetaires.* Wie die Drei Musketiere. Und Tari macht den vierten. So bekommen wir das alles ... wie sagt ihr? Geregelt."

Hobart trat auf die Veranda und brüllte wie ein Feldwebel. „*Son Excellence* bedarf wieder meiner Dienste", sagte Marie-Heloise. Sie drehte sich um und ging wieder auf das Missionshaus zu. Daniel lief neben ihr her, offensichtlich benebelt vom Veilchenduft ihres Parfums. Sie war zwar ein paar Zentimeter größer, und vielleicht zwei oder drei Jahre älter als Céleste, hätte aber ihre Schwester sein können. Ich nahm Tari in meine Arme und folgte ihnen. „Sag mal ..." Daniel wollte das Gespräch offenbar noch nicht beenden. „Wie ... Ich meine, wo hast du das Fliegen gelernt?"

Marie-Heloise lachte. „Mein Onkel ist Pilot bei der Air France und er hat's mir beigebracht, als ich klein war." Sie warf einen Blick auf ihre Warrior, die in der Mittagssonne glitzerte, und dann wieder zu Daniel. „Soll ich dir das Fliegen beibringen, *petit frère?* Dir und deiner Schwester? Ich kann zwar nichts versprechen, aber wenn ihr Afrika von oben sehen wollt, dann nur mit mir zusammen. *D'accord?* Man kann so viel da oben entdecken – sogar sich selbst, wie mein Onkel immer sagte."

Daniel nickte. Er starrte Marie-Heloise an, total übergeschnappt, so dass ich fast lachen musste. Ich wusste nämlich: Er sah nur Céleste.

Wenige Minuten später standen wir auf der Veranda und sahen zu, wie sich die Warrior in Bewegung setzte. Christine stand neben uns und schüttelte den Kopf, während ich Tari die Ohren massierte. „Was für ein gemeiner Typ", sagte sie. „Er hat mir einen Job in einer seiner Betriebskliniken an der Küste angeboten. Er sagte, es sei meine einzige Chance, denn unsere Klinik soll spätestens Ende des Jahres geschlossen werden. Ich glaube, er findet es sogar gut, dass wir hier verschwinden. Was spielt er bloß für ein Spiel?"

12

Liebe Oma, lieber Opa!

Morgen früh kommen wir endlich von hier weg. Anita, unsere Haushälterin, fährt mit uns morgen im Bus nach Iringa, eine Stadt, die einige Stunden von hier entfernt liegt. Endlich können wir unsere Sorgen hier zurücklassen und etwas vom Land sehen. Endlich Touristen sein und an nichts denken müssen! Wir freuen uns schon.

Liebe Grüße

Jenny

Anita weckte uns gleich bei Tagesanbruch. „Der Bus kommt um sieben", sagte sie, „und Iringa ist weit. Ihr müsst gut frühstücken, denn unterwegs gibt es nichts zu essen." Ich schloss Tari, der die ganze Nacht am Fußende meines Bettes geschlafen hatte, für einen Augenblick fest in meine Arme und setzte ihn dann auf den Boden. Daniel und ich zogen uns kurze Hosen und T-Shirts an und stiegen hinunter auf die Veranda. Veronica hatte den Tisch schon gedeckt und war gerade dabei, uns zwei Teller mit dicken Toastscheiben und Spiegeleiern hinzustellen.

Die riesige rote Kugel der Sonne stieg hinter den östlichen Hügeln auf und tauchte die kühle Morgenluft in purpurnes und orangefarbenes Licht. Ich wärmte meine Hände an meiner dampfenden Teetasse und schaute über die Flugpiste. Das

Morgenlicht und der funkelnde Tau auf den Dornbaumzweigen schienen mir etwas sagen zu wollen. Was war es genau? *Vielleicht,* dachte ich, *will es mir sagen, dass an so einem Tag alles möglich ist. Dass es nur noch an mir liegt, dazu ja zu sagen.*

Daniel kaute nachdenklich an einer Scheibe Toast. Seine Augen waren in den wolkenlosen Himmel gerichtet, wo ein einsamer Adler kreiste. *Wenn ich nur jetzt da oben sein könnte,* schien er zu denken, *würde ich weit wegfliegen.*

Wenige Minuten später waren Daniel und ich reisefertig. Ich band meine Haare zu einem Pferdeschwanz und setzte mir das dunkelblaue Basecap mit einer trotzigen Drehung auf den Kopf. Ich steckte das Brotpaket, das uns Veronica fertiggemacht hatte, in meinen Rucksack. Dann verabschiedete ich mich von Tari, den ich ins Haus sperren musste, und Daniel und ich folgten Anita hinaus über die staubige Flugpiste. Tari bellte und heulte uns hinterher, aber ich wusste, dass ihm dieser Ausflug nicht guttun würde.

Armer Tari! Schlimm genug, dass ich eine ganze Stunde gebraucht hatte, um ihn Christine schmackhaft zu machen. „Der afrikanische Busch ist ein gefährliches Terrain für einen Hund", widerholte sie immer wieder. „Und von nun an werdet ihr mit ihm alle Hände voll zu tun haben." Aber am Ende durfte ich ihn doch behalten. Ein Traum hatte sich erfüllt.

Die Luft war kühl und absolut still. Wir hatten die Flugpiste aber kaum überquert, als mich das lärmende Brummen eines Motors aufschreckte. Daniel und ich drehten uns um und sahen Wills Flugzeug, das mit drehendem Propeller vor dem Hangar stand. Die Pilotentür stand offen und ich sah, wie Will uns vom Vordersitz aus zuwinkte. Ich drehte ihm aber demonstrativ den Rücken zu und ging weiter.

„Bwana Chapman ist ein wichtiger Mann für uns", sagte Anita, die das Zwischenspiel beobachtet hatte. „Unser Leben hier wäre sehr hart ohne ihn und Bwana Kharusi. Wir wären sonst fast völlig von der Außenwelt abgeschnitten, vor allem in der Regenzeit. Auch der Bus fährt nur dreimal in der Woche." Als wir nicht antworteten, sagte sie: „Ihr mögt euren Stiefvater nicht, oder?"

„Wie sollten wir auch?", murrte Daniel. „Er macht es einem nicht gerade leicht."

Anita dachte einen Augenblick nach. „Vielleicht macht er es einem tatsächlich nicht leicht, ihn kennenzulernen. Ein Mann wie er lässt sich nicht ohne weiteres in die Seele schauen. Aber wir haben einen Spruch: *Tamu ya mua kifundo.* Das heißt: ‚Ein Zuckerrohr ist an der Biegung am süßesten.' Man muss für die wichtigen Dinge im Leben hart arbeiten. Manchmal muss man wie ein Massai-Krieger für sie kämpfen, und zwar mit allen Waffen, die einem zur Verfügung stehen. Aber am Ende lohnt sich die Mühe. Wenn ihr Bwana Chapman kennenlernen wollt, dann müsst ihr euch anstrengen. Von ganz allein passiert nichts."

„Ihn kennenlernen?", fragte ich. „Wozu denn?" Anita antwortete nicht.

Die Bushaltestelle bestand aus einer verwitterten Holzbank unter einem haushohen Akazienbaum, der sich wie ein riesiger Regenschirm über den Eingang zum Klinikgelände spannte. Ein halbes Dutzend Menschen warteten schon, darunter zwei sehr alte Frauen, in bunte Tücher gehüllt, die Anita zu einem Besuch bei Verwandten im Krankenhaus von Iringa begleiten wollte. Als unsere Reisegesellschaft schweigend auf den Bus wartete, steigerte sich das ferne Brummen des Flugzeugmotors plötzlich zu einem entsetzlichen Gebrüll. Wir wandten alle die Köpfe und sahen, wie die Maschine sich heulend in die Luft erhob und hinter den Bäumen verschwand.

Eine Viertelstunde später kam der Bus angefahren. Es handelte sich um einen zerbeulten Lieferwagen, der nun mit Bänken ausgestattet und auf diese Weise in einen Linienbus umfunktioniert worden war.

Zimmermann's Bend stand offensichtlich ganz am Anfang der Route, und deshalb waren noch alle Sitze frei. Anita kaufte uns beim Fahrer die Fahrkarten und setzte sich dann mit den alten Damen nach hinten. Der Fahrer lächelte uns, die beiden jungen *wazungu*, breit an und bot uns die beiden Plätze links neben sich auf der vorderen Sitzbank an. Der Assistent des Fahrers machte sich daran, Reisekoffer und Bastkörbe voller Obst und Gemüse auf dem Dach zu befestigen. Als endlich alle an Bord waren, schlossen der Fahrer und sein Assistent die Türen und setzten den Bus in Gang.

Iringa lag etwa einhundert Kilometer entfernt, und Anita hatte uns am Abend zuvor gesagt, dass die Hinfahrt keine Minute weniger als drei Stunden dauern würde, als sie uns spontan zu diesem Ausflug einlud. Dabei konnte ich mir beim besten Willen nicht vorstellen, wie eine so lächerlich kurze Reise so lange dauern könnte. Aber nun wurde mir so manches klar. Ich meine, wirklich: Wenn ich nicht gewusst hätte, dass die Straße, die von Zimmermann's Bend wegführte, als Verkehrsstraße galt, hätte ich auf einen Wanderweg getippt. Der Bus knirschte bergauf und tingelte über die öde, trockene Landschaft, fuhr im Zickzack um Löcher herum und wich Spurrillen aus. Der Fahrer musste den Bus sogar ganz von der Straße herunterfahren, wenn die Löcher gar zu groß wurden.

Am Anfang machte es mir richtig Spaß, so zu fahren. Alle paar Minuten hielten wir in einem Dorf oder an einer Kreuzung an, um neue Passagiere aufzunehmen. Bald aber stellten Daniel und ich fest, dass keiner ausstieg. Schon nach zwanzig Minuten waren alle Sitze im Bus besetzt und einige Leute standen. Einmal platzierte der Fahrer einen Mechaniker mit einem verschmierten Zahnrad als Gepäck rechts neben mir, so dass wir uns die beiden Sitze zu dritt teilten und Daniel gegen die Tür gedrückt wurde. Zwei Kilometer weiter hielten wir noch einmal an, dieses Mal vor einer einsam stehenden

Hütte. Eine junge Frau mit einem Baby im Arm stieg ein und setzte sich zwischen den Mechaniker und mich.

Diese Frau war mit einem strahlenden, blau-weißen Tuch bekleidet, das um ihren ganzen Körper gewickelt war. Auf dem Kopf trug sie einen Turban aus genau demselben Stoff. Sie lächelte mich an und fragte, wo mein Bruder und ich herkämen. Als wir sagten, dass wir aus München kämen, sagte sie, dass ihr Mann dort drei Jahre als Taxifahrer gearbeitet hätte.

Wir sahen immer wieder endlose Reihen von Frauen, die Wasserkanister und schwere Holzbündel auf ihren Köpfen trugen. Als unser Bus an ihnen vorbeidonnerte, sprangen sie geübt aus dem Weg und liefen weiter, ohne ihren Schritt zu verlangsamen. Irgendwo tief in meinem Inneren spürte ich, wie mein Widerstandsgeist erwachte.

„Warum müssen die Frauen immer alles schleppen?", fragte ich.

„Wir stellen uns dieselbe Frage", antwortete die Frau. „Weißt du, in diesem Land hat sich viel verändert. Wir waren einmal eine arabische Kolonie, dann eine deutsche und schließlich eine englische. Dann wurden wir unabhängig und hatten eine sozialistische Regierung, und seitdem haben wir viele Regierungen gehabt. Heute haben wir neue Medikamente und einige Dörfer haben elektrisches Licht und elektrische Maismühlen. Viele Menschen ziehen nach Daressalam und in die ganze Welt hinaus und kommen dann mit neuen Erfahrungen zurück. Alles ändert sich. Aber die Frauen müssen weiterhin Wasser und Brennholz schleppen. Keiner weiß den Grund dafür."

„Aber es ist nicht fair, oder?", fragte ich. „Ich habe hier noch keinen Mann etwas tragen sehen. Sie fahren nur auf ihren Fahrrädern herum oder sitzen im Schatten und rauchen ihre Zigaretten. Wie können sie es zulassen, dass die Frauen alles für sie machen?"

„Da musst du die Männer fragen", sagte die Frau. „Und dann sagst du mir, was sie dir geantwortet haben. Einverstanden?"

Wir fuhren durch einen Pinienwald und dann durch ein Dorf, in dem alle Dächer aus verrostetem Wellblech bestanden. Frauen standen vor den Türen und mahlten Mais in einer Schale, indem sie ihn wiederholt mit einer Holzstange schlugen. Ihre Kinder, die um sie herum spielten, sprangen auf und winkten unserem Bus zu, als wir vorbeirasten. Während der ersten Stunde der Fahrt begegneten wir keinem weiteren motorisierten Fahrzeug.

Bald hielten wir an einer Kreuzung, wo sich rund ein Dutzend Menschen versammelt hatte. Bis dahin hatten sich mindestens fünfzig Menschen in den Bus, der nur zwanzig Sitze hatte, hineingedrängt. Nun begannen der Fahrer und sein Assistent die neuen Passagiere aufs Dach zu befördern. Im Bus selbst saßen einige Fahrgäste auf den Schößen von wildfremden Menschen, manchmal drei übereinander. Noch weitere klemmten sich unter Schmerzen in den Spalt zwischen den Knien der Sitzenden und der Vordersitze. Anita nahm eine der alten Damen samt Bastkorb auf den Schoß.

Obwohl wir mittlerweile zu sechst auf der Sitzbank saßen, holte der Fahrer einen weiteren Fahrgast zu uns herein, der nun vor den Sitzen stand, sich über uns beugte und sich an unseren Rückenlehnen festhielt, so dass ich seinen Schweiß riechen und seine Brusthaare zählen konnte. Er hatte einen kleinen Jungen bei sich, der sich ohne weiteres auf meinen Schoß setzte.

„Das geht gar nicht", sagte Daniel. „Meine Beine schlafen ein! Erwarten sie wirklich, dass wir die nächsten zwei Stunden so weiterfahren?"

„Weißt du", sagte ich, „das Komische dabei ist, dass keiner sich beschwert. Schau mal nach hinten. Die Leute sitzen alle so still und geduldig, als würden sie jeden Tag so fahren.

Kannst du dir eine solche Busfahrt in München vorstellen? Die Fahrgäste würden den Fahrer zur Schnecke machen, bevor er den ersten Gang eingelegt hätte!"

Zwei Stunden vergingen, und von einer Stadt war keine Spur zu sehen. Unsere Reisegefährtin erzählte uns, dass die schweren Regenfälle der letzten Regenzeit die Straßen stark beschädigt und die Brücken in ganz Zentraltansania zerstört hätten. Alle Fahrpläne seien jetzt wertlos. An einer zerstörten Brücke fuhr der Bus ganz von der Straße ab, folgte dem Flusslauf etwa zweihundert Meter und überquerte ihn an einer provisorischen Furt. Mitten im Fluss blieb der Bus stehen. Aber der Fahrer manövrierte ihn ein paar Mal vorwärts und wieder zurück, bis die Reifen wieder festen Boden unter sich fanden, und beförderte den Bus ans andere Ufer.

An weiteren Haltestellen stiegen endlich einige Leute aus, aber genauso viele neue Passagiere stiegen ein. Nach drei Stunden verließ der Bus den holprigen, staubigen Weg und bog in eine etwas breitere, aber fast ebenso holprige Asphaltstraße ab. Dies sei die Fernstraße, die Iringa mit Dodoma verband, erläuterte die Frau neben mir. Die Straße schlängelte sich durch eine rohe und trockene Landschaft ohne Menschen. Karge, zackige Berge erhoben sich in den Himmel.

Nach und nach verbesserte sich die Straße und der Bus raste, dass die Scheiben klapperten. Um 11.00 Uhr erhaschte ich endlich meinen ersten Blick auf Iringa, eine Ansammlung von Hütten und mehrgeschossigen Backstein- und Betonhäusern auf einem trockenen Berghang. Der Bus tuckerte den Berg hinauf und schlängelte sich durch ein Labyrinth von niedrigen Lehmbehausungen bis auf einen belebten Marktplatz. Der Fahrer hielt an und stellte den Motor ab. Mit einem Mal breitete sich wieder eine wohltuende Stille aus. Sein Assistent machte sich daran, alle Türen zu öffnen und das Chaos im Bus zu entwirren. Aber die Passagiere brauchten noch einige Minuten, um sich aus der unfreiwilligen Umarmung, in der sie sich so lange befunden hatten, zu befreien. Ich musste an Ibrahims Holzskulptur denken, denn genau so hatten wir die letzten vier Stunden verbracht. In diesem Augenblick fand ich seine *ujamaa* nicht so prickelnd.

Ich reichte den kleinen Jungen an den Mann weiter, der sich immer noch über mich beugte. Dann lehnte sich Daniel zur Seite und ließ mich über ihn hinweg ins Freie springen. Endlich fester Boden unter meinen Füßen! Daniel und ich verabschiedeten uns von unserer freundlichen Reisegefährtin, die ihr Kind auf den Arm nahm und in der bunt gekleideten Menge verschwand.

„Wie hat euch die Reise gefallen?", fragte Anita, die sich durch die vielen Menschen zu uns hervorgearbeitet hatte.

„Absolut entsetzlich!", stöhnte ich. „Sind die Busse hier alle so schlecht?"

„Ihr hättet den alten erleben sollen", antwortete Anita. Sie drehte sich zu den beiden Damen um und sprach ein paar Worte. „Ich muss diese beiden Frauen zum Krankenhaus begleiten. Ihr müsst aber nicht mitkommen. Seht ihr das große Denkmal am Rande des Marktplatzes? Die braune Pyramide? Dort treffen wir uns in zwei Stunden wieder."

Obwohl die Sonne hoch am Himmel stand und die Luft geradezu brannte, zitterten Daniel und ich leicht, als Anita in der Menge verschwand. Würden wir bei diesem Gedränge wirklich unseren Weg ganz alleine finden? „Es wird schon okay sein", sagte Daniel. „Anita würde uns nicht so gehen lassen, wenn es hier in irgendeiner Weise gefährlich für uns wäre."

Auf einem Hügel am anderen Ende der Stadt stand eine wuchtige Backsteinkirche und wir beschlossen, sie als Orientierungspunkt zu nutzen. Der geschäftige Marktplatz führte auf eine lange, gerade Straße, die auf beiden Seiten von Marktständen gesäumt war. Marktschreier boten Berge von Tomaten, Paprikas, Zwiebeln, Konservendosen und weiteren Lebensmitteln an. Vielleicht war diese Straße nicht gerade die

Kaufinger Straße, aber sie war auch nicht die kümmerliche Marktzeile von Zimmermann's Bend. *So muss Afrika wirklich aussehen*, dachte ich. Und auch so riechen! Der Geruch war überwältigend. Ich roch den salzigen, staubigen Geruch von Stockfisch, den süßlichen Duft der überreifen Mangos und das scharfe Aroma von grünen Bananen. Hinzu kam eine Duftmischung aus Zimtstangen, Nelken, Tabakrauch und dem allgegenwärtigen Geruch von Schweiß und ungewaschenen Kleidern.

„Ich glaube, wir sind erst jetzt richtig in Afrika angekommen", sagte ich. „Hör' mal, ich will mir was kaufen. Christine gibt uns jede Woche Taschengeld, aber bisher haben wir nichts als eine Handvoll Obst davon gekauft. Was sollen wir sonst mit diesen komischen Shillingi anstellen? Ich brauche was zum Anziehen."

„Ich glaub's nicht – eine Shopping-Tour!", murrte Daniel. „Das hat mir gerade noch gefehlt. Na gut: Tue, was du nicht lassen kannst. Aber ich weiß echt nicht, bei wem du in Zimmermann's Bend Eindruck machen willst. Dein Mark wird jedenfalls nicht viel davon haben."

„Irrtum!" Ich drehte den Schirm meines Basecaps zur Seite. „Wenn ich mir Klamotten kaufe, dann tue ich es nicht, um bei irgendwelchen Jungs Eindruck zu machen. Ich kaufe sie für mich selber."

Zwischen den Lebensmittelständen standen winzige Buden, in denen große, bunt bedruckte Tücher, die, wie ich schon wusste, Kangas hießen, und die fast alle Frauen um die Taille oder um die Schultern geschlungen trugen, zum Verkauf angeboten wurden. Sie trugen komplizierte, verschlungene Muster und Swahili-Sprüche. Einige präsentierten abstrakte oder geometrische Formen, andere zeigten Affen oder Löwen, wiederum andere Palmen oder Schiffe oder sogar Handys und Computer. Ich begutachtete Dutzende der lächerlich billigen Kangas, nahm ein paar von den Stangen herunter und hielt sie dicht vor meinen Körper. Ich drehte mich hin und her und konnte mich doch für keine entscheiden.

„Wie viel Zeit willst du noch damit verschwenden?", fragte Daniel. „Guck mal, wir haben nicht mal mehr eine Stunde, bevor wir wieder in diesen verdammten Bus einsteigen müssen."

„Es ist keine Zeitverschwendung." Daniels Ungeduld, die er offenbar nicht einmal bei unserem ersten Ausflug nach so vielen Wochen Langeweile abstellen konnte, ging mir gewaltig auf die Nerven. „Von mir aus kannst du dich auf die Suche nach einer Döner-Bude machen, oder was weiß ich. Aber ich werde etwas finden. Ich habe so ein Gefühl." Und so war es auch. Der Jagdinstinkt in mir war erwacht.

Daniel folgte mir gelangweilt von Bude zu Bude und grunzte nur, wenn ich ihn nach seiner Meinung zu den unterschiedlichen Mustern befragte. Als ich zur letzten Bude in der Reihe kam, blieb ich plötzlich stehen. „Aber die ist ja wunderschön!", schwärmte ich. Ich nahm eine besonders bunte Kanga vom Haken herunter und hielt sie gegen das Licht. „Daniel, schau mal, wie bunt die ist." Das kunstvoll gestaltete Bild zeigte den Kilimanjaro, ganz schwarz vor dunkelblauem Hintergrund, mit seiner weißen Schneekuppe, umringt von Affenbrotbäumen und Hütten. Rechts und links davon flog je ein schwarz-weißer Storch einer feurig roten Sonne entgegen. Der Himmel darüber war mit goldenen Sternen übersät. Einige der Sterne setzten sich zu einer Konstellation zusammen, die ich aus meinem Astronomieunterricht in der Schule als das Kreuz des Südens erkannte. Die ganze Komposition war mit verschlungenen geometrischen Formen in Rot und Silber umrahmt. Ganz unten stand ein Spruch. „Was heißt denn das?", fragte ich auf Englisch. Der Händler, der an einem Glas Eistee nippte und in einer Swahilizeitung las, ignorierte mich. Er war mindestens achtzig Jahre alt, fast völlig kahl, hatte nur ein Auge und einen kurzen stoppligen Bart an seinem vernarbten

Kinn. Erst langsam, nachdem ich meine Frage wiederholt hatte, sah er auf und schaute mich teilnahmslos an. „Entschuldigen Sie", sagte ich erneut. „Können Sie mir diesen Spruch erklären?"

„Das ist ein altes Sprichwort." Er sprach leise mit einem schwer verständlichen Akzent. Er erhob sich langsam und breitete die Kanga auf dem Tisch aus. „*Usisafirie nyota ya mwenzio*. Das heißt: ‚Richte dein Segel nicht nach dem Stern eines anderen'."

„Und was soll das nun wieder heißen?", fragte ich.

„Das ist ein alter Spruch von der Küste", erklärte der Mann, „oder hast du hier in den Bergen oder auf der Hochebene irgendwelche Segel gesehen?" Er legte seine Zeitung zur Seite und strich mit einer verwitterten Hand über das Tuch. „Der Spruch bedeutet, dass jeder sein eigenes Schicksal hat. Ich habe meins und du hast deins, und zwar vom Tag unserer Geburt an. Wir können unsere Schicksale, unsere Lebenswege nicht mit anderen tauschen. Und wenn wir es versuchen, kommen wir niemals ans Ende des für uns bestimmten Weges."

„Meinst du etwa, unser Leben ist vorbestimmt?", wollte ich wissen.

Der Verkäufer schüttelte den Kopf. „Ich meine nur, dass jeder von uns einen bestimmten Weg vor sich hat, den wir aber am Anfang unserer Reise oft gar nicht erkennen können, so klar er uns auch später erscheinen mag. Es liegt an uns selbst, ob und wie wir ihn zu Ende gehen. Die Ratschläge anderer Menschen, ob sie gut gemeint sind oder nicht, sind uns dabei nicht immer hilfreich."

„Schön und gut", sagte Daniel, „aber das passt alles nicht so richtig zum Bild, oder?" Er sah das Tuch von der Seite an. „Da hat sich wohl jemand in der Fabrik einen Fehler geleistet. Zwar gibt's da ein paar Sterne zu sehen, aber was haben diese Vögel da mit Navigation zu tun? Ich meine, Zugvögel fliegen doch nicht nach den Sternen, oder? Ich sehe gar keinen Zusammenhang."

„Na und?", sagte ich. „Ich bin doch diejenige, die gefragt hat, oder?" Ich ließ meine Hand über das Muster gleiten. „Nur komisch, dass ich dieses Muster sonst nirgendwo gesehen habe. Ich habe mir mindestens dreihundert Kangas angeguckt, und dieselben Muster kehren immer wieder. Nur dieses nicht."

„Manche Kangas gibt's nur einmal", sagte der Mann. „Manchmal hängen sie jahrelang da ...“

„... Bis ausgerechnet wir vorbeikommen und sie kaufen!", sagte Daniel. „Ich kann ihn so richtig spüren – den Würgegriff des Schicksals um meinen Hals." Daniel legte beide Hände an seine Gurgel, schielte und streckte die Zunge heraus, als ob er gerade erdrosselt würde.

Ich rollte mit den Augen. „Vielleicht ist es tatsächlich so", entgegnete ich, während ich meinen Geldbeutel aus dem Rucksack zog. „Was kostet das Tuch?" Als mir der Verkäufer eine Summe nannte, blätterte ich die Shillingi-Scheine ohne zu feilschen hin. Ich griff nach dem Tuch und schlang es mir um die Hüften.

Während wir die Marktstände hinter uns ließen und die Hauptstraße weiter hinuntergingen, enthielt sich Daniel weiterer Bemerkungen. Die Häuser hier waren aus geweißten Backsteinen gebaut und stammten wohl aus der Zeit, als Iringa noch eine deutsche Kolonialstadt war. Fahrräder und Geländewagen fuhren an uns vorbei. Ein indisches Lebensmittelgeschäft bot westliche Waren an. Daniel kaufte ein ganzes Paket Schokoriegel, das er mit mir teilte. Ich kaufte einen Karton Hundekuchen für Tari.

Wir erreichten die Kirche, ein nichtssagendes Bauwerk aus rötlich-braunen Backsteinen, und kehrten um. Dieses Mal durchliefen wir eine Nebenstraße, die von schlichten Backsteinhäuschen und ein paar bescheidenen Marktständen gekennzeichnet war. Wir standen bald wieder auf dem Marktplatz, und da wir noch ein wenig Zeit hatten, gingen wir einmal durch die große, mit Wellblech überdachte Markthalle. Hier gab es Dutzende von Marktständen, die viele unterschiedliche Sorten von Obst und Gemüse feilboten: Mangos, Papayas, Tomaten, dazu lange grüne Kochbananen und winzige gelbe Fingerbananen. Jeder wollte uns etwas verkaufen. Wir schüttelten aber die Köpfe und sagten *asante sana* – nein danke –, wie Anita es uns beigebracht hatte. Zum Schluss kauften wir eine Traube süßer Fingerbananen, die wir verschlungen, als hätten wir drei Tage nichts zu essen bekommen.

Wir hatten gerade wieder die braune Pyramide gesichtet, als ein beigefarbener Geländewagen mit einem großen schwarzen Stern und den Worten „Black Star Tea Company" an uns vorbeiraste und hinter einer Kurve verschwand. „Hey", sagte ich. „Ist das nicht die Firma, für die Mr. Hobart und Marie-Heloise arbeiten?"

„Stimmt." Daniel dachte einen Augenblick nach. „Hör' mal, wir haben noch knapp zwanzig Minuten, bis wir Anita wiedertreffen sollten. Lass uns mal gucken, wo der Wagen hingefahren ist. Marie-Heloise sagte doch, dass sie uns wiedersehen wollte, oder?"

„Es hört sich fast so an, als willst du vorbeischauen und sie besuchen", sagte ich. „Meinetwegen. Aber wenn du bei ihr Eindruck machen willst, ist es noch immer nicht zu spät, dir auch eine Kanga zu besorgen!" Daniel schubste mich und wir machten uns auf den Weg.

Wir gingen die Straße hinab und befanden uns wieder auf einer langen asphaltierten Wohnstraße unter hohen Akazien und Eukalyptusbäumen. Der Wind seufzte in den Wipfeln und die Zikaden sangen um die Wette. Hohe Steinmauern und blühenden Bougainvillea-Hecken umschlossen elegante weiße Villen mit roten Ziegeldächern. Vor der Toreinfahrt zu einem der Häuser standen zwei beigefarbene Geländewagen und hinter dem offenen Tor parkten zwei weitere und versperrten die Einfahrt. Auf jedem prangte das Pentagramm der Black Star Tea Company. Die Hecktür eines der vorderen Wagen stand offen und davor standen vier weiße Männer. „Komm, das wird's sein", sagte Daniel und ging auf sie zu.

„Warte mal." Ich zögerte und griff Daniel an die Schulter. „Siehst du, was sie da machen? Ich glaube nicht, dass diese Herren jetzt gestört werden wollen."

13

Die vier Weißen erinnerten mich an manche Türsteher, mit denen ich vor Münchner Clubs zu tun gehabt hatte, nur dass sie ihre schwarzen Anzüge gegen Jeans und Khakihemden getauscht hatten. Einer, der kurze schwarze Haare und einen gut gestutzten schwarzen Bart trug, schien das Kommando zu haben. Zwei von ihnen trugen eine schwere grüne Kiste, deren Aufschrift mit weißer Farbe überpinselt war, während ein weiterer damit beschäftigt war, ein halbes Dutzend lange, zylindrische, in braunes Segeltuch gewickelte Gegenstände aus dem Wagen zu holen. Sie sprachen Englisch miteinander.

„Die Typen sind Ex-Militärs", sagte Daniel. „Jede Wette."

„Das sind doch Gewehre", flüsterte ich. „Und ich wette, da ist Munition in der Kiste. Wozu braucht eine Teefirma Gewehre und Munition?"

„Wie willst du wissen, dass das Gewehre sind?", fragte Daniel. „Vielleicht sind's nur Rohre. Zur Bewässerung oder so was. Und auch wenn es Gewehre sind, vielleicht geht Mr. Hobart ja gern jagen."

„Wo denn? Im Ruaha-Park? Das ist doch ein Nationalpark und nur die Parkmitarbeiter dürfen dort jagen. Das hat mir Joseph erklärt. Sag' mal, denkst du, sie könnten Wilderer sein?"

Daniel antwortete nicht, sondern nickte mir zu. Langsam drehten wir uns um und liefen wieder in Richtung Bushaltestelle.

Ich sah sie zuerst. An einem Obststand stand ausgerechnet Marie-Heloise und begutachtete einen Haufen Mangos. Neben ihr stand ein verdreckter Land Rover, dessen heißer Motor ein leises Ticken von sich gab. Sie trug eine kurze Khakihose sowie eine durchgeschwitzte weiße Bluse, deren Ärmel bis zu ihren gebräunten Ellenbogen aufgekrempelt waren. Ihre kastanienbraunen Haare hatte sie zu einem Dutt gebunden und oben drüber trug sie ein grünes Basecap mit dem Logo der Black Star Tea Company.

Offenbar hatte sie unsere Schritte gehört, denn sie drehte sich um, als wir drei Meter hinter ihr standen.

„Hallo!", rief sie, als sie uns erblickte. „Daniel! Und Jenny auch! Unglaublich. Afrika ist wirklich ein Dorf, nicht wahr? Was führt euch beide nach Iringa?" Sie gab uns beiden die Hand.

„Nur ein kleiner Ausflug", antwortete ich. „Unser Bus fährt gleich wieder zurück."

„Und Tari? Habt ihr ihn mitgebracht?"

„Oh nein", antwortete ich. „Ich hätte ihn total gern dabei gehabt, aber die Busfahrt wäre garantiert nichts für ihn gewesen. Ich fand sie selber total ätzend."

„Verstehe, ich hätte ja genauso gehandelt." Marie-Heloise nickte. „Dass wir uns ausgerechnet hier wiedersehen", sagte sie weiter, ihre dunklen Augen auf Daniel gerichtet. „Schade, dass ihr wieder gehen müsst, denn sonst hätte ich euch auf eine Tasse Tee eingeladen. Den haben wir im Überfluss, wie ihr euch vorstellen könnt, aber etwas anderes haben wir im Augenblick leider nicht. Wir ziehen diese Woche in ein neues Büro ein und das Haus ist völlig durcheinander. Chaotisch! Aber sobald alles fertig ist, lade ich euch wieder ein. Euch beide, *n'est-ce pas?*"

„Jederzeit", antwortete Daniel.

„Und wie geht es eurem vierpfötigen Freund?" fragte sie mich. „Ich vermisse ihn schon."

„Es geht ihm bestens." Ich zog mir das Basecap vom Kopf und wischte mir die Stirn. „Er passt sich perfekt an und ist schon stubenrein. Fast! Gestern hat er ein Kobrababy gefangen und unsere Köchin Veronica ist fast in Ohnmacht gefallen. Das war total lieb von dir, dass du ihn uns geschenkt hast. Wahnsinn."

„Marie-Heloise ...", begann Daniel. „Hör mal – wir haben gerade etwas Komisches gesehen. Das ist doch euer neues Büro, da um die Ecke, oder?"

Die junge Frau schaute ihn verwundert an. „Ihr habt es schon gesehen? Ist da etwas passiert? Ich war gerade drei Tage in Dar und wollte mich gerade mit etwas Obst eindecken."

„Wir wissen's nicht genau", sagte ich, „aber es sah aus, als ob ihr gerade eine Lieferung Waffen bekommen habt."

Marie-Heloise hob die Augenbrauen. „Ich denke, ihr solltet es mir zeigen", sagte sie. Schweigend bogen wir um die Ecke. Dort nahmen wir Stellung hinter einem verrosteten Toyota und schauten auf das Backsteinhaus. Der Wagen stand weiterhin davor. Zwei der Männer schleppten eine weitere Kiste an die Tür. Für einen Augenblick sahen wir Nelson Hobart im Türrahmen, der auf die Männer schimpfte, bevor er die Tür hinter ihnen zuknallte.

„*C'est pas vrai!*" Marie-Heloise sank zu Boden. „Ich meine, das ergibt keinen Sinn – wir bauen nur Tee an!" Sie erhob sich langsam wieder und klopfte sich den roten Staub von den Knien. „Habt ihr wirklich Waffen gesehen? Richtige Gewehre?"

„Ich weiß nicht, was es sonst hätte sein können", antwortete ich.

„Natürlich hat Hobart ein kleines Arsenal, um Tiere zu verjagen", sprach Marie-Heloise weiter. „Aber ..."

„Das war doch eine Munitionskiste, oder?" fragte Daniel.

Marie-Heloise nickte. „Hm ... Hobart hat mich vor drei Tagen nach Dar geschickt, um Post zu holen, obwohl es

Briefträger gibt. Das war die pure Zeitverschwendung. Eigentlich sollte ich erst spätabends zurück sein, aber man hat die Straße repariert und ich bin wie der Wind gefahren. Ich frage mich, ob er mich ..."

„Ob er dich ein paar Tage loswerden wollte?", sagte ich.

Sie drehte sich um und wir folgten ihr zurück auf die Hauptstraße. „Ich habe ein ungutes Gefühl", sagte sie, als wir wieder an ihrem Land Rover standen. „Zwar weiß ich nicht, wer die anderen Männer sind, aber der Große, der mit dem dunklen Bart, ist Carlos Figueira. Das ist Hobarts persönlicher Pilot. Er war ein arbeitsloser Fremdenlegionär, als Hobart ihn einstellte. Die anderen sehen auch so aus. Ich weiß nicht, was hier vor sich geht, aber wenn ich alles, was ich erlebt und gehört habe, zusammenzähle ... dann gefällt's mir gar nicht." Sie wandte sich an Daniel und mich. „Hört zu, ihr beiden", sagte sie. „Passt gut auf euch auf. Macht einen großen Bogen um Hobart, und auch um euren Stiefvater. Wenn ich mehr weiß, sage ich euch Bescheid, einverstanden?"

„Klar. Aber was ist mit dir?", fragte Daniel. „Ist es für dich nicht gefährlich?"

Marie-Heloise schüttelte den Kopf. „Ich werde schon auf mich aufpassen. Und ... danke. Ich möchte mir nicht ausmalen, was passiert wäre, wenn ich jetzt nichtsahnend da hineingeplatzt wäre." Sie atmete tief ein. „Kann ich euch ein Stück des Weges fahren?" Wir stiegen in den Geländewagen ein und Marie-Heloise fuhr mit uns zur Bushaltestelle. „Das wird schon", sagte sie. „Nun werde ich mir die eine oder andere Sehenswürdigkeit hier angucken. Schließlich habe ich bis heute Abend Zeit!" Und damit legte sie den ersten Gang ein und fuhr los.

14

Anita wartete schon am Denkmal auf uns, die beiden alten Damen standen rechts und links neben ihr.

„Und, wie war euer Besuch?" fragte sie.

„Tja … interessant", antwortete ich. „Schade nur, dass er so kurz war."

„Das finde ich auch", sagte Anita, „aber jetzt, wo die Straßen so schlecht sind, ist es viel zu gefährlich, bei Dunkelheit zu fahren. Habt ihr euch etwas gekauft?"

„Nur etwas zu essen", sagte Daniel.

„Ich habe mir eine Kanga gekauft, sieh mal!" Ich wickelte das Tuch auf und hielt es hoch.

„Du hast dir eine wunderschöne Kanga ausgesucht", sagte Anita. „Und einen weisen Spruch gleich dazu. Mal sehen, ob ihr beide danach leben könnt."

Daniel schaute sich um. „Ich sehe den Bus gar nicht."

„Dafür müssen wir zum Busbahnhof gehen", erklärte A-nita. „Der Bus, mit dem wir heute gefahren sind, musste in die Reparatur. Wir müssen den Ersatzbus finden, und das wird bei dem Gedränge um diese Zeit gar nicht so leicht sein."

Wir folgten Anita und den beiden Frauen noch einmal über den Marktplatz und einen Hügel hinauf, bis wir zu einem riesigen Platz kamen, auf dem mindestens fünfzig Busse standen. Hunderte von Passagieren zwängten sich zwischen die Busse und die unzähligen Buden, an denen Nahrungsmittel und Getränke verkauft wurden. Die Busfahrer konkurrierten beim Verkauf von Fahrkarten nach Daressalam und zu den anderen nahen und fernen Reisezielen. Nach wenigen Minuten drangen wir bis zu einem völlig zerbeulten kleinen Bus vor, auf dem in großen roten Buchstaben „I love Jesus" geschrieben stand. Dieser Daladala-Bus war noch kleiner und älter als der andere, und seine ursprüngliche Bestimmung war bei so viel Schmutz und so vielen Dellen nicht mehr auszumachen. Er war offensichtlich gerade angekommen, denn viele Plätze waren noch frei und Daniel und ich bekamen eine ganze Sitzbank für uns allein. Zwar standen die Bänke eng beieinander, so dass unsere Knie gegen die Vorderbank gezwängt waren, aber wir waren erst einmal zufrieden.

„Wann geht's eigentlich los?", fragte Daniel.

„Wenn der Bus voll ist", sagte antwortete Anita von der Bank vor uns.

„Es wird schon gehen", sagte Daniel zu mir. „Wenn wir Glück haben, werden nicht so viele ausgerechnet heute Abend nach Zimmermann's Bend wollen. Und guck mal, bei einem Bus von diesem Format – na ja, du siehst doch: Wenn er voll ist, dann ist er eben voll."

Aber als der Bus endlich voll war, wurde er nur noch voller. Ein Mann mit zwei Hühnern in den Armen setzte sich neben Daniel. Zwei Frauen mit Babys setzten sich neben mich. Kinder schwärmten um den Bus und verkauften Essen und Getränke an die Passagiere. Ich kaufte durchs Fenster zwei Pakete Kekse und eine Flasche Orangenlimo. Daniel kaufte drei Päckchen Cashewnüsse, zwei hartgekochte Eier und eine Flasche Cola. Immer mehr Passagiere stiegen ein. Es dauerte noch eine halbe Stunde, bis der Fahrer endlich den Motor startete und den Bus in Gang setzte.

„Was sollen wir wegen Marie-Heloise machen?", fragte ich Daniel, als wir langsam durch die Stadt fuhren. „Was ist, wenn sie in Gefahr ist?"

„Was könnten wir schon machen? Nicht viel." Daniel knabberte an einer Cashew-Nuss. „Außerdem kann es natürlich sein, dass sie übertreibt. Sicherlich brauchen die Plantagenbesitzer Gewehre gegen die Tiere, die sich auf ihren Feldern breitmachen, und wir wissen sowieso nicht, ob das wirklich Gewehre und Munition waren."

„Aber du hast sie gerade erlebt, Daniel", gab ich zurück. „Hast du jemals so viel Angst in den Augen eines anderen Menschen gesehen?"

Der Bus beförderte mindestens dreißig Passagiere, wenn man die zahlreichen Babys nicht mitzählte. Noch bevor wir überhaupt die Stadt verließen, fühlte ich mich unwohl. Ich war gegen die rechte Busseite gezwängt, mein rechtes Ohr wurde gegen das Fenster gedrückt. Daniel, der einen Kopf größer war als ich, ging es nicht besser. Unsere Beine waren so fest unter der nächsten Sitzbank verkeilt, dass sie den Boden nicht berührten. Wir hielten unsere Rucksäcke auf dem Schoß und legten unsere Arme oben drauf. Die einzigen Körperteile, die wir noch bewegen konnten, waren unsere Köpfe, und wir mussten bei jedem Stoß, den der Bus in den Straßenlöchern machte, aufpassen, dass wir damit nicht gegeneinander krachten.

Als wir endlich auf die Landstraße abbogen, legte der Fahrer eine Kassette mit afrikanischer Chormusik ein. Die Musik war so leicht, so fröhlich und gleichzeitig so eintönig, dass ich trotz der Enge am liebsten mitgesungen hätte. Die Kilometer rollten mühelos vorbei, während wir unbekümmert an unseren Keksen und Nüssen knabberten. Nach einer halben Stunde aber fing Daniel an zu murren: „Was ist das nur für ein Land?", flüsterte er. „Wie kann man einen solchen Bus überhaupt zulassen? Gibt's denn keine Polizei?" Wie als Antwort auf seine Frage machte der Fahrer eine Vollbremsung. Wir schauten uns um und sahen, dass der Bus gerade von einem schicken weißen Polizeiwagen überholt wurde. Ein Polizeioffizier in einer adretten beige Uniform, mit einer schwarzen Offiziersmütze auf dem Kopf und einem Revolver an seinem Gürtel, ging auf den Fahrer zu, richtete ein paar Worte an ihn und sah prüfend auf die eingezwängten Passagiere. Er wandte sich wieder an den Fahrer und hielt ihm einen langen Vortrag auf Kiswahili. Zum Schluss wechselten einige Geldscheine den Besitzer und der Bus konnte wieder losfahren. „Das hat zwanzig Minuten gedauert!", sagte ich. „Und dieser Bus ist noch langsamer als der andere! Wann kommen wir überhaupt nach Hause?"

„„Ein Zuckerrohr ist an der Biegung am süßesten"', zitierte Daniel.

„Das findest du wohl witzig, was?"

„Ach, komm schon. Es ist doch egal, wie lange es dauert, solange wir tatsächlich irgendwann ankommen, oder?"

Und dann fiel mir ein: Was wäre, wenn wir nicht ankommen würden? Wenn dieser überfüllte Bus in einer Kurve umkippen würde? Wer würde einen Krankenwagen rufen, und wie? Wie lange würde es dauern, bis überhaupt jemand davon erfuhr, vor allem wenn es dunkel wurde? Und auch wenn man uns retten würde, was könnten die Krankenhäuser noch für uns tun?

Nachdem wir etwa anderthalb Stunden unterwegs waren, versuchte Daniel, sein Gewicht zu verlagern. Es gelang ihm nicht. Er versuchte, einen Zentimeter nach vorn zu rutschen, aber seine Knie drückten nur härter gegen die Vorderbank. Er versuchte, sich nach hinten zu lehnen, aber die Rückenlehne bewegte sich nicht. Er streckte seine Beine nach unten und dann wiederum nach oben, aber sie klemmten nur fester. Dann versuchte er, seinen ganzen Körper nach oben zu bewegen, aber er konnte ihn überhaupt nicht verrücken. Sein Rucksack lastete schwer auf seinem Schoß, doch er konnte ihn nirgendwo anders hinstellen. Seine Schuhe drückten. Er versuchte, die Schnürsenkel zu lösen, aber er konnte sie nicht erreichen. Die Luft, wie er erst jetzt richtig bemerkte, war muffig und roch nach Hühnern und ungewaschenen Füßen. Ich konnte förmlich sehen, wie in ihm eine Idee begann, Gestalt anzunehmen: *Ich sitze fest!* Seine Augen weiteten sich und sein Herz schlug schneller. „Jenny", flüsterte er, „wenn ich nicht bald aussteigen kann, drehe ich durch."

„Warum denn?", fragte ich verärgert. Ich dachte gerade an Nadine und meine anderen Schulfreundinnen und -freunde, und schließlich an Mark und seine Augen, die mich nach so langer Zeit immer noch nicht losließen. Was er jetzt wohl machte? In einem Daladala-Bus wie diesem saß er bestimmt nicht. Jeder Stoß und jedes Gepolter des Busses erinnerte mich daran, wie weit weg das alles war.

Daniel stöhnte. „Es ist so eng hier", sagte er. „Ich kann mich nicht bewegen. Ich komme nicht mehr raus!"

„Na und? Die anderen können sich auch nicht bewegen. Aber du bist der Einzige, der verrücktspielt. Und hast du nicht vorhin gesagt, dass es egal ist?"

„Anita", rief Daniel über die Lehne in Richtung Vorderbank. „Was muss man tun, um nicht durchzudrehen, wenn man so eingezwängt ist?"

„Man macht einfach die Augen zu und stellt sich vor, man ist woanders", sagte Anita, die selbst ihre Augen geschlossen hielt. „So machen wir es alle."

Daniel tat sein Bestes. Er schloss die Augen und träumte sich weit weg – vermutlich zu seiner Céleste ins Café oder zu seinen Kumpels beim Fußball. Aber es half nichts. „Jenny", flüsterte er noch einmal. „Ich drehe wirklich durch! Ich meine es ernst."

„Na gut, dann mache es einfach und lass uns dann in Ruhe. Oder, noch besser, du hältst jetzt den Mund und hörst einfach auf die Musik."

Aber obwohl mein Körper weniger Platz wegnahm als seiner, ging mir die Enge ebenfalls zunehmend auf die Nerven.

Ich konnte meine gequetschten Beine kaum noch spüren. Nun gewann die Musik eine besondere Bedeutung für mich. Während sie vorher nur ein Hintergrundgeräusch war, ließ ich sie jetzt die volle Macht über mich ergreifen. Ich schloss die Augen und schaukelte meinen Kopf im Rhythmus. Mein Herz schlug allmählich im Takt des Schlagzeugs. Ich verlor mich ganz in der Melodie und ließ mich forttragen, dem Missionshaus entgegen. Ich dachte an Mark, an Scheherezade, an die Kaninchen Frank und Franziska – und wurde fast aus meinem Sitz geschleudert, als ein ohrenbetäubender Lärm erklang. Der Motor verstummte und der Bus rollte noch einige Meter weiter. Er hielt in einem winzigen Dorf an, wo der Fahrer die Türen aufmachte und die Passagiere aufforderte, auszusteigen, während er und sein Assistent ihre Werkzeugkiste hervorholten und dann unter dem Bus verschwanden. Sobald der Mann mit den Hühnern den Platz geräumt hatte, krabbelte Daniel aus dem Bus heraus und sprang auf die Erde. Er machte ein Dutzend Kniebeugen und sprang auf und ab, dann rannte er einige Male um den Bus wie ein junger Hund.

„Bist du jetzt wirklich verrückt geworden?", fragte ich. „Alle starren dich an."

„Dann sollen sie mich eben anstarren", sagte Daniel. „Ich wäre fast übergeschnappt da drin. Aber jetzt nach drei Stunden müssten wir doch fast da sein, oder?" Als ihn Anita daran erinnerte, dass wir uns noch immer auf der Hauptstraße befanden und dass die Abzweigung nach Zimmermann's Bend noch viele Kilometer vor uns lag, brach seine gerade gehobene Stimmung wieder in sich zusammen. Würden wir jemals nach Hause kommen? Die Schatten wurden schon länger.

Während die beiden Männer an der Gangschaltung des Busses arbeiteten, kauften Daniel und ich je eine Flasche Cola an einer Holzbude. Vor einer nahe gelegenen Lehmhütte saß eine junge Frau an einem offenen Holzfeuer und rührte Maisbrei in einem eisernen Topf. Ein langer, dürrer Massai, gekleidet in ein langes purpurnes Tuch und mit goldenen Ringen in lang gedehnten Ohrläppchen, trieb eine ausgemergelte Kuh die Straße hinunter. Ein halbes Dutzend Frauen in bunten Kangas saßen am Straßenrand wie Statuen. Warteten sie darauf, dass sie jemand nach Hause fuhr? Oder dass einfach etwas – irgendetwas – passierte?

Ich hörte ein fernes Brummen. Ich trat auf die Straße und schaute in den Himmel. Da sah ich, wie sich ein winziger silbriger Punkt in nordwestlicher Richtung bewegte. – Wills Flugzeug? Wenigstens braucht er sich nicht mit diesen Bussen abzugeben!

Nach einer weiteren Stunde war der Bus endlich repariert und die Passagiere nahmen geduldig Platz. Daniel versuchte, einen Platz auf der etwas weniger engen Vorderbank zu kriegen, aber der Fahrer lotste ihn freundlich wieder auf den alten Platz neben mir zurück. Der Mann mit den Hühnern war schon längst gegangen, und sein Platz wurde von einem Mann mit einer Ziege besetzt. Ansonsten war alles genau wie vorher. Als die Türen geschlossen waren und der Bus losfuhr, war Daniels Platzangst sofort wieder da. Er biss sich auf die Lippe, drehte den Kopf hin und her, wackelte mit den Füßen und tat alles, was ihm in seiner Aufregung einfiel, um irgendwie in Bewegung zu bleiben. „Versuch einfach zu schlafen", schlug Anita vor, die seinen Zustand beobachtet hatte. Daniel gehorchte und schloss die Augen. Er war schon müde genug. Dank dem Schaukeln der Federung und dem beruhigenden Rhythmus der Musik nickte zunächst er, dann ich bald ein.

Vollbremsung. Meine Augen sprangen auf. „Nicht schon wieder!", stöhnte ich. Alle Mitreisenden sahen teilnahmslos zu, wie ein weiterer Polizeioffizier dem Fahrer einen Vortrag hielt und ihn gleich abkassierte. Als wir zwanzig Minuten später wieder losfuhren, waren wir beide hellwach. Nach einer weiteren halben Stunde bogen wir endlich auf den Sandweg nach Zimmermann's Bend ein.

Es war inzwischen vollständig dunkel geworden. Das einzige Licht kam von den Scheinwerfern des Busses, die immer wieder die erschrockenen runden Augen eines wilden Tieres – einer Hyäne oder einer Wildkatze –, das gerade über die Straße schlich, wie lauter kleine Vollmonde aufleuchten ließen. Durch die offenen Türen der verstreuten Lehmhütten drang das flackernde Licht von Holzfeuern und Kerosinlampen. Der Bus hielt jetzt alle paar Kilometer in einem Dorf oder an einer Kreuzung an, um einen oder zwei Passagiere aussteigen zu lassen. Auch wenn ich nicht mehr zerquetscht wurde, konnte ich mich immer noch kaum bewegen. Mein Panikgefühl hatte sich aber schon längst in Resignation verwandelt und ich blieb einfach stumm. *Warum sind wir hierhergekommen?*, fragte ich mich immer wieder. *Warum sind wir hierhergekommen?*

Der Bus fuhr noch einmal die Böschung hinunter und überquerte das halbtrockene Flussbett, und raste dann im Zickzack durch die Hügel hindurch. Bald war der Bus fast leer, aber ich bemerkte es kaum. Endlich, fast sechs Stunden nach dem Start, ratterte der Bus an den Akazienbaum heran, der am Tor zum Klinikgelände stand. „Komm endlich, es ist vorbei", sprach ich und schob Daniel zur Tür hinaus. „Es ist alles vorbei."

„Das hat etwas länger gedauert", sagte Anita, die ihre beiden Frauen wiedergefunden hatte. „Aber es gehört einfach zum Leben hier."

„Das geht nicht mehr." Daniel hustete, als er die kühle Luft in seinen Lungen spürte. „Ich fahre nie wieder mit einem Bus, komme was wolle. Ich will nur noch weg."

„Na und?", sagte ich. Ich schulterte meinen Rucksack und drehte dem Bus angewidert den Rücken zu. „Du wolltest zurück und nun sind wir zurück. Was willst du mehr? Vergessen wir den Quatsch einfach."

Das Klinikgelände war stockdunkel. Anita verabschiedete sich und führte die beiden Frauen schlafwandlerisch durch die

Nacht in Richtung Dorf. Nur die schummrigen elektrischen Lichter des Missionshauses leuchteten uns den Weg über die Flugpiste. Daniel und ich gingen langsam auf unseren steifen Beinen, um nicht über die hohen Grasbüschel und andere mögliche Hindernisse zu stolpern. Anita hatte uns schon vor den Giftschlangen gewarnt, die gerne nachts auf der Jagd nach Kleinvieh durchs Gestrüpp schlichen.

Auf einmal hörte ich ein Rascheln im Gras und dann lag Tari in meinen Armen. Er winselte und leckte mir das Gesicht. Als wir auf die Veranda traten, lief uns Christine entgegen. „Was ist euch bloß passiert? Ihr hättet vor Stunden zurück sein müssen!" Ich redete ein paar Worte und ließ mich von ihr umarmen. Veronica hatte das Hühnerfrikassee mit Reis warm gehalten, und wir setzten uns alle sofort an den gedeckten Esstisch.

Die Tür öffnete sich. Will trat herein und schritt direkt auf mich zu. „Es gibt einen Brief für dich", sagte er. „Ich habe ihn heute in unserem Postfach in Dar gefunden."

Während Daniel unserer Mutter von dem Besuch in Iringa und dem Horror der Busfahrt berichtete, öffnete ich den Brief und las ihn in einem Zug durch.

München, am 16. Juni
Hallo Jenny,
ich habe einige deiner Briefe bekommen. Mir geht's gut. Ich wollte dir nur sagen, dass Mark und ich letzte Woche zusammen ins Kino gegangen sind. Er hat mich hinterher geküsst. Wir haben jetzt beschlossen, miteinander zu gehen und wir dachten beide, dass du es wissen solltest. Kommst du jemals aus Afrika zurück?
Viele Grüße
Nadine

Ich zerknüllte den Brief in meiner linken Hand. Mit der rechten hielt ich mich an der Tischkante fest, während sich der Raum dreimal um mich drehte. Die braunen Augen, die mich seit einem Monat aus der Ferne bewacht hatten, schlossen sich für immer. Ich schloss die Lider und drückte fest zu, um die Tränen zurückzuhalten.

„Daniel, das tut mir entsetzlich leid", hörte ich Christine vom anderen Ende des Tisches sagen. „Ich sehe schon, dass das nicht geht. Ihr lebt hier fast auf einer Insel. Hör' mal, sobald ich den Geländewagen und die Straßen hier gemeistert habe, werde ich euch so oft wie möglich nach Iringa und in den Nationalpark fahren und überall sonst hin. Aber ich fürchte, ihr werdet einfach Geduld haben müssen."

Keiner im Raum sagte etwas. Daniel stocherte apathisch in seinem Essen herum. Ich starrte auf den zerknitterten Brief in meiner Hand.

Will wischte sich den Mund mit seiner Serviette ab, die er dann in einer Bewegung zusammenrollte und auf den Tisch warf. Er lehnte sich zurück und kratzte sich am Nacken. Dann sagte er: „Wisst ihr, es gibt bessere Möglichkeiten, in Afrika herumzukommen. Und es gibt viel mehr zu sehen als nur Iringa. Ich fliege morgen früh wieder nach Daressalam. Kommt doch mit, wenn ihr wollt."

Daniel öffnete spontan den Mund. Seine Lippen waren schon dabei, unserem Stiefvater das Wort „Niemals!" zuzuwerfen, als ich nach seiner Hand griff und sie so fest drückte, dass er fast aufschreien musste.

„Na gut!", sagte ich. „Wir fliegen mit."

„Na, endlich", sagte Christine.

Daniel starrte mich mit offenem Mund an. Meine Worte hatten mich selber überrascht.

Nun gab es kein Zurück mehr.

Will sagte gar nichts. Aber zum ersten Mal sah ich etwas über sein Gesicht huschen, das wie ein Lächeln aussah.

15

„Ihr werdet mir helfen müssen." Will stand mit uns in der alten Scheune, die der Simba Airways als Hangar diente. Das fahle Licht einer Kerosinlampe, die an einer langen Strippe vom Strohdach herabhing, stellte die einzige Beleuchtung dar. Will befestigte vorne am Bugradfahrwerk der Cessna einen Haken und richtete sich wieder auf. „Okay", sagte er und zog dabei die beiden Blöcke von den Hinterrädern weg, „jetzt schieben wir sie aufs Rollfeld. Ganz langsam. Lasst sie kriechen." Will zog vorne am Haken während Daniel und ich die Streben festhielten und vorsichtig schoben. Wir machten zunächst Babyschritte, bis sich die Reifen endlich in Bewegung setzten. Die Maschine rollte lautlos durch die Hangartür und auf die dämmrige Flugpiste hinaus.

Will hatte uns halb sechs mit einem leisen Klopfen an der Tür geweckt. Daniel stand auf und streckte sich, dann ließ er sich wieder aufs Bett fallen. „Ich kann immer noch nicht fassen, dass du zugesagt hast." Er erhob sich erneut und zog sich eine Jeans und ein T-Shirt mit der Aufschrift „Hard Rock Café" an.

„Ich kann's auch nicht fassen, aber jetzt ist es sowieso zu spät." Nun stand auch ich auf und zog mich hinter dem Raumteiler an. Ich knöpfte meine hellblaue Bluse zu und zog einen leichten roten Pullover drüber. Dann wickelte ich mir die neue Kanga um die kurze Hose. „Was willst du machen? Wir müssen es entweder durchziehen oder vor Will als Feiglinge dastehen."

„Tolle Wahl", sagte Daniel.

Als wir die Treppe hinunterkamen, stand Will in der dunklen Küche und kochte Tee. Er reichte jedem von uns einen Teller mit einer heißen Toastscheibe darauf. „Mehr Frühstück werdet ihr heute Morgen nicht gebrauchen können", sagte er. Er trug wie immer seine Khakisachen, die Sonnenbrille steckte zusammengeklappt in seiner Brusttasche. „Das wird heute ein Routineflug sein. Wir holen Blutproben in Iringa ab und fliegen von dort nach Dar weiter. In Dar holen wir Medikamente und bringen sie nach Iringa zurück. Dann geht's wieder nach Hause." Mehr sagte er während dieses kargen Frühstücks, das wir im Stehen zu uns nahmen, nicht. Schon bei dem Gedanken an den bevorstehenden Flug wurde mir schlecht. Ich teilte mein Toastbrot mit Tari, der es mit Begeisterung verzehrte und dabei mit dem Schwänzchen auf die Dielenbretter trommelte.

„Gut, das reicht erst mal", sagte Will. Die Maschine stand flugbereit auf der Piste. „Bevor wir starten, müssen wir eine Vorabflugkontrolle durchführen", erklärte er weiter. Er zog eine lange durchsichtige Spritze unter dem Pilotensitz hervor. „Zunächst eine Spritprobe, um zu sehen, ob sich Kondenswasser in den Tanks gebildet hat." Er öffnete eine Klappe auf der Oberseite der linken Tragfläche und steckte die Spritze hinein. Am Kolben ziehend, entnahm er einige Zentimeter Flüssigkeit.

„Es ist blau!", sagte ich.

„Flugbenzin wird immer blau gefärbt. So kann man sofort erkennen, ob man den richtigen Kraftstoff tankt." Will musterte die Flüssigkeit kritisch und spritzte sie wieder in den Tank zurück. „Kein Wasser heute." Er ging zur rechten Tragfläche und wiederholte die Prozedur. „Wasser kann in den Tanks kondensieren, wenn die Maschine längere Zeit nicht in der Luft gewesen ist. Manchmal kann es sogar über Nacht geschehen. Wenn es aber passiert und man das Wasser nicht beseitigt, kann es in die Kraftstoffleitung gelangen und den Motor abwürgen." Als er auch mit der zweiten Probe zufrieden war, machte er sich am Bug des Flugzeugs zu schaffen. Er überprüfte das Bugrad, drehte ein paar Mal am Propeller, warf einen Blick aufs Fahrwerk und schaute kurz in den Motor hinein.

Er klappte die Motorhaube wieder zu. „Ihr seid schon viel geflogen, nicht wahr? Dann brauche ich euch wohl nicht zu erklären, wie diese Maschine funktioniert." Daniel und ich sahen ihn hilflos an. Ich wusste zwar allzu gut, was ein Flugzeug wieder zur Erde hinunterzog – die Schwerkraft –, aber trotz meiner Hunderte von Stunden in der Luft wusste ich nicht genau, was es überhaupt nach oben brachte und oben festhielt. Als könnte er meine Gedanken lesen, lächelte Will und fing an, die Maschine zu erklären. „Das hier ist eine Cessna 182", begann er, während er sich die Hände an einem Lappen abwischte. „Es ist ein einmotoriger Hochdecker. Sein Kolbenmotor bringt eine Leistung von 235 PS. Die Maschine ist mit einem einziehbaren Fahrwerk ausgestattet und wird für Ausbildungszwecke, leichten Transport und einfach zum Vergnügen hergestellt."

Er steckte den Lappen wieder unter den Pilotensitz und fuhr fort: „Der Propeller zieht die Maschine durch die Luft. Wenn ihr euch die Tragflächen genauer anschaut, könnt ihr erkennen, dass sie leicht gewölbt sind und einen sogenannten Tragflügel bilden. Wenn die Luft beide Tragflügel mit der nötigen Geschwindigkeit umströmt, sorgt diese gewölbte Form dafür, dass auf der Oberseite ein leichter Unterdruck entsteht. So erhalten die Tragflächen Auftrieb und die Maschine hebt ab. Fliegt man aber zu langsam oder wird die Luftzufuhr sonst wie unterbrochen, dann nennt man das ‚Überziehen'. Man kann auch bei überhöhter Geschwindigkeit überziehen. Wie zum Beispiel im Sturzflug. Die Kontrollflächen funktionieren einfach nicht mehr. Es kommt zum Strömungsabriss und die Maschine stürzt wieder zur Erde wie der Blechhaufen, der sie in Wirklichkeit ist."

Daniel und ich sahen ihm teilnahmslos zu. Will lächelte trotzdem weiter und setzte sich auf den Pilotensitz. „Um zu steigen", erläuterte er weiter, „ziehe ich den Steuerknüppel nach hinten. Das hebt die beiden Höhenruder, die am Heck angebracht sind. Seht ihr?" Er bewegte die Höhenruder auf und ab. „Die Luft drückt darauf und senkt das Heck, was dann die Maschine insgesamt nach oben drückt. Drücke ich den Steuerknüppel nach vorne, kommen wir wieder herunter. Um die Maschine nach rechts oder links zu lenken, drücke ich auf Ruderpedale, die dann das Seitenruder betätigen. Gleichzeitig drehe ich den Steuerknüppel in dieselbe Richtung, um die Querruder jeweils zu heben und zu senken." Er sprang wieder zu uns herunter und legte eine Hand auf die linke Tragfläche, wo er das Querruder auf und ab bewegte. „So kann ich die Maschine zur Seite kippen, um sie in die Kurve zu legen. Sonst würde sie zu weit in die eine oder andere Richtung gieren und der Pilot würde leicht die Kontrolle verlieren. Schließlich gibt's die Landeklappen", erzählte er weiter und ging bis an den Rumpf der Maschine, wo er seine Hände auf die Klappen legte. „Wenn ich die ausfahre, bekommen die Tragflächen mehr Auftrieb. Deswegen benutze ich sie immer beim Start. Sie bremsen die Maschine auch in der Luft ab und werden deswegen beim Landeanflug ausgefahren." Er ging auf die andere Seite der Maschine und öffnete die rechte Tür. „Und somit habt ihr in nur fünf Minuten eine Grundausbildung in der Flugtechnik bekommen. Alles andere können wir dann oben besprechen. Und nun geht's los."

Aber wir bewegten uns nicht. Daniel und ich sahen einander an und dann blickten wir auf das Flugzeug, das mir nach dieser Einführung noch leichter und klappriger wirkte als bei unserem ersten Flug einen Monat zuvor. „Denk mal daran, was Papa passiert ist!", fauchte Daniel mir ins Ohr. „Warum hast du uns das eingebrockt?"

„Schnauze!" zischte ich zurück.

„Keine Angst, diese Maschine hat noch keinen Passagier aufgefressen", sagte Will. „Wer will vorne sitzen?" Ich gab Daniel einen Schubs von hinten, so dass er einen Schritt nach vorne stolperte. „Okay, nimm Platz", sagte Will. „Jenny, du kannst links einsteigen und den Passagiersitz hinter meinem nehmen."

Daniel starrte mich bissig an und ballte die Faust. Dann trat er an die Maschine heran und atmete einmal tief durch. Er stellte einen Fuß auf die Stütze und schwang sich auf den Kopilotensitz. Ich stieg auf der linken Seite ein und setzte mich auf den linken hinteren Passagiersitz. Innen roch es wieder nach Benzin.

Will schnallte zuerst mich und dann Daniel an, dann schloss er die Türen. Daniel warf noch einen giftigen Blick in meine Richtung, aber ich schaute weg. Will bereitete den Motor vor und ließ ihn an. Der Propeller drehte sich und das Flugzeug vibrierte. Dieses Mal reichte Will uns beiden Kopfhörer. „Hört ihr mich?", fragte er, sobald wir sie aufgesetzt hatten. „Klar", gab ich ins Mikro zurück. Daniel antwortete nicht.

Jetzt sprach Will eine ellenlange Checkliste durch und zeigte auf die verschiedenen Schalter und Zeiger auf dem Armaturenbrett. Gashebel, Gemischregler, Trimmrad, Lichter, Höhenmesser, Ladedruckmesser, Kraftstoffanzeige und viele andere Geräte, deren Namen mir nichts sagten oder nichts bedeuteten. Als nächstes drehte er am Steuerknüppel und drückte auf die Ruderpedale, um nacheinander sämtliche Ruder und Klappen zu testen. Nachdem er alles gecheckt hatte, ließ er die Parkbremse los und drückte den Gashebel ein paar Zentimeter tiefer ins Armaturenbrett hinein. Der Propeller drehte sich schneller und die Maschine rollte humpelnd über das Feld. Ich hielt mich am Deckengriff fest. „Wir starten immer in den Wind hinein", erklärte Will und zeigte auf den Windsack. „Und heute kommt ein leichter Wind direkt aus dem Osten." Will drehte die Maschine nach rechts auf die Flugpiste. Vor uns tauchte die feurig rote Sonne gerade über dem Horizont auf. Ich war in dem Augenblick dermaßen davon ergriffen, dass ich die Ereignisse der nächsten Sekunden erst wahrnahmen, als alles vorbei war. Will schob den Gashebel ganz ins Armaturenbrett hinein und ließ die Bremsen los. Das Flugzeug rollte im Galopp. Wenige Sekunden später stieg sie sacht in den purpurnen Himmel hinauf.

„Kotzbeutel!", rief ich. „Ich habe Kotzbeutel vergessen!" *Oh Gott!*, dachte ich und legte mir gleich die Hand auf den Mund. Ich hatte vergessen, dass Will jedes Wort hören konnte. Er antwortete nur: „Du wirst einen ganzen Karton davon unterm Sitz finden. Aber um diese Tageszeit wirst du wohl keinen brauchen."

Und er hatte recht. *Die Luft ist wie roter Samt*, dachte ich, als ich den majestätischen Sonnenaufgang vor uns bestaunte. Aber als ich aus dem Fenster schaute und den noch grauen Boden unter uns vorbeihuschen sah, schloss ich die Augen und erschauderte.

Will legte die Maschine in die Kurve und drehte nach Südosten ab. Als die Dunkelheit dem Morgenlicht wich, sah ich aus dem Fenster, wie das Klinikgelände zu einem winzigen Punkt zusammenschrumpfte und sich im Morgendunst auflöste. Will drosselte den Motor und regelte das Gemisch, dann drehte er ein paar Mal am Trimmrad. Nun flog die Maschine schnell und gerade.

„Schau mal, Daniel", sagte ich, als ich ein schlängelndes braunes Band unten entdeckte. „Das ist doch die Straße, auf der wir gestern gefahren sind. Sechs Stunden lang!" Aber Daniel hielt sich nur am Türgriff fest und richtete seine Augen auf den Sonnenaufgang, der nun durch Wills Seitenfenster strahlte und seine starren Gesichtszüge und seine dunkle Sonnenbrille in grelles Licht tauchte. Das Bild des verrückten Piloten tauchte auch vor meinem inneren Auge auf.

Will schaute Daniel kurz an. „Na, kommst du klar?"

„Bestens", sagte Daniel. Er drehte den Kopf und schaute auf die hohen federleichten Wolken, die das Sonnenlicht widerspiegelten. Dann schaute er wieder nach unten, wo *shambas* und Dörfer lagen. „Wie lange ist es noch bis Iringa?", fragte er schließlich.

„Noch circa zwanzig Minuten."

„Nur?!"

„Die Entfernung ist eine Sache, die Art der Fortbewegung ist aber eine andere. Im Augenblick fliegen wir mit 145 Knoten, das sind etwa 269 Stundenkilometer. Diese Maschine kann in wenigen Stunden von einem Ende des Landes bis zum anderen fliegen."

Daniel sagte nichts mehr. Er drehte sich zu mir um, aber ich warf ihm nur einen ironischen Blick zu. Die Minuten vergingen. Will rief Iringa Tower an und drosselte den Motor weiter. „Wir gehen runter!", schrie ich. Daniel langte wieder nach dem Türgriff.

„Das nennt man ‚landen'", sagte Will. „Schaut mal: Da liegt Iringa, fünf Kilometer geradeaus." Ich folgte seinem Blick und sah vor mir, über die Hügel verstreut, die bekannten Häuser und Türme Iringas. Die Sonne stand höher im Himmel und Hunderte von Blechdächern schimmerten wie winzige Sterne. „Wollt ihr euch die Stadt mal genauer ansehen?", fragte Will. Ohne unsere Antwort abzuwarten, flog er tiefer und legte die Maschine in eine weite, langsame Rechtskurve. Ich vergaß meine Angst und schaute fasziniert auf die Stadt, die uns nur einen Tag zuvor so viele Nerven gekostet hatte. Da war die

Kirche, dort standen die Minarette einer Moschee, die wir noch nicht gesehen hatten. Ich erkannte den Marktplatz und die braune Pyramide und den wimmelnden Busbahnhof. Will sprach wieder ein paar unverständliche Worte ins Mikrofon und wartete die unverständliche Antwort ab. Dann gab er Gas und brachte uns wieder nach oben. Er nahm Kurs auf einen Hügel über der Stadt. Die braunen Felsen kamen immer näher, als ob ...

Er will uns doch nicht gegen den Berg stürzen! „Was ist jetzt?", fragte ich.

„Lehn dich nach vorn und schau durch die Scheibe", sagte Will. „Willkommen am Iringa Airport."

Tatsächlich. Oben auf dem tischartigen Berg lag ein kleiner Flughafen mit einer einzigen Flugpiste und einem Kontrollturm. Will drückte auf einen Hebel und fuhr die Landeklappen aus, dicht gefolgt vom Fahrwerk. Das Flugzeug bockte leicht, als es den Luftwiderstand verspürte und wurde deutlich langsamer. Ein paar Augenblicke später waren wir wieder unten. Will hielt die Maschine am kleinen steinernen Flughafengebäude an und drosselte den Motor ganz ab. „Springt mal raus, wenn ihr wollt", sagte er, als er seine Kopfhörer abzog und von seinem Sitz hinunterkletterte. „Das dauert keine zehn Minuten."

Daniel und ich stiegen aus, unsere Beine waren weich wie Spaghetti nach den Eindrücken der letzten halben Stunde. „Tja, wenigstens leben wir noch", stellte ich fest. Ich glättete meine Haare und band sie zu einem Pferdeschwanz. „Und außerdem, woher wissen wir wirklich, dass er mit einer Passagiermaschine abgestürzt ist? Wir haben bisher nur Gerüchte gehört."

„Klar sind's Gerüchte", sagte Daniel, „aber bisher hat keiner es bestritten, oder? Und du weißt doch, was Marie-Heloise gesagt hat. Gut, dieses Mal war es nicht so schlimm. Aber es kann noch viel passieren, bevor dieser Tag zu Ende ist."

„Stimmt, aber hier kommen wir sonst nicht weg. Oder willst du wirklich das Handtuch werfen und wieder mit dem Daladala-Bus zurückfahren?"

„Ganz bestimmt nicht."

Will redete gerade mit einer afrikanischen Frau, die neben einem Geländewagen mit der Aufschrift „Iringa Regional Hospital" stand. Während ich neben meinem Bruder wartete, streifte mein Blick über das Flughafengelände. Unser Flugzeug war das einzige, das unter freiem Himmel stand, außer einem einmotorigen Tiefdecker, der vor einem Hangar ruhte und mit einer schwarzen Plane abgedeckt war. Ein Mechaniker trat an die Maschine heran und zog die Plane von der linken Tragfläche zurück, um an das Querruder zu gelangen. Die Tragfläche war weiß mit roten Sonnenstrahlen darauf. „Ist das nicht die Maschine, mit der Marie-Heloise und Mr. Hobart fliegen?", fragte Daniel. „Dann müssen sie heute in Iringa sein." Der Mechaniker legte die Plane wieder zurecht und ging weiter.

Will kam mit einer großen weißen Kühltruhe in der Hand wieder, die mit einem roten Kreuz versehen war. „Das sind die Blutproben für das Labor in Dar", sagte er. Nachdem er die Truhe im Frachtraum hinter den hinteren Sitzen verstaut hatte, stiegen wir alle wieder an Bord. Nach dem Start drehten wir eine letzte Ehrenrunde über der Stadt und folgten der Landstraße in Richtung Küste.

Daniel wandte sich an Will, der stur geradeaus schaute und immer wieder auf seine Instrumente hinunterblickte. „Will", begann er. Er errötete, als er merkte, dass dies das erste Gespräch war, das er je mit unserem Stiefvater initiiert hatte. „Die beiden orangefarbenen Streifen an den Tragflächen. Wozu sind sie da?"

Will drehte am Trimmrad. „Um uns sichtbarer zu machen. Wenn wir im Busch niedergehen, sind wir dann leichter zu finden."

Na toll!, dachte ich. *Das fängt ja gut an!* Aber Daniel gab nicht auf. „Wie … wie lange bist du schon in Afrika?"

„Vier Jahre", antwortete Will knapp. „Sechs, alles in allem." Mehr sagte er nicht.

Das ist wirklich kein sehr aufregendes Gespräch, dachte ich. Daniel schaute kurz zu mir nach hinten, bevor er einen dritten Anlauf machte: „Du und Ibrahim – was macht ihr eigentlich in eurem Flugdienst?"

„Frag mal lieber, was wir nicht machen." Will schaute weiter konzentriert geradeaus. „Ich fliege diese Strecke zwischen Iringa und Dar ein- oder zweimal die Woche, um Proben ins Labor zu bringen und um Medikamente und andere Ausrüstung nach Iringa und Zimmermann's Bend zu liefern. Meistens nehme ich dann Passagiere mit, damit es sich rentiert. Manchmal erledige ich verschiedene Kurierdienste für private Firmen. Dann beliefere ich weitere Kliniken in der Südhälfte des Landes mit Medikamenten und Blutkonserven, wann immer es nötig ist. In Notfällen transportiere ich manchmal Kranke von einer Klinik zur anderen, oder eben nach Dar. Gelegentlich fliege ich die Mitarbeiter und Gäste der Missionskliniken, wenn sie irgendwohin wollen. So habe ich zum Beispiel eure Mutter kennengelernt." Ich schluckte hart. „Darüber hinaus habe ich auch einen Vertrag mit dem Parkdienst im Ruaha-Park. Transport, Landvermessung, Luftaufnahmen, Routinepatrouillen. Was eben anfällt."

„Das nenne ich Vollbeschäftigung." Ich lehnte mich nach vorn.

„Nein, nein, es geht noch weiter. Wir arbeiten auch rein privat. Zum Beispiel fliegen wir Touristen über die Nationalparks. Das ist mehr Ibrahims Sache. Er verbringt die meiste Zeit auf und um Sansibar, wo doch seine Frau und seine Kinder leben, und fliegt Besucher die ganze Swahiliküste rauf und runter. Seine Beechcraft Bonanza hat eine bessere Ausstattung, sie fliegt schneller und höher. Ich rechne damit, dass er eines Tages beschließt, sich ganz auf das Touristengeschäft zu spezialisieren. Aber manchmal fliegt er auch über den Ruaha, oder an den Victoriasee oder zum Serengeti-Nationalpark. Und manchmal fliegt er eben die Blutkonserven nach Sumbayaga, wenn ich gerade nicht kann."

„Uns hat noch keiner den Ruaha gezeigt", sagte ich. „Und er liegt nur am anderen Flussufer."

„Warum wollt ihr hin?", fragte Will.

„Na ja, um die Tiere zu sehen", sagte Daniel. „Das war doch das Mindeste, was wir erwartet hatten, als Christine sagte, wir würden nach Afrika ziehen. Aber bisher haben wir gar nichts von nahem gesehen, außer Paviane und ein paar Krokodile."

„Mal sehen, was sich da machen lässt", sagte Will. Er zog am Gashebel, bis der Motor nur noch summte. Wir flogen tiefer.

„Was machst du jetzt?", fragte ich.

„Wilde Tiere angucken", sagte Will. „Direkt unter uns befindet sich der Mikumi-Nationalpark. Schaut nach unten und haltet eure Augen offen."

Wir glitten im Tiefflug über eine flache, staubige Grasebene, deren Eintönigkeit durch einzelne Gehölze aufgelockert wurde. „Guckt mal aus dem rechten Fenster – da sind Zebras!", rief Daniel. Ich schaute hin und sah unter uns eine Herde von mindestens fünfzig gestreiften Wesen, die sich an einem Bach labten. Sie reckten ihre Köpfe einen Augenblick nach oben, als die Maschine fünfhundert Meter über ihnen hinwegflog. „Fantastisch!", sagte ich. Will legte die Maschine in eine Rechtskurve und nahm Kurs auf eine Baumgruppe. Es war Daniel, der die Giraffen ausmachte, die ruhig an den Blättern der Akazien weiterkauten und das Flugzeug völlig ignorierten. Wir umkreisten die Tiere dreimal in einem weiten Bogen, um sie nicht zu erschrecken. Als Will nach Osten abbog, entdeckte ich eine Herde Elefanten, die loslief, sobald sie das

Brummen der Maschine vernahm. Bevor wir die Grenzen des Parks wieder überquerten, sahen wir noch Büffel, Antilopen, Gnus und eine ganze Nilpferdfamilie im Fluss.

„Nicht schlecht", sagte ich. „Genau so habe ich's mir immer vorgestellt. Was sagst du, Daniel?" Daniel aber drehte sich weg und schaute wortlos aus dem rechten Seitenfenster.

Eine knappe halbe Stunde später sah ich die amorphen Umrisse Daressalams vor uns Gestalt annehmen. Dahinter schimmerte das tiefe Blau des Indischen Ozeans. „Gott, ist das heiß!", stöhnte ich, als wir wenige Minuten später aus der Maschine stiegen. Ich zog mein Basecap aus dem Rucksack und setzte es auf. „Vierzig Grad mindestens! Wie halten das die Leute bloß aus?"

„Wenn eure Mutter und ich ein paar freie Minuten haben, springen wir in den Ozean", sagte Will. Er zog die Tiefkühltruhe aus dem Frachtraum und schloss die Türen ab. „Wenn ihr das nächste Mal mitfliegt, könnt ihr eure Badesachen einpacken."

Auf einem Parkplatz neben dem Terminal stand schon ein Auto vom Regierungskrankenhaus. Will wechselte ein paar Worte mit dem Fahrer und überreichte ihm die Tiefkühltruhe. Bevor sie sich voneinander verabschiedeten, übergab er Will einen weißen Umschlag. Während der Wagen wegfuhr, riss Will den Umschlag auf und las den Brief in einem Zug durch. Dann faltete er den Brief zusammen und steckte ihn in die linke Brusttasche seines Hemdes, die er dann sorgfältig wieder zuknöpfte. „Eine kleine Planänderung", sagte Will. Er ging auf einen neuen blauen Geländewagen der Marke Land Rover zu und öffnete die Zentralverriegelung. „Ich habe einige Geschäfte zu erledigen und dachte, wir würden uns dann mit Ibrahim in der Altstadt zum Mittagessen treffen. Aber nun müssen wir ein paar wichtige Dinge besprechen, und zwar ein paar Kilometer außerhalb der Stadt. Macht's euch was aus?

Und keine Sorge – wir fliegen nachher gleich zur Klinik zurück und sehen eure Mutter rechtzeitig zum Nachmittagstee."

Daniel und ich waren viel zu sehr von dem Land Rover beeindruckt, in den wir jetzt einstiegen, um uns um unsere Nachmittagsgestaltung zu kümmern. Der dunkelblaue Bezug der Sitze, der im Sonnenlicht brandheiß war, knisterte geradezu unter uns und verströmte das strenge Aroma von fabrikfrischem Vinyl.

„Gehört er dir?", fragte ich, während ich mich anschnallte.

„Wem denn sonst?", sagte Will. Er stellte den Motor an, der kaum hörbar vor sich hin schnurrte, und drehte die Klimaanlage voll auf. „Ich fahre ihn immer, wenn ich in Dar bin, und das bin ich doch mehrmals in der Woche. In Zimmermann's Bend kann ich doch den Geländewagen von der Klinik ausleihen, wenn ich irgendwo hin muss, aber dort erledige ich sowieso fast alles von der Luft aus."

„Als wir vor einem Monat am Flughafen ankamen, sah dein Gefährt ganz anders aus", sagte Daniel.

Will lachte. „Es stimmt also doch: Achmeds Milchwagen hat euch nicht sonderlich überzeugt. Leider hatte ich meinen alten Wagen schon verkauft und der neue stand am Hafen beim Zoll. Er war als Hochzeitsgeschenk für eure Mutter gedacht. Wir haben ihn ein paar Tage später endlich bekommen und er hat inzwischen einige hundert Kilometer auf dem Zähler."

So verbringen die beiden also ihre Zeit miteinander!, dachte ich.

Wir rollten los und fuhren auf einer vierspurigen Landstraße an Hütten und Marktbuden vorbei in Richtung Zentrum. Überall waren Menschen unterwegs: Frauen mit Wasserkrügen und anderen Lasten auf den Köpfen, schwerbeladene Fahrräder und Autostaus, die uns den Münchner Berufsverkehr ganz vergessen ließen.

Während Will nach und nach seine vielen Aufgaben erledigte – hier ein Ersatzteil für das Flugzeug kaufen, dort ein Formular ausfüllen, dann wiederum an der einen oder anderen Bretterbude neue Hemden besorgen, anscheinend überall Leute treffen, Hände schütteln, erzählen, Geschäfte machen – rollte die Millionenstadt Daressalam wie im Traum an Daniel und mir vorüber. Alle Farben, Nationen, Kulturen, Religionen und Berufe schienen es auf dieses eine Stück Küste abgesehen zu haben. Einige der niedrig gebauten Slumgegenden am Stadtrand erinnerten mich an Zimmermann's Bend und an Teile von Iringa, während die Banken und anderen Hochhäuser im Zentrum Erinnerungen an ähnliche Straßenzüge in Europa wachriefen. Zwischendurch entdeckten wir uralte Häuser im Kolonialstil, tief in kühlen Gärten versteckt und von tropischen Blumen umgeben, die von mächtigen Affenbrotbäumen beschattet wurden.

Will hielt kurz an der grauen Hauptpost an, um einige Briefe aus Zimmermann's Bend auf den Weg zu schicken und neue abzuholen. *Mein Brief an Nadine ist auch dabei*, dachte ich grimmig. *Was wird sie wohl dazu sagen?*

„OK, das war's schon", sagte Will und stieg wieder ein. „Die Fracht für den Rückflug wird am Flughafen bereitgestellt. Jetzt ist Essenszeit." Wir fuhren wieder los, dieses Mal am sich weit an der Küste erstreckenden Überseehafen und an der alten deutschen Kirche vorbei. Ganze Villenviertel versteckten sich vor neidischen Blicken hinter hohen Hecken. Will überquerte eine Brücke und fuhr dann weiter an der Küste entlang. Bald lag Dar hinter uns. Der endlose purpurne Ozean warf sich gegen schwarze Felsen und sandige Strände, wo Kinder lachten und sich von der kühlen Brandung umspülen ließen. Ein hochmodernes Tragflügelboot, unterwegs nach Sansibar, brauste an einer altertümlichen arabischen Dhau vorbei.

Will hielt an einem weitläufigen Luxushotel, das auf einem Felsen über dem Ozean thronte und von breiten, golfplatzartigen Rasenflächen umgeben war. Alle Gebäude im Komplex waren ebenerdig, strohbedeckt und im ostafrikanischen Stil gehalten. Auf dem Parkplatz standen Land Rover, Mercedes, Porsche und Rolls Royce dicht gedrängt nebeneinander. Daniel und ich schüttelten die Köpfe und folgten Will an der protzigen Rezeption vorbei auf eine breite Terrasse, die eine spektakuläre Aussicht auf die Küste bot. Einige Dutzend leere Tische standen um eine zwei Meter hohe Skulptur herum. Sie war aus Ebenholz und zeigte rund zwanzig stilisierte afrikanische Männer und Frauen, die alle aufeinander standen. Füße berührten Köpfe, Rücken berührten Füße, Köpfe berührten wiederum Füße, so dass die unterschiedlichen Figuren wie ineinander verwachsen wirkten. – Ein Lebensbaum wie der in Christines Arbeitszimmer, nur fünfzigmal größer.

„Jenny, schau dir mal den Typ da hinten an!", flüsterte Daniel. „Er hat einen Kopfhörer im Ohr. Und sieht es nicht aus, als ob er eine Knarre unterm Jackett hat?"

Ich drehte mich um und sah den Leibwächter, der stumm neben den Glastüren zur Bar stand und uns streng musterte. Es war ein stämmiger Afrikaner, fast zwei Meter groß, seinem Beruf entsprechend in einen blauen Anzug gekleidet und mit einer schwarzen Brille auf der Nase. Ein winziger Kopfhörer steckte in seinem linken Ohr. Am anderen Ende der Terrasse stand ein weiterer Afrikaner, der trotz der Hitze einen schwarzen Anzug und einen Trenchcoat trug. Er redete leise vor sich hin und schien in den Trenchcoat zu sprechen.

„Sie schauen uns doch an!", flüsterte ich zurück. „Oh Gott, wo hat uns Will bloß hingebracht?!"

„Will!", rief plötzlich eine Stimme, die ich sofort erkannte. Ibrahim saß als Einziger an einem der Tische und winkte uns zu. „Zehn Minuten zu spät, Bwana Chapman. Du schuldest mir mindestens ein Dessert."

„Na ja, schauen wir mal, Bwana Kharusi", sagte Will und schüttelte ihm die Hand. „In dem Fall schuldest du mir noch einen Kaffee vom letzten Mal. Aber wenn ich mir dieses Restaurant hier anschaue, dann wird er dich teuer zu stehen kommen."

Beide lachten. Dann trat Ibrahim auf Daniel und mich zu und gab uns die Hand. „Und, was sagt ihr zu Dar?", fragte er, als wir alle am Tisch saßen.

„Es ist ... groß", sagte Daniel.

„Gerade das ist das Problem, findet ihr nicht?", sagte Ibrahim. „Die Stadt wird täglich größer, so dass ich sie kaum wiedererkenne, obwohl ich hier zur Schule gegangen bin. Von anderen Dingen ganz zu schweigen." Er tauschte einen Blick mit Will.

Ein vornehm gekleideter Kellner machte sich bemerkbar und nahm unsere Bestellungen entgegen. Wegen der Hitze bestellte ich nur einen großen Salat mit Putenstreifen. Daniel bestellte etwas, wovon er seit einem Monat geträumt hatte: Ein dickes Steak mit Pommes Frites.

„Und nun", fuhr Ibrahim fort, „wie kommt ihr in eurem neuen Zuhause zurecht?" Daniel und ich sahen einander an, antworteten aber nicht.

„Ich bin zwar nur ein Beobachter", sagte Will, „aber ich wette, sie sind schon dabei, ihre Flügel zu entdecken."

„Ah!", sagte Ibrahim bedeutungsvoll. „Dann seid ihr auf dem besten Weg. Ihr werdet bald merken, dass das Fliegen das einzig richtige Fortbewegungsmittel in Afrika ist. Zu viel Land, zu wenig Straßen! Aber – ich merke schon, dass ihr euch immer noch nicht so richtig eingelebt habt."

„Na ja, wir kommen uns immer noch recht fremd vor, wenn du das meinst", sagte Daniel.

Ibrahim lehnte seinen Kopf zurück und lachte. „Stell' dir vor, Will: Nach einem Monat mitten in Afrika kommt sich dieser junge *mzungu* noch fremd vor! Gibt's so was? Na, was wirst du als Stiefvater dagegen unternehmen?"

„In diesem Land bin ich noch keinem begegnet, der sich nicht fremd vorkam", sagte Will. „Ich habe rund sechs Jahre meines Lebens hier verbracht und fühle mich hier nicht mehr zu Hause als an irgendeinem anderen Platz auf der Welt. Und solange ich Medikamente und Blutkonserven von einer Klinik zur nächsten fliege, werde ich einigermaßen von den Leuten hier akzeptiert. Aber sobald ich meinen Fotoapparat heraushole und anfange, Bilder von Tieren oder Pflanzen zu schießen, lachen mich die Leute aus. Ich bin einfach einer von diesen verrückten *wazungu* mit einem Fotoapparat. Fremd sein? Immer! Was sagst du, Ibrahim?"

„Ob ich mir fremd vorkomme? Zimmermann's Bend ist nicht mein Zuhause, nicht einmal Dar. Das Festland ist eine andere Welt. Mein Zuhause ist auf Sansibar, bei meiner Familie und in meinen eigenen vier Wänden. Nein, Daniel, du bist hier nicht sonderlich fremd. Wenn sich irgendjemand fremd fühlt, dann bin ich es."

Der Kellner kam mit einer übergroßen Glaskaraffe zurück und schenkte uns Eistee ein. Meine Augen wanderten zurück zu den Glastüren, wo der Leibwächter weiterhin regungslos ausharrte und uns im Blick behielt. Ich gab Daniel einen Schubs, so dass er sich ebenfalls umdrehen musste.

„An eurer Stelle würde ich mich nicht weiter um die beiden Herren da hinten kümmern", sagte Will. „Für euch interessieren sie sich garantiert nicht."

„Was geht hier vor?", fragte ich. „Und warum ist alles so leer?"

„Euer Stiefvater und ich haben einen Gesprächstermin", sagte Ibrahim. „Nur deshalb sind wir überhaupt hier. Oder denkt ihr etwa, dass wir, bei unserem Gehalt, immer in solchen Lokalen verkehren?" Und er lachte wieder. In dem Augenblick kam das Essen. Während Daniel und ich uns auf die Gerichte konzentrierten, redeten Will und Ibrahim über Aufträge, Spritpreise und andere Aspekte ihres Geschäfts, wobei Englisch und Kiswahili mühelos ineinander übergingen.

Bald darauf kam der Kellner wieder, um unsere Teller abzuräumen. Als er Ibrahims Teller in die Hand nahm, neigte er sich zu ihm hin und flüsterte ihm etwas ins Ohr. „Unser Gesprächspartner hat sich erheblich verspätet", sagte uns Ibrahim. „Es läuft nämlich gerade eine große Konferenz zur internationalen Entwicklungspolitik im Hotel und wir sollen uns mit dem Hauptredner treffen. Da müssen wir uns eben etwas gedulden."

„Wenn ihr unsere Fachsimpelei satt habt, dann könnt ihr ruhig ins Hotel hineingehen und euch umschauen. Keine Sorge, wir bewegen uns nicht vom Fleck."

Daniel und ich standen auf und schlenderten in die Lobby des Hotels, wo ein weiterer Leibwächter stand und uns kritisch beäugte. „Irgendwas läuft hier", sagte ich, „und die beiden stecken mittendrin!"

Abseits der Bar entdeckten wir einen separaten Raum, der mit Computern und einigen der ausgefeiltesten Spielkonsolen, die wir je erlebt hatten, vollgestopft war. „Hey, das ist genau wie zu Hause!", rief Daniel. Wir kauften jeder eine Handvoll Spielmarken bei einer freundlichen Dame am Tresen und tauchten nach langer Zeit wieder in die uns wohlvertraute virtuelle Welt von ultrarealistischen Autorennen und außerirdischen Kampfsimulationen ein. Ich raste in einem Ferrari bei 400 Stundenkilometer in die Menge, überschlug mich dreimal und fuhr weiter. Daniel überlistete mühelos einen Superschurken, der die Weltherrschaft an sich reißen wollte.

„Schau mal, Daniel. Internet!", rief ich. Ich setzte mich an ein Terminal und tippte eine E-Mail an unsere Großeltern. Daniel drückte auf „Pause" und fror seinen Superschurken mitten im Kampf ein. Dann zog er Marie-Heloises Visitenkarte aus der Tasche. „Ach komm doch, Daniel!" Ich schüttelte den Kopf und kräuselte die Nase. „Willst du ihr wirklich schreiben? Sie tut nur so einsam und hat bestimmt einen Freund oder Verlobten in Frankreich."

Daniel ignorierte sie. Er tippte ihre E-Mail-Adresse ein und fing an zu schreiben:

Liebe Marie-Heloise,
es tut mir sehr leid, aber wir haben deinen Rat doch nicht befolgt und sind heute Morgen mit Will nach Dar geflogen. So schlimm war der Flug aber nicht. Nun spielen wir Computerspiele in einem Luxushotel an der Küste und es stehen überall Sicherheitsleute mit Gewehren herum! Es geht uns gut, auch wenn es hier ziemlich langweilig ist. Was machst du so?
Gruß
Daniel Sandau

Es war schon nach zwei, als Daniel und mir das Geld ausging und wir zur Terrasse zurückschlenderten. Als wir die Glastür erreichten, zuckte ich zusammen, denn ich merkte, dass jetzt an beiden Seiten der Tür zwei neue Leibwächter mit Maschinenpistolen standen.

„Wo sind wir nur hingeraten?", flüsterte ich. „Was treibt Will bloß?"

„Fragen wir lieber nicht", sagte Daniel. „Hoffen wir einfach, dass wir bald wieder rauskommen."

Zwischen Will und Ibrahim saß nun der vornehmste Mann, den ich je gesehen hatte. Er war ein hochgewachsener Afrikaner mit einem rasierten Kopf und einem gepflegten Schnurrbart. Er trug einen elegant geschneiderten Anzug. Sein rechter Arm war mit einem dicken Verband umwickelt und hing in einer Schlinge. Ein weiterer Leibwächter stand direkt hinter ihm, während ein anderer ein paar Meter abseits stand und in ein Mikrofon sprach, als wir uns näherten. Der Mann stand auf, als er uns erblickte. „Darf ich Ihnen meine beiden Stiefkinder vorstellen: Jenny und Daniel Sandau", sagte Will, der sich ebenfalls erhob. „Das hier ist Doktor Jonathan Lobulu, der ehemalige Innenminister dieses Landes."

Doktor Lobulu gab mir und dann Daniel die linke Hand. „*Karibuni*", sagte er. „Willkommen in meinem Land. Es ist mir eine außerordentliche Ehre." Seine Stimme war tief und warm. „Ich habe schon viel von Ihnen gehört und ich hoffe, Sie genießen Ihren Aufenthalt bei uns. Und nun, meine Herren", sagte er zu Will und Ibrahim. „Ich bedaure zutiefst, aber der nächste Termin wartet. Ich hoffe, wir sehen uns bald wieder. Ich bin Ihnen für Ihre Hilfe äußerst dankbar. Gemeinsam werden wir bestimmt unseren Weg finden."

„Nehmen Sie sich bitte in Acht", sagte Will. „Ein weiteres Attentat überleben Sie nicht."

Lobulu zeigte mit dem linken Arm auf seine Schutztruppe, die inzwischen auf ein Dutzend dunkel gekleideter Männer angewachsen war. „Ich soll mich in Acht nehmen? Ich habe meine Leibwächter! Mir passiert so etwas nicht so schnell wieder. Aber Sie und Bwana Kharusi? Ihr armer Freund Daktari Kowalski war schon ein Toter zu viel. Wer passt auf Sie auf, frage ich Sie? Etwa Schutzengel?"

„Davon gehe ich immer aus", antwortete Will.

Lobulu lachte und erhob sich. „Dann kann Ihnen nichts passieren!"

16

Um halb vier waren wir wieder in der Luft. Weder Daniel noch ich wagten es, das seltsame Mittagessen an der Steilküste zur Sprache zu bringen.

Dieses Mal saß ich neben Will. Als wir wieder über den Mikumi-Park flogen, fragte ich: „Hat dein Flugzeug eigentlich einen Namen?"

„Wie ich vorhin gesagt habe", erklärte Will. „Es ist eine Cessna 182. Dieses Modell wird auch Cessna Skylane genannt."

„Ich meinte einen richtigen Namen. Etwas Persönliches."

Will warf mir einen verständnislosen Blick zu. „Das wäre mir nie eingefallen – als würde man seinen Armen und Beinen einen Namen geben. Nein, das einzige persönliche Feature ist die Kennzahl: N-1047K. Oder ‚November one-zero-four-seven Kilo', wie es mit dem Buchstabier-Alphabet heißt. So stelle ich die Maschine immer im Funkverkehr vor."

„Kilo ist nicht gerade ein schöner Name", stellte ich fest. Wir flogen weiter. Nachdem ich einige Minuten aus dem Fenster geschaut hatte, fielen meine Augen wieder auf den sich leise bewegenden Steuerknüppel vor mir und auf die verwirrende Ansammlung von Zeigern und Hebeln am Instrumentenbrett. Daniel hatte sich nach vorn gebeugt und beobachtete Wills Bewegungen genau. „Ist es schwer, so eine Maschine zu fliegen?", fragte ich.

„Warum fragst du?" sagte Will.

„Einfach so. Ich meine, Daniel und ich waren noch nie in einem so kleinen Flugzeug geflogen, bis wir hierher kamen."

„Mal sehen, ob wir deine Frage beantworten können", sagte Will. „Tu einfach, was ich dir sage. Schieb deinen Sitz ein bisschen nach vorn. Okay? Nun leg deine Hände auf den Steuerknüppel vor dir." Ich starrte ihn einen Augenblick an, aber dann tat ich, was er von mir verlangte. „Siehst du die Pedale unter dir? Stelle deine Füße drauf. Alles klar?" Er nahm seine Hände vom Steuerknüppel und verschränkte die Arme. „Gut, nun bist du der Kapitän."

Mir schoss das Blut ins Gesicht. „Was?", rief ich. „Soll ich das Ding etwa jetzt schon fliegen?"

„Nach meiner Erfahrung", sagte Will ruhig, „ist jetzt die einzige Zeit, die wir jemals haben werden."

Ich rang nach Atem. „Ich fliege das Flugzeug!", schrie ich.

„Und du machst es ganz ausgezeichnet. Halte den Knüppel einfach gerade und es kann nichts schief gehen."

„Aber ich kann's doch nicht!"

„Doch, du machst es schon seit einer Minute." Und ich tat es wirklich. Obwohl ich gleichzeitig schwitzte und zitterte, hielt ich den Steuerknüppel fest und die Maschine flog ruhig geradeaus weiter.

„Pass doch auf, Jenny!", rief Daniel. „Lass das Ding bloß nicht los!"

„Sie macht alles genau richtig", sagte Will. „Wenn du erst einmal in der Luft bist, fliegt ein Flugzeug praktisch von allein. Nun wollen wir aber richtig fliegen. Bring sie mal nach rechts." Er zeigte mir, wie man auf das rechte Pedal drücken und den Steuerknüppel nach rechts drehen musste. Ich gehorchte Will – und die Maschine gehorchte mir. Schon legte sie sich in die Kurve. „Lass ein bisschen ab", sagte er. „Fein. Nun, wieder geradeaus. Perfekt! Und nun nach links." Jetzt flogen wir wieder auf demselben Kurs wie zuvor. „Hast du prima gemacht, Jenny. Du hast die Maschine voll im Griff."

„Schön, aber kannst du wieder übernehmen?", fragte ich. Meine Hände schwitzten noch stärker als zuvor.

„Warum?", sagte Will. „Ist es schwer?" Ich schüttelte den Kopf. „Dann bleib noch eine Weile dabei. Du wolltest doch wissen, wie es ist." Will regelte das Gemisch und drückte leicht auf den Gashebel. „Zieh mal nach hinten." Ich zog am Steuerknüppel und die Maschine stieg in die Höhe. Zwanzig Minuten lang ließ Will mich eine ganze Reihe von Manövern durchführen – hoch, runter, rechts, links. Dabei berührte er den Steuerknüppel kein einziges Mal. Meine Angst verschwand nach und nach. Obwohl ich den Knüppel festhielt, dass meine Knöchel weiß wurden, spürte ich zunehmend einen inneren Frieden, der sich in meinem ganzen Körper ausbreitete.

„Wie gefällt's dir?", fragte Will nach einer Weile.

„Nicht schlecht", antwortete ich. Aber in meinem Kopf rief eine andere Stimme: *Ich fliege! Ich fliege wirklich!* Meine restliche Anspannung löste sich und ich lachte auf.

„Sag' mal", sprach Daniel. Ich konnte genau hören, wie er sich bemühte, seine Begeisterung in Schach zu halten. „Wie lange braucht man, um so eine Maschine richtig fliegen zu lernen?"

„Das hängt ganz von euch ab", sagte Will. „Wann wollt ihr anfangen?"

Ich starrte ihn an. Hatte ich ihn richtig verstanden? Aber Will sah einfach mit verschränkten Armen vor sich hin.

Plötzlich schaute er aus dem linken Fenster nach unten. „Warte", sagte er. „Sorry, Jenny, lass mich bitte übernehmen." Er nahm den Steuerknüppel wieder in die Hand und drosselte den Motor. Wir verloren schnell an Höhe.

„Ist was?", fragte Daniel.

„Schaut euch mal das Auto da unten an", sagte Will. Nun sah ich es auch: Ein Geländewagen in voller Fahrt auf der Landstraße. „Da hat es jemand wirklich sehr eilig." Nun flogen wir nur noch zweihundert Meter über der Erde. Wir kreisten zweimal über der Landstraße, dann flog Will parallel zum Geländewagen. „Schaut mal!", rief ich. „Der schwarze Stern! Er steht auf den Seitentüren."

„Habt ihr diesen Wagen schon mal gesehen?", fragte Will.

„Ja, gestern in Iringa", antwortete Daniel. „Da waren mehrere. Vorm Büro der Black Star Tea Company. Warum fragst du?"

„Wenn wir jetzt wieder in Iringa landen", sagte Will, „zeigt ihr mir, wo ihr die Wagen gesehen habt, in Ordnung?"

Will drehte um und folgte der Landstraße wieder in Richtung Osten. Ein paar Augenblicke später verdunkelte sich sein Gesicht. Er legte die Maschine in eine Linkskurve und flog in einem großen Kreis über die Straße. Daniel und ich schauten beide links hinaus, wo wir eine Menschenmenge am Rand eines Dorfes versammelt sahen. Holzstöße und Fahrräder lagen kreuz und quer über die Landstraße verstreut. Will holte weit aus, dann flog er zweimal tief über die Straße. Die Menschen sprangen zur Seite und ließen einen langen Asphaltstreifen frei. Dann umkreiste er die Menschenmenge ein letztes Mal, fuhr die Landeklappen und das Fahrwerk aus, und setzte die Cessna direkt auf der Straße auf. Er hielt wenige Meter von der Menschenmenge entfernt an und stellte den Motor ab. „Daniel, unter deinem Sitz ist ein Verbandskasten. Den brauche ich jetzt."

Will klemmte sich den Verbandskasten unter den Arm und sprang aus dem Flugzeug. Daniel und ich folgten ihm zu der Gruppe, die uns und die Maschine verwundert ansah. Will verschwand in der Menge und es dauerte einige Momente, bis wir weit genug nach vorn dringen konnten und ihn wiederfanden. Da sahen wir ihn endlich, über einem kleinen afrikanischen Mädchen kniend, das bewegungslos auf dem heißen Asphalt lag. Während Will die blutende Wunde an ihrem Bein untersuchte, schrie die Mutter und schlug sich auf die Brust.

Will reinigte die Wunde provisorisch und verband sie. Dann legte er das Stethoskop, das um seinen Hals hing, wieder an seine Ohren und überprüfte Herz, Puls und Atmung. „Hört mal, wir haben nicht viel Zeit", sagte er zu uns. Er wischte das Blut von seinen Händen. „Sie muss ins Krankenhaus. Jenny, nimm den Kasten. Daniel, hilf ihrer Mutter ins Flugzeug."

Wir gehorchten auf der Stelle. Daniel nahm die inzwischen hysterisch weinende Mutter am Arm und führte sie an das Flugzeug heran. Als sie die Maschine erblickte und begriff, was wir vorhatten, schrie sie noch lauter und schüttelte so heftig ihren Kopf, als ob sie gerade ein geflügeltes Monster und kein Kleinflugzeug vor sich sah. Aber sie wehrte sich nicht, als Daniel sie langsam heranführte und ihr half, hinten einzusteigen. Als die Mutter sicher angeschnallt war, schaute er über seine Schulter und ich folgte seinem Blick. Will nahm das bewusstlose Mädchen wie ein neugeborenes Baby in seine Arme, trug es zum Flugzeug und legte es auf den Schoß seiner Mutter. „Auf geht's", sagte Will. Ich stieg hinten ein, Daniel vorn. Bevor wir uns überhaupt anschnallen konnten, hatte Will den Motor schon angelassen. Er drehte ihn ein paar Mal hoch und runter, dann winkte er mit den Händen, um die noch verwunderte Menge von der Straße zu verscheuchen. Kaum waren wir in der Luft, forderte Will per Funk in Iringa einen Krankenwagen an.

Auf dem Rücksitz saß die Mutter mit geschlossenen Augen, ihre Tochter auf dem Schoß hin und her schaukelnd. „*Yesu, Yesu, Yesu*", murmelte sie.

„Haben Sie keine Angst", versuchte ich sie zu beruhigen. „Es dauert nicht mehr lange. Es wird ihr gutgehen."

Aber die Frau hielt ihre Augen weiterhin fest geschlossen und schaukelte hin und her. „*Yesu, Yesu, Yesu.*"

Eine Viertelstunde später landeten wir in Iringa. Der Krankenwagen wartete schon und die beiden Rettungssanitäter traten sofort in Aktion und legten das Kind auf eine Bahre. Wir stiegen in den Rettungswagen und fuhren mit zum Krankenhaus.

„Sie wird durchkommen", sagte Will eine Stunde später. Er kam gerade aus der Notaufnahme zurück und setzte sich erschöpft neben uns auf eine Holzbank im muffigen Warteraum. Sein Gesicht und seine Kleidung waren verstaubt und verschwitzt. Ein riesiger rotbrauner Blutfleck war auf seinem Hemd getrocknet. „Es ist ein recht komplizierter Beinbruch. Blutverlust und eine Gehirnerschütterung. Reine Glückssache, dass wir sie gerade in dem Augenblick entdeckt haben."

Dann folgten Formulare, die zu unterschreiben waren, gefolgt von einer Taxifahrt zur Polizei, wo Will sich für eine weitere Stunde mit dem Kommissar unterhielt. Erst auf der Taxifahrt zurück zum Flughafen fragte Daniel: „Glaubst du, die Polizei wird diesen Fahrer erwischen?"

Wills Stimme klang müde und resigniert. „Nein", sagte er. „Den Fahrer erwischen sie nie."

Wir starteten in die untergehende Sonne. Die Berge warfen lange Schatten auf die Ebene und die Oberfläche der Erde löste sich nach und nach in nächtlicher Schwärze auf. Wir sprachen kein Wort. Dabei wollte ich ihn so viel fragen: Warum interessierte ihn die Black Star Tea Company? Was hatte das Gespräch mit Doktor Lobulu auf sich? Warum tat er überhaupt immer so geheimnisvoll? Und eine Frage brannte mir ganz besonders auf den Lippen: Hatte er das mit den Flugstunden ernst gemeint?

Wir flogen wieder tiefer, aber abgesehen von ein paar offenen Kochstellen in der einen oder anderen Siedlung unter uns war die Erde ganz und gar unsichtbar. Wie würde Will bei dieser Dunkelheit seinen Weg zurück finden? Aus dem Fenster entdeckte ich endlich zwei parallele Lichterreihen, sechs auf jeder Seite, die mit jeder Bewegung des Flugzeugs vor meinen Augen tänzelten. *Aber natürlich*, dachte ich. Unsere Mutter hatte Kerosinlampen auf der Flugpiste aufgereiht, damit wir unseren Weg zu ihr zurückfanden.

Nach der Landung liefen uns Christine und Tari entgegen. „Dass ihr das erleben musstet …", murmelte sie, während sie Daniel und mich ins Haus zerrte. „Unglaublich, unglaublich …" Ich hob Tari in meine Arme und drückte ihn fest an meine Brust.

Christine ließ uns das aufgewärmte Currygericht sofort servieren. Sie setzte sich neben uns und hörte sich alles über den Unfall genauestens an. Will erschien erst eine halbe Stunde später im Esszimmer und verschwand mit Christine in der Küche. Während Daniel und ich lustlos unseren Maisbrei mit Hähnchen kauten, hörten wir, wie sie sich leise unterhielten. Nach einigen Minuten kam Christine zurück ins Esszimmer und nahm noch mal neben uns Platz.

„Mom, was ist denn mit Will los?", fragte Daniel.

„Dieser Unfall hat in ihm einen großen Schock ausgelöst", sagte sie. „Wisst ihr, er bringt gewisse Erinnerungen wieder in ihm hoch, an die er lieber nicht denken würde." Dann fügte sie hinzu: „Nehmt Will nicht allzu ernst, wenn er so ist. Manchmal wird er ganz stumm und redet nur noch über das Fliegen. Es geht aber immer schnell vorüber."

Will kam durch die Tür, ein belegtes Brot und eine Flasche Mineralwasser in der Hand. Er ging wortlos an uns vorbei. Dann, als wäre ihm plötzlich etwas eingefallen, drehte er sich zu Daniel und mir um. „Übrigens – ich wollte euch nur sagen, dass wir am Montag früh mit den Flugstunden anfangen werden. Nun braucht ihr aber euren Schlaf." Damit verschwand er durch die Tür und schritt auf den Hangar zu.

17

Ich warf den Stock in hohem Bogen und hielt Tari kurz am Halsband fest, bis der Stock im hohen Büffelgras neben der Landebahn verschwunden war. Dann rief ich ihm „Such!" zu und ließ ihn los wie einen gespannten Steinschleuder. Er sprang wie der helle Blitz, nach dem er benannt war, ins Gestrüpp. Fast eine Minute lang sah ich nur die Bewegungen des Grases – mal links, mal rechts –, bis der Welpe mit dem Stock zwischen den Zähnen wieder aus dem Gras herauskam und sich in meine ausgestreckten Arme warf.

Wie einfach es ist, bestimmte Leute glücklich zu machen, dachte ich. Während Tari mir das Gesicht leckte und wartete, dass ich wieder ausholte und den Stock zum wohl zwanzigsten Mal ins Gestrüpp schleuderte, dachte ich an meine eigene Situation. Ich würde mehr als einen Akazienstock brauchen, um mich wieder wie ein Mensch zu fühlen. Die Bilder des Vortags gingen mir nicht aus dem Kopf und sie hatten mich bis in den Schlaf verfolgt. Die entsetzte Menschenmenge auf der staubigen Landstraße. Der blutüberströmte Körper des Mädchens. Das Heulen der Mutter. *Yesu. Yesu. Yesu.*

Nach dem dreißigsten Wurf tat mir der Arm weh. Tari hechelte wie eine Mini-Dampfmaschine. Kein Wunder bei dieser Hitze. Gemeinsam schlenderten wir Richtung Dorf, wobei Tari mindestens zwanzig Schritte machte, während ich einen tat. Als ich mich einmal hinkniete, um mir den rechten Sneaker zuzuschnüren, entdeckte ich einen kleinen braunen Blutspritzer auf der Außenseite des Schuhs. Mein beflecktes T-Shirt und die Shorts hatten wir schon am Abend zuvor zusammen mit Daniels und Wills Klamotten in den Verbrennungsofen hinterm Missionshaus gestopft und in den Flammen entsorgt.

Zusammen erreichten wir die ersten Lehmhütten. Männer jeglichen Alters saßen rauchend auf Klappstühlen vor ihren Haustüren und nickten mir freundlich zu. „*Hujambo?*", riefen sie mir zu, worauf ich mit dem üblichen Gegengruß „*sijambo*" antwortete. Halbnackte Kinder spielten in den Vorgärten. Einige zeigten auf mich und riefen „*Mzungu! Mzungu!*", aber es waren inzwischen viele Generationen vergangen, seit das Auftauchen eines Europäers in Zimmermann's Bend als besonderes Ereignis galt. Daneben standen ihre Mütter, entweder mit einem Wäschekorb auf dem Kopf oder einen Stößel in der Hand, womit sie in hölzernen Mörsern Hirse zu Brei stampften. Einige von ihnen grüßten mich ebenfalls, aber sie wirkten viel zu müde, um mir mehr als ein erschöpftes Lächeln zuzuwerfen.

Daniel und ich waren bisher nur ein Mal im Dorf gewesen. Anita hatte uns eine kurze Führung gegeben, wobei sie uns die alte deutsche Backsteinkirche und das bescheidene Versammlungshaus gezeigt hatte. Ihr eigenes Haus – ein ordentlicher Bungalow aus gelben Klinkern – hatte sie uns nur aus der Ferne gezeigt. Sonst wusste ich nur, dass die Hütte ihrer Urgroßmutter Bibi Sabulana, von der wir schon so viel gehört hatten, unter dem riesenhaften Affenbrotbaum stand, der das Dorf überschattete. Würde Anita uns jemals zu sich nach Hause einladen?

Wir machten an einer Lehmhütte halt. Die Tür und die Fensterrahmen waren mit himmelblauer Farbe gestrichen. Unter dem Wellblech des Vordachs hatte der Besitzer eine kleine Theke aus grob behauenen Brettern aufgestellt, hinter der ich

Regale mit abgepackten Keksen und Nüssen sowie einen Kühlschrank mit verschiedenen kalten Getränken erspähte. Endlich! Genau das, was ich in dem Augenblick brauchte. Ich ließ aber Cola und Fanta links liegen. „Kann ich bitte eine Stoney Tangawizi haben?", fragte ich den freundlichen Herrn im karierten Hemd, der sofort hinter die Theke trat und mir eine eiskalte Flasche von diesem würzigen afrikanischen Ingwergetränk, das ich inzwischen liebgewonnen hatte, aus dem Kühlschrank holte, sie öffnete und mit einem Strohhalm vor mich hinstellte. „*Asante sana*", sagte ich, und fügte hinzu: „Kann ich auch einen Napf mit Wasser für meinen Hund haben?"

Der Mann hob seine schwieligen Hände und schüttelte den Kopf. Ich wiederholte meine Bitte, merkte aber schnell, dass ich so nicht weiterkommen würde. Ich wollte sie gerade mit Handzeichen erklären, als eine hoch gewachsene Gestalt neben mir erschien. Joseph sprach auf den Ladenbesitzer ein – ob auf Kiswahili oder Kihehe hätte ich nicht sagen können –, worauf der Mann lächelte und sofort einen roten Plastiknapf mit Wasser aus einem Tank füllte und ihn mir überreichte.

„Danke, das hätte ich ohne dich nie geschafft", sagte ich, während ich den Napf auf die Erde stellte. Tari stürzte sich darauf und leckte das kühle Wasser in wenigen Sekunden auf.

„Er hätte dich schon verstanden", antwortete Joseph. Er ließ den Napf nachfüllen und stellte ihn wieder auf die Erde. Er trug wie immer ein weißes Hemd mit rotem Schlips und eine schwarze Hose. Unter seinem Arm klemmte ein dickes gebundenes Biologiebuch. Auf seiner breiten Stirn war kein Schweißtropfen zu sehen.

Ich wischte mir selber den Schweiß vom Gesicht und versuchte zu lächeln. „Wie erträgst du nur diese Hitze?", fragte ich ihn.

Joseph bestellte sich ein Cola und wir setzten uns an einen der beiden Metalltische, die der Besitzer vor seinem kleinen

Café aufgestellt hatte. „Das nennst du Hitze?", fragte er. „Warte nur bis Weihnachten." Er nahm einen Schluck von seiner Cola. „Du hast gestern etwas erlebt", sagte er dann knapp.

Ich steckte meinen Strohhalm zwischen die Lippen und spürte, wie die eisige, würzige Brause meinen Durst und meine Erschöpfung sofort vertrieb. „Meinst du ...?"

Er nickte. „Auf der Straße nach Iringa. Jeder redet davon. Du siehst, wie schnell sich die Nachrichten verbreiten, sogar hier draußen."

Ich schaute mich um. Die ganze Straße starrte mich an — dieses Mal offenbar nicht nur wegen meiner hellen Hautfarbe.

„Dabei habe ich gar nichts gemacht", sagte ich. „Daniel und ich saßen zufällig im Flugzeug, als Will entdeckte, dass etwas da unten nicht richtig war."

„Wo hättet ihr sonst sitzen sollen? Ihr wart die einzigen Menschen, die in dem Augenblick in der Lage waren, diesem Mädchen das Leben zu retten. Das macht euch zu Helden."

„Ach nein! Es war doch ..."

„Heldentum beruht darauf, zur richtigen Zeit am richtigen Ort zu sein und das Richtige zu tun", unterbrach mich Joseph. Er nahm einen zweiten Schluck. „Mehr gehört nicht dazu, wenn man ein mitfühlendes Herz besitzt." Er schaute mich aus ernsten Augen an. „Und ich sehe jetzt, das hast du. Du und Daniel und natürlich auch Bwana Chapman."

„Aber es ist selbstverständlich, dass man anderen Menschen hilft", antwortete ich. Ich fühlte, wie ich unter seinen Blicken rot wurde.

„War es für den Fahrer dieses Autos selbstverständlich? Jedenfalls sind die Menschen hier auf dich und deinen Bruder aufmerksam geworden — auf Bwana Chapman sowieso. Du musst verstehen, dass die Menschen hier, vor allem in diesem Dorf, keine sonderlich hohe Meinung von den *wazungu* haben. Sie haben eben ein langes Gedächtnis. Aber ihr seid anders."

Er nahm noch einen Schluck. „Das Mädchen hat eine weit verzweigte Verwandtschaft, die sogar bis in dieses Dorf reicht."

„Wie geht es ihr?" Ich leerte meine Flasche. Ich fühlte mich komplett wiederhergestellt.

„Sie wird wieder laufen", antwortete Joseph, der ebenfalls seine Flasche von sich schob. „Eines Tages wird sie bestimmt hier in Zimmermann's Bend mit ihrer Familie auftauchen und euch persönlich danken."

„Das wird gar nicht nötig sein."

Joseph lachte. „Ich fürchte, man wird euch vorher gar nicht fragen."

Von hinter den hohen Eukalyptusbäumen, die das Dorf umsäumten, ertönte ein mechanisches Summen, das sogar die Zikaden auf den Ästen übertönte. Ein Schatten flitzte über den Sandweg, als ein weißes Flugzeug mit roten Sonnen auf den Tragflächen zur Landung ansetzte. „Ich muss zurück", sagte ich. „Lass mich die Getränke bezahlen."

„Schon bezahlt." Joseph blickte zum Cafébesitzer auf, der ihm stumm zunickte. „Bis bald mal wieder?"

„Klar", antwortete ich. Ich gab ihm die Hand, aber wich seinem Blick aus. Als ich aufstand, sprang Tari ebenfalls auf und fing an, vor Freude zu hüpfen.

Als ich das Klinikgelände erreichte, kam das Flugzeug gerade zum Stehen. Der Propeller hörte auf, zu rotieren, die Passagiertür ging auf und Marie-Heloise stieg aus. Der Kopilotensitz war leer.

„Jenny!", rief die junge Frau, als sie raschen Schrittes auf mich zulief und mir die Hand gab. „Gott sei Dank, du bist da. Wo ist dein Bruder?"

„Er ist mit meiner Mutter im Nachbardorf unterwegs. Was machst du überhaupt hier?"

„Und euer Stiefvater?"

„Nach Dar geflogen. Was gibt's?"

Marie-Heloise wischte sich eine Haarsträhne aus dem Gesicht. Ihr Khakihemd war leicht verschwitzt, ihre Jeans staubig. „Vielleicht ist es gut, dass sonst keiner da ist", sagte sie, „denn eigentlich habe ich hier nichts zu suchen. Man erwartet mich bis 13.00 Uhr in Mbeya, und Hobart wird mich umbringen, wenn er erfährt, dass ich dich besucht habe." Wir setzten uns auf die Verandastufen. „Ich weiß, was du gestern erlebt hast", sagte sie.

„Oh nein, du weißt auch davon?", fragte ich. „Wie denn?"

„Ich bin Biologin und keine Mathematikerin", antwortete sie. „Aber auch ich kann eins und eins zusammenzählen. Hör mal: Gestern gegen Abend steckte ich meinen Kopf aus unserem Büro und sah Hobart – Hobart selbst! – seinen Land Rover mit dem Wasserschlauch waschen. Ich konnte es nicht glauben, denn für solche niederen Arbeiten beschäftigt er ja seine Mitarbeiter und einen Haufen Leute im Ort. Als er fertig war, legte er den Schlauch weg und lief aufgeregt Richtung Innenstadt. Ich ging hinaus und sah mir das Auto an – an der Stoßstange war eine frische Beule, die ich garantiert noch nie vorher gesehen habe. Ich dachte zunächst, er wäre gegen ein Tier gefahren, was hier draußen recht oft passiert. Hunde, Wildkatzen, du glaubst nicht, was vor allem nachts auf den Straßen unterwegs ist. Aber dann hörte ich die ersten Gerüchte von dem Autounfall bei Ilula. Über das kleine Mädchen, das mit dem Flugzeug eingeliefert wurde, und ich musste nicht lange rätseln, um herauszufinden, wem das Flugzeug gehört und wer mit an Bord war."

„Und du meinst ... Hobart saß am Steuer?", fragte ich.

„Leider überrascht es mich überhaupt nicht", sagte sie. „Ich habe kein Geheimnis daraus gemacht, was für ein Mensch er ist, oder?"

„Gehst du zur Polizei?", fragte ich.

„Ja – *mon dieu*, kann ich's? Soll ich's? Eigentlich weiß ich gar nichts – eine Delle an der Stoßstange beweist noch lange nichts. Hast du hier schon eine Stoßstange ohne Dellen gesehen?" Sie legte ihr Gesicht in ihre Hände. „Ich muss nachdenken, Jenny. Und du und dein Bruder, ihr müsst euch von ihm fernhalten. Versprochen?"

„Natürlich", sagte ich.

„Übrigens ..." Marie-Heloise berührte meine Schulter. „Toll, was ihr geleistet habt."

„Es war nichts."

„Aber das war nicht alles, was ich dir sagen wollte." Sie rollte die Ärmel ihres Khaki-Hemdes höher hinauf. „Ich habe versucht, einiges über euren Stiefvater in Erfahrung zu bringen. Dass er mal in Schwierigkeiten war, weißt du schon."

„Was hast du gefunden?"

Sie nahm ein Blatt Papier aus ihrer linken Brusttasche und faltete es auseinander. Die Seite war offenbar einem Online-Newsletter für die private Luftfahrt in Ostafrika entnommen. Auf halber Höhe hatte Marie-Heloise folgende Sätze mit blutroter Farbe unterstrichen:

Ein besonderer Fall stellt der Lufttransport-Service Simba Airways dar. Die Firma wurde Anfang 20.. von dem Unternehmer Ibrahim Kharusi und dem ehemaligen US-Piloten Will Chapman gegründet. Da Chapman vorbestraft ist und zu einer mehrjährigen Haftstrafe in einem Hochsicherheitsgefängnis verurteilt wurde, durfte er erst nach einer langwierigen Prüfung durch die tansanischen Behörden seine Pilotentätigkeit wieder aufnehmen ...

„Was soll das?", rief ich.

„Ich weiß es nicht, Jenny." Marie-Heloise warf mir einen langen, traurigen Blick zu. Sie kraulte Tari am Hals. Er wedelte erst mit dem Schwanz, dann gähnte er und streckte sich, bevor er sich schließlich auf ihren Schoß legte. „Ich wollte es dir nicht sagen, aber du und Daniel habt ein Recht darauf", fuhr sie fort. „Du brauchst meine Worte nicht für bare Münze zu nehmen, aber wenn irgendjemand etwas über seine Vergangenheit munkelt, dann weißt du, woran ihr seid. Ich an deiner Stelle würde ein paar vorsichtige Fragen stellen. In seinem Büro nachschauen. Es könnte wichtig sein. Ich würde auf jeden Fall nicht mit ihm nach Dar fliegen und mich mit diesen zwielichtigen Gestalten treffen."

„Ja, aber ..." Ich konnte den Satz nicht zu Ende sprechen. Wie konnte ich ihr gerade jetzt sagen, dass wir bei ihm Flugunterricht nehmen wollten?

„Aber ...?", fragte Marie-Heloise.

„Aber dann wird es schwierig sein, im Land herumzukommen", sagte ich. „Ich meine, wir sind komplett von der Außenwelt abgeschottet."

„Aber dafür habt ihr Tari", erklärte Marie-Heloise. „Mit ihm könnt ihr die ganze Gegend um euch auskundschaften. Und ich ..." Sie stand auf. „Ich werde weiterhin schauen, was ich über Hobart herausbekommen kann. Es bringt mir nichts, ihn der schlimmsten Verbrechen zu bezichtigen, wenn ich keinen einzigen Beweis dafür habe. Und nun muss ich verschwinden, bevor er Verdacht schöpft und mich hier aufspürt."

Fünf Minuten später startete sie wieder und schwang sich in die Lüfte.

Ich wollte ihr nicht glauben. Will in einem Hochsicherheitsgefängnis! Und doch ... Seine seltsamen und primitiven Tätowierungen, seine komische Verhaltensweise, die Gerüchte, die um ihn schwirrten, und vor allem Christines Stillschweigen über alles, was seine Vergangenheit betraf ...

Nein! Es konnte einfach nicht sein. Steckte Hobart irgendwie dahinter? Es war mehr als deutlich, dass er Will hasste. Hatte er Marie-Heloise mit Geschichten aufgehetzt, um einen Keil zwischen uns und unseren Stiefvater zu treiben? Wenn ja, wozu bloß das ganze Theater?

Ich zögerte einige Augenblicke, dann ging ich ins Haus zurück. Wills Bürotür war direkt neben dem Bad. Ich schaute sie mir an. *Wie wär's, wenn ich* ... Ich wagte kaum, den Gedanken zu Ende zu denken. Aber schließlich ...

Ich ging ein paar Mal den Gang auf und ab. Endlich blieb ich an der Tür stehen. Ich streckte meine Hand aus und griff nach dem Türknauf. Ich drehte ihn ein paar Millimeter nach links, dann nach rechts – und erkannte sofort, dass die Tür abgeschlossen war.

Kein Wunder. Eigentlich wusste ich schon, dass er seinen Schlüsselbund immer bei sich trug. Es blieb nur noch sein Fenster – aber wollte ich wirklich in sein Büro einbrechen, wie es uns damals zu Hause am Tage von Papas Beerdigung passiert war?

Wohl nicht.

Jedoch ... ich brauchte immer noch Gewissheit. Aber würde ich jemals an seinen Büroschlüssel herankommen?

18

Eigentlich hatten Daniel und ich erwartet, dass wir den ersten Tag unserer Flugausbildung gleich im Pilotensitz verbringen würden. Deshalb schauten wir Will zunächst verständnislos an, als er uns zwei feuchte Schwämme in die Hand drückte und uns die Cessna waschen ließ.

„Wenn alle deine Flugstunden so beginnen", sagte Daniel und quetschte dabei das Seifenwasser aus seinem Schwamm, „dann muss deine Warteliste echt kurz sein, oder?"

„Du würdest staunen", sagte Will und machte sich am Motor zu schaffen. Er war ein paar Zentimeter größer als unser Vater. Ganz in Khakisachen gekleidet und mit einem khakifarbenen Buschhut auf den kurzen blonden Haaren hätte der Unterschied zu Max Sandau, mit seinen maßgeschneiderten italienischen Anzügen und Pariser Herrenduft, nicht größer sein können. „Es gibt keine bessere Einführung in die Flugtechnik, als ein Flugzeug gründlich sauberzumachen. Ich habe einmal vor Jahren bei mir in Seattle eine Art Flugcamp für Jugendliche durchgeführt. Wir fingen immer so an. Die Kids konnten nicht genug davon kriegen. Hätte ich im darauffolgenden Sommer weitergemacht, weiß ich gar nicht, wie ich die ganzen Anmeldungen hätte bewältigen sollen. Jedenfalls fange ich immer mit einer gründlichen Reinigung an. Außerdem ist um diese Zeit die Thermik noch zu stark."

„Verstehe ich nicht", sagte ich. Ich schrubbte gerade die Heckflossen.

„Eine Thermik, oder Aufwind, ist eine Säule heißer Luft, die von der Erdoberfläche in die Höhe steigt", erklärte Will. „Sie wird von der Einstrahlung der Sonne auf den Boden verursacht. Unsere Atmosphäre wird nämlich nicht von oben, sondern von unten, von der Erde selbst aufgewärmt. Segelflugzeuge reiten geradezu darauf, und Vögel benutzen sie ständig. Ihr werdet es sehen, wenn im November die Störche zurückkehren. Sie reiten die Thermik über Tausende von Kilometern hinweg, die ganze lange Strecke von Europa bis hierher. Aber für uns bringt sie auch Turbulenzen. Wenn die Thermik am stärksten ist, kann die Luft so holprig sein wie der entlegenste Trampelpfad hier unten. Heute werden wir einfach warten, bis sich die Temperatur um ein paar Grad gesenkt hat. Dann gehen wir hinauf."

„Und wie lange dauert es, bis wir allein hochgehen können?", fragte Daniel.

„Na ja, eigentlich wisst ihr noch gar nichts, außer wie die Maschine aussieht", sagte Will. „Es gibt viel zu lernen – eigentlich alles. Ihr könnt schon mit sechzehn Jahren US-amerikanische Pilotenscheine machen – Daniel ist schon so weit, aber Jenny muss noch eine Weile warten. Zunächst als Privatpiloten, versteht sich. Aber bis dahin dürft ihr sowieso nicht alleine herumfliegen, nicht einmal hier am Great Ruaha." Er kratzte sich im Nacken. „Aber wenn ihr wirklich hart arbeitet, wenn ihr es wirklich wollt, könnt ihr in vier, fünf Monaten einmal einen Soloflug durchführen. Und in sechs bis acht Monaten kann ich euch zu echten Buschpiloten ausbilden. Es hängt alles von euch selber ab."

Ich muss sagen, die Vorstellung war wirklich verlockend. Und wie verrückt war das? Ich kannte die Gerüchte über seine angeblichen Abstürze, seine Schmuggeltätigkeit, seinen Aufenthalt im Zuchthaus. Seine Tattoos prangten in echt auf seinen Armen. Aber wie passte das alles zu seinem Verhalten uns gegenüber? Zwar war er schweigsam und zurückhaltend, wenn er überhaupt da war und nicht irgendwo in seinem Flugzeug unterwegs. Aber er war immer höflich zu uns und ich musste zugeben, dass er sich Mühe gab, unseren unfreiwilligen Aufenthalt möglichst erträglich zu gestalten. Manchmal brachte er uns echtes Vollkornbrot von einer deutschen Bäckerei in Morogoro mit, und einmal sogar richtigen Honig von einem Benediktinerkloster. Hier draußen, wo wir uns hauptsächlich von langweiligem weißem Toastbrot ernährten, war das der schnellste Weg zu meinem Herzen.

Wir reinigten die Maschine sowohl außen als auch innen, während Tari ständig zwischen unseren Beinen umherlief und seinen Spaß daran hatte, unsere Plastikeimer immer wieder umzukippen. Dabei erklärte uns Will jedes bewegliche Teil, jeden Zeiger und jeden Hebel. Als das Flugzeug unter der Mittagssonne geradezu glänzte, stieg er mit uns ein und machte eine vollständige Vorabflugkontrolle. „Perfekt", sagte er endlich. Wir stiegen wieder aus und schlugen beide Türen zu. „Wir sind startklar. Um 16.00 Uhr geht's los."

„Was sollen wir bis dahin machen?", fragte ich.

„Was machen denn andere Jugendliche um diese Zeit?", fragte Will zurück.

„Na ja, die Afrikaner hier gehen eben zur Schule."

„Dann könnt ihr mitgehen."

„Brauchen wir nicht", sagte Daniel. „Wir haben alle Arbeitshefte durch und damit ist unser Schuljahr beendet. Außerdem läuft da alles auf Kiswahili und wir verstehen doch gar nichts."

Will sah uns beide an. „Warum wollt ihr überhaupt fliegen lernen?"

„Um Afrika zu sehen", sagte Daniel.

„Nichts leichter als das. Wenn's nur ums Sehen geht, könnt ihr da oben alles sehen, was ihr wollt. Aber eigentlich könntet ihr dasselbe auch bei euch in Deutschland im Fernsehen gucken, oder?" Er setzte seinen Hut, den er auf die Tragfläche gelegt hatte, wieder auf den Kopf. „Macht, was ihr wollt. Aber ihr werdet nichts von dem, was ihr seht, verstehen, bis ihr anfangt, mit den Leuten hier zu reden. Lernt die Sprache. Lernt die Menschen kennen. Werdet ein Teil ihres Lebens. Sonst werdet ihr immer nur Touristen bleiben. Und glaubt mir – Zimmermann's Bend war noch nie eine besondere Touristenattraktion."

„Meinst du, wir sollten versuchen, Kiswahili zu lernen?", fragte ich. „Wir haben so ein Buch, aber ..."

Will nickte. „Es ist der einzige Weg." Er steckte sein Schlüsselbund in die Tasche. „Glaubt mir: Eines Tages werdet ihr es brauchen."

Nach dem Mittagessen fütterten Daniel und ich die Pavianfamilie, die hinter der Schule wohnte. Dann setzten wir uns mit dem Kiswahili-Lehrbuch, das Christine uns in München gekauft hatte, ans Flussufer. Die Kassette dazu hatten wir schon längst aus den Augen verloren, möglicherweise schon vor unserer Abreise, und sogar das Buch selbst hatten wir seit unserer Ankunft in Zimmermann's Bend nur selten in die Hand genommen. Wir hatten überlegt, dass unsere Lernprobleme nicht daran liegen konnten, dass wir etwa nicht intelligent oder nicht sprachbegabt waren. In der Schule hatten wir beide immer Einsen in Englisch bekommen, was uns hier unten sehr zugute kam. Aber bei Kiswahili wussten wir einfach nicht weiter. Wir konnten zwar bis zehn zählen und hatten einige Worte gelernt, wie *mzungu* (Europäer), *shamba* (Garten), *simba* (Löwe), *mbuyu* (Affenbrotbaum), *ndege* (Vogel oder Flugzeug) und *korongo* (Storch). Wir kannten auch ein paar alltägliche Redewendungen, wie etwa *Hujambo bwana?* für „Guten Tag, mein Herr", *Habari za gani?* für „Wie geht's?", *Karibu!* für „Willkommen!", *asante sana* für „Vielen Dank" und *kwa heri* für „Auf Wiedersehen". Wir kamen gar nicht umhin, diese

Begriffe zu lernen, denn wir hörten sie von morgens bis abends im Missionshaus und in der Klinik.

„Na gut", sagte ich. Ich kraulte Tari mit der linken Hand hinter den Ohren, während ich mit der rechten das Lehrbuch aufschlug. „Das kriegen wir irgendwie auch noch hin. Schließlich spricht Christine es schon fließend."

„Na, dann zeig mir mal, wie gut du das hinkriegst", sagte Daniel.

„Nein, du zuerst", antwortete ich. „Erst mal ein bisschen Vokabular üben. Sprich mir nach: Dieser Baum: *mti huu.*"

„*Mti huu.*" Daniel sprach langsam und dehnte die ungewohnten Vokale.

„Weiter geht's", sagte ich. Ich schielte auf die Seiten. „Diese Bäume: *miti hii.*"

„*Miti hiĩ*", sagte Daniel. „*Miti hui* und *muti* ... *hoho.*"

„Daniel!", rief ich. „Streng dich ein bisschen an, verstanden? Es heißt *mti huu* und *miti hii.*"

„Mensch, Jenny, was soll das?" Daniel riss mir das Buch aus der Hand und blätterte es durch. „Probieren wir lieber ein paar Sätze. Wie wäre es mit diesem? ‚Die Mutter trägt das Kind auf dem Rücken': *Mama anabeba mtoto mgongoni.*"

„*Mama* ... *mama baba* ... was?"

„*Mama anabeba mtoto mgongoni*", wiederholte Daniel. Er schaute mich an wie ein Lehrer, der ein Spiel daraus macht, ein besonders einfältiges Schulkind durch die Mangel zu drehen. „Warum strengst du dich nicht selbst mal an?"

Ich griff wieder nach dem Buch. „Okay, okay. Probieren wir einen Satz gemeinsam. Hier, endlich mal was Praktisches. ‚Wir suchen den Bus, der morgen nach Daressalam fährt': *Tunatafuta basi ambalo litakwenda Dar kesho.*"

„Sag's noch mal", bat Daniel. Ich wiederholte den Satz zweimal. „Jetzt geht's los", sagte Daniel. Er schloss die Augen und dachte konzentriert nach. „*Tuna... tunakafa... tunafawata... tuna…*"

„Thunfisch?", fragte ich. Und wir platzten beinahe vor Lachen. Ich klappte das Buch zu und warf es ins Gras. „Vielleicht gibt's tatsächlich Leute, die diese Sprache lernen", sagte ich, nachdem ich mich wieder erholt hatte, „aber so lernen sie es bestimmt nicht!"

19

Daniel und ich hätten Tari bei unserer ersten Flugstunde gern dabei gehabt, aber Will bestand darauf, dass er am Missionshaus angekettet blieb. „Denkt nicht, dass ich ihn nicht süß finde", sagte er, als ich ihn darum bat. „Aber wenn es etwas gibt, was ich nicht ausstehen kann, dann sind es luftkranke Hunde."

Nachdem wir Will beim Tanken und bei der Vorabflugkontrolle geholfen hatten, setzte sich Daniel auf den Kopilotensitz neben Will und ich stieg hinten ein. Wir schnallten uns an und setzten die Kopfhörer auf.

Als wir in der Luft waren und die Klinik und Zimmermann's Bend nur noch einem Spielzeugdorf glichen, fing Will an, uns die Flugeigenschaften der Maschine zu erklären. Er demonstrierte alle Funktionen des Steuerknüppels und der Pedale sowie der Reihen von Schaltern und Zeigern, die das Armaturenbrett zierten.

„Wie lange fliegst du schon?", fragte Daniel, nachdem Will ihm einige Manöver gezeigt hatte.

„Das kann ich gar nicht so genau sagen." Will nahm seine Sonnenbrille ab und wischte sich mit seinem weißen Taschentuch über die Stirn. „Mein Vater setzte mich und meinen Bruder auf den Pilotensitz, als unsere Beine gerade lang genug waren, um die Steuerpedale zu berühren. Wir haben das Fliegen irgendwie im Blut. Wisst ihr, mein Vater war Kampfpilot im Vietnamkrieg, und als der Krieg zu Ende war, konnte er nicht aufhören zu fliegen. Er sagte immer, dass er sich nach dem vielen Elend, das er auf der Erde gesehen hat, nur richtig lebendig fühlte, wenn er in der Luft war. Er arbeitete viele Jahre als Testpilot bei Boeing. Heute sammelt und restauriert er bei Seattle alte Flugzeuge. Unsere Schulferien haben wir immer in der Luft verbracht. Wir sind mit ihm über ganz Amerika und Kanada geflogen. Wir sind sogar einmal in einer einmotorigen Maschine ähnlich wie dieser nach Paris geflogen, wie Charles Lindbergh damals 1927, als ich etwa so alt war wie du, Jenny. Zwar ist Lindbergh ohne Unterbrechung von New York nach Paris geflogen, doch wir haben einige Zwischenstopps eingelegt. Kanada, Grönland, Island, Irland. Es war ein echtes Abenteuer."

„Ist dein Bruder auch Pilot?", fragte ich.

„Er war es", antwortete Will. „Frank ist in die Fußstapfen unseres Vaters getreten und wurde Luftwaffenpilot. Er ist dann bei einem Trainingseinsatz ums Leben gekommen. Technisches Versagen. Keine Chance."

„Furchtbar", sagte Daniel.

Will schwieg einige Minuten. „Behalt den Höhenmesser im Auge, Daniel. Wie hoch sind wir jetzt?"

„Mal sehen ... Ich lese siebentausendfünfhundert Fuß", sagte Daniel. „Wie hoch kann dieses Flugzeug überhaupt fliegen?"

„Bis achtzehntausend Fuß, das sind etwa sechstausend Meter, vielleicht auch ein bisschen höher, je nach Belastung und den Wetterbedingungen. Aber es würde euch einige Mühe kosten, so hoch zu kommen."

„Nicht genug Antrieb?", fragte Daniel.

„Die Luft ist zu dünn. Zu wenige Moleküle, zu wenig Widerstand. Die Ruder und Klappen sind fast nutzlos da oben. Außerdem reicht der Sauerstoff nicht mehr aus. Schon bei

176

dreitausend Metern macht dies vielen Menschen zu schaffen. Bei viertausend würdet ihr es deutlich spüren."

„Erstickt man oder wie?", fragte ich.

„So ungefähr", sagte Will. „Manche Leute erleben eine Art Höhenrausch und halten sich für allmächtig – manchmal fliegen sie dann so hoch, dass sie das Bewusstsein verlieren und abstürzen. Andere wiederum werden depressiv. Dann ist es ihnen egal, was passiert. Gesundheitliche Faktoren, dazu noch Drogen und Alkohol spielen auch eine Rolle. Die Urteilsfähigkeit wird zusätzlich beeinträchtigt. Man kann nicht über längere Zeit ohne Sauerstoffausrüstung auf viertausend Metern fliegen, von sechstausend ganz zu schweigen. Hypoxie – Sauerstoffmangel – heißt dieses Phänomen. Es hat möglicherweise euren Vater das Leben gekostet."

Daniel schaute hoch. „Was meinst du damit?"

„Als eure Mutter mir erzählte, was mit ihm passiert war, habe ich mich gleich bei der italienischen Luftfahrtbehörde erkundigt, um mehr zu erfahren. Wisst ihr, er war in einer Cessna 172 unterwegs. Die ist dieser Maschine sehr ähnlich. Sie prallte auf fünftausend Metern gegen einen Berggipfel. Der Pilot litt unter Sauerstoffmangel. Bei dieser Höhe war sein Urteilsvermögen wohl beträchtlich gestört. Die Alpen sind eben tückisch. Es war noch vor Sonnenaufgang und er ist gewaltig vom Kurs abgewichen. Vielleicht wollte er eine Abkürzung nehmen. Die Flugbehörde geht davon aus, dass Max unbedingt in dieser Nacht nach München fliegen wollte und Herrn Hofer unter Druck gesetzt hatte, ungeachtet des schlechten Wetterberichts zu starten. Jedenfalls war es nicht der Wintersturm, der dem Piloten und seinem Passagier zum Verhängnis wurde, sondern die Höhe."

Sogar auf dem Hintersitz spürte ich die Welle des Hasses, die durch Daniels Körper schoss. Er atmete einmal tief durch und sagte: „Ich denke, das, was meinen Vater betrifft, geht dich nichts an." Aber ich fühlte, dass er Angst hatte – Angst vor einem Bild, das auch durch meine Gedanken blitzte: Der verrückte Pilot, die weißen Schneegipfel, der gefesselte Mann ...

Will antwortete nicht darauf, dennoch schien er den Stimmungsumschwung in seinem Stiefsohn bemerkt zu haben. „Genug geübt", sagte er und übernahm das Steuer. „Schauen wir uns jetzt etwas Interessantes an." Er legte die Maschine in eine scharfe Linkskurve.

„Wir fliegen über den Fluss", sagte ich. „Das ist doch unser Nationalpark, oder?"

„Genau. Da wolltet ihr doch schon immer hin, oder?" Will flog tiefer und steuerte die Maschine über den Fluss. Die verstreuten Felder und Gärten, die die Landschaft um Zimmermann's Bend prägten, verschwanden auf einen Schlag. Hier waren die Hügel von dichten Wäldern bedeckt, und in den Ebenen reichte das offene Grasland bis an den Horizont. Kahle Affenbrotbäume wuchsen aus den Niederungen empor und sahen so aus, als würden ihre knorrigen Äste nach uns greifen.

Will flog tiefer. Eine ganze Stunde lang flogen wir über kahle Berge und grüne, unberührte Täler. Wir umkreisten Impalas und eine Elefantenherde. Auf dem Felsvorsprung eines Berges sonnten sich Löwen. Afrika, wie es im Bilderbuch steht.

„Du kennst dich hier ja sehr gut aus", sagte Daniel.

„Ibrahim und ich sind mindestens einmal die Woche hier. Der Ruaha-Park ist eines der ganz wenigen unberührten Naturreservate in ganz Afrika. Seit vier Jahren habe ich einen Vertrag bei der Parkverwaltung für Transport und Überwachung. Ich habe den Job damals bekommen, weil die Verwaltung Hilfe gegen Wilderer brauchte. Es gab einen regen Elfenbeinhandel und die Wilderer hatten die Elefanten und Nashörner fast gänzlich ausgerottet. Ich konnte die Verwaltung und die Polizei dabei unterstützen, die Wilderer zu stellen."

„Das hört sich richtig spannend an", sagte ich. Ich erinnerte mich, dass einer seiner Fotobände von Elefanten handelte.

„Erinnert mich lieber nicht daran. Jedenfalls konnten wir den Wilderern endlich das Handwerk legen und seitdem arbeite ich für die Verwaltung. Sie ruft mich an, wenn sie Luftaufnahmen braucht oder wenn sich der eine oder andere Notfall ereignet."

Plötzlich wandte Will sich nach links. Er brachte die Maschine noch tiefer und zeigte mit dem Finger durch die Scheibe, bis wir es auch sahen: Eine Schar von Geiern, die um einen schwarzen Punkt kreisten. Will flog näher und zog nun ebenfalls einen weiten Kreis über das Geschehen. „Das gefällt mir gar nicht", sagte er. Wir flogen noch tiefer, bis wir ein halbes Dutzend graue Gestalten auf dem trockenen Gras entdeckten. Als wir nur noch hundert Meter über der Erde waren, erkannte ich sie. Es waren Zebras. Alle lagen bewegungslos da, außer einem einzigen, das sich immer noch kraftlos im Staub wälzte.

Will suchte eine ebene Fläche und landete. „Jenny, schau in den Frachtraum hinterm Sitz", bat er. Er schnallte sich ab und setzte den Hut auf. „Die Schaufel, meinen Rucksack, das Handbeil, den Verbandskasten und ein Seil. Ich brauche alles." Ich sagte nichts, sondern reichte ihm das Verlangte. Wir öffneten die Türen und sprangen zu Boden. Die toten Tiere lagen noch unberührt im Staub, als wollten die Geier den Tod des letzten abwarten, bis sie ihr eigenes Zerstörungswerk begannen. Will gab Daniel und mir ein Zeichen, dass wir zurückbleiben sollten, dann schulterte er seinen Rucksack und griff nach der Schaufel. Er schritt auf das sterbende Zebra zu. Ohne ein Wort zu sagen, nahm er die Schaufel in beide Hände, holte aus und schlug damit so hart zwischen die Augen des Tieres, dass Daniel und ich das Platzen des Schädels klar wie einen Pistolenknall hörten. Das Zebra brach gänzlich zusammen, zappelte einen Augenblick und bewegte sich dann nicht mehr.

Ich legte mir die Hände vors Gesicht. „Was geht hier vor?", fragte ich Daniel. „Ist er jetzt komplett übergeschnappt?" Ich spürte schon die Galle in meinem Hals aufsteigen.

Daniel und ich traten ein paar Schritte näher. Wir zählten sieben tote Zebras. Schusswunden waren nicht zu sehen, aber schon aus einiger Entfernung stellten wir fest, dass die Häute der Tiere mit schwarzen Pusteln übersät waren. Will ging von Tier zu Tier und musterte sie. Dann nahm er seinen Fotoapparat aus dem Rucksack und schoss ein Bild nach dem anderen. „Ich dachte, ich hätte das letzte davon gesehen", sagte er, mehr zu sich selbst als zu uns.

„Will, was ist bloß passiert?", rief ich. Will antwortete nicht, sondern fuhr fort, zu fotografieren.

„Waren sie krank?", fragte Daniel. „Oder wurden sie vergiftet?"

„Wenn ich das wüsste." Will schoss weiter. „Bitte bleibt, wo ihr seid. Ich will kein Risiko eingehen." Als er genug Fotos geschossen hatte, kam er zu uns zurück und holte den Verbandskasten. Er öffnete ihn und zog sich eine Maske und Latexhandschuhe über. Dann entnahm er dem Kasten drei winzige Glasschälchen und ein Skalpell. Er ging auf eins der Zebras zu, kniete sich hin und begann damit, Gewebe von den Augenlidern abzuschaben.

„Er hat sie wohl nicht mehr alle!", flüsterte Daniel. „Was macht er da bloß?"

„Das ist ja ekelhaft", entgegnete ich.

„Meinst du, dass er selbst ein Wilderer ist? Marie-Heloise hat uns doch gesagt, dass er in krumme Dinge verwickelt ist und im Zuchthaus gesessen hat. Oder vielleicht schmuggelt er Drogen oder so was! Vielleicht hat er eine Ladung Drogen abgeworfen und die Zebras haben sie zuerst gekriegt!"

„Hör auf damit", fuhr ich Daniel an. „Du machst mir Angst."

Daniel drehte sich zu mir um. „Aber klar doch! Sie haben sich vergiftet und er muss die Spuren verwischen!"

„Bis du jetzt völlig durchgedreht?"

Will fixierte das Gewebe in einem Schälchen, das er dann fachmännisch versiegelte. Konnte es sein, dass er das alles nicht zum ersten Mal machte? So wirkte es jedenfalls auf mich. Er wiederholte die Prozedur bei zwei weiteren Zebras. „Okay", sagte er durch die Maske, nachdem er fertig war und die Schälchen in seinem Rucksack verwahrt hatte. „Nun bin ich auf eure Hilfe angewiesen. Wir bringen diese Tiere so nah zusammen, wie es nur geht." Er nahm das Seil und band ein Ende an das Hinterbein eines der Zebras. „Nun bleibt da, wo ihr gerade steht und nehmt das andere Ende des Seils. Und nun, los!" Verwirrt und angeekelt machte ich den Mund auf, um etwas zu sagen, aber Wills strenger Gesichtsausdruck ließ die Worte in meinem Hals stecken bleiben. Wir zogen mit Will gemeinsam am Seil. Zentimeter um Zentimeter gelang es uns, das schwere Zebra zu zwei anderen hinüberzuziehen, die schon nebeneinander lagen. Kaum waren wir mit einem Zebra fertig, ging es mit den anderen weiter, bis sie am Ende alle in einem grotesken Haufen übereinanderlagen.

„Wir brauchen Brennholz", sagte Will dann. Er nahm seinen Hut ab und wischte sich den Schweiß von der Stirn. „Trockene Äste, Sträucher, alles was ihr findet. Schnell!" Daniel und ich konnten nichts mehr sagen, wir konnten nur noch gehorchen. Ein toter, verkrüppelter Dornenbaum stand ganz in der Nähe und seine Äste lagen wie Knochen herum. Daniel und ich wechselten uns mit dem Handbeil ab, und nach wenigen Minuten hatten wir einen meterhohen Stapel Holz zusammen. „Das wird reichen müssen", sagte Will, der gerade mit dem 20-Liter-Kanister vom Frachtraum der Maschine zurückkam. Er stellte ihn auf die Erde und warf die Holzstücke auf die Kadaver. Dann nahm er den Benzinkanister wieder auf, öffnete den Verschluss und kippte den gesamten Inhalt über den Scheiterhaufen, bis jeder Zweig und jedes Zebra voller Benzin war. Seine Maske und die Handschuhe legte er ebenfalls auf den Haufen. Er nahm sein Taschentuch heraus, wickelte es um ein Stück Holz und tränkte es in Benzin. „Nun zurück zum Flugzeug", befahl er. Er zündete die Fackel mit einem Streichholz an, holte aus und schleuderte sie auf den Stapel. Es zischte, dann explodierte der Holzstapel in einem großen gelben Feuerball. Eine schwarze pilzförmige Wolke schoss wie eine Rakete in den Himmel, während der Scheiterhaufen von den Flammen verzehrt wurde. Eine Druckwelle heißer Luft, durchtränkt mit dem Gestank von Benzin und brennendem Fleisch, schlug Daniel und mir ins Gesicht. Ich drehte mich weg und übergab mich. Ich muss dann in Ohnmacht gefallen sein, denn als ich die Augen wieder öffnete, sah ich die Rauchsäule nur noch als ein schmales schwarzes Bändchen durch die Hinterscheibe der Cessna.

20

„Mama, du wirst nicht glauben, was wir gestern erlebt haben",
sagte ich am nächsten Morgen beim Frühstück.

„Will hat mir alles erzählt." Christine krächzte die Worte.
Ihre blauen Augen tränten. Sie hob ihre Tasse mühsam an den
Mund, als wäre sie nicht mit Tee, sondern mit heißem Blei gefüllt. Christine und James Mwamba, ihr afrikanischer Klini-
kassistent, hatten bis spät in die Nacht eine schwierige Geburt
betreut. Das Dorf lag etwa vierzig Kilometer weiter südlich,
wo die Sandstraße nur noch ein Sandweg war, und James war
auf dem Rückweg in der völligen Dunkelheit mit dem Geländewagen irgendwann von der Piste abgekommen. Zum
Schluss hatten sie die Suche aufgegeben und fuhren den Rest
des Weges querfeldein nach dem Kompass. „Will hat mir gestern Abend die Fotos gezeigt und wir haben sie bis zum Morgengrauen studiert." Sie nahm einen Schluck Tee. „Ich bin
zwar keine Tierärztin, aber seine Diagnose wird wohl stimmen. Alles deutet auf Anthrax hin. Es heißt auch Milzbrand
und ist eine ansteckende Krankheit, die sowohl Wild als auch
Vieh befällt. Sie wird sogar schon in der Bibel erwähnt, und
zwar als eine der zehn Plagen, die Moses den Ägyptern sandte.
Sie vernichtet die inneren Organe und verursacht schwarze
Pusteln am Körper."

„Meinst du so etwas wie Pestbeulen?", fragte ich. „Wie im
Mittelalter?"

Christine nickte. „Und sie ist absolut tödlich, sowohl für Tiere als auch für Menschen. Keine Sorge: Wir sind alle dagegen geimpft – Will bestand darauf, bevor wir hierherkamen, denn es ist gerade ein neuer Wirkstoff auf den Markt gekommen. Aber die Krankheit verbreitet sich durch Sporen schnell wie ein Buschfeuer. Sie könnte die Zebraherden und andere Tiere im Park anstecken, und wenn die Krankheit auf die Rinder der Massai überspringen würde und dann auf die Menschen selbst, wäre die Katastrophe perfekt. Deswegen der Scheiterhaufen, der bestimmt kein schöner Anblick gewesen ist."

„Du meinst, wegen der Geier ...", sagte Daniel.

„Genau. Die Fliegen, die Hyänen oder einfach der Wind hätten die Krankheit sehr weit verbreiten können. Das war eine absolute Notmaßnahme, denn eine fachmännische Reinigungsaktion wäre notwendig gewesen. Keine Ahnung, ob es dazu kommen wird." Christine schob ihren Teller mit den noch unangerührten Spiegeleiern angewidert von sich. „Warum die Seuche ausgerechnet im Ruaha ausgebrochen ist, ist natürlich eine ganz andere Frage."

„Kann jemand das absichtlich gemacht haben?", fragte Daniel.

„Woher soll ich das wissen? Will vermutet es, weil das alles schon einmal passiert ist. Eine Herde Büffel, vor acht Monaten. Mein Vorgänger hier an der Klinik, Doktor Kowalski, hatte die Diagnose gestellt. Er glaubte nämlich, dass irgendjemand ein Interesse am Tod der Tiere im Ruaha-Park hatte. Nicht zuletzt deshalb, weil Milzbrand als Biowaffe bekannt ist."

„Das gibt's doch nicht." Ich schloss die Augen, konnte das entsetzliche Bild aber nicht mehr aus meinen Gedanken verbannen.

„Es ist nur merkwürdig, dass keiner etwas unternimmt", sagte Christine. „Gestern hat der Parkdirektor einfach aufgelegt, als Will bei ihm anrief, um den Vorfall zu melden. Man könnte sich sonst an den WWF wenden, der die Sache wohl an die große Glocke hängen würde, aber die haben ihre letzten Mitarbeiter vor wenigen Tagen abgezogen, auf Befehl von Präsident Dambala. Und Doktor Kowalski ... Tja, der weilt nicht mehr unter uns." Sie wischte sich den Mund mit der Serviette ab. „Will ist heute früh mit den Gewebeproben nach Dar geflogen. Er schickt sie zur Analyse ins Ausland. Mal sehen, ob er bei der Regierung etwas in Bewegung setzen kann."

„Er scheint sich wirklich Sorgen zu machen", sagte Daniel.

„In seinem Job sieht er so viel, dass er sich eben um vieles Gedanken machen muss." Christine rührte ihren Tee um. „Die Zeiten sind schwierig, in jeder Hinsicht, und er ist entschlossen, sowohl uns als auch die Klinik aus allem herauszuhalten. Wenn er denkt, es ist besser, wenn ihr nichts wisst, dann solltet ihr ihm einfach vertrauen und ihn nicht drängen. Vielleicht solltet ihr ihn euch einfach das Fliegen beibringen lassen."

„Ja, das Fliegen", sagte Daniel.

Christine legte ihren Kopf zur Seite und sah Daniel direkt in die Augen. „Ja, ich sehe schon, Daniel. Du willst nicht mehr. Und du auch nicht, Jenny."

„Doch", protestierte ich, „es ist nur ..."

„... Es ist nur, dass ihr nicht an ihn glaubt", sagte Christine. „Ich weiß. Es tut mir leid, aber dafür kann ich nichts. Er vielleicht auch nicht. Hört mal zu, ihr beiden." Christine lehnte sich nach vorn. „Ich verlange nicht, dass ihr ihn mögt. Er erwartet es auch nicht. Ihr seid auch schon lange keine kleinen Kinder mehr. Er will euch nur Flügel schenken, damit ihr aus dem Loch, in das ihr gefallen seid, wieder herauskommen könnt. Jeder gibt, was er kann, und das ist sein Geschenk für euch. Wisst ihr, ich war schon immer der Meinung gewesen, dass wir im Leben immer mit bestimmten Aufgaben konfrontiert werden, die wir zu lösen haben. Wir können uns diese

Aufgaben nicht vorher aussuchen und wir können nicht wirklich weiterkommen in unserem Leben, bis wir ihnen mit allem, was wir haben, gerecht geworden sind. Alles andere ist nur Stückwerk und kein Leben." Sie stand auf, um sich in die Klinik zu begeben. „Ihr habt jetzt eine Chance bekommen. Nutzt sie."

Ein Blitz zerreißt die Luft. Das Feuer versengt meine Augenbrauen. Ich halte die Hände vors Gesicht, aber der Geruch von brennendem Fleisch dringt in meine Nasenlöcher und in meinen Mund ein, so dass ich geradezu ersticken muss. Eine Herde galoppierender Zebras geht in Flammen auf. Dazu Giraffen, Elefanten, ein goldener Hund. Schwarze Menschen schreien, als ihre Kleider Feuer fangen. Sie reißen sich die brennenden Fetzen vom Leibe und laufen nackt auf einer schnurgeraden, von riesigen kahlen Affenbrotbäumen gesäumten Sandstraße einem dunklen Bergmassiv entgegen ...

Und dann stehe ich weit weg, auf der anderen Seite der Berge. Winterluft. Zwiebeltürmchen. Schwarze Kopftücher und Hüte. Erdklumpen poltern dumpf auf den Deckel eines Holzsargs. Ein Mann im grauen Mantel und mit einem schwarzen Schnurbart zwinkert mir während des Gebets zu, dann zündet er sich eine Zigarette an und schnippt das noch brennende Streichholz ins offene Grab ...

Ich schließe die Augen und wälze mich zur Seite. Etwas brummt. Als ich meine Augen wieder öffne, schaue ich in die Augen eines Piloten – Khakihemd, Pilotenmütze, aber ohne Gesicht. Ich schaue auf den Rücksitz und sehe unseren Vater – gefesselt, geknebelt, mit gebrochenen Augen. „Höher! Weiter!", ruft der Pilot, und zeigt mit einem leichenblassen Finger durch die Windschutzscheibe.

Ein schwarzer Berg. Weißes Schneegestöber. Alles weiß.

Ein Aufprall ...

Ich schreie auf.

Ich wälze mich im Schnee, schluchze, keuche.

„Es ist vorbei!", spricht eine Stimme in mein Ohr. Meine Finger entkrampfen sich. Ich lasse das Moskitonetz und das schneeweiße Bettlaken los und richte mich auf. Ich sehe nur noch weiß um mich – das blendend weiße Licht des Mondes, das durch das geöffnete Fenster auf mich herabscheint. „Es ist vorbei", sagt Daniel wieder. Dieses Mal ist es nur ein Flüstern. Er legt seine Hände auf meine Schultern. Ich aber schlinge meine Arme um meinen großen Bruder und weine los.

21

Nach den Erfahrungen im Ruaha wollte ich den darauffolgenden Tag möglichst normal verbringen. Das war doch eine von Christines Maximen: Harte Arbeit und strenge Routine vertreiben Kummer und Unsicherheit. Jedenfalls würde sie selbst heute weder Kummer noch Unsicherheit erleben, denn sie hatte sich gleich früh am Morgen Daniel geschnappt und war mit ihm und James ins Nachbardorf gefahren, wo sie gemeinsam einer Schulklasse einen Gesundheitscheck verpassen wollten.

Ich hatte mich dagegen entschieden. Dass ich das Missionshaus ein paar Stunden ganz für mich haben würde, passte gut zu meiner Stimmung. Schließlich sehnte ich mich nach harter Arbeit und strenger Routine. So begann ich den Tag mit je einer Stunde Englisch und Mathe. Nach einem kargen Mittagessen aus deutschem Schwarzbrot und Frischkäse spazierte ich mit Tari zu meinem Lieblingsplatz am Flussufer, wo ich, in Sicherheit vor den Krokodilen, die gelegentlich im braunen Wasser lauerten, in mein Tagebuch schrieb und meinen Blick immer wieder zu den fernen Hügeln schweifen ließ.

Nachmittags ging ich verschwitzt und verdreckt zum Missionshaus zurück. Ich brauchte dringend ein Bad.

Wenn das Missionshaus irgendeinen Vorzug hatte, dann war es das heiße Wasser, das wir den ganzen Tag hatten, solange der Generator nicht schlapp machte. Bei dreißig Grad brauchte ich eigentlich kein heißes Bad, dennoch tat es mir immer wieder gut, mich mit wohltuenden Badesalzen ganz durchwärmen und die Seele baumeln zu lassen.

Die emaillierte Zinkbadewanne hatte Löwenkrallen und wurde laut Anitas Angaben mit der Originalausstattung des Missionshauses vor weit über hundert Jahren geliefert. Es fiel mir nicht schwer, daran zu glauben. Fakt war, dass das Bad in all den Jahren kaum renoviert worden war. Aus welcher Epoche stammten die verschimmelten blauen Kacheln an den Wänden? Aus den Zwanzigern? Aus den Neunzigern? Der riesige rostige Wasserboiler, der etwas prekär über der Wanne schwebte, konnte auch nicht viel neuer sein. Aber er tat seinen Dienst und ich war zufrieden.

Ich ließ das Wasser laufen, bis es klar wurde, dann zog ich mich aus, schüttete zwei Handvoll Badesalz in die Wanne und stieg hinein. Das wohlige heiße Wasser empfing mich wie eine alte Freundin, und für einige Minuten gelang es mir, die Bilder vom Vortag aus meinem Gedächtnis zu löschen. Stattdessen beschäftigten mich ganz andere und wesentlich komischere Gedanken: Wie viele Dutzende oder gar Hunderte von Menschen, die meisten von ihnen inzwischen längst tot, hatten schon vor mir in dieser Wanne gelegen und sich im heißen Wasser entspannt? Wie viele Millionen Liter Wasser hatten ihre Leiber gereinigt? Wie viele Tonnen Schweiß und Schmutz waren in all den Jahren durch den Abfluss geflossen ...?

Und mir fiel ein, dass die bloße Tatsache, dass ich mich überhaupt auf ein solches Bad und auf eine solche Wanne einließ, der endgültige Beweis dafür war, wie sehr ich mich von meinem alten Leben verabschiedet hatte. Servus Schule, Studium und Beamtenlaufbahn. Ja, das alte Leben war tot. Aber wann würde das neue Leben beginnen? Wie lange musste ich noch warten, bis ich verstand, wer ich wirklich war und was ich hier zu tun hatte?

Diese Gedanken ärgerten mich, so dass ich die Luft anhielt und für eine ganze Minute ganz abtauchte. Als ich meinen Kopf wieder aus dem Wasser hob, hörte ich das ferne Motorengeräusch von Wills Cessna. Will würde bestimmt baden wollen. Ich stieg also aus und trocknete mich ab.

Ich hatte gerade eine frische grüne Bluse und eine Khakihose angezogen, als Will ins Haus trat.

„Hast du etwas heißes Wasser für mich gelassen?", rief er.

„Keine Sorge, es ist alles bereit", antwortete ich. „Der Boiler knackt schon."

Während ich meine Haare mit einem Handtuch trockenrubbelte, schloss Will sein Arbeitszimmer auf und stellte seinen Rucksack darin ab. Dann schloss er die Tür wieder ab und trat ins Badezimmer. „Das ist ja ein echtes Dampfbad hier", sagte er, während er die Wasserhähne aufdrehte und das Wasser einließ. „Hier könnten wir eine Orchideenzucht aufmachen!" Er machte die Tür hinter sich zu.

Ich war schon auf dem Weg zur Treppe, als ich die Tür wieder knarren hörte. Ich schlenderte neugierig in den Gang zurück und sah gerade noch rechtzeitig, wie Will seine Jeanshose an die Türklinke hängte, bevor er die Tür wieder schloss und das Wasser weiterlaufen ließ. Diese Gewohnheit war mir schon mehr als einmal aufgefallen. Offenbar wollte er die Hose noch mal anziehen und wollte nicht, dass sie die Feuchtigkeit aufnahm.

Etwas klimperte in einer der Taschen, als er die Tür zuzog.

„Oh Gott", flüsterte ich. Denn ich wusste: Eine solche Gelegenheit würde sich wohl nie wieder ergeben.

Ich trat lautlos an die Tür und entwendete Wills Schlüsselbund aus der rechten Vordertasche. Ein Dutzend Schlüssel baumelten von einem Plastikschlüsselanhänger in Form eines Löwen. Na klar. *Simba Airways.*

Tief in mir spürte ich mein schlechtes Gewissen, das auftauchen und mir „Stopp!" zurufen wollte. Schließlich hatte

Will mir und Daniel niemals etwas Böses angetan, und morgen sollte unser Flugunterricht weitergehen. Aber meine Neugier hielt es in der Tiefe fest und es machte keinen Mucks, als ich an die Tür des Arbeitszimmers herantrat.

Sekunden später steckte ich den Schlüssel ins Schloss und öffnete die Tür. Sie protestierte leicht, und das Quietschen der Scharniere schreckte mich auf. Aber ich verschwendete keine Zeit, sondern wandte mich an seinen überfüllten Schreibtisch, der nur aus Quittungen, Rechnungen, Schmierpapier und Fotoabzügen zu bestehen schien. Ich entdeckte darunter einige Schnappschüsse von Daniel und mir: Vor dem Missionshaus, draußen an der Akazie. Wann hatte er sie geschossen? Und wozu? Ich fühlte mich plötzlich unwohl. Dazwischen lagen unzählige Bilder von Christine, die auf jedem mit einem breiten Lächeln in die Kamera lächelte. Auf der rechten Seite des Schreibtischs stapelten sich Naturfotos: Löwen, Zebras, Flamingos und Störche. Hunderte und Hunderte von Störchen ...

Hier würde ich auf keinen Fall fündig werden. Rechts neben dem Schreibtisch stand ein uralter Aktenschrank aus Blech. Am Schlüsselbund entdeckte ich einen winzigen Silberschlüssel, der ins Loch passte. Plötzlich hielt ich inne: Das Wasser lief nicht mehr. Will saß bestimmt schon im Wasser und entspannte sich. Leider ohne Radio! Er würde das geringste ungewöhnliche Geräusch hören. Ich musste aufpassen.

Nachdem ich den Schlüssel gedreht und ein bisschen an der Schublade gerüttelt hatte, hörte ich einen leichten metallischen Knacks und die Schublade flog auf.

Innen waren lauter Hängeakten, die mit Papieren vollgestopft waren. Wieder Rechnungen, Abrechnungen, Quittungen, Aufträge, Mahnungen. Vorsichtig klimperte ich mit dem Schlüssel und öffnete die zweite Schublade. Wieder Hängeakten, dieses Mal Papiere, die mit seinem Flugzeug in Verbindung standen.

Im dritten entdeckte ich Papiere, die mit seiner Fotografie zusammenhingen: Korrespondenz mit namhaften Zeitschriften und Rechnungen für Fotomaterial, Labor-Chemikalien und Gerätschaften. Wieder nichts.

Von außen hörte ich, wie Christine und Daniel im Land Rover aufs Gelände fuhren. Ich musste mich beeilen!

Aber dann, ganz hinten, entdeckte ich eine Akte mit der Aufschrift „Persönliches". Drinnen entdeckte ich unter vielen anderen Schriftstücken eine Geburtsurkunde, seine Eheurkunde mit unserer Mutter, Papiere für seine Aufenthaltserlaubnis in Tansania und den Pachtvertrag für den Hangar und die Flugpiste.

Ich wollte gerade aufgeben, als meine Hand ein vergilbtes Stück Papier streifte. Ich zog es heraus:

United States Penitentiary, Leavenworth
Hiermit wird William Jacob Chapman nach Absitzen seiner
rechtmäßigen Strafe aus der Haft entlassen ...

Ich las fasziniert weiter. Will hatte vier Jahre in einem amerikanischen Bundesgefängnis gesessen! Er war tatsächlich ein Knasti. Denn hier stand es, schwarz auf weiß.

Von draußen hörte ich, wie Christine den Motor abstellte. Es handelte sich nur noch um Sekunden.

Ich las rasch weiter, um zu sehen, wofür er überhaupt gesessen hatte. Und dann wurde ich fündig: Drogenbesitz und Drogenschmuggel.

Schhh ... Was war denn das? Im Bad rumorte das Wasser. Es klang ganz so, als ob Will sein Bad vorzeitig beendet hatte!

Ich legte das Blatt zurück, dann schloss ich die Schublade. Ich schloss den Schrank ab und – der Schlüssel klemmte!

Oh nein, oh nein! Ich zog daran, dann rüttelte ich den Schlüssel hin und her. Das Rumoren hatte aufgehört. Vor meinem inneren Auge sah ich schon, wie sich Will einen Bademantel umlegte und sich daran machte, Christine und Daniel an der Haustür zu empfangen, was er meistens tat.

Mit einem letzten gewaltigen Rütteln sprang der Schlüssel aus dem Schrank. Für einen Augenblick glaubte ich, er wäre entzwei gebrochen. Gerade noch gelang es mir, den Schlüsselbund festzuhalten, bevor er klirrend auf die Holzdielen fiel. Ich machte die Tür auf, schlüpfte hindurch, schloss sie wieder ab. Als ich gerade dabei war, den Schlüsselbund wieder in Wills Hosentasche zu stecken, ging die Tür auf.

„Uhhh ..., was machst du denn da?", fragte Will, der triefend und verwundert in seinem halboffenen weißen Bademantel vor mir stand. Auf seiner nackten Brust prangten weitere Tattoos – die Umrisse des Kilimanjaro über seinem Schlüsselbein mit den Buchstaben „P" zur linken und „M" zur rechten Seite.

Schon ging die Haustür auf. „Ich wollte dir gerade Bescheid sagen, dass Christine und Daniel wieder da sind", log ich. Will schwieg und sah mich an. Ich merkte, wie sich ein ironisches Grinsen auf seinem Gesicht ausbreitete.

Während ich meiner Mutter und meinem Bruder zuwinkte und dann die Treppe zu meinem Zimmer hinaufging, hörte ich mich selber sagen: „Ich glaub's nicht. Ich glaub's einfach nicht!"

22

Ich schaute auf die Uhr. Halb elf. Wenigstens konnte ich nach meiner Entdeckung in Wills Aktenschrank wieder mal richtig ausschlafen. Aber die Nacht hatte es erneut in sich gehabt. Ich träumte abwechselnd von Will im gestreiften Sträflingskleid, von Will, der sein Gesicht beim Einstich einer Tätowiernadel in seine Brust verzieht, sowie von einem verrückten Piloten im Khaki-Hemd, der Wills Gesicht trug und sein Flugzeug mit Vorsatz gegen einen Berggipfel steuerte ...

Ich holte mir eine Scheibe Toast und eine Tasse Tee aus der Küche und, mit Tari an meinen Fersen, trat auf die Veranda, wo Daniel wieder mit einem der unzähligen Krimis vom Bücherregal im Flur saß. Er hob kurz den Kopf und widmete sich wieder seiner Lektüre. Über meinen knappen Bericht über meinen Aufenthalt in Wills Arbeitszimmer verlor er kein einziges Wort, weder am Abend noch jetzt. Aber dass ihn meine Worte beschäftigten, dass es in ihm gewaltig rumorte, bemerkte ich an seinen fieberhaften Augen, an seinen zackigen Bewegungen, die er unmöglich vor mir verstecken konnte. Ja, Marie-Heloise hatte vollkommen Recht, was Wills Vergangenheit betraf, aber was sollte ich jetzt machen? Ihn bei meiner Mutter verpetzen? Aber sie schien das doch alles schon zu wissen – und sie hatte eindeutig ihre eigenen Probleme damit. Sie war es doch, die mir sagte, ich sollte Will selbst nach seiner Vergangenheit fragen. Den Teufel würde ich tun!

Die Morgensonne badete das Missionsgelände in flüssigem Gold. Keine einzige Wolke trübte das stählerne Blau des Himmels. Die hellgrünen Blätter des riesigen Akazienbaums zitterten im leisen Windhauch, der vom Park herüberwehte, und gigantische schwarze Bienen brummten müßig in den süß duftenden roten Kelchen der Klematissträucher, die sich um die Verandasäulen wanden. Während ich da stand und den heißen Tee trank, verblassten die Traumbilder nach und nach.

Ich brachte meine Tasse und meinen Teller in die Küche zurück. Trotz der Ereignisse des Vortags war es doch wieder Zeit zum Lernen. Daniel und ich saßen auf der Veranda und kippelten mit unseren Rattansesseln. Jeder von uns hatte ein abgenutztes Exemplar von „The Student Pilot's Flight Manual" auf dem Schoß aufgeschlagen. Freddy – so nannte ich eines der Pavianbabys, das immer neugierig durch die Gegend streunte – tauchte auf. Er setzte sich auf meinen rechten Oberschenkel und schaute gespannt zu, wie ich eine Passage über Aerodynamik las. Tari lag auf einem zerrissenen Kopfkissen zu meinen Füßen und knurrte das Äffchen an.

„Eigentlich ist alles ganz logisch, wenn man nur den Anfang macht", sagte ich. Ich zog kurz den Spaghettiträger meines roten Oberteils herunter, um meine Bräunung zu bewundern. *So blond und doch so braun*, dachte ich. Was würden Nadine und Jana dazu sagen?

„*Hamjambo!*" Joseph sprang die Verandastufen hoch und blieb vor uns sehen.

„*Sijambo*, Joseph", grüßte ich zurück. Joseph war vor drei Tagen von seinem Internat zurückgekommen, aber seit er da war, war er tatsächlich nach wie vor wie ein Geschäftsmann angezogen, manchmal sogar mit Schlips und Jackett, und wirkte gar nicht so, als würde er aus einem abgelegenen Dorf im Hinterland Ostafrikas stammen. „Willst du mal Freddy halten?" Ich hielt ihm das Äffchen hin.

Joseph grinste über sein wohlgeformtes Gesicht. „Ich habe nichts dagegen", antwortete er, „aber wenn ich es tue, dann werden die Leute mich auslachen. Wisst ihr, für die Leute drüben im Dorf sind die Paviane nichts anderes als Schädlinge. Sie verstehen gar nicht, warum die *wazungu* sich so sehr für ihre Tiere interessieren. Die Tiere sind überall, die Natur ist überall. Für sie ist das alles nichts Besonderes."

„Du bist aber kein Schädling, oder Freddy?" Ich tätschelte das Äffchen. „Aber ich will nicht, dass uns die Leute auslachen." Ich setzte Freddy wieder auf die Dielen. „Es ist schlimm genug, dass mich die Leute immer so anstarren."

„Ja, das tun sie wirklich." Joseph krempelte die Ärmel seines weißen Hemdes hoch. „Und nicht nur deshalb, weil ihr neulich das Mädchen gerettet habt."

„Und – was sagen sie so über mich?" Ich neigte meinen Kopf.

„Eitelkeit lässt grüßen ...", sagte Daniel.

„Na ja", sagte Joseph und dachte einen Augenblick nach. „Die kleinen Kinder sagen immer: ,Schaut mal, da ist wieder die dünne *mzungu* mit den weißen Haaren und der roten Haut.' Was die älteren Leute sagen ... hmm." Er lächelte. „Jedenfalls läuft kein Wahehe-Mädchen in so einem Oberteil und in kurzen Hosen herum und ..."

„Stopp, mehr brauche ich nicht zu wissen!" Ich lehnte mich in meinem Sessel zurück und schloss die Augen. Daniel lachte. „Schnauze!", brüllte ich. Ich hatte es aber verdient. Ich gebe es zu. Nach der furchtbaren Nacht wäre ein Kompliment von Joseph eine willkommene Abwechslung gewesen. So leicht ließ er sich aber nicht um den kleinen Finger wickeln.

Joseph bückte sich und nahm Freddy in seine Arme. „Aber was soll's", sagte er. „Mich lachen sie sowieso immer aus." Er setzte sich auf einen Holzstuhl. „Es ist nicht gerade leicht, in einem Ort wie Zimmermann's Bend aufzuwachsen, wenn du ausgerechnet Biologe werden willst. Es ging meinem Vater damals genauso. Aber es lohnt sich."

„Willst du morgen wieder zum Internat fahren", fragte Daniel, „oder musst du's?"

Joseph schüttelte den Kopf. „Ich bin da nicht sonderlich glücklich, wenn du das meinst." Er stellte Freddy wieder auf den Boden und kreuzte die Beine. „Die Schule ist dreckig und die Schlafsäle sind überfüllt. Außerdem ist Dar ganz schön weit weg von hier und ich vermisse meine Mutter. Aber die Schule bietet doch Naturwissenschaften an und ich habe keine Wahl, wenn ich später auf die Universität will."

„Aber du hast gute Chancen, oder?", fragte ich.

„Ach ja, Jenny, die Chancen." Joseph lachte. „Hier in Afrika fallen die Chancen wie das Manna vom Himmel. Aber was zählt, sind die Strukturen, verstehst du? Afrika ist reich, nur die Menschen sind arm. Was gibt es hier nur für wunderbare Bildungsprogramme? Aber ohne einen Job oder einen Studienplatz am Ende einer Ausbildung landen alle diese wunderbar ausgebildeten Leute wieder auf der Straße – oder wieder in der *shamba*, bei der Mutter oder Großmutter, um Bohnen und Mais anzubauen. Jeden Tag dasselbe. Ich meine, wenn sie Glück haben. Die Chancen alleine bringen nichts ohne Leute, die dich ans Ziel führen."

„Das hört sich wieder an wie diese Makombe-Skulpturen", sagte ich. „Der Lebensbaum."

„Das kennt ihr?" Joseph lehnte seinen schlaksigen Körper nach vorn und presste seine Hände gegeneinander. Dieser Junge irritierte mich. Groß und schlank wie er war, wirkte seine Haut so glatt und dunkel wie bittersüße Schokolade, die offenbar nicht einmal von der größten Hitze geschmolzen werden konnte. „Der Lebensbaum ist ein interessantes Symbol, meint ihr nicht? Hört mal – wenn ihr wollt, könnt ihr heute Abend meinen eigenen Lebensbaum kennenlernen. Deswegen bin ich überhaupt gekommen. Meine Mutter veranstaltet ein

Abschiedsfest für mich und ihr könnt gern vorbeikommen. Das halbe Dorf wird da sein, dazu meine ganze Verwandtschaft und natürlich auch die Urgroßmutter meiner Mutter. Sie heißt Bibi Sabulana und ist sehr alt. Sie ist eine Heilerin und Geschichtenerzählerin. Man sagt, Bibi kennt nicht nur alle Geschichten, sondern auch die Geschichten hinter allen Geschichten. Ich glaube es fast selber."

Ein warmes Gefühl breitete sich in mir aus. Plötzlich war die Vorstellung von einem Abend in Josephs Gesellschaft sehr willkommen. Ich lächelte ihm zu. „Nichts könnte uns davon abhalten."

„Ihr müsst wissen, dass sie bisher gegen euren Besuch war", erklärte Joseph weiter. „Sonst hätten wir euch bestimmt schon längst zu uns eingeladen. Sie hat nämlich ein langes Gedächtnis, und es sind schließlich einige ungute Dinge zwischen unseren beiden Völkern passiert, auch wenn das lange her ist. Aber der Vorfall auf der Straße hat sie umgestimmt. Nun will sie euch beide unbedingt kennenlernen."

„Joseph", fragte Daniel. „Weißt du schon, was wir vor ein paar Tagen im Ruaha-Park gesehen haben?"

Josephs Lächeln verschwand. „Will hat's mir gesagt. Milzbrand. *Kimeta* auf Kiswahili. Eine furchtbare Seuche."

„Hast du schon mal davon gehört, ich meine, in dieser Gegend?"

Joseph schüttelte den Kopf. „Bei den Massai gab es vor vielen Jahren einen Fall. Sie mussten viele Rinder vernichten. Aber niemals hier. Das heißt..." Er fuhr sich mit seiner rechten Hand durch die kurz geschorenen Haare. „Vor einigen Monaten. Auch im Ruaha. Das war, als Daktari Kowalski noch am Leben war. Er war ein guter Mann – jedenfalls meinte er es gut, aber er war immer sehr verschlossen. Er war auch nicht sehr sorgfältig. Er hatte einmal einige Fotos auf dem Schreibtisch in der Klinik liegen gelassen, als er gerade in die Notaufnahme gerufen wurde. Es waren Büffel drauf, und sie waren alle eindeutig an Milzbrand gestorben. Am Tag davor hatte er eine Obduktion an einer Kalbsleiche durchgeführt und hinterher alles in seiner Brennanlage vernichtet. Und Bwana Chapman hat hinterher sein Flugzeug desinfiziert. Also, es hat schon einen Fall gegeben, aber es kam kein Wort in die Zeitungen."

„Aber wie konnte das passieren?", fragte ich.

„Das weiß keiner. Ich fand es nur seltsam, dass wenige Wochen später alle Menschen in der Region eine Milzbrand-Impfung bekommen mussten. Ein neuer Wirkstoff aus Europa, alles von der Regierung bezahlt. Ohne Erklärung – wir mussten einfach."

„Ja, wir haben sie auch bekommen", sagte Daniel. „Schon in München."

„Was hat Will Chapman mit dem Ganzen zu tun?", fragte ich.

Joseph hob seine Schultern. „Er weiß sehr viel. Natürlich haben wir alle gehört, was die Leute hier über ihn sagen – dass er mit der Opposition im Lande zusammenarbeitet, dass er mit Drogen und Waffen handelt. Es gibt die wildesten Gerüchte – dass er sogar im Gefängnis gesessen hat."

„Glaubst du daran?", fragte Daniel.

Joseph dachte lange nach. „Ich kenne ihn, seit er hier ist. Vor drei Jahren, als ich eine Blinddarmentzündung bekam und Daktari Kowalski schon wieder irgendwo unterwegs war, hat Bwana Chapman mich zum Krankenhaus nach Dar geflogen. Ohne dass meine Mutter ihn darum gebeten hätte. Ohne dass wir ihn jemals hätten dafür bezahlen können. Und nur deswegen sitze ich jetzt hier und kann mit euch reden."

Und ich kann mit dir reden, dachte ich. „Glaubst du an Träume?", fragte ich. Ich weiß nicht, woher diese Frage plötzlich kam, aber seine Antwort interessierte mich brennend.

„Habt ihr Träume?" Joseph sah mir tief in die Augen, als ob er dort die Antwort auf seine Frage entdecken konnte.

„Über den Tod unseres Vaters", sagte ich. „Bilder – schreckliche Bilder."

„Wenn ihr Träume habt, dann solltet ihr auf sie achten. Bibi Sabulana sagt immer, Träume sind die Augen Gottes. Damit zwinkert er uns zu, und wenn er das tut, können wir ihm nur noch zurückzwinkern."

23

Anita wohnte in einem einfachen weißen Bungalow in einem weitläufigen Garten unter den Ästen des gigantischen Affenbrotbaums, der das Dorf überschattete. Daniel und ich folgten den Strahlen unserer Taschenlampen bis zur Fliegentür, mit Tari an unseren Fersen, und riefen: „*Hodi!*" (Dürfen wir hereinkommen?). „*Karibuni!*", rief Anitas Stimme von drinnen.

Joseph hatte uns für abends um sieben eingeladen. Nach den widersprüchlichen Eindrücken der letzten Tage wirkte die Einladung zu Josephs Abschiedsfest auf mich wie ein vorgezogenes Geburtstagsgeschenk.

Innen roch es nach Holzrauch und Zimtstangen. Die türkisblau gestrichenen Wände strahlten Wärme und Herzlichkeit aus. Mindestens zwei Dutzend Tanten, Onkel, Cousins, Cousinen, Freunde und Nachbarn entspannten sich auf einer wild durcheinander gewürfelten Sammlung von Sofas und Sesseln. Die Möbel waren weich und etwas abgenutzt, als ob schon viele Familienmitglieder und Freunde hier bei Tee und guten Gesprächen gesessen hätten. Bunt gekleidete Kinder spielten mit Holzklötzen auf den Dielen und ließen sich von den Gesprächen der Erwachsenen nicht aus der Ruhe bringen.

Anita war ja eine schlanke, noch recht jugendlich wirkende Frau, die sich bei ihrer Verwaltungsarbeit im Missionshaus und in der Klinik immer europäisch kleidete. Aber hier in ihren eigenen vier Wänden am Rande von Zimmermann's Bend trug sie ein langes traditionelles Kleid aus saphirblauem Stoff, und ihre schwarzen Haare waren in unzählige gerade Cornrows frisiert. Daniel und ich überreichten ihr ein symbolisches Geschenk – einen Sack Maismehl, wie Christine uns empfohlen hatte – und Joseph stellte uns den anderen Gästen vor. Nach dem landesüblichen Austausch von Grüßen und Fragen nach der Gesundheit von Familienangehörigen führte er uns durch die Menge zu einer uralten Frau, die mitten im Raum saß. Sie war in sich zusammengesunken und hatte keine Zähne mehr im Mund. Ihre spärlichen Haare waren weiß und wirr, und ihre dunkelbraune Haut ähnelte der Schale einer vertrockneten Frucht. Trotz ihrer besorgniserregenden Gebrechlichkeit und ihrem entrückten Lächeln strahlte sie eine Würde und Autorität aus, die den ganzen Raum zu füllen schien. Sie war in ein traditionelles, flammengemustertes Tuch gewickelt und saß da im Schneidersitz, seelenruhig wie ein Buddha, auf ihrem thronartigen Rattansessel.

Die Augen der Greisin schimmerten bläulich-weiß im Licht der nackten Glühlampe, die von der Zimmerdecke hing, und fixierten einen unsichtbaren Punkt irgendwo an der gegenüberliegenden Wand. Sie hörte aber aufmerksam zu, als Joseph uns ihr in der lokalen Kihehe-Sprache vorstellte. „Das ist Bibi Sabulana, die Urgroßmutter meiner Mutter", sagte er uns dann auf Englisch.

„Sie ist – na ja, ziemlich alt", sagte Daniel. Ich warf ihm einen genervten Blick zu.

„Allerdings, das ist sie wirklich", sagte Joseph. „Sie ist der älteste Mensch im Dorf. Niemand weiß es genau, aber einige behaupten, dass sie über hundert Jahre alt ist. Vielleicht noch viel älter."

„Das gibt's doch nicht!", sagte Daniel.

„Wir müssen's ihr einfach glauben. Sie hat keine Geburtsurkunde und es gibt seit Generationen niemanden mehr, der sich daran erinnern könnte. Bibi Sabulana existiert einfach, wie die Sonne und der Mond existieren. Für uns ist sie so etwas wie eine Institution."

Ich wartete, bis ich an die Reihe war, und schüttelte ihr dann die knochige kleine Hand. Dabei bückte ich mich und sagte „*shikamoo*", die Begrüßungsformel für ältere und besonders ehrwürdige Menschen.

„*Marahaba*", antwortete Bibi Sabulana. Ihre Stimme knarrte wie ein trockener Ast. Dann sagte sie weiter auf Kiswahili: „*Mnatoka Ujerumani?*"

„Sie fragt, ob ihr aus Deutschland kommt", dolmetschte Joseph. Bibi Sabulana grinste. Der Speichel funkelte auf ihrem leeren Zahnfleisch. Sie schaute weiterhin starr ins Unendliche, aber dann gab sie einen Redeschwall von sich, der so schnell auf uns herunterprasselte, dass auch Joseph genau hinhören musste, um den Sinn zu erfassen. „Nun spricht sie wieder Kihehe. Sie fragt euch, ob die Topelkele jemals wieder abziehen werden. Das war eine alte und nicht sehr schmeichelhafte Bezeichnung für Deutsche. Für sie sind alle Weißen Deutsche."

„Aber was hat sie bloß gegen Deutsche?", fragte ich.

Die alte Frau sprach weiter und gestikulierte mit den Händen. „Sie sagt, dass sie sich an die Zeit erinnert, bevor die Deutschen kamen. Ihr Vater war der Häuptling von dem alten Wehrdorf, das früher in der Nähe stand. Er war ein Verwandter von Sultan Mkwawa, dem Herrscher des damaligen Reiches Uhehe."

„Ich habe noch nie von einem Königreich gehört", sagte ich. „Ich weiß nur, dass Tansania früher eine deutsche Kolonie war."

„Oh doch! Uhehe war ein mächtiger Staat, und die Wahehe waren ein kriegerisches Volk", erzählte Joseph. „Mkwawa hatte seinen Sitz in Iringa und herrschte mit seinen Ruga-Ruga-Kriegern über die ganze Region. Bei den anderen Stämmen hieß er einfach Muhinja – der Totmacher. Er war auch der Hohepriester und leitete immer die Regengebete an den

Himmelsgott weiter. Als die Deutschen um 1890 in Uhehe eindrangen, baute Mkwawa eine gewaltige Festung bei Iringa und führte einen blutigen Krieg gegen die deutsche Schutztruppe. Als wir verloren, haben die Deutschen und die Kämpfer einiger verfeindeter Stämme ihn verfolgt. Im Jahre 1898 hat er sich selbst getötet, damit sie ihn nicht fangen konnten."

Bibi Sabulana fing wieder an zu sprechen. Die Gespräche im Zimmer verstummten und alle hörten interessiert zu. „Ich erinnere mich an Mkwawa", dolmetschte Joseph. „Als die Topelkele endlich seine Leiche in die Finger kriegten, schlugen sie ihm den Kopf ab und schickten den Schädel nach Deutschland."

„Das ist ja ekelhaft!", rief ich.

Bibi Sabulana ballte die Faust. „Mein Vater hat die Herrschaft der Topelkele nie akzeptiert. Die Topelkele und ihr Kaiser sind verrückt, hat er immer gesagt. Verrückte Menschen! Als der nächste Aufstand kam, hat er den Angriff auf das Missionshaus selbst angeführt!"

„Was für ein Aufstand?", fragte Daniel. „Ich dachte, hier passiert gar nichts."

Nachdem Joseph Daniels Worte gedolmetscht hatte, lachte Bibi Sabulana so heftig, dass ich tatsächlich dachte, sie würde an ihrer eigenen Zunge ersticken.

„Sie redet vom Maji-Maji-Krieg zwischen 1905 und 1907", erklärte Joseph. „Die Deutschen wollten das Land modernisieren, aber richteten nur Unheil an. Die Stämme in der gesamten Südhälfte des Landes organisierten sich gegen die Kolonialmacht. Es war ein furchtbarer Krieg. Gut dreißigtausend Afrikaner wurden getötet. Und das war nur der Anfang."

Bibi Sabulana sprach wieder. Tränen flossen aus ihren trüben Augen. „Ich ging damals mit meinem Mann an die Küste", dolmetschte Joseph. „Die Topelkele hatten den Arabern dort die Sklaverei verboten, aber wir mussten trotzdem die Hüttensteuer bezahlen. Wer kein Geld hatte, musste für die

Deutschen arbeiten. Baumwolle anbauen. Wir mussten zehn Stunden täglich arbeiten und die arabischen Aufseher peitschten uns aus, wenn wir nicht schnell genug arbeiteten." Bibi Sabulana legte sich ihre Hände auf die Schultern, so als könnte sie die Peitschenhiebe noch immer spüren. „Dann hat der Medizinmann Kinjikitile die Stimme des Schlangengeistes Kolelo vernommen. Er bereitete *maji-dawa*, um uns vor den Kugeln zu schützen. Er predigte, dass wir alle eine Familie wären, und dass wir aufhören sollten, Sklaven zu sein. Dass wir die Topelkele und die Araber hinauswerfen sollten. Wenn wir uns alle unter *Mungu* vereinigen würden, dann wären wir endlich frei. Und wir Wahehe hörten auf ihn. Wir warfen unsere Hacken hin und rissen die Baumwollpflanzen wieder aus der Erde. Unsere Männer fingen an zu kämpfen!" Die alte Frau schloss die Augen.

„*Mungu* bedeutet ‚Gott', und *maji* bedeutet ‚Wasser' auf Kiswahili", erklärte Joseph. „Die Geisterseher oder Medizinmänner stellten *maji-dawa* – Medizinwasser – aus Wasser, Kastoröl und Hirse her. Sie füllten das *maji-dawa* in Flaschen und schickten es mit den *hongos* – den Jüngern Kinjikitiles – überallhin, wo die Leute unzufrieden waren. Die Krieger dachten, es würde sie unverwundbar machen, wenn sie sich gegenseitig damit begössen, und dass nur Wasser aus den Gewehrläufen schießen würde. Aber glaubt ihr, es hat funktioniert? Es kam zu furchtbaren Kämpfen und die Deutschen vernichteten die Felder und räumten ganze Landstriche. Es gab Hunger und Elend. Hunderttausende starben, ein Drittel der Bevölkerung. Es war eine Katastrophe."

Bibi Sabulana schnitt eine Grimasse, als ob sie etwas Entsetzliches erblickt hätte. Plötzlich schrie sie auf Kiswahili. „*Hongo* oder *wazungu* – wer ist stärker?!" dolmetschte Joseph.

„*Hongo!*", rief ein alter Mann.

„Das war die Parole damals", sagte Joseph. „Das Codewort für die Rebellion. Einige alte Leute erinnern sich an die Geschichte, obwohl damals noch keiner von ihnen geboren war. Nur Bibi Sabulana."

„Na gut", sagte Daniel. „Aber was hat das alles mit dem Missionshaus zu tun?"

„Der erste Missionar hier war ein Mann namens Gotthelf Zimmermann", sagte Joseph. „Er baute das Missionshaus hier am großen Bogen des Ruaha-Flusses. Bibi Sabulanas dritter Mann war selbst ein *hongo*, ein großer Krieger und Visionär, und er brachte eine Flasche *maji-dawa* mit ins Dorf. Die Wahehe im Dorf waren unruhig und Zimmermann hatte Angst vor ihnen. Er baute eine Holzpalisade um das Missionsgelände. Er bewaffnete die Christen im Dorf und verschanzte sich mit ihnen im Haus. Bibi Sabulanas Vater und ihr Mann führten den Angriff. Es gab ein Massaker direkt vorm Missionshaus, da wo heute die Flugpiste ist. Zehn Menschen wurden getötet, darunter Bibi Sabulanas Vater und ihr Mann. Zwei ihrer erwachsenen Söhne und ein Enkel wurden verletzt. Sie stand da und bekam alles mit."

Daniel und ich schwiegen einige Augenblicke. „Unglaublich", sagte ich. „Ich verstehe nicht, wie unsere Vorfahren so grausam sein konnten."

Bibi Sabulana schaute weiter fasziniert ins Leere, als würde sie einem unsichtbaren Spektakel zuschauen. Ich zitterte. *Nein, dachte ich, sie sieht nicht aus wie ein Buddha, sondern – wie eine Hexe* ... Ich sagte aber: „So alt kann sie doch gar nicht sein, Joseph. Das ist alles vor über hundert Jahren passiert. Sie erzählt nur Geschichten."

„Genau das tut sie", sagte Joseph. „Sie ist die beste Geschichtenerzählerin im Dorf. Sie ist auch unsere Ehestifterin und eine Art Orakel für alles Mögliche. Sie kann Krankheiten heilen, von denen eure Mutter noch nie gehört hat. Sie treibt böse Geister aus. Die Leute sagen, sie kann unsere Gedanken und Träume lesen, so wie andere Menschen ein Buch lesen. Einige sagen, sie kann hinter die Schatten sehen. Viele glauben, sie kann sogar in die Zukunft schauen. Jeder schwört auf Bibi Sabulana."

„Aber es kann nicht wahr sein", sagte ich. Mir fröstelte. „Sagtest du 1905? Sie kann doch nicht dabei gewesen sein. So alt kann kein Mensch werden. Das hat sie bestimmt alles von ihrer eigenen Großmutter gehört. Komm, Joseph, frag' sie, ob die Geschichte wirklich wahr ist."

Joseph stellte ihr eine Frage und dolmetschte Bibis Antwort:

„Jede Geschichte ist wahr. Man muss sie nur zu verstehen wissen."

„Na gut", sagte ich. Ich hatte diese Geschichte langsam satt. „Wenn sie in unsere Zukunft sehen kann, was sieht sie denn?"

Joseph dolmetschte meine Frage. Bibi Sabulana nickte und sprach sofort, ohne einen Augenblick nachzudenken. „Schnee", dolmetschte Joseph. „Ich sehe Schnee."

„‚Schnee' sagt sie?" Daniel lachte. „Aber in Afrika gibt's doch keinen Schnee. Das kann nur heißen, wir kehren bald nach München zurück!"

Bibi Sabulana lachte laut auf, als Joseph ihr Daniels Worte dolmetschte. „Noch fällt kein Schnee", antwortete sie. „Der Lebensbaum muss wachsen und die *korongo* müssen flügge werden."

„Was heißt denn das schon wieder?", fragte ich.

„Die *korongo* sind die Störche, die jedes Jahr aus Europa zu uns zurückkehren", antwortete Joseph. „Aber was Bibi damit ausdrücken will, weiß nur sie selbst."

Anita rief uns zum Essen. Sie und ihre Schwester hatten stundenlang am Kerosinherd gestanden und ein Festessen vorbereitet. Nun standen wir alle an und füllten unsere Teller mit Hähnchenkeulen und *ugali* – Maisbrei –, gekochten Bananen, Bohnen, gemischtem Gemüse, scharf gewürztem Tomatensalat sowie mit braunen Fleischfetzen aus einer blauen Plastikschale, die Joseph hinterher als klein geschnittene Ochsenzunge identifizierte. Als ich im Wohnzimmer Platz nahm, löffelte ich meine Portion in eine kleine Plastikschale, die ich dann Tari vor die Nase setzte. Nachdem jeder sich bedient und eine Sitzgelegenheit gefunden hatte, sprach der Dorfpfarrer ein Tischgebet auf Kiswahili und wir begannen zu essen.

„Gibt's denn kein Besteck?", flüsterte ich Joseph zu. Es war mir nämlich sofort aufgefallen, dass jeder mit den Fingern aß, indem er kleine Klumpen *ugali* als eine Art Löffel verwendete und hinterher seine Finger in eine Wasserschüssel tunkte. Joseph nickte verständnisvoll und holte zwei Plastikgabeln aus der Küche. Daniel aber schüttelte den Kopf und sah zu, wie die anderen aßen.

„Weißt du, ich habe es endlich satt, immer als ein ahnungsloser *mzungu* dazustehen, der immer alles anders machen muss", sagte er. „Wenn sie mit den Fingern essen können, dann kann ich es eben auch." Dann nahm er einen Klumpen *ugali* in die Hand und drückte mit seinem Daumen eine Vertiefung hinein. Diese füllte er dann mit einer kleinen Portion Kochbananen und schob den Klumpen in seinen Mund. Der heiße Maisbrei brannte bestimmt an seinen Fingern, aber er aß weiter. Ich lachte, folgte aber seinem Beispiel. Der Maisbrei tat meinen Fingern weh, aber das Essen schmeckte würzig und lecker. Die anderen Gäste schauten uns beiden zu und tuschelten miteinander.

Der greise Dorfpfarrer setzte sich kurz zu uns und tauschte einige Sätze mit uns in einem unsicheren Deutsch aus, aber das allgemeine Gespräch wechselte nur noch zwischen Kiswahili und Kihehe.

„Wir müssen die Sprache lernen", sagte Daniel zu mir. „Wenigstens Kiswahili. Sonst werden wir immer Fremde sein. Damit hatte Will doch recht."

Ich nickte und stocherte weiter mit den Fingern in meinem Gemüse herum. „Eins verstehe ich nicht", sagte ich zu Anita, die sich gerade auf einem Sessel neben uns niederließ. „Du hast doch in London Betriebswirtschaft studiert und dein Mann ist Naturwissenschaftler. Wenn das so ist, warum bleiben du und Joseph hier in Zimmermann's Bend? Ich meine, ein Mensch wie du könnte doch überall Arbeit bekommen, oder?"

„Irgendjemand muss doch für Bibi Sabulana sorgen", sagte Anita. „Sie ist meine Verantwortung." Sie schaute auf die andere Seite des Zimmers, wo die alte Frau ihren *ugali* wie eine Verhungerte verschlang und sich angeregt mit der Frau des Dorfvorsitzenden unterhielt.

„Das ist wirklich bewundernswert", sagte ich. Anita antwortete nicht, sondern erhob sich und stampfte in die Küche zurück. „Habe ich was Falsches gesagt?", fragte ich Joseph.

„Lass mich das erklären." Joseph setzte sich auf Anitas Platz. „Schon meine Großmutter und ihre Mutter mussten ebenfalls zu Hause bleiben und für Bibi Sabulana sorgen. Wenn das so weitergeht, werde auch ich zu Hause bleiben müssen, um für Bibi Sabulana zu sorgen. Ich glaube, sie überlebt uns alle. Sie ist unverwüstlich."

Die Gäste holten einen Nachschlag aus der Küche. Noch mehr Nachbarn kamen herein und aßen mit. Das kleine Haus brummte geradezu vor Stimmen und Gelächter.

„Was macht dein Vater in Europa?", fragte Daniel. „Du hast uns noch nie von ihm erzählt."

„Er ist Ornithologe", sagte Joseph. Er steckte seinen letzten Klumpen *ugali* in den Mund. „Er ist Experte für die *korongo* – für Störche. Er arbeitet seit zwei Jahren an der Universität Straßburg, wo er an einem Projekt über das Zugverhalten von Störchen beteiligt ist."

„Schon wieder Störche!", sagte ich. „Sogar Bibi Sabulana! Es gibt doch Millionen von Zugvögeln auf der Welt. Was ist an Störchen so besonders?"

Joseph wusch sich die Finger in der Wasserschüssel. „Der Storch ist ein äußerst bemerkenswerter Vogel", fing er an. Er sprach bedächtig, als ob er diesen Vortrag schon öfter gehalten hätte. „Störche stellen eine Brücke zwischen zwei Kontinenten und zwei Welten dar. Sie überwinden Tausende von Kilometern zwischen Afrika und Europa. Die Wissenschaftler legen ihnen nämlich Ringe um die Beine mit Zahlencodes drauf und verfolgen sie per Satellit. Wir wissen ganz genau über ihre Bewegungen Bescheid. Sie folgen festgelegten Routen und reiten stundenlang auf der Thermik, wobei sie eine Geschwindigkeit von bis zu einhundert Stundenkilometern erreichen. Und trotz der vielen Schwierigkeiten, denen sie unterwegs begegnen – Umweltverschmutzung, Mikrowellen, Nahrungsmangel, Flugzeuge, Gewehrkugeln, Unfälle –, finden die Überlebenden jeden Frühling ihren Weg zu genau dem europäischen Storchennest zurück, das sie im Herbst verlassen haben. Es ist ein wahres Wunder und bisher hat keiner ganz herausgefunden, wie sie es schaffen."

„Ach ja, kennen wir schon", sagte ich. „Unser Großvater schwärmt auch für Störche. Ich verstehe aber nicht, warum sich die Störche so viel Mühe geben." Ich knabberte an einer Hühnerkeule. „Gibt's hier nicht genug Nahrung?"

Joseph schüttelte den Kopf. „Wie ihr wisst, ist hier seit Monaten kein Tropfen Regen gefallen. Jetzt, in unserer Trockenperiode, gibt's fast gar nichts zu fressen, vor allem in diesem Jahr, wo wir Dürre haben, und sie könnten euren kalten Winter gar nicht überleben. Sie finden aber immer Nahrung, wenn Wasser in der Nähe ist, und sie folgen sogar Buschfeuern, wo sie die fliehenden Nagetiere und Insekten fangen. Sie gebären ihre Küken in Europa, wo sie ihre Nester gern auf Schornsteinen und Dächern bauen. Sie sind unglaublich anpassungsfähig."

„Du meinst also, es geht dir und deinem Vater um mehr als nur die Navigation?", fragte Daniel.

„Störche haben immer eine große Bedeutung für die Menschen gehabt", fuhr Joseph fort. In meinen Gedanken sah ich ihn schon als Professor im Vortragssaal einer großen Universität stehen und gelehrte Vorlesungen halten. Ob er jemals die Chance dazu bekommen würde? Ich musste lachen als mir einfiel, dass er dabei gar nicht übel aussehen würde. „In Europa haben sie schon immer Fruchtbarkeit bedeutet – man erzählte den Kindern, dass die Babys vom Storch gebracht wurden, wenn ihnen die Wahrheit zu peinlich war."

„Wieso?" Daniel grinste. „Stimmt es etwa nicht ...?"

„Mach keine blöden Witze!", flüsterte ich. Nicht, wo ich mich endlich wieder mit Joseph unterhalten konnte. Auch wenn es nur um Störche ging. Aber das war besser als nichts!

„Und er war auch ein Symbol für den Kampf zwischen Gut und Böse, weil Störche Schlangen fressen", sprach Joseph weiter. „In eurem Mittelalter war der Storch ein Symbol für die Familie und für Dankbarkeit, weil man glaubte, dass die Babystörche ihre Eltern ernährten. Für die Muslime ist er der Pilgervogel, weil sie glauben, dass er jedes Jahr nach Mekka fliegt. Für die Christen ist er ein Symbol der Wiederauferstehung Christi, weil er verschwindet und dann in jedem Frühling zurückkehrt. Hier in Ostafrika sehen wir ihn traditionell als Glücksbringer. Und selbst heute im einundzwanzigsten Jahrhundert ist der Storch sehr wichtig. Mein Vater sagt, wenn wir erfahren könnten, wie die Störche navigieren und wie sie diesen Instinkt von einer Generation auf die andere übertragen, dann könnten wir auch viele unserer eigenen Probleme lösen."

„Das verstehe ich wieder nicht", sagte ich. „Welche Probleme meinst du denn?"

„Klimawandel", sagte Joseph. „Knappe Ressourcen. Migrationsprobleme. Das Zusammenleben unterschiedlicher Völker. All die Anpassungsprobleme einer globalen Gesellschaft. Glaub mir: Die Störche sind der Schlüssel." Er öffnete eine Flasche Cola und nippte daran. „Es ist jedenfalls erstaunlich, dass die Menschen schon immer ihr eigenes Schicksal mit dem des Storches verknüpft haben. Jetzt sind die Störche immer noch in Europa, wo sie ihre Jungen aufziehen. Aber wenn im November die Regenzeit einsetzt, nennen das die Leute hier ‚die Rückkehr der Korongo‘, was so etwas bedeutet wie die Rückkehr von Wohlstand, Gerechtigkeit und Frieden. Bibi Sabulana sagt, wenn die Störche wieder da sind, fängt alles wieder von vorne an.“

Zwischen Joseph und mir könnte auch etwas anfangen, dachte ich damals. Das Schicksal hatte aber zunächst einmal etwas anderes mit uns allen vor.

24

Um halb neun war die Feier noch immer voll im Gang, aber die Einzelgespräche waren nach und nach verstummt und das allgemeine Interesse galt einem Gespräch zwischen dem Pfarrer und einigen männlichen Gemeindeältesten, die – wie mir Joseph erklärte – bemüht waren, die Bitte an ihre deutsche Partnergemeinde im Sauerland heranzutragen, einen neuen Land Rover für die Gemeinde zu spenden.

Bibi Sabulana, die regungslos auf ihrem Rattansessel neben Joseph saß, flüsterte ihm etwas zu. „Bibi Sabulana will mit uns ins Freie gehen", sagte Joseph. „Das ist eine äußerst seltene Ehre. Wenn ihr Glück habt, erzählt sie uns eine Geschichte." Joseph nahm die winzige Frau in seine Arme und trug sie in die warme, duftende Nacht hinaus. Daniel und ich gingen mit, gefolgt von einigen Kindern. Wir setzten uns alle auf den Rasen vorm Haus, unter die verschlungenen Äste des riesigen Affenbrotbaumes. Tari trottete hinter mir her und legte sich auf meinen Schoß, wo er bald einschlief.

Joseph setzte sich neben mich. Dabei merkte ich, wie sein Ellenbogen meinen Arm berührte. Ich zog ihn aber nicht zurück.

Da die Nacht so dunkel, so absolut rabenschwarz war, prangten die Sterne und der silberne Halbmond über uns wie Brillanten. Von Bibi Sabulana, die in der Mitte des Halbkreises saß, blieb nur noch der Schatten eines Schattens. Aber ich erblickte das Spiegelbild der Sterne in ihren Augen.

Zunächst saß sie einige Augenblicke ganz still. Dann erhob sie einen krummen Zeigefinger und begann, mit gedämpfter, krächzender Stimme zu erzählen.

„Sie redet vom *mbuyu* – dem Affenbrotbaum", sagte Joseph. „Sie sagt, dass der *mbuyu* früher ein wunderschöner Baum mit süßen roten Früchten war, aber dass er einmal hochmütig und damit Mungu gegenüber ungehorsam wurde. Sie sagt, alle anderen Bäume zeigten ihre Blätter in der Trockenzeit, aber der *mbuyu* weigerte sich und blieb nackt. Da entwurzelte ihn Mungu zur Strafe und steckte ihn wieder in die Erde, aber jetzt mit den Ästen nach unten. Deswegen sieht er so aus, als hätte er Wurzeln anstelle von Ästen. Dennoch bleibt er ungehorsam und trotzig und zeigt seine Blätter weiterhin nur in der Regenzeit, wenn es gar nicht anders geht. Und weil er so widerspenstig ist, beherbergt er Gespenster und Geister, die sonst nirgendwo unterkriechen können." Bibi Sabulana sprach nun lauter und zeigte mit ihrem Finger auf die Kinder, die vor Schreck zurückwichen. „Deshalb müsst ihr immer eure Eltern ehren und ihnen gehorchen", dolmetschte Joseph, „denn sonst werden die Geister in der Nacht kommen und euch in den *mbuyu*-Wald hinausschleppen!" Die Kinder hielten sich die Hände vors Gesicht und wimmerten.

„Mensch, ist das gruselig!", sagte ich. „Aber hey, Joseph, diese Leute sind seit über hundert Jahren Christen. Es gibt auch eine halbwegs anständige Regierungsschule. Sie können nicht mehr an solche Dinge glauben, oder?"

Joseph reichte die Frage an Bibi Sabulana weiter. Sie saß bewegungslos da und murmelte heiser vor sich hin. „Als ich jung war", dolmetschte Joseph, „gab es Hexen im Dorf. Sie verwandelten die Menschen in Schweine und Hunde. Dann kamen die Missionare und die anderen Topelkele. Sie sahen furchtbar aus – sie hatten überhaupt keine Farbe! Bleich wie frühgeborene Babys waren sie, immer verschwitzt, mit roten Bärten. Die Hexen zauberten und zauberten, aber sie schafften es nicht, sie in Schweine zu verwandeln. Dann verwandelten sich die Hexen selber in Löwen, um die Rinder der Topelkele zu fressen, aber die Topelkele hatten Gewehre und schossen sie alle tot. Sie waren selber gegen die Zauberkraft immun. Und so blieben die Topelkele hier und bekehrten die Menschen – erzählten ihnen von ihrem Bwana Yesu. Die Wahehe waren froh, von den Hexen befreit zu sein. Aber es gibt immer noch Hexen, und sie verwandeln die Menschen immer noch in Schweine. Oder in Fledermäuse. Ich habe es selber gesehen ..."

„Jetzt macht sie mir Angst!", flüsterte ich Daniel zu.

„Und es gibt Geister", dolmetschte Joseph weiter. „Sie sind unter uns. In unseren Häusern, an unserer Seite. Ich sehe sie. Aber meistens sehe ich Zeichen. Überall Zeichen." Sie schaute direkt durch Daniel und mich hindurch. „Ohne die Zeichen werdet ihr euren Weg nicht finden. Ihr müsst die Zeichen lesen!" Dann schloss sie ihre Augen. Ich zitterte trotz der Wärme und rückte noch näher an Joseph heran.

Die Kinder, die vorher vor Schreck erstarrt dagesessen hatten, redeten plötzlich alle auf die alte Frau ein. „Sie wollen eine Geschichte hören", sagte Joseph. Endlich gingen Bibi Sabulanas Augen wieder auf. „Lasst die Topelkele eine Geschichte erzählen", dolmetschte Joseph.

„Das gibt's doch nicht." Mir war schlecht. „Wir kennen keine Geschichten!"

„Das wird sie euch aber nicht abnehmen", sagte Joseph. „Bibi kennt Tausende von Geschichten. Es könnte sehr peinlich für euch werden."

Ich dachte und dachte – aber mir fiel keine einzige Geschichte ein.

Bibi Sabulana schüttelte den Kopf. „Die Topelkele kennen keine Geschichten", dolmetschte Joseph.

Daniel schaute verzweifelt um sich. „Kennst du eine Ge-schichte?", flüsterte er mir zu.

„Wie wär's mit Grimms Märchen?"

„Aber wir können ihr doch nicht Rotkäppchen erzählen! Das ist viel zu blöd. Wir müssen uns etwas ausdenken – etwas Spontanes und mit so vielen Klischees, wie es geht. Sonst werden wir als Volltrottel dastehen."

Und wir fingen an, abwechselnd ein eher verworrenes Mär-chen zu erzählen, das Anita, die sich gerade zu uns gesellte, geduldig ins Kihehe dolmetschte. Es handelte von einem ar-men Bauernjungen, der den Hof seiner Eltern verließ, um sein Glück zu suchen. Unterwegs sah er, wie eine wunderschöne Prinzessin von einem Troll verschleppt wurde. Er verliebte sich auf Anhieb in sie und beschloss, sie zu finden und zu hei-raten. Eine freundliche Zauberin schenkte ihm ein Zauber-pferd, eine Zauberrüstung und ein Zauberschwert. Nach lan-gem Suchen und endlosen Kämpfen gegen Zwerge und Dra-chen rettete er sie von einem Zauberschloss auf einem gläser-nen Berg und heiratete sie. Als Daniel und ich die Geschichte endlich fertig erzählt hatten, atmeten wir beide tief durch und schauten erwartungsvoll in die Runde.

Bibi Sabulana saß ganz still und starrte ins Leere. Dann huschte ein ironisches Grinsen über ihre trockenen alten Lip-pen. Plötzlich kippte sie ihren Kopf nach hinten und gab eine gellende Lachsalve von sich. Auf dieses Signal lachte die ganze Gesellschaft los.

Ich spürte die Schamröte in mein Gesicht schießen. Ich schaute Joseph hilflos an. „Sie lachen uns alle aus! Es ist un-verschämt!" Joseph, der sein eigenes Gelächter kaum unter-drücken konnte, schüttelte den Kopf.

Bibi Sabulana schaute zu Daniel und mir hin und lächelte bei offenem Mund. *Genau wie eine Hexe!*, dachte ich. „Das ist die verrückteste Geschichte, die ich je in meinem Leben ge-hört habe", dolmetschte Joseph. „Ich verstehe sie nicht."

„Was gibt's zu verstehen …?", fragte Daniel.

Bibi Sabulana neigte ihren Kopf zur Seite, als würde sie einem besonders interessanten Problem auf den Grund gehen. „Ich verstehe den Jungen nicht. Wenn das Mädchen so schwer zu kriegen war, warum hat er nicht einfach eine andere genommen?" Das Gelächter ging wieder los und Joseph und Anita machten begeistert mit. „Als es für mich Zeit war, zu heiraten", dolmetschte Joseph, „zahlte der Vater meines Bräutigams meinem Vater dreißig Ziegen, und so war's geschehen. Damals hätte man jedes Mädchen im Dorf für dreißig Ziegen haben können. Glasberg? ‚Dating‘? Die Topelkele sind verrückt!" Sie grinste und schloss dabei die Augen. Einige der Kinder kicherten weiter.

„Sie lacht euch nicht aus", erklärte Anita. „Sie versteht die Geschichte wirklich nicht. Wisst ihr, die Sitten um Liebe und Ehe sind hier auf dem Dorf ganz anders, und zu Bibi Sabulanas Zeiten waren sie noch anders. In Afrika war die Ehe schon immer eine Art Geschäft, mehr nicht. Noch heute muss ein Mann seine Frau ihrem Vater abkaufen. Das hat nicht immer etwas mit Liebe zu tun."

Und dann sprachen alle durcheinander. Einige lachten, andere schauten verwirrt in die Runde. *Ich werde diese Leute nie verstehen*, dachte ich. Vielleicht ist das Erlernen einer neuen Kultur schwieriger als nur mit den Fingern zu essen.

„Joseph", flüsterte ich und berührte seine Schulter. „Wenn du der Junge in der Geschichte gewesen wärst, hättest du aufgegeben und dir ein anderes Mädchen genommen?"

Joseph schüttelte den Kopf. „Wenn ich sie wirklich gern hätte" – seine Lippen berührten fast meine Ohren – „würde ich zehn solcher Glasberge besteigen …"

Die Kinder fingen wieder an herumzukrakeelen. „Bibi Sabulana! Bibi Sabulana!", riefen sie. Die alte Frau öffnete die Augen und sprach ein paar Worte.

„Jetzt erzählt sie uns eine ihrer Geschichten", sagte Joseph. „Es ist die Geschichte von der Korongo – von der Störchin."

Bibi Sabulana öffnete ihre blinden Augen weit und rezitierte mit einer dramatischen Stimme, die ganz und gar nicht zu ihrem gebrechlichen Aussehen passte. Wir hörten alle gebannt zu, während Joseph ihre Worte ins Englische dolmetschte.

„Vor langer Zeit, als die Erde neu war, lebte die Korongo auf dem Grasland. Mungu hatte sie dorthin bestellt, um in Frieden über alle anderen Tiere zu herrschen. Sie war der schönste aller Vögel, mit wolkenweißem Gefieder und silbernen Beinen und einem kurzen Schnabel aus reinem Gold. Sie baute ihr Nest auf der Erde und aß Hirse und wilden Honig.

Aber eines Tages kam das Krokodil aus dem Fluss gekrochen und sagte: ‚Dieses Grasland ist mein Futterplatz und du darfst nicht bleiben!' Und es schlich in ihr Nest und fraß ihre Kinder.

Aber Mungu hatte Erbarmen mit der Korongo und schenkte ihr starke Flügel, damit sie über die Berge und das Meer fliegen konnte. Die Korongo flog in ein fernes Land, um ihr Nest zu bauen und Eier zu legen und ihre Kinder zu erziehen. Aber als ihre Kinder flügge wurden, sagte sie: ‚Wenn Mungu mir beisteht, wird mich das Krokodil nicht von meinem Futterplatz vertreiben!' Und sie flog mit ihren Kindern zum Grasland zurück. Das Krokodil sah sie an und sprach:

‚Ein Fluch über dich, Korongo,
Du Fremde im Land!
Du wirst hier nichts finden
Denn dies ist jetzt mein Futterplatz!'

Und das Krokodil raste über das Grasland und verschlang alle Hirse und allen wilden Honig. Aber die Korongo sagte: ‚Wenn Mungu mir beisteht, werde ich anderes Futter finden.' Und ihr Schnabel wuchs und wuchs. Sie steckte ihn in die Erde und fand Schlangen und Heuschrecken, die sie mit ihren Kindern fraß, bevor sie wieder wegflogen.

Im nächsten Jahr flog sie mit ihren Kindern zurück aufs Grasland. Das Krokodil sah sie und sagte:
‚Ein Fluch über dich, Korongo,
Du Fremde im Land!
Du wirst hier nichts finden
Denn dies ist jetzt mein Futterplatz!'

Und das Krokodil warf brennende Fackeln auf das Grasland und steckte Pflanzen und Tiere in Brand. Aber die Korongo sagte nur: ‚Wenn Mungu mir beisteht, werde ich mein Futter im Feuer finden.' Und sie schritt selbst in die Flammen hinein. Das Feuer verbrannte ihren Schnabel und ihre Beine, bis sie rot glühten, aber sie ging immer weiter und suchte Nahrung, bis sie und ihre Kinder satt waren.

Im nächsten Jahr flog sie mit ihren Kindern zurück. Das Krokodil sah sie und sagte:
‚Ein Fluch über dich, Korongo,
Du Fremde im Land!
Du wirst hier nichts finden
Denn dies ist jetzt mein Futterplatz!'

Und das Krokodil rannte über das Grasland und trieb alle Schlangen und Heuschrecken in den Sumpf. Aber die Korongo sagte: ‚Wenn mir Mungu beisteht, werde ich mein Futter im Sumpf finden.' Und sie schritt in den Sumpf hinein. Das Krokodil bewarf sie mit Schlamm, bis ihr reines Gefieder mit Erde befleckt war, aber sie ging immer weiter und fraß, bis sie und ihre Kinder satt waren.

Im nächsten Jahr flog sie mit ihren Kindern zurück. Das Krokodil sah sie und sagte:
‚Ein Fluch über dich, Korongo,
Du Fremde im Land!
Du wirst hier nichts finden
Denn dies ist jetzt mein Futterplatz!'

Und das Krokodil warf Staub in den Himmel, bis die ganze Erde schwarz wie die Nacht wurde, so dass keiner mehr das

Grasland sehen konnte. Dann schoss es feurige Pfeile in den Himmel, um die Korongo in die Irre zu führen. Aber die Korongo sagte: ‚Wenn Mungu mir beisteht, werde ich das Grasland im Dunkeln wiederfinden.' Und Mungu war bewegt von der Standhaftigkeit der Korongo. Er schenkte ihr einen eigenen Stern, dem sie durch die dunkle Nacht folgen konnte. Und sie fand den Weg zum Grasland zurück und fraß, bis sie und ihre Kinder satt waren.

Als das Krokodil erkannte, dass die Korongo wegen ihres Glaubens stärker war, kroch es demütig in den Fluss zurück und sagte: ‚Mungu ist barmherzig und allmächtig und steht immer den Tapferen bei!'"

Die alte Frau schloss die Augen und schien eingeschlafen zu sein. Anita gab Daniel und mir ein Zeichen, dass es Zeit war, gute Nacht zu sagen. Anita und Joseph begleiteten uns bis zum Klinikgelände, wo wir uns verabschiedeten. „Danke für die Einladung", sagte ich. „Und danke, dass ihr uns Bibi Sabulana vorgestellt habt. Sie ist … tja, sie ist eben eine ganz besondere Frau." In der völligen Dunkelheit konnte ich Josephs Gesicht nicht mehr ausmachen. *Schaut er mich an?*, fragte ich mich. *Wann sehe ich ihn wieder?*

Daniel und ich gingen nachdenklich über die Flugpiste. Unsere Taschenlampen schnitten lange weiße Tunnel in die Nacht hinein. Tari sprang hin und her und tat so, als würde er Geister vertreiben, die aus der Dunkelheit nach uns langten.

„Ist Will schon aus Dar zurück?", fragte Daniel unsere Mutter, die auf der Veranda des Missionshauses saß und unter dem flackernden Licht einer Kerosinlampe in einem Buch blätterte.

Sie schaute zu uns auf und seufzte. „Er kam gegen halb acht und ging gleich ins Bett. Lasst ihn schlafen – er hat einen langen Tag hinter sich."

„War er bei der Parkbehörde und beim Gesundheitsministerium?", fragte ich. „Werden sie jetzt eine Untersuchung starten?"

Christine schaute mich hilflos an. „Sie haben ihm nicht einmal zugehört. Sie redeten nur über seinen Arbeitsvertrag."

„Welchen Arbeitsvertrag?", fragte Daniel. Er knipste seine Taschenlampe aus, so dass sie wieder in vollständiger Dunkelheit standen.

„Seinen Vertrag mit der Parkverwaltung. Versteht ihr nicht? Sie haben Will fristlos gekündigt. Und sie sagten, wenn er jemals wieder den Park betritt, werden sie ihn wegen Hausfriedensbruchs verhaften."

25

In der zweiten Juliwoche begann Will ernsthaft mit unserem Unterricht. Zwei- bis dreimal in der Woche nahm er uns auf seinen Flügen nach Iringa, Daressalam, Dodoma und Mbeya mit. Nun saßen Daniel und ich abwechselnd auf dem Pilotensitz. Vor und nach jeder Übung fragte Will uns über Aerodynamik und Flugtechnik aus. Wir lernten, wie man trotz Seitenwinde einen geraden Kurs fliegt, was an sich schon wesentlich aufwändiger war, als wir bei unseren ersten Probeflügen vermutet hätten. Wir übten Kurven, bis sie sauber waren. Wir lernten, wie man einen Höhenmesser einstellt und die Instrumente im Blick hält. Wir lernten, einen Flugplan zu erstellen und nach dem Kompass zu fliegen. Wir studierten Wills Landkarten und lernten, auf unterschiedliche Lufträume zu achten. Wir lernten, mit dem Funkgerät umzugehen und wie man Starts und Landungen bei den Fluglotsen der größeren Flughäfen anmeldet.

Vor allem lernten wir die endlosen englischsprachigen Checklisten so, wie wir einst auf Oma Lindas Schoß den Rosenkranz gelernt hatten: Perle für Perle, Punkt für Punkt.

```
Certificates/Documents ....... IN AIRCRAFT
Parking Brake ..................................SET
Control Wheel Lock................ .. ...........REMOVE
Ignition Switch................................OFF
```

```
Master Switch ...........…........…........…....ON
Fuel Quantity Indicators
.........…......…....….........…....CHECK QUANTITY
Anti-collision / Strobe Lights
................................…....CHECK OPERATION
Flaps ...........................…......DOWN FOR INSPECTION
Master Switch .......…......................…..........…......OFF
Engine Fuel Strainer.........DRAIN 4 SECONDS
Fuel Selector .......................…......…......…..........BOTH
Baggage Door .........…..................…....CHECK SECURE
```

Und immer so weiter …

Will schenkte uns je ein Bordbuch, in dem wir unsere Flüge und die unterschiedlichen Schritte unserer Ausbildung eintragen sollten. Wenn wir am Steuer saßen, fragte er uns alle paar Minuten nach unserem jeweiligen Status: Nach der genauen Position, der Höhe, der Luftgeschwindigkeit, der geschätzten Geschwindigkeit über Grund, der Uhrzeit, der äußeren Lufttemperatur, der Motorentemperatur, der Kraftstoffmenge, der voraussichtlichen Ankunftszeit sowie nach der Lage und Entfernung der nächsten Ausweichlandeplätze im Falle eines Motorschadens. Er lehrte uns, in fünf Dimensionen zu denken: In den drei räumlichen Dimensionen von Höhe, Breite und Tiefe, in der Dimension der Zeit sowie in der Dimension des „Was wäre wenn?". Er erklärte uns, dass wir uns nicht immer auf unsere fünf Sinne verlassen konnten, denn diese würden uns in manchen Ausnahmesituationen im Stich lassen. Will zeigte uns, dass die Zahlen und Symbole, die sich uns auf dem Instrumentenbrett und auf der GPS-Anzeige präsentierten, der Schlüssel zu totaler Wahrnehmung waren. Diese Wahrnehmung, sagte er uns, müssten wir in jedem Augenblick besitzen, wenn wir am Steuer eines Flugzeugs saßen.

Und während wir uns der bisher verborgenen Welt der Aerodynamik und der Luftnavigation annäherten, machten wir ebenfalls rasche Fortschritte im Kiswahili. Wir ließen das Grammatikbuch erst mal links liegen und übten mit Anita und den beiden Krankenschwestern alltägliche Sprachsituationen. Nach und nach nahm das unverständliche Geschwätz auf den Dorfstraßen von Zimmermann's Bend scharfe Konturen an. Die vielen verblüffenden Wortklassen verloren ihre Rätselhaftigkeit und erschlossen ihre verborgene Logik. Nun waren wir endlich in der Lage, an den Marktständen Obst und Gemüse zu kaufen und einige einfache Nachrichten mit unseren Nachbarn auszutauschen.

Im Gegenzug halfen Daniel und ich beim Tragen und bei der Verladung von Fracht, beim Auftanken und bei Wartungsarbeiten. Auch wenn Will vielleicht ein Schmuggler und Schieber war, stellten Daniel und ich doch fest, dass er immerhin einen Großteil seiner Zeit mit dem Transport von Blutkonserven und Antibiotika verbrachte, oder aber mit dem Fotografieren seltener Tiere und Pflanzen und manchmal auch in der kühlen Brandung des Ozeans bei Dar.

Wir verbrachten jetzt ganze Tage mit Will, aber wir redeten nie über etwas anderes als über das Fliegen und die ostafrikanische Kultur. Daniel ging völlig in der Flugtechnik auf, so dass ich mich sehr anstrengen musste, um mitzuhalten. „Manchmal denke ich, du willst nur fliegen lernen, um Marie-Heloise zu beeindrucken", sagte ich einmal. „Wie lange willst du noch warten, bis du es ihr sagst?"

„Das hat Zeit", sagte Daniel. „Sie würde uns beide umbringen, wenn sie davon wüsste." Ich wusste doch, dass er gelegentlich E-Mails mit ihr tauschte, die er an Christines Computer im Klinikbüro schrieb. Vom Flugunterricht hatte er ihr noch kein Wort verraten. „Wenn wir unsere Soloflüge gemacht haben. Keine Sekunde eher."

Anfang August nahm Will zwei ganze Tage frei und übte mit uns auf einer verlassenen Sandpiste einige Kilometer vom Dorf entfernt Starts und Landungen. „Eurer Mutter zuliebe", sagte er. „Sie hat Stress genug, ohne die ganze Zeit das Brummen des Propellers im Ohr zu haben und an euch denken zu müssen."

Und Zeugen würde es auch nicht geben, wenn etwas schiefgeht, fiel mir ein. Aber die Faszination, die ich beim Gedanken an unsere ersten Starts verspürte, verdrängte meine Furcht. Dennoch fühlte ich das Blut aus meinen Wangen weichen, als Daniel, auf dem Pilotensitz festgeschnallt, den Steuerknüppel in die Hände nahm und ich dann von hinten die gerade, fünfhundert Meter lange Sandpiste vor mir liegen sah. Will saß entspannt neben ihm, während ich wie ein ängstliches Kind an meinen Fingernägeln knabberte. Daniel stellte den Gemischhebel auf „reiches Gemisch" und schob den Gashebel ganz hinein. Bei genau vierundneunzig Stundenkilometern zog er leise am Steuerknüppel. Schon segelten wir durch die Luft. Unter Wills Anweisung brachte er uns auf eintausend Meter über Grund und führte eine perfekte Platzrunde durch. Knapp zwanzig Minuten später brachte er uns wieder hinunter. Drei Meter über der Flugpiste hob er die Nase kurz an, um den Sinkflug abzufangen. Er zog den Steuerknüppel aber einen Zentimeter zu weit nach hinten. Die Maschine unterschritt die Überziehgeschwindigkeit und polterte wie ein altes Wrack auf die Piste, so dass wir fast aus den Sitzen geschleudert wurden. Will lächelte nur und schüttelte den Kopf. „Ausbaufähig, aber gar nicht übel", sagte er.

Mein erster Start war etwas zu zögerlich, aber passabel – und schon flogen wir! Bei der Landung hob ich die Nase der Maschine ebenfalls leicht an, so dass wir einfach immer weiter über die Sandpiste segelten und noch weiter bis in die Büsche geflogen wären, hätte Will nicht nach seinem eigenen Steuerknüppel gegriffen und uns rechtzeitig zur Erde zurückgebracht. Daniels nächste Landung endete mit drei großen Sprüngen, bis die Maschine endlich unten blieb. Ich verpatzte meine nächste Landung und musste durchstarten und es ein zweites Mal versuchen. Dieses Mal hob ich die Nase nicht hoch genug, so dass das Bugfahrwerk zuerst den Boden berührte und dem Rumpf einen kräftigen Stoß gab. Will lächelte dieses Mal nicht, entdeckte aber bei einer kurzen Inspektion keinen Schaden. Nur wenige Minuten später setzten wir unsere Platzrunden fort.

„Du, das war keine so tolle Leistung", sagte Daniel während einer Pause. „Ich wette, ich schaffe den ersten Soloflug, bevor du überhaupt richtig landen gelernt hast."

„Ja, um deine Marie-Heloise ins Staunen zu versetzen", sagte ich. „Sie wird Augen machen, wenn sie erfährt, was wir hinter ihrem Rücken machen. Daraus wird aber nichts, Daniel. Ich fliege zuerst, und zwar mit Tari als Kopilot. Da wird sie erst recht große Augen machen, was?"

Wir flogen noch jeweils zwei Platzrunden, die völlig ereignislos verliefen. Am darauffolgenden Tag waren es sechs.

Am Abend des zweiten Tages stand Will früher als sonst vom Esstisch auf und ging direkt zum Hangar. Wir holten unsere Taschenlampen und traten ebenfalls in die Nacht hinaus. Tari lief im Zickzack zwischen unseren Beinen umher und machte ein Spiel daraus, die Lichtkegel der beiden Taschenlampen zu jagen. Die Tür zum Hangar stand offen und ein warmes gelbes Licht strömte hinaus. Leise Jazzmusik erfüllte die laue Abendluft. Die Cessna stand stumm inmitten des Hangars, wie ein eingesperrter Vogel, der geduldig auf den Tag wartet, an dem er wieder ungehindert seine Flügel strecken kann. Will saß zurückgelehnt auf einem zerrissenen Ohrensessel vor der selbstgezimmerten Arbeitsbank, seine Füße auf dem Tisch ausgestreckt, und schraubte ein Funkgerät auf. Ein altes Transistorradio, das auf einem ungehobelten Holzregal zwischen einer rostigen, mit Schrauben gefüllten Büchse und einem vergilbten Pilotenhandbuch stand, dudelte vor sich hin. Will schaute nicht auf, als wir eintraten, sondern sagte nur: „Nehmt ruhig Platz. Gleich kommen die Weltnachrichten."

Daniel und ich wischten den Staub von zwei zerkratzten Holzstühlen und setzten uns zu Will.

„Was kann ich für euch tun?", fragte er. Ich hörte ein Zögern in seiner Stimme, als ob er Böses ahnte.

Tari legte sich auf den Steinboden und ließ sich von Daniel den Bauch kraulen. „Wir wollten fragen, wann wir unsere Soloflüge machen können", sagte Daniel.

Will atmete aus. Dann nahm den Deckel vom Funkgerät und ging dazu über, die einzelnen Komponenten auseinanderzuschrauben. „Ihr habt erst gestern mit Starts und Landungen begonnen. Warum so eilig?"

„Manchmal hilft es, ein Ziel vor Augen zu haben", sagte ich. Ich musste lächeln, als mir einfiel, wie mir meine Mutter früher eine Karriere im öffentlichen Dienst andrehen wollte. Wie schnell sich doch Ziele ändern konnten!

„Es ist nicht ganz so einfach", sagte Will. „Ihr seid sehr jung und wir müssen alles langsamer vornehmen als sonst. Und diesen Monat bin ich viel unterwegs. Ansonsten habt ihr noch nicht so viele Stunden in der Luft. Von daher hat es wirklich keine Eile. Ihr wisst es doch: Alleine dürft ihr eigentlich erst mit sechzehn fliegen, was Jenny erst mal eine Weile ausschließt, und ihr dürft sowieso nicht ohne Aufsicht herumfliegen, bis ihr eure Pilotenscheine habt. Dazu müsst ihr in Tansania beide siebzehn sein."

„Gib uns einfach ein Datum", sagte Daniel.

Will legte das zerteilte Funkgerät auf die Arbeitsbank und dachte einen Augenblick nach. „Wenn überhaupt – dann wäre es gut, es vor Anfang der Regenzeit über die Bühne zu bringen. Ich würde sagen, Mitte November."

„Das ist noch zu lange hin", sagte ich. „Was sagst du zu Mitte Oktober?"

Will schüttelte den Kopf. „Kommt nicht in Frage. So schnell kann ich euch nicht ausbilden."

„Und der 1. November? Das müsste zu schaffen sein", probierte es Daniel.

Will lächelte. „Meinetwegen. Soloflüge am 1. November. Ich denke, das können wir fest buchen."

„Schaffst du nie!", flüsterte Daniel mir zu.

„Das gilt selbstverständlich nur unter der Voraussetzung, dass ihr beide so weit seid." Will blickte zu Daniel. „Und das hängt von euch beiden, und nur von euch beiden ab."

„Wir schaffen es", sagte ich. „Keine Frage."

Will stand auf und drehte weiter am Radio, bis die BBC-Nachrichten kamen. Eine freundliche Frauenstimme berichtete von Autobomben in Bagdad und einer Schulschießerei in Florida. Daniel und ich verabschiedeten uns und verließen den Hangar. Als wir schon draußen waren, hörten wir noch den Anfang eines Berichts über drei Fälle von Milzbrand bei den Massai in der Serengeti-Region. Wir zögerten einen Augenblick, aber unser neuer Eifer trieb uns dann doch in die Nacht hinaus.

Als wir einige Minuten später ins Missionshaus traten, ging ich direkt ins Wohnzimmer und schlug den großen WWF-Kalender im Monat November auf. In das Quadrat für den 1. November, direkt unter Wills Foto von den heimkehrenden Störchen, malte ich ein dickes schwarzes „X".

26

„Es ist so viel Zeit vergangen", sagte Marie-Heloise. Sie stieg gerade aus der weißen Warrior. Christine und Will waren zusammen in Dar und mein Bruder und ich verbrachten den Tag allein in Zimmermann's Bend. Will hatte uns eine seiner digitalen Spiegelreflex-Kameras geborgt und wir waren dabei, die Vögel im Akazienbaum mit dem Teleobjektiv zu fotografieren. Mit Wills Hilfe hatte ich mir vorgenommen, einen eigenen Blog mit Naturfotos und kleinen Texten zusammenzustellen. Ich nannte ihn schlicht „My-Afrika-Blog".

Dieses Mal kam Marie-Heloise allein. Sie war in einen frisch gebügelten Hosenanzug im Safari-Look gekleidet und hatte ihre langen braunen Haare sorgsam nach hinten gebürstet und mit einem olivgrünen Band zusammengebunden.

„Ich bleibe nicht lange", sagte sie. „Hobart würde mich umbringen, wenn er wüsste, dass ich hier bei euch bin." Wir nahmen auf den Verandastufen Platz. „Ich war jetzt drei ganze Wochen auf unserer Plantage bei Tukuyu im Westen und Hobarts Pilot braucht die Maschine wieder in Iringa. Natürlich habe ich mich freiwillig gemeldet. Ihr glaubt nicht, wie ich mich darauf freue, dorthin zurückzukehren. Nach drei Wochen auf meinen Händen und Knien zwischen den Teepflanzen ist eine Kleinstadt wie Iringa besser als Paris. Das hätte ich wissen sollen, bevor ich diesen Job annahm." Tari legte seinen Kopf auf ihren Schoß und Marie-Heloise kraulte ihn hinter den Ohren. „Ihr wisst, dass hier vieles läuft, was für uns alle gefährlich werden kann. Und ich sitze schon auf dem Schleudersitz. Ich habe nämlich hier und da einige sehr taktlose Fragen gestellt, und Hobart vermutet wohl inzwischen, dass ich auf seiner Spur bin. Ich darf ihn kaum noch irgendwo hinfliegen, und ich darf auch nicht mehr sein Büro betreten! Es sind jetzt ganz neue Leute da – harte Menschen, Söldnertypen, die dieser Carlos Figueira angeschleppt hat, die genauso wenig Ahnung von Tee haben wie Hobart selbst – und nach meinen Fachkenntnissen wird nicht mehr gefragt. Ich nehme nur noch Bodenproben auf unseren Plantagen, und wenn ich mir einen einzigen Fehler leiste, ist alles vorbei.“ Sie wischte sich eine Träne von der Wange. „Ich habe sehr hart für diesen Job gekämpft“, sagte sie. „Noch drei Monate, und ich kann zur Uni zurück. Ich würde schon heute nach Hause fliegen, wenn ich das Arbeitszeugnis nicht bräuchte.“

„Das kann ich verstehen.“ Daniel schaute zu mir hinüber. Durch eine gezielte Internetrecherche auf Wills Rechner hatten wir schon eine ganze Menge über Marie-Heloise Benoit erfahren. Auf der Hauptseite der Black Star Tea Company war eine Kurzbiografie zu lesen. Geburtstag am 7. Januar, in Limoges geboren, das siebte Kind armer Bauern, Schulabschluss mit sechzehn, jetzt gerade einundzwanzig Jahre alt, Botanik-Studium an der Sorbonne in Paris, höchste Auszeichnungen, eine Anstellung bei Black Star in Brüssel, seit dem Sommer als Forschungsassistentin in Ostafrika tätig. In mehreren elektronischen Fachzeitschriften entdeckten wir Artikel über Bodenbedingungen und Teeparasiten, die von ihr verfasst worden waren. Sie hatte viele weitere Spuren hinterlassen: Wir fanden ihren Namen auf der Homepage ihres Lycées, wo sie immer noch als die beste Absolventin ihrer Abiturklasse aufgeführt wurde. Ein paar Jahre davor hatte sie einen Artikel in einer Pfadfinder-Zeitschrift veröffentlicht. Unser Französisch war zwar schwach, aber immerhin verstanden wir, dass es sich um die Beschreibung einer Wanderung durch die Pyrenäen handelte. Vor fünf Jahren hatte sie irgendwo den ersten Preis bei einem regionalen „Jugend-forscht"-Wettbewerb gewonnen. Auf der Hauptseite der Pariser Universität wurde ihr Name als wissenschaftliche Assistentin aufgeführt. Sie wurde außerdem als jüngstes Mitglied eines Brüsseler Flugklubs erwähnt. Für so einen begabten Menschen musste die Arbeit unter einem Tyrannen wie Hobart tatsächlich eine Qual sein.

„Aber, ihr beiden", sagte Marie-Heloise und schaute dabei Daniel direkt ins Gesicht. „Ihr bereitet mir jetzt ernsthafte Sorgen. Ich habe euch so oft gesagt, dass ihr nicht mit eurem Stiefvater fliegen solltet. Aber was höre ich? Man sieht euch in Dar, in Njombe, in Dodoma, in Kilwa, überall! Ich könnte ganz verrückt werden!"

„Wir fliegen schon seit drei Monaten mit ihm," sagte Daniel, der auch dieses Mal eindeutig keinerlei Absicht hatte, ihr unsere Flugstunden zu beichten. „Und er hat in dieser Zeit garantiert keine Drogen oder Waffen geschmuggelt. Wir haben nie die geringste Spur einer solchen Tätigkeit gesehen."

„Darum geht's doch gar nicht." Marie-Heloise wischte sich wieder eine Träne von ihrem Gesicht. „Es ist noch nie darum gegangen. Habt ihr mir die ganze Zeit überhaupt zugehört? Was ihr mit eurem Stiefvater macht, ist eure Sache, auch wenn die Geschichten über seine Vergangenheit zu stimmen scheinen. Habt ihr überhaupt danach gefragt?"

„Ja, doch", sagte ich. Ich dachte an meinen nachmittäglichen Besuch in Wills Arbeitszimmer und schämte mich dafür.

„*Voilà!* Aber ihr wisst doch, dass Hobart ihn hasst. Hobart ist ein Waffenhändler. Er und seine Leute tun furchtbare Dinge im Ruaha. Habt ihr von den toten Zebras gehört? Und Chapman weiß zu viel über ihn. Es ist nicht schwer, ein Leichtflugzeug zum Absturz zu bringen. Wenn Hobart zuschlägt und ihr zufällig gerade an Bord seid, dann ist alles vorbei. Es ist bei meiner Freundin damals nicht anders gewesen.

Vielleicht ging ihr Unfall auch auf Hobarts Konto. Wer weiß? Manchmal denke ich, wenn Hobarts Maschine nicht so wertvoll wäre, dann hätte er's auch schon längst mit mir gemacht. Person weg, Problem weg – keine Zeugen, alles nur ein tragischer Unfall."

„Aber das wäre doch Mord", sagte ich.

„Natürlich wäre es Mord! Glaubst du, er würde davor zurückschrecken? Eure schönen Gesichter haben euch bisher geschützt, auf CNN und der Deutschen Welle und überhaupt. Aber die Zeit läuft ab. Jetzt habt ihr noch eine Chance, eure Sachen zu packen und zu euren Großeltern nach Deutschland zurückzufliegen. Bitte nutzt sie."

„Aber ich kann nicht glauben, dass es so schlimm ist", sagte Daniel. „Unsere Mutter sagt, sie will bleiben und für die Klinik kämpfen. Sie hat noch keine entsprechende Anweisung von ihrer Organisation bekommen. Außerdem gibt es doch Gesetze, Polizei ..."

Marie-Heloise schüttelte den Kopf. „Danièl", flüsterte sie nun, „in Hobarts Welt spielt das alles keine Rolle." Sie blickte auf ihre Armbanduhr. „*Mon dieu*, ich bin spät dran! Wie werde ich Hobart die Verspätung, den verbrauchten Sprit erklären? Ihr beide werdet mich noch den Kopf kosten!"

„Es tut mir leid", sagte Daniel wieder. Ihm fiel offenbar nichts Gescheiteres ein. „Wenn das alles so gefährlich ist, warum gehst du selbst nicht?"

„Ein Freund hat mich um Hilfe gebeten. Er ist mein Verlobter, um die Wahrheit zu sagen, und er ist bei der belgischen Polizei. Ich tue, was ich kann. Aber im Gegensatz zu euch habe ich keine berühmte, wunderschöne Mutter, auf die die ganze Welt schaut und der nichts passieren darf, sondern nur zwei alte Eltern in Limoges, die mich leider nicht sonderlich gut beschützen können. So, nun wisst ihr mein Geheimnis ... Ich bin eine Art Spionin geworden, obwohl das nie meine Absicht war, *parole d'honneur* – Ehrenwort! Behaltet es für euch, ja? Sonst weiß ich nicht, was mir Hobart antun wird."

„Ehrenwort", antwortete ich.

„Sobald ich etwas Konkretes habe, verschwinde ich auf der Stelle von hier und nehme euch mit. Eure Mutter wird es mir danken. Bis dahin müssen wir zusammenhalten. Ihr lasst mich nicht im Stich, oder?"

Mein Gott, warum haben wir uns nicht gleich darauf eingelassen? Das wäre unsere Chance gewesen. Ich glaube, wenn Daniel nur ein einziges Wort gesagt hätte, wäre ich gleich zu ihr ins Flugzeug gestiegen, mit oder ohne Mama, und hätte mich sonst wo hinfliegen lassen. Wahrscheinlich wollten wir es noch nicht glauben. Dass etwas so Furchtbares, so Unmenschliches vor sich ging, wollte uns nicht in den Kopf. Wir hatten einfach noch nicht begriffen, dass ein Mensch so abgrundtief böse und gemein sein konnte. Das begreift wohl keiner, der es noch nicht selbst erlebt hat. Ich weiß nur: Wenn wir es getan hätten, wenn wir uns wie zwei vernünftige Menschen gerettet hätten, dann wäre unsere Geschichte ganz anders ausgegangen. Wir schwiegen aber, und deshalb verschloss sich dieser letzte Ausweg für immer.

Marie-Heloise legte uns beiden kurz die Arme auf die Schultern. Dann stand sie auf und lief zum Flugzeug zurück. Als sie die Tür öffnete und einen Fuß auf die Einstiegstufe stellte, nahm Daniel den Fotoapparat aus meinen Händen, regelte das Teleobjektiv und schoss vier Fotos hintereinander.

27

Wir hatten den ganzen Tag in muffigen Taxis zwischen Laboren und verschiedenen Zulieferern für medizinische Geräte in Daressalam verbracht und saßen wieder in der Cessna. Will ließ Daniel starten und übernahm das Steuer erst zwei Stunden später beim Anflug auf Iringa. Dort halfen wir ihm, den Benzintank und den Reservekanister vollzutanken. Kaum waren wir wieder in der Luft, ich auf dem Kopilotensitz, als eine Stimme in den Kopfhörern knisterte. „Da bittet gerade jemand um Landeerlaubnis", sagte Will. „Schaut mal, ein fliegendes Objekt um dreihundert Grad. Daniel, nimm den Feldstecher und sag mir, was du siehst."

Daniel schaute durchs Fernglas und tastete den Horizont ab. „Ein einmotoriges Flugzeug im Sinkflug", sagte er.

„Markierungen?"

„Weiß – mit roten Sonnenstrahlen."

Will steuerte stark nach rechts und flog ins Tal hinunter. Aus dem hinteren Fenster sah Daniel zu, wie Hobarts Flugzeug zur Landung ansetzte und aus seinem Blickfeld verschwand. „Entweder sie kommen von Zimmermann's Bend", sagte Will, „oder aber direkt aus dem Nationalpark." Er flog wieder nach oben. „Das gefällt mir nicht. Zwar haben wir schon einen langen Tag hinter uns, aber ich denke, es ist Zeit, dass wir dort mal wieder nach dem Rechten sehen."

„Nach dem Rechten sehen?", fragte ich. „Ich dachte, du darfst den Park nicht mehr betreten?" Darauf antwortete Will nicht, sondern übergab mir das Kommando, während er eine Landkarte des Parks auseinanderfaltete und studierte.

Kaum hatten wir den Fluss hinter uns gelassen, legte Will die Karte weg und übernahm das Steuer. Nun kreisten wir in einem großen Bogen über eine zerklüftete, bewaldete Berglandschaft, in der keine Straße zu sehen war.

„Suchst du etwas Bestimmtes?", fragte ich. Ich fürchtete aber die Antwort schon.

„Eine Flugpiste", sagte Will. „Wir müssen da runter."

„Aber das ist ja verrückt", sagte ich. Ich schaute auf die Felsen und ausgetrockneten Flussbetten unter uns. „Da konnte man nicht einmal mit einem Hubschrauber landen."

„Haltet die Augen offen", sagte Will. „Es gibt nämlich Zeichen und Wunder." Er flog tiefer und zeigte mit einem Finger aus dem linken Seitenfenster. Daniel und ich schauten hinaus und sahen tief unter uns eine Schlucht, wo sich zwischen dem Steilufer eines schmalen Flusses und einer vertikalen Felsenwand eine kurze Sandpiste verbarg.

„Mensch, die Piste kann doch kaum länger als hundert Meter sein!" rief Daniel. „Du hast uns selber gesagt, dass diese Maschine eine Flugpiste von mindestens dreihundert Metern Länge braucht."

„Dann werden wir eben mit weniger auskommen müssen", sagte Will. „Bequem wird es nicht. Haltet euch gut fest und schaut zu." Er flog noch tiefer und steuerte die Maschine in den Wind, direkt über dem Rand der Schlucht in einem geraden Winkel zur Flugpiste, wo er das Fahrwerk ausfuhr. Dann ließ er den Motor leer laufen. Die Maschine verlor Antrieb und kam ins Trudeln. Will richtete dann die Nase nach unten und fuhr die Landeklappen aus. Die Maschine stürzte diagonal in die Schlucht hinein. Es fühlte sich so an, als ob das Seil, das einen Aufzug, in dem ich stand, festhielt, gerade riss und ich in die Tiefe stürzte. Dann, als wir nur noch hundert Meter über den Stromschnellen schwebten, schob Will den Gashebel ganz hinein und steuerte scharf nach rechts. Der Motor heulte auf, gerade rechtzeitig, um die Maschine die letzten paar Meter über den Fluss und bis an den äußersten Rand der Flugpiste zu tragen. Will hob die Nase noch einmal kurz an, fuhr die Klappen ein, und ließ die Maschine in genau dem Augenblick durchsacken, als die Räder den Boden berührten. Die Maschine rollte noch fünfzehn Meter, dann trat Will auf die Bremspedale und würgte den Motor ab.

„Das gibt's nicht!" rief Daniel. Er merkte, wie seine Hände zitterten. „Wie ein Hubschrauber!"

„Ohne Gegenwind ist es noch spannender", sagte Will. „Hoffentlich habt ihr gut aufgepasst. Wenn auch ihr solche Landungen schafft, wisst ihr, dass ihr endlich afrikanische Buschpiloten seid." Er grinste, während er das sagte, atmete aber tief durch und wischte sich die Schweißperlen von der Stirn.

Will schulterte seinen Rucksack und wir stiegen aus. Am einen Ende der Piste schoss die kahle Steinwand dreihundert Meter in die Höhe. Dort schimmerte eine einfache Antennenanlage in der Sonne. Am anderen Ende gähnende Leere. Nur das Rauschen des Wassers verriet, dass irgendwo da unten ein Fluss war. Ein zerrissener Windsack zappelte im Wind. Will ging in die Hocke und ließ seine Hände über den Sand der Piste streifen. Dutzende von Reifen hatten ihn zerpflügt.

Etwa fünfzig Meter von uns entfernt, auf einer Anhöhe parallel zur Flugpiste, stand eine lange Backsteinhütte mit einem Dach aus verrostetem Wellblech. Schon aus der Entfernung konnten wir sehen, dass alle Fensterläden geschlossen waren.

„Diese Flugpiste gehörte einst einer Bergbaugesellschaft, die vor gut dreißig Jahren pleiteging", erzählte Will. „Später wurde die Hütte da drüben von Wilderern benutzt. Ich komme ein paar Mal im Jahr hierher, um für die Parkverwaltung nach dem Rechten zu schauen. Es gibt keine befestigten Straßen und erst recht keine andere Flugpiste. Eigentlich sollte niemand überhaupt davon wissen."

Wir stapften auf die Hütte zu, Daniel vorneweg. „Keine Bewegung!", rief Will. Daniel blieb stehen und schaute nach hinten, wo Will ihm wie ein Verkehrspolizist zuwinkte. „Jetzt zurück, ganz langsam!", sagte er. „Das gefällt mir alles nicht. Es sieht so aus, als ob man eine Überraschung für uns vorbereitet hat."

„Aber hier ist doch keiner", sagte ich.

Will zeigte auf die Hütte. „Als ich vor ein paar Monaten das letzte Mal hier war, war das Gelände total verwildert, es gab nur einen schmalen Pfad von der Flugpiste zur Haustür. Bäume und Sträucher überall. Schaut es euch jetzt an."

„Nun ja, verwahrlost sieht es nicht aus", sagte Daniel.

Will holte seinen Feldstecher aus dem Rucksack und schaute sich das Gelände genau an. „Schau mal auf den Dornbaum da hinten." Er reichte mir das Fernglas. „Siehst du etwas Ungewöhnliches?"

„Was soll ich sehen?", fragte ich. „Es sieht ganz nach einem Holzpfahl aus, mit ..." Ich schaute genauer hin. „Mit Fahrradreflektoren darauf."

Will nahm mir den Feldstecher wieder weg und reichte ihn nun Daniel. „Schau du mal in die andere Richtung. Was siehst du da?"

„Da sind auch Reflektoren", sagte Daniel. „Aber diese sind an einem Baum angebracht. Und oben drüber scheint eine Kamera zu sein."

Will nahm das Fernglas wieder an sich und steckte es in seinen Rucksack. „Es ist ein Alarmsystem. Das gesamte Gelände ist mit einer Lichtschranke umgeben. Das Ganze ist per Kabel mit der Antenne da oben verbunden. Wenn irgendetwas den Laserstrahl durchbricht, wird Alarm ausgelöst und die Videokameras werden aktiviert."

„Wenn du nicht dahintergekommen wärst ...", sagte Daniel.

„... Dann würden die schon Hochglanzfotos von uns haben", sagte Will. Er schritt auf einen der Pfähle zu und untersuchte die Reflektoren. Dann nahm er eine kleine Sprühdose aus seinem Rucksack und sprühte den Inhalt vor einen der Reflektoren. Im Nebel schimmerte nun ein schmaler roter Lichtstrahl. „Der erste Strahl beginnt etwa zwanzig Zentimeter über dem Boden." Er wies auf die übrigen Reflektoren. „Einer bei einem Meter, ein dritter bei einem Meter fünfzig."

„Da müsste man schon sehr hoch springen können", sagte Daniel.

„Oder tief graben." Will schritt die hundert Meter zum nächsten Pfahl ab, dann kehrte er wieder um, kniete sich hin und sprühte wieder. „Wenn ihr genau hinschaut", sagte er, „seht ihr, dass der Boden nicht ganz eben ist." Daniel und ich kamen näher und sahen den Lichtstrahl über einer etwa fünfzig Zentimeter tiefen Aushöhlung flimmern. „Und hier müssen wir durch." Er legte sich flach auf den Rücken und schlitterte auf die andere Seite. Dort sprang er wieder auf und klopfte sich den Staub von den Kleidern. „Jetzt seid ihr dran." Ich steckte meinen Pferdeschwanz in den Kragen meiner Bluse und legte mich ebenfalls flach auf die Erde. Will griff nach meiner Hand und zog mich durch. Daniel folgte. Will legte an der Stelle eine Reihe Steine aus. „Damit wir schnell wieder weg können", sagte er.

„Aber wenn wir doch gesehen werden?", fragte ich.

„Dann wartet unser Fluchtauto schon."

Wir schritten auf die Hütte zu und umkreisten sie einmal auf der Suche nach ... was eigentlich? Auf der Rückseite entdeckten wir einen Geräteschuppen und einen beigefarbenen Geländewagen. Eine neue Aluminiumleiter stand gegen einen Dornbaum gelehnt. Von nahem waren die Zeichen kürzlicher Nutzung der Hütte unübersehbar: Neue metallene Fensterläden waren angebracht worden und die neue Tür ließ das Haus eher wie einen Banktresor als eine Bergarbeiterhütte wirken. Will legte beide Hände um einen der Fensterrahmen und tastete ihn ab. „Da will jemand nicht gestört werden", sagte er. „Es ist alles elektronisch gesichert."

„Da können wir also nicht hinein?", sagte ich.

„Jedenfalls nicht durch die Haustür", antwortete Will. „Tunneln dauert zu lange."

„Bleibt nur der Schornstein", sagte Daniel, „wie Santa Claus."

„Du bringst mich echt auf Ideen", sagte Will. Er verschwand hinter dem Haus und kam mit der Leiter auf der Schulter zurück. „Für den Schornstein sind wir leider alle etwas zu groß. Ich schaue mir aber das Dach an." Er lehnte die Leiter gegen die Hauswand und kletterte auf die Wellblechplatten. „Wir haben Glück. Die Platten sind nicht mit Nägeln, sondern mit Schrauben befestigt. Kommt mal hoch und bringt meinen Rucksack mit."

Daniel und ich kletterten nach oben und nahmen neben ihm auf den warmen Wellblechplatten Platz. Während Will einen Schraubenzieher aus dem Rucksack zog und sich an einer der Platten zu schaffen machte, schauten Daniel und ich immer wieder zum Flugzeug, das weit weg hinter Lichtschranken und wer weiß was sonst noch für Absperrungen und Sicherheitssystemen stand. Als Will fertig war, steckte er die Schrauben in die Brusttasche seines Khakihemdes und knöpfte diese sorgfältig wieder zu. „Jetzt wird's lustig", sagte er. „Egal was ihr macht, lasst nichts hinunterfallen!" Wir packten alle drei an und schoben die Wellblechplatte beiseite.

Beißender Geruch von frischer Farbe und Desinfektionsmittel stieg uns in die Nasen. Will griff nach seiner Taschenlampe und leuchtete in die Dunkelheit hinein. „Wie klettern wir da hinunter?", fragte ich.

„Gar nicht", antwortete Will. „Schaut mal, da sind in jeder Ecke Bewegungsmelder." Er leuchtete in eine Ecke des Raumes, und Daniel und ich sahen das kleine weiße Kästchen mit dem roten Blinklicht. Dann richtete er den Lichtstrahl nach unten und tastete den gesamten Innenraum ab. Das Bild, das sich Zentimeter für Zentimeter zusammensetzte, ergab ein einfaches Forschungslabor. Der Raum war etwa fünfzehn Meter lang und acht Meter breit. Zwei moderne Büroschreibtische standen an einer der Wände, mit Computermonitoren und Tastaturen obendrauf. Auf einem Tisch standen zwei Mikroskope unter einer Plastikfolie. Glasschälchen türmten sich auf einem Kühlschrank. Am anderen Ende des Raumes stand ein circa zwei Meter langer Tisch aus poliertem Aluminium. Auf einem weiteren Tisch standen eine Zentrifuge, ein Sterilisator sowie eine Ansammlung von Gerätschaften, deren Zweck sich mir nicht erschloss. Auf dem Fußboden stand ein Mülleimer aus orangefarbenem Plastik mit der Aufschrift „Biohazard" – biologischer Sondermüll.

Neben der Eingangstür hingen zwei Dutzend Gewehre an einem Waffenständer. Eine riesengroße Landkarte des Ruaha-Parks war an der Wand befestigt, und daneben hing genau der WWF-Kalender, der auch im Wohnzimmer des Missionshauses die Wand zierte.

Nachdem Will alles abgesucht hatte, seufzte er nur. „Das scheint dich alles nicht sonderlich zu überraschen", sagte Daniel.

Will schüttelte den Kopf. „Leider nicht. Ich kenne es nämlich schon. Das hier ist ein Feldlabor für Tierforschung. Auf dem Tisch da hinten werden zum Beispiel die Kadaver seziert." Er knipste seine Taschenlampe aus und setzte sich wieder hin. „Vor einigen Monaten war das Labor nur äußerst notdürftig eingerichtet – ich war mit Doktor Kowalski hier. Als er starb, hat wer auch immer hier arbeitete, alles eingepackt und dieses Gelände verlassen. Ich dachte, der Spuk wäre für immer vorbei. Und nun ist alles wieder da, und viel aufwändiger als je zuvor."

„Und ihr habt nie erfahren, wozu es eingerichtet wurde?", fragte ich.

„Sicher ist nur, dass jemand es auf die Tiere des Parks abgesehen hat", sagte Will, „und das schon lange. Es ist nicht die Parkverwaltung selbst, und die internationalen Tierschutzorganisationen sind ja alle raus. Es geht um etwas anderes. Ihr habt doch die Zebras gesehen …"

„Hat es etwas damit zu tun?", fragte ich.

„Daran besteht kein Zweifel." Will steckte die Taschenlampe weg. „Es besteht auch kein Zweifel daran, dass das hier nur ein Außenposten ist. Wer dahinter steht, hat seine eigentlichen Labors ganz woanders." Will griff wieder in seinen Rucksack und holte einen Fotoapparat mit Teleobjektiv heraus. Er befestigte ein Blitzlicht auf der Kamera und schoss zwei Dutzend Fotos hintereinander. Als er fertig war, halfen wir ihm, die Platte wieder anzuschrauben.

„Du hättest ein Meisterdieb werden können", sagte ich, als wir die Leiter wieder verstaut hatten und schon dabei waren, unsere Fußabdrücke mit Baumzweigen zu verwischen.

„Da bin ich wohl im falschen Beruf gelandet", meinte Will. Wir gingen zur Steinreihe und schlüpften wieder hindurch. „Hört zu, ihr beiden", sagte er, als wir wieder im Flugzeug saßen. „Was wir gerade gemacht haben, war nicht gerade ein Einbruch, zumal wer auch immer dieses Labor eingerichtet hat, kein Recht dazu hat, hier zu sein. Trotzdem wäre es nicht gerade intelligent, irgendjemandem davon zu erzählen, außer eurer Mutter, die vermutlich auch nicht glücklich darüber sein wird. Jemand hat sich sehr viel Mühe gegeben, uns hier fernzuhalten. Also kein Wort, wenn euch unsere Sicherheit am Herzen liegt." Will ließ den Motor an.

„Das Einzige, was mir Sorgen macht, ist, wie wir hier wieder rauskommen." Daniel saß auf dem Kopilotensitz und schaute um sich. „Die Piste ist viel zu kurz, und es weht kaum Wind!"

„Einfach die Augen aufhalten", sagte Will. Er gab Gas und ließ die Maschine bis zur Steinwand rollen. Dann stellte er sein gesamtes Gewicht auf das linke Bremspedal und das Ruderpedal und schob den Gashebel einen Augenblick lang ganz hinein, so dass der Motor aufheulte und das Flugzeug plötzlich eine halbe Umdrehung nach links machte. Nun lagen die circa hundert Meter der Flugpiste vor uns. Will zog die Parkbremse und regelte das Gemisch, ohne die Klappen auszufahren. Dann gab er Vollgas. Der Motor heulte auf und die gesamte Maschine ratterte und zuckte. Erst als er auf Hochtouren lief und drohte, uns um die Ohren zu fliegen, ließ Will die Bremse los.

Das Flugzeug torkelte vorwärts. Ich schaute auf den Fahrtmesser. Wir fuhren noch viel zu langsam, um abzuheben, und die Schlucht kam immer schneller auf uns zu. Nur zehn Meter vor dem Abgrund fuhr Will die Klappen aus. Die Piste verschwand unter den Rädern. Ich hielt den Atem an und sah uns schon in den schäumenden Fluss stürzen. Wir schienen zu schweben. Dann warf Will den Steuerknüppel nach rechts. Die Maschine stabilisierte sich und flog nur wenige Meter über dem Fluss. Dann zog er das Steuer leicht nach hinten und die Nase der Cessna neigte sich nach oben.

Erst jetzt atmete ich auf. Ich schaute nach hinten und sah die Flugpiste und die Hütte langsam hinter uns verschwinden. Jetzt, wo alles vorbei war, wirkte das Manöver wie ein Kinderspiel, aber ich konnte trotzdem kaum glauben, dass wir noch am Leben waren.

Daniel atmete tief aus. „Ich dachte, das würde unser letzter Flug sein."

„Noch nicht", sagte Will. Wenn ihn der Start irgendwie bewegt hätte, ließ er sich nichts anmerken. Aber ich hätte mich gewundert, wenn er Emotionen gezeigt hätte. Nun wendete er und flog wieder in Richtung Zimmermann's Bend.

„Aber hast du nicht manchmal Angst?", fragte ich. „Denkst du nie an Abstürze?"

„Ihr werdet's kaum glauben, aber ja, ich habe manchmal selbst Angst vorm Fliegen", sagte Will. „Aber nie, wenn ich selber am Steuer sitze, sondern immer nur als Passagier in so einer Linienmaschine. Vielleicht ist das eine Berufskrankheit, aber ich komme nicht umhin, jedes Manöver des Piloten zu hinterfragen. Ihr solltet mich mal in einem Jumbo erleben."

„Aber das Leben eines Buschpiloten ist doch tausendmal gefährlicher", sagte Daniel. „Ich meine, eines Tages ..." Er wagte nicht, den Satz zu Ende zu sprechen.

„Ich denke ständig an diesen Tag", sagte Will, „und zwar ernsthaft. Aber ich mache mir keine Sorgen. Wenn ich wirklich glaubte, ich könnte auf so einer Piste nicht landen und wieder von ihr starten, dann würde ich es auch nicht versuchen. Dennoch gibt es einen Kiswahili-Spruch, den viele von uns Buschpiloten verwenden. Wir machen manchmal Witze darüber, obwohl er wirklich nicht lustig ist. *Siku ya kufa nyani miti yote huteleza.* ‚An dem Tag, wo ein Affe sterben soll, werden alle Bäume glitschig.' Etwas prosaischer ausgedrückt: Wenn deine Zeit gekommen bist, dann ist sie eben gekommen."

„Glaubst du daran?", frage Daniel.

Will antwortete zunächst nicht, sondern überprüfte seine Instrumente und regelte das Gemisch. „Manchmal denke ich, dass ich mein ganzes Leben lang versucht habe, meinem Schicksal zu entrinnen", sagte er. „Vielleicht bin ich gerade deswegen nach Afrika gekommen – möglichst weit weg von dem Leben, das mich umgab. Aber manchmal spüre ich auch, wie mich das Schicksal langsam einholt, mich umzingelt. Dann denke ich: Wenn der besagte Tag da ist, wird es nichts mehr geben, was ich dagegen tun kann. Ich kann nur noch darauf vertrauen, dass mein ganzes Können mich durchbringt und dass mein Tun einen Sinn hat. Wenn ich nicht daran glauben würde, hätte ich nie in ein Flugzeug steigen können."

„Aber es gibt doch Dinge, die man nicht beeinflussen kann", sagte ich. „Ich meine, manchmal macht die Technik halt nicht mit. Alles geht schief und keiner kann helfen. Was macht man dann?"

„Ja, dann ..." Will prüfte den Höhenmesser und drehte am Trimmrad. „Vielleicht ist das Vertrauen, das ich spüre, nicht viel wert. Aber es gibt nichts anderes. Also hält man sich daran fest und lässt nie wieder los."

28

„Heute habe ich eine Überraschung für euch", sagte Christine uns zwei Tage später, als wir zur Brotzeit am Tisch saßen. „Ich habe euch lange genug hingehalten, aber morgen nehme ich frei und wir machen einen Ausflug. Aber richtig."

„Du willst uns den Park zeigen?" fragte ich.

„Wie ich euch schon vor Monaten versprochen habe", sagte Christine. „Und es ist die letzte Chance", fügte sie hinzu. „Wir haben es gerade in Dar gehört: In zwei Wochen soll der Park ganz geschlossen werden." Will nickte und verschwand in den Hangar.

Am nächsten Morgen ließen wir das Frühstücksgeschirr einfach auf dem Tisch stehen und stiegen in den Geländewagen. Tari blieb angekettet – Hunde waren im Park nicht erlaubt. Wir stiegen zu dritt in den Land Rover und fuhren los, am Ruaha entlang. Die Uferstraße verwandelte sich zunächst in einen Fußweg, dann in einen Trampelpfad. Auf der viele Kilometer langen Strecke sahen wir keinen einzigen Menschen. Beim Dorf Msembe überquerten wir endlich den Ruaha und kamen an eines der Tore zum Park. Christine bezahlte den Eintritt und fuhr hinein.

Will hatte Christine eine detaillierte Karte mitgegeben, auf der er mit einem roten Stift die besten Beobachtungsstellen markiert hatte. Vier Stunden lang fuhren wir über Berge und durch Wälder. Aus einem Versteck hinter dem Stamm eines

Affenbrotbaums sahen wir Elefanten in einem Bach planschen. Einige Kilometer weiter beobachteten wir vom Auto aus satte Löwen, die sich auf warmen Felsen sonnten. Antilopenherden kreuzten unseren Weg, als wir zu einem Wäldchen fuhren, wo wir aus dem Auto stiegen und uns an eine kühle Bergquelle setzten. Dort entspannten wir uns und aßen unsere mitgebrachten Roastbeef-Sandwiches und frisches Obst.

„Mama …", begann Daniel. Er wickelte gerade ein Sandwich aus dem Butterbrotpapier. „Erst waren es die Zebras, die wir mit Will gefunden haben, und nun berichtet das Radio von einigen Fällen unter den Rindern der Massai. Glaubst du, dass irgendjemand das alles mit Absicht macht?"

Christine trank einen Schluck Tee aus ihrer Thermoskanne. „Ach, Daniel, frag' mich was Leichteres." Sie stellte die Thermosflasche wieder in den Picknickkorb und rieb sich die Augen. „Aber vermutlich ja", sagte sie. „Alles deutet daraufhin. Doktor Kowalski war davon überzeugt, und nun sehen wir, was bei den Massai passiert ist. Will ist ebenfalls sicher, dass das alles kein Zufall sein kann. Und nun ist dieser Hobart da, der uns alle außer Landes treiben will." Sie seufzte. „Anthrax ist die perfekte biologische Terrorwaffe. Man kann den Erreger in Bomben oder Granaten oder sogar in Kugeln verstecken und sowohl Menschen als auch Tiere vernichten. Mit ein paar dieser Bomben könnte man die Landwirtschaft eines Landes lahmlegen und vor allem eine ganze Bevölkerung terrorisieren. Schon die Nazis haben damit experimentiert. Noch heute werden solche Waffen in den USA und Russland und vor allem in den Ländern der Dritten Welt entwickelt, und 2001 wurden geheimnisvolle Briefe mit dem Milzbranderreger an politische Gegner in den USA verschickt. Sie sind viel billiger als Atomwaffen und bergen ein riesiges Zerstörungspotential."

Ich salzte gerade ein hartgekochtes Ei. „Aber Tansania hat doch kein Interesse daran, oder?"

„Das kann ich mir nicht vorstellen", sagte Christine. „Die jetzige Regierung ist nicht kriminell, sondern nur käuflich. Wenn es sich wirklich um Biowaffen handelt, dann ist dieses Land nur ein Testgebiet und nichts anderes."

„Warum sagst du dann nichts?" fragte Daniel. „Du bist doch bekannt. Du bräuchtest nur einen Artikel darüber zu schreiben, und man würde es in der New York Times abdrucken."

„Wenn ich das machen würde", sagte Christine, „wären wir unseres Lebens nicht mehr sicher und ich wäre auf jeden Fall meinen Job los. Ich weiß auch nicht, welchen Wert eine Anklage ohne ausreichende Beweise haben würde. Es ist bisher kein einziger Mensch daran erkrankt, und die paar armen Tiere fallen nicht in meinen bescheidenen Zuständigkeitsbereich. Jedenfalls habe ich hier meine Aufgabe. Wenn ich von hier weggehe, dann haben die Leute hier draußen erst recht niemanden, der sich um sie kümmert."

„Es gab einen Journalisten vom MONITOR, der mir damals auf der Beerdigung seine Visitenkarte gab. Richard ..."

„Bergmann. Richard Bergmann, ein Kollege eures Vaters. Das alles könnte ihn tatsächlich interessieren. Aber es ist mir inzwischen klar, dass ich es nicht mehr verantworten kann, dass ihr das alles miterlebt, und es ist Zeit, dass wir darüber reden. Deswegen dachte ich, ich würde euch wenigstens ein Mal den Park zeigen, bevor ihr zurückfliegt. Eure Großeltern sind sofort bereit ..."

„Jetzt noch nicht, Mama", sagte ich. „Wir bleiben zusammen, so lange es geht."

„Ja", sagte Christine. „So lange es geht. Aber wie viel länger wollen wir warten?"

„Die Antwort lautet nein", sagte Daniel.

Christine schüttelte den Kopf. „Ich will auch nicht, dass ihr zurückfliegt, und ich zwinge euch nicht dazu. Noch nicht. Aber sobald die Bundesregierung eine Reisewarnung ausspricht oder ich eine entsprechende Anweisung von Dr. Kaiserwetter erhalte, sitzt ihr im ersten Flugzeug nach Europa – und wenn ich euch persönlich anschnallen muss!"

Bis zum frühen Nachmittag hatte ich schon zwanzig unterschiedliche Spezies Säugetiere und Vögel in meinem Notizbuch vermerkt, und sowohl ich als auch Daniel hatten schon mindestens 500 Bilder geschossen. „Wollen wir noch eine Beobachtungsstelle aufsuchen, bevor wir zurückfahren?", fragte Christine.

Wir entschieden uns für eine Stelle, die an einem Flüsschen lag, und zwar am Rande eines Gebiets, das kürzlich zur Sperrzone erklärt wurde. „Das da hinten sind doch bestimmt die Berge, wo wir das Labor entdeckt haben", rief Daniel. „Und das hier ist doch der Fluss, in den wir beinah gestürzt wären."

„Rede nicht davon", sagte Christine und hielt am Flussufer an. „Immer wenn ich davon höre, wird mir speiübel."

Will hatte hier das Wort „Affen" in großen roten Buchstaben auf der Karte vermerkt. Kaum waren wir aus dem Wagen gestiegen, wurden wir auch schon von etwa zwei Dutzend Pavianen umringt. „Okay, okay, ihr kleinen Bettler!", sagte Daniel. Ich holte einen riesigen Beutel mit Erdnüssen hervor, den ich extra zu diesem Zweck eingepackt hatte, und reichte ihn ihm. „Ihr braucht nicht so zu drängeln. Es gibt genug für alle."

Christine und ich gingen an den Fluss. Christine kniete sich hin und wusch sich das Gesicht im kühlen Wasser. „Es gibt einen alten Spruch", sagte sie, während sie aufstand und sich die Hände rieb, „dass wer einmal von den Wassern Afrikas trinkt, immer wieder hierher zurückkehren wird. Obwohl ich dieses Wasser niemandem empfehlen würde, ohne es vorher mit einer Chlortablette zu behandeln." Wir setzten uns auf einen Felsen und schauten auf die fernen Hügel. Christines Haare wehten lang und frei in der Brise und schimmerten wie gesponnenes Gold. „Jenny, ich weiß, dass ich euch sehr weit von zu Hause weggeführt habe. Ich habe euch nicht einmal gefragt, ob ihr mitwolltet." Sie nahm einen Kiesel in die Hand und warf ihn in den Fluss. Sie sah zu, wie sich die Ringe im träge fließenden Wasser ausbreiteten. „Ich habe euch im letzten Frühling wirklich wehgetan", sagte sie weiter. „Es tut mir sehr leid. Ich war unglaublich dumm. Ich glaube, ich habe keinen Augenblick lang an euch gedacht."

„Es ist jetzt egal, Mama", sagte ich.

„Nein, es ist überhaupt nicht egal. Hör' zu: Der Tod eures Vaters war ein so großer Schock, dass ich dachte, dass der einzige Ausweg für mich nur darin liegen könnte, so weit wie möglich von München wegzugehen und ein neues Leben zu beginnen. Ein ganz neues Leben, in jeder Hinsicht. Eigentlich war es eine verrückte Idee. Es kommt mir alles so melodramatisch, so peinlich vor. Als ob man jemals sich selbst entrinnen könnte! Wenn mir jemand in meiner Sprechstunde solche Gedanken gebeichtet hätte, dann hätte ich ihn vermutlich sofort zu einem Psychiater geschickt. Aber es ist trotzdem geschehen. Ja, so was gibt's." Sie nahm meine Hand und ging mit mir ein paar Schritte flussaufwärts. „Denk nicht, dass ich keine Zweifel habe. Weißt du, manchmal denke ich an unser Haus zurück. An die wunderschönen Möbel. An die Bücher und Gemälde. Und dann an meine Karriere, an meine Freunde. Alles weg – weggeworfen, wie mein ganzes Mobiliar."

„Wir können aber zurück", sagte ich. „Ich meine, wir alle."

Christine ließ meine Hand los. „Können wir das wirklich? Jenny, manche Abschiede sind endgültig. Ich glaube, wir können niemals zurückgehen. Ich meine, nicht wirklich. Auch wenn wir gleich heute nach München zurückfliegen würden, wäre nichts mehr so wie früher."

„Hoffentlich hat sich dein Neubeginn gelohnt."

Christine hielt an und legte ihre Hände auf meine Schultern. „Oh doch, Jenny", sagte sie. „Es war die beste Entscheidung meines Lebens. Ich liebe meine Arbeit und ich habe endlich die Gewissheit, dass ich anderen Menschen wirklich nützlich bin, dass ich etwas Dauerhaftes aufbaue. Und vor allem – ich liebe Will." Ich sagte nichts dazu. Wir liefen weiter am Fluss entlang. „Ich wollte euch beiden ein Leben ohne Überraschungen bieten, aber so ein Leben gibt es nicht – es hat es nie gegeben und es wird es nie geben, das wäre eine glatte Lüge gewesen, denn das Leben steht nie still. Insofern habe ich keinen Zweifel, dass das alles für mich die beste Entscheidung war. Aber ich hatte mich kein einziges Mal ernsthaft gefragt, ob es auch für euch das Beste sei. Und nun bricht hier alles zusammen. Dieser Hobart und seine Leute versuchen, meine Klinik zu schließen und mich einzuschüchtern. Über Will werden schlimme Lügen verbreitet und die Zebras habt ihr mit eigenen Augen gesehen. Ich weiß wirklich nicht, was ich tun soll."

Wir hielten an einem Felsen, der in den Fluss hineinragte. Die Sonne stand noch hoch am wolkenlosen Himmel, so dass die karge Berglandschaft wie vergoldet vor uns lag. Wir schwiegen einige Augenblicke. „Jenny", sagte Christine endlich, „wir alle haben harte Zeiten hinter uns. Aber sei mal ehrlich: Hast du je ein so schönes Land wie dieses gesehen? Meinst du nicht, dass Augenblicke wie dieser all das Schlimme, was wir erlebt haben, wieder wettmachen?"

Ich antwortete nicht, sondern sah auf die Berge und dachte angestrengt nach. „Es ist wunderschön, Mom", sagte ich dann. „Und ich bin dir und Will dankbar, dass wir das alles so erleben. Aber manchmal vermisse ich unser Zuhause mehr, als ich es in Worte fassen kann. Ich komme mir vor wie so ein Affenbrotbaum, den man mit den Wurzeln ausgerissen und dann wieder verkehrt herum in die Erde gesteckt hat."

Christine lächelte, aber ich sah die Tränen in ihren Augen. „Aber Jenny, mir geht es genauso. Ich vermisse München. Ich vermisse unsere Freunde. Ich vermisse eure Großeltern. Aber manchmal, wenn ich unterwegs bin, kommt mir das hier auch wie eine Art Zuhause vor. Ich meine nicht unbedingt Zimmermann's Bend und das Missionshaus – noch nicht, jedenfalls –, sondern dieses Land. Weißt du, es war gar nicht so weit von hier entfernt, in der Trockenschlucht von Olduvai, dass die Leakeys die ältesten menschlichen Überreste auf der Erde entdeckt haben. Vor vielen Millionen Jahren entstanden die ersten Menschen genau hier, in Ostafrika. Die Wurzeln der gesamten Menschheit liegen doch in diesem Boden."

„Ja, das habe ich alles in der Schule gelernt", sagte ich. „Ich habe aber nie begriffen, warum die Menschen eigentlich von hier weggegangen sind."

„Das weiß keiner so genau", sagte Christine. „Das Klima hatte sich wohl geändert, die Bevölkerung ist gewachsen und die Ressourcen wurden knapp. Die alte Geschichte halt. Du weißt doch, dass Menschen zum Gehen gebaut sind. Wir stehen aufrecht auf unseren langen Beinen, während unsere Hände frei sind, um Kinder und Vorräte zu tragen. Unsere Vorfahren sind von hier weggegangen und haben Schritt für Schritt den ganzen Planeten erobert. Später kamen einige von ihnen wieder zurück und besiedelten das Land von neuem. Die Bantus kamen aus Westafrika und die Massai aus dem Niltal. Und nun sind auch wir wieder da."

„Wo liegen unsere Wurzeln also wirklich?"

„Ich bin gar nicht so sicher, dass das die richtige Frage ist", sagte Christine. „Ich bin schon immer davon ausgegangen, dass meine Wurzeln in Passau und München liegen und dass ich deswegen mein ganzes Leben dort verbringen müsste. Ich habe deinen Vater mit seiner ständigen Wanderlust nie richtig verstanden. Aber inzwischen denke ich, wir sollten lieber fragen, wo wir als Familie ein nützliches und erfülltes Leben verbringen können. Und ich vermute stark, dass sich unsere Vorfahren in Olduvai dieselbe Frage gestellt haben. Und sie haben sich auf ihre Beine gestellt und sind losgegangen, ohne jemals einen Blick zurückzuwerfen."

„Das war für sie damals bestimmt auch keine leichte Entscheidung."

„Das weiß ich nicht, Jenny", sagte Christine. „Sei jedenfalls froh, dass sie es gemacht haben, denn sonst wäre es da in dieser ollen Trockenschlucht ganz schön eng geworden, gell? Und was unsere Wurzeln betrifft ... Siehst du, ich habe in meiner Karriere schon Tausende von Menschen behandelt. Alle Farben, alle Altersgruppen, alle Berufe. Und ich bin bisher keinem einzigen Menschen begegnet, der Wurzeln hatte. Affenbrotbäume haben Wurzeln und deswegen können sie auch entwurzelt werden. Aber Menschen haben Beine."

Ich schaute in den Himmel. „Und Flügel", sagte ich. „So wie Will."

„Das stimmt", sagte Christine. Sie strich mir einmal durchs Haar. „Manche Leute haben auch Flügel."

Wir liefen langsam zum Geländewagen zurück, wo Daniel inzwischen von einer ganzen Gruppe Paviane umgeben war.

„Mom! Jenny!" Daniel griff in seinen Beutel. „Kommt mal her und schaut euch die Pavianbabys an. Habt ihr so was schon mal gesehen?"

„Mensch, Daniel, pass auf!", sagte ich. „Sonst fressen sie dich noch auf, und uns gleich mit!"

„Ach komm, es sind liebe Kerle. Und fressen tun sie sowieso nicht." Er hielt einem der Affen eine Erdnuss hin. „Hier, Kleiner, probier' mal!" Aber der Affe griff nicht nach der Nuss, sondern sah sie nur verständnislos an. Daniel drehte sich zu einem anderen Affen hin. „Hey du, fang mal!" Er warf ihm die Erdnuss zu, aber sie prallte nur gegen seinen Kopf und fiel unbeachtet in den Staub. „Komm, warum hebst du sie nicht auf? Habt ihr alle keinen Hunger?" Der Affe sprang auf und lief weg. Daniel lief ihm hinterher. „Was habe ich jetzt schon wieder getan?" Er kletterte das Steilufer hinunter und trat auf eine Baumgruppe zu, in die der Affe verschwunden war. „Was ist bloß in euch gefahren?"

Plötzlich blieb Daniel stehen. Er ließ den Beutel fallen und schrie auf.

29

Christine rannte zu Daniel, der am Flussufer stand und fassungslos auf mehrere tote beziehungsweise im Sterben liegende Affen starrte. Sie packte ihn an den Schultern, drehte ihn um und schob ihn mit aller Kraft zum Geländewagen zurück. Dann riss sie die Hecktür auf und griff nach einem großen weißen Arztkoffer, den sie sofort öffnete. „Deine Hände!" Christine holte eine Flasche mit Desinfektionsmittel heraus und besprühte Daniel damit. „Ich muss dir vor allem die Hände desinfizieren. Hast du irgendwelche offenen Wunden? Hast du dir irgendetwas in den Mund gesteckt?" Daniel stand nur da und schaute sie verständnislos an. Christine entnahm dem Arztkoffer einen Plastikkittel, eine Plastikmütze, Latexhandschuhe und eine Chirurgenmaske. „Jenny, ich brauche deine Hilfe", sagte sie ruhig. „Trage den Koffer für mich. Ich muss schnell arbeiten." Schockiert gehorchte ich mechanisch und folgte ihr hinüber zu den toten Affen. Etwa zehn Meter vor der Baumgruppe winkte Christine mir zu, dass ich stehenbleiben sollte. „Nun stell den Koffer wieder ab und geh zu Daniel zurück. Lass ihn nicht allein."

„Aber Mama, was ist das bloß?", sagte ich. „Milzbrand?"

Christine schüttelte den Kopf und fing an, den ersten toten Affen zu untersuchen.

Daniel beruhigte sich nach ein paar Minuten. Er saß immer noch benommen auf der aufgeklappten Hecktür und starrte wortlos zu Boden. Als ein Pavian an seinen Fuß schnupperte, schrie er ihn an und schleuderte einen Stein in die Menge. Die Affen schauten uns verdutzt an und verzogen sich in die Büsche.

„Jenny, ich brauche dich wieder", rief Christine. Ich lief zu ihr zurück und nahm den Koffer wieder in die Hand. Christine trug etwas Schweres, das in einen großen schwarzen Plastiksack gewickelt war.

„Mama", sagte ich. „Ist das …?"

Christine nickte. „Ich muss sofort eine Autopsie durchführen. Wenn ich recht habe, dann ist die Lage sehr, sehr ernst." Daniel sprang zurück, als er sah, was seine Mutter trug. Christine legte den Sack mit dem toten Affen in den hinteren Teil des Autos und warf eine Decke darüber. Ich verstaute den Arztkoffer, während Christine ihre Schutzkleidung abstreifte und in einen separaten Plastikbeutel packte. Anschließend goss sie ein Desinfektionsmittel in eine Schale und wusch sich gründlich die Hände, die Arme und das Gesicht.

„Aber Mama, was ist es denn nun?", fragte ich, als wir wieder drin saßen. „Kannst du es uns nicht sagen?"

„Jenny, es liegt nicht an der Krankheit selbst", sagte Christine. „Sieh nur, was ich im Nacken des armen Tieres gefunden habe." Sie nahm ein Glasschälchen aus ihrer Handtasche. Innen lag ein winziges Täfelchen aus schwarzem Metall. Daneben lag ein winziger Draht, der säuberlich vom anderen Teil abgetrennt war. „Das ist ein Sender. Ich habe ihn unschädlich gemacht. Irgendjemand hat diesem Affen einen Sender eingebaut und ihn dann vermutlich mit dem Ebola-Virus infiziert." Sie warf den Motor an und wir fuhren los, eine riesige Staubwolke hinter uns lassend. „Irgendjemand infiziert diese Tiere und verfolgt ihre Bewegungen per Satellit. Er gibt sich verdammt viel Mühe. Aber wer? Und wozu bloß …?"

Zwar konnten die Kulturen nur in einem professionell ausgestatteten Forschungslabor analysiert werden, aber Christine war schon von ihrer Diagnose überzeugt, bevor sie die Autopsie abschloss. Ich hatte darauf bestanden, Christine und James zu assistieren. Nun stand Daniel allein draußen am Fenster der Klinik und sah mit makabrer Faszination zu, wie wir drei, in Doktor Kowalskis schlecht passende Sammlung von Schutzanzügen gekleidet, den Bauchraum des Affen aufschnitten und seinen Schädel durchsägten.

Christine erklärte mir die Symptome. Der Darm war voller blutiger Läsionen. Die Nieren waren völlig verformt, und Christine führte die unmittelbare Todesursache auf Dehydration wegen extremen Flüssigkeitsverlustes zurück.

Als er am Abend aus Dar zurückkam, hörte Will Christines Autopsiebericht schweigend zu. Wir saßen zu viert im Wohnzimmer des Missionshauses, während Tari auf dem Fußboden lag und an einem Rinderknochen nagte. „Du kannst also völlig ausschließen, dass sich der Affe auf natürlichem Wege angesteckt hat?", fragte er, als sie fertig war.

„Ich bin zwar keine Tierärztin, aber ich kann es mir nicht vorstellen", sagte Christine. „Ebola wird zwischen Affen und auch zwischen Menschen durch Körperflüssigkeiten verbreitet, hauptsächlich durch Fäkalien und kontaminiertes Wasser, und der Krankheitsverlauf ist rasant. Das Blut gerinnt und es kommt in allen lebenswichtigen Organen zu inneren Blutungen, so dass man schon nach vier Tagen tot sein kann. Wir wissen noch von keinen weiteren Übertragungswegen. Aber es hat hier außer dem armen Doktor Kowalski noch keine weiteren Fälle gegeben, und ich kann mir nicht vorstellen, wie sich plötzlich eine ganze Affenhorde am Ruaha infizieren könnte. Und wozu der Sender? Wer seine Freude daran hat, Affen an Ebola sterben zu sehen, kann sie doch im Labor quälen."

„Es sei denn, das Labor hat weder Gitter noch Mauern", sagte Daniel. „Irgendjemand wollte sie innerhalb ihres natürlichen Lebensraums im Auge behalten."

„Das mit dem Sender war in der Tat eine raffinierte Lösung", sagte Will. Er lehnte sich nach vorn, nahm Taris Kopf in seine Hände und streichelte ihn. Das Lächeln auf seinem Gesicht gefror und er runzelte die Stirn. „Sie ist sogar universell anwendbar, wenn man jemanden im Auge behalten will." Will nahm Tari in die Arme und setzte ihn auf seinen Schoß. Er fing an, Taris Kopf und die Ohren zu massieren. Langsam ließ er seine Finger an Taris Nacken hinuntergleiten und tastete jeden Zentimeter seines Fells sorgfältig ab.

„Will, was machst du denn da?", fragte ich.

„Was ich mache?" Will hatte inzwischen eine ganz bestimmte Stelle an Taris Nacken zwischen zwei Fingern ausfindig gemacht und hielt sie zwischen Daumen und Vorfinger gedrückt. Tari wedelte mit dem Schwanz und leckte ihn am Gesicht. „Ich stelle gerade fest, Christine, dass du heute Abend doch Tierärztin bist." Er erhob sich und hielt den Hund vor sich hin. „Hier ist dein erster Patient."

Tari heulte, als Christine ihm die Spritze in den Rücken stach, aber die Lokalanästhesie wirkte schnell und er fühlte keine weiteren Schmerzen. Nun lag er ruhig auf dem metallenen Untersuchungstisch in der Klinik. Ich hielt ihm dabei den Kopf fest. „Guter Tari, braver Hund", flüsterte ich ihm zu. „Gleich ist alles vorbei." Christine brauchte nur ein paar Minuten, um den Miniatursender aus Taris Nacken zu extrahieren. Sie hielt den Chip mit einer Zange hoch und zeigte ihn Will, Daniel und mir. Dann legte sie ihn auf das Glasschälchen neben den anderen Sender. Sie waren identisch – abgesehen von der Miniantenne, die noch ganz war und vermutlich weiter sendete.

„Das ist einfach verrückt", sagte ich und drückte Tari an mich. „Wer macht so etwas?"

„Wenn ich mir überlege, wo ihr überall mit diesem Hund gewesen seid", sagte Christine, während sie den Schnitt in Taris Nacken wieder vernähte. „Obwohl es den Leuten wenig genützt hat, wenn ich bedenke, wie oft ihr mit Will unterwegs wart. Trotzdem ist es einfach unglaublich."

„Das kann nur Hobart gewesen sein", sagte Will. Er untersuchte die Sender durch eine Lupe. „Oder Figueira, oder Frau Benoit."

„Niemals!", sagte Daniel. „Es kann nicht Marie-Heloise sein. Sie würde so etwas nie machen. Außerdem steht sie doch auf unserer Seite!"

„Aber der Hund war ein Geschenk von ihr, nicht wahr?"

„Das ist egal." Daniel verschränkte die Arme. „Sie hatte den Hund doch von einer Mitarbeiterin in der Firma. Außerdem kann Hobart ihm den Sender selbst implantiert haben. Ich trau's ihm jedenfalls zu. Es dauert nur eine Sekunde, oder?"

„Beruhige dich, Daniel", sagte Christine. Sie stellte Tari wieder auf den Fußboden und zog sich die OP-Handschuhe aus. „Keiner macht ihr einen Vorwurf. Fest steht, dass irgendjemand ein Interesse daran hat, euch in Schach zu halten und zu kontrollieren. Und es sind mit großer Wahrscheinlichkeit dieselben Menschen, die die Tiere infiziert haben."

Ich streichelte Tari. „Die Affen sind an Ebola erkrankt", sagte ich. „Könnte Tari es auch bekommen?"

Christine schüttelte den Kopf. „Es gibt noch keinen Hinweis darauf, dass Hunde Ebola bekommen oder das Virus übertragen können, aber ich werde ihn jetzt auf andere Krankheiten untersuchen. Und was die Affen betrifft, werden wir die Analyse vom Labor abwarten müssen. Bis dahin werde ich uns alle erst mal eine Woche beobachten. Ich kann mir nicht vorstellen, dass wir uns infiziert haben, aber ich gehe kein Risiko ein."

Ich wischte mir eine Träne aus dem Auge und streichelte Tari weiter. „Aber wir haben alle so viel durchgemacht. Ich dachte, wir könnten irgendwohin fahren."

„Nicht bevor ich weiß, dass wir alle in Ordnung sind", sagte Christine. „Vergesst nicht, dass Ebola absolut unheilbar ist. Beim ersten Symptom verschwinden wir von hier."

Will flog die Blut- und Gewebeproben nach Dar und ließ sie von dort aus per Luftfracht an Christines Tropeninstitut in München liefern. Daniel und ich verbrachten die nächsten Tage ruhig zu Hause und ließen uns jeden Tag untersuchen. Das Laborergebnis kam eine Woche später per Email: Es handelte sich um eine bisher unbekannte, im höchsten Grade ansteckende Art des Ebola-Virus.

„Ich weiß wirklich nicht, was jetzt passieren wird", sagte Christine beim Nachmittagstee. „Das Tropeninstitut leitet die Ergebnisse an die Weltgesundheitsorganisation weiter. Dieses Mal wird es bestimmt eine Reaktion geben. Aber ohne die Unterstützung der Regierung kann man hier vor Ort nichts machen. Die meisten internationalen Organisationen sind weg und der Park selbst wird in diesen Tagen geschlossen."

„Aber wir sind alle kerngesund. Oder doch nicht – wir werden vor Langeweile ganz durchdrehen. Warum hauen wir nicht für ein paar Tage ab?"

Christine und Will tauschten einen Blick. „Ibrahim kommt heute Abend", sagte Will. „Er kann hier die Stellung halten. Ich kann ein paar Tage freinehmen, und solange wir den Sender hier lassen, wird keiner merken, dass wir weg sind. Ich denke, es ist höchste Zeit, dass wir Urlaub nehmen."

30

Wir starteten bei Tagesanbruch. Nach einem Zwischenstopp in Iringa flog Will mit uns in der voll beladenen Cessna Richtung Südwesten, entlang der Landstraße nach Njombe.

Am Abend zuvor hatte er bis spätabends mit Daniel und mir im Hangar gesessen und den Kurs festgelegt. Er ging alles mit uns durch: Die genaue Entfernung, den zu erwartenden Spritverbrauch für einen dreihundert Kilometer langen Flug mit vier Personen und einem Hund, die Eigentümlichkeiten der Landschaft, die Höhe der Berge, Navigationsprobleme, die Wettervorhersage, die genaue Lage der Flugpiste tief im Wald. Das Reiseziel sollte Matema sein, ein Ort an der Grenze zu Malawi und Sambia, am nördlichen Ende des Malawisees im Gebiet der Großen Seen Ostafrikas. Er sagte nichts weiter dazu, nur dass der Ort, der im Stammesgebiet des Nyakusa-Volkes lag, „sehenswert" sei und dass wir unsere Badesachen nicht vergessen dürften.

Christine saß vorn und hielt Wills Hand fast während des gesamten Fluges. Tari lag auf meinem Schoß und schlief. Nach etwa einer Stunde sahen wir die Wellblechdächer Njombes tief unter uns. Auf den Hügelterrassen um die Stadt herum erstreckten sich unzählige grüne Felder. „Das ist Tee", sagte Will. „Das grüne Gold Afrikas. Alle diese Plantagen gehören Black Star."

Vor uns ragten die Berge des Kipengere Range und der Livingstone-Berge bis zu zweitausendfünfhundert Meter hoch auf. Will flog auf dreitausend Meter, wo kalte, dünne Winde gegen die Cockpitscheiben peitschten. Die Hochebene unter uns war kahl und wirkte fast menschenleer. Eine weitere Kette von Berggipfeln stand vor uns, scharf und zackig wie eine Reihe gewaltiger Haizähne. Und plötzlich, als wir gerade ihre Gipfel überflogen, entdeckte ich eine riesige blaue Leere vor uns: Den Malawisee.

Will drosselte den Motor und flog in breiten Spiralen hinunter. Endlose Waldgebiete eröffneten sich unter uns. Dann drehte er nach Norden ab und flog nur wenige hundert Meter über dem Wasser. Ein breiter weißer Strand erstreckte sich unter uns, dazu einige strohgedeckte Hütten und dann wiederum ein dichter tropischer Wald von einem Grün, das Daniel und ich seit unserer Ankunft in Zimmermann's Bend vier Monate vorher nicht mehr gesehen hatten.

„Die Flugpiste, die ich suche", sagte Will, „wird normalerweise von der tansanischen Zollbehörde benutzt. Sie ist gut versteckt und das mit Recht." Ich sah nichts als Wald – endlose Bambusstauden und Bananenbäume bis zu den kahlen Bergen dahinter. „Da", sagte Will und zeigte nach vorn. „Am Wasserturm." Ein altertümlicher Wasserturm aus verrottetem Holz auf einem verrosteten eisernen Gerüst tauchte auf, mitten auf einer kleinen Lichtung zwei Kilometer vor uns. Will flog nach links und fuhr die Klappen und das Fahrwerk aus. Wir berührten fast die Wipfel der Bäume und landeten auf einer sandigen Piste mitten in einem Palmenwald.

Will hatte die Reise tatsächlich bestens geplant. Wir landeten auf die Minute genau. Ein Geländewagen vom kirchlichen Konferenzzentrum, das sich in Matema befand, wartete schon und fuhr uns über holprige Waldstraßen ins Dorf hinein. Wir stiegen vor einem einfachen Backsteinbungalow aus, der in einem gepflegten Blumengarten hinter einer Bougainvilleahecke stand. Die Luft dampfte heiß und klebrig und roch nach verrottetem Holz und frischen Blumen.

Der Bungalow bestand aus zwei Schlafzimmern, einem spärlich eingerichteten Wohnzimmer und einer modernen Küche. Er gehörte einem Reverend Buxton aus Vancouver, einem Freund von Will, der für ein Jahr wieder in der Heimat weilte und Will das Haus zur Nutzung überlassen hatte.

Daniel und ich packten aus. Daniel verschwand ins Bad, um sich seine rote Badehose anzuziehen, während ich mich im Schlafzimmer auszog und mir den blauen Badeanzug überstreifte. Dann rieben wir uns mit Sonnencreme ein und stürzten aus der Hintertür. Wir rannten um die Wette durch den überwucherten Hintergarten und durch ein kleines Tor im Zaun, von dort aus über den heißen Strand und in die kühle Brandung hinein. Tari sprang hinter uns her und schwamm sich frei.

„Fantastisch!", rief ich. „Wann waren wir das letzte Mal schwimmen?"

Ich rollte mich auf den Rücken und paddelte dem offenen Wasser zu. Das Sonnenlicht tanzte auf meinen Augenlidern. Ich drehte den Kopf und schaute mir alles an. Zackige Berge, wehende Palmen, federleichte Wolken in einem dunkelblauen Himmel. In der anderen Richtung sah ich zwei hemdlose Afrikaner, die einen Einbaum über die Wellen paddelten. „Ob's hier Krokodile gibt?", fragte ich.

„Nur zur Abendbrotzeit", rief Will. Er und Christine waren uns gefolgt und schwammen jetzt nebeneinander her. Sie spielten und tollten, umarmten sich und lachten. *Wie zwei Delphine*, dachte ich, während ich die Bewegung der Wellen um meinen Körper genoss. *Wann habe ich Christine das letzte Mal so glücklich gesehen?*

Eine halbe Stunde später standen wir alle an einer Holzbank am Strand und trockneten uns ab. „Will, ich wusste nicht, dass es solche Orte überhaupt gibt", sagte Christine, als sie ihre langen Haare mit einem Handtuch abrubbelte. „Es ist das reinste Paradies."

„Es ist der schönste Platz auf der ganzen Welt", sagte Will, „und er wird von einer der schlechtesten Straßen auf der Welt geschützt. Es ist wie Tahiti, nur ohne die Touristen."

Wir gingen ins Haus zurück und zogen uns dort an. Anschließend drehten wir eine Runde durch das Dorf. Das schlichte Konferenzzentrum war am Rande des Strandes errichtet worden. Palmengedeckte Gästehütten mit Wänden aus Fliegengittern lagen unter hohen Palmen. Im Zentrum standen die alte Missionskirche aus Kolonialzeiten und das alte Missionshaus, das eine starke Ähnlichkeit mit dem in Zimmermann's Bend hatte. Im großen Speisesaal aßen wir ein einfaches Mittagessen aus Fisch und Reis. Außer uns waren noch ein junges Paar aus Neuseeland und vier französische Rucksacktouristen anwesend.

Nach dem Essen gingen Christine und Will für ein Schläfchen wieder in den Bungalow. Daniel und ich zogen uns ebenfalls in unser gemeinsames Zimmer zurück. Auch ich spürte die Schwere der vergangenen Wochen und Monate in meinen Gliedern und hätte mich gern eine Stunde auf das Holzbett gelegt. Aber die exotische Ausstrahlung des Ortes, die vielen Eindrücke vom Urwald und dem See ließen mir keine Ruhe.

Daniel war heute eh nicht zu bremsen. „Schau mal drüben aus dem Fenster", sagte er. „Ein total verlassenes Haus. Als hätte seit Jahren niemand da gewohnt."

„Zeig mal." Ich gesellte mich zu ihm ans Fenster. Der Bungalow schien fast gänzlich von einer riesigen Bougainvilleaehecke überwuchert zu sein.

„Ich wette, da gibt's was zu entdecken", sagte Daniel. „Goldschätze, oder wenigstens Gespenster aus der Kolonialzeit."

„Dann schauen wir es uns näher an", antwortete ich.

Wir schlüpften durch die hintere Haustür und suchten die wuchtige Hecke ab. „Hier gibt's nichts zu sehen", sagte ich. „Irgendjemand sollte diese Hecke stutzen." Tari schnupperte an den Wurzeln der Sträucher. Plötzlich hielt er inne und kratzte mit seiner Pfote im Sand. Er schaute kurz zu mir auf, dann sprang er durch die Hecke – und war weg. „Hey!", rief ich. Daniel und ich wühlten uns durch die Hibiskusblätter und entdeckten ein eisernes Tor, an dem ein verrostetes Vorhängeschloss hing.

„Da ist er wohl durchgeschlüpft", sagte Daniel. „Wir können da aber nicht durch." Er schaute zum Haus hin. „Es wäre sowieso Hausfriedensbruch. Warten wir einfach, bis er wiederkommt."

„Aber was ist überhaupt dahinter?", fragte ich. „Schau mal, wir können es wie Tari machen." Ich suchte einige Augenblicke, bis ich eine geeignete Stelle fand und schlüpfte hindurch.

„Du willst wohl deinen nächsten Geburtstag im Knast verbringen, oder?", sagte Daniel. Er folgte mir aber trotzdem und wir betraten den verwilderten Garten. Die Hecke war tatsächlich im Begriff, das ganze Gelände zu erobern, und winzige Tamarindbäume sprossen aus dem hohen Gras. Wir umrundeten den verlassenen Bungalow, bis wir an einem Ende des Hauses eine verfallene Kellertreppe entdeckten, die zu einer verrotteten Holztür hinunterführte. Tari stand auf der obersten Stufe und wedelte mit dem Schwanz. „Guter Hund", sagte ich. „Da wolltest du uns hinführen, nicht wahr?" Tari stand an der Tür und japste. Daniel und stiegen ebenfalls die Treppe hinunter und gaben der Tür einen leichten Schubs. Sie sprang auf und führte in einen dunklen Korridor, der nach verschimmeltem Küchenmüll und Ratten stank.

Wir schlichen den Korridor entlang und versuchten uns im Licht, das durch die offene Tür flutete, zu orientieren. Die Wände waren feucht und schimmlig und der Schlamm des Fußbodens klebte an unseren Schuhen. Tari ging vor und hechelte vor Begeisterung. Endlich erreichten wir ein winziges steinernes Seitenzimmer ohne Tür. Durch ein vergittertes Kellerfenster strömte Licht. Tari war schon da und schnupperte auf dem Fußboden herum. Er wedelte aufgeregt mit dem Schwanz und bellte wieder.

„Na gut, wir sind jetzt da, Tari", sagte ich, „aber ich finde es nicht gerade überwältigend."

„Es ist ekelhaft", sagte Daniel. „Was für ein Kerker! Hier möchte ich keine Nacht verbringen."

An den Wänden standen verrottete Holzregale voller alter Farbdosen und vergammelter Konserven.

Tari sprang wieder aus der Tür. Uns die Nasen zuhaltend, liefen Daniel und ich ebenfalls wieder in den Korridor. Am Ende war eine hölzerne Treppe, die zu einer offenen Falltür nach oben führte. Tari setzte eine Pfote auf die unterste Stufe und hielt die zweite in die Luft, als würde er einem Tier nachstellen. Er schaute zu uns zurück und wimmerte leise. Daniel und ich zögerten nicht. Wir folgten Tari die Treppe hinauf. Wir hatten ein völlig dunkles Haus erwartet, aber wir bemerkten zu unserem Erstaunen, dass die Fensterläden auf der einen Seite des Hauses geöffnet waren. Auf dem Holzfußboden des kahlen Wohnzimmers standen Farbeimer und Gipssäcke. Ein weißer Kittel hing von einem Nagel in der Wand. Tari lief zu ihm hin, schnüffelte daran und wedelte mit dem Schwanz.

Durch die offene Haustür kamen männliche Stimmen, die Kiswahili sprachen, dazu das unverkennbare Wisch-Wasch-Geräusch von Farbpinseln an einer Gipswand.

„Nichts wie weg!", flüsterte ich. Wir stiegen so lautlos wir konnten die Treppe wieder hinunter, dann rannten wir den Korridor entlang und die Stufen der Kellertreppe hinauf. Wir gingen vorsichtig um das Haus herum, schlüpften wieder durch den Eingang und durch die Hecke und eilten zu Buxtons Haus zurück. „Oh Gott, da haben wir falsch kombiniert!" Ich setzte mich aufs Bett und legte Tari auf meinen

Schoß. „Von wegen verlassenes Geisterhaus. Da zieht gerade jemand ein!"

31

Wir erzählten Will und Christine von unserem Abenteuer im Bungalow, doch es gab keine Zeit, es weiter zu besprechen, denn es mussten Vorbereitungen getroffen werden. Wanderschuhe, Sonnenhüte, Mückenspray, Wasserflaschen – wir planten eine Wanderung. Als alles fertig war, führte Will uns Richtung Strand, weg vom Dorf und auf die Berge zu. Einbäume lagen am Strand aufgereiht und die Fischer hatten ihre Netze zum Trocknen ausgebreitet. In der Brandung badeten Menschen und wuschen gleichzeitig ihre Kleider.

Wir verließen den Strand und stiegen den Hügel hinauf, Tari vorneweg. Der Pfad schlängelte sich durch das unwegsame Gelände. Wir stiegen immer höher, bis wir wieder über die Palmen und die Tamarindbäume auf den See hinausschauen konnten. Die Luft dampfte geradezu und die T-Shirts und Hosen klebten an unserer Haut. Wir mussten im Gänsemarsch gehen und gelegentlich Afrikanern Platz machen, die mit Holzbündeln, Wasserkanistern, Stoffballen oder Bananenstauden beladen waren. Was Daniel und mir wie ein abenteuerlicher und durchaus anstrengender Wanderweg erschien, war für die Nyakusas offenbar eine tägliche Handelsroute zur Hochebene.

Wir stiegen wieder hinab ans Ufer und passierten ein Dorf aus Bambushütten mit Palmendächern, wo uns die verwunderten Bewohner Tontöpfe zum Verkauf anboten. Nach zwei

Stunden erreichten wir unser Ziel: Ein winziges Dorf, dessen Hütten um eine grasige Lichtung inmitten eines Bananenhains gebaut waren. „Ich kenne den Dorfpfarrer", sagte Will. „I-kombe ist meistens ganz ruhig, aber heute scheint etwas los zu sein."

„Eine Hochzeit vielleicht?", fragte Christine.

Will schüttelte den Kopf. „Nein, eher ein Begräbnis."

Die Dorfbewohner saßen alle in einem großen Kreis, die Männer in westlichen Anzügen und die Frauen in traditioneller Kleidung. Mächtige Kochtöpfe brodelten auf offenen Feuern und nur das Zirpen der Zikaden im Wald störte die Stille der Menschen. Ich nahm Tari in meine Arme und stand nah bei den anderen. Will sprach einen Jungen an, der mit weißem Hemd und Schlips am äußeren Rand saß, und er führte uns zu einem kleineren Kreis am anderen Ende des Dorfes. Ein weißhaariger Mann, der ganz in Schwarz gekleidet war, stand auf und umarmte Will kurz. Will stellte ihn Christine, Daniel und mir als Pfarrer Makota vor. Er war ein alter Freund aus Wills ersten Jahren im Land. Pfarrer Makota nahm unsere Hände schweigend und führte uns durchs Dorf bis zu einer Backsteinhütte, die etwas größer war als die anderen Hütten im Dorf. Als wir eintraten, sahen wir sofort, dass es sich trotz seiner Ärmlichkeit um das Pfarrhaus des Dorfes handelte. Die verrußten Wände trugen keinerlei Zierrat außer einem einfachen Holzkreuz. Wir setzten uns an einen Tisch, der offensichtlich als Küchen-, Ess- und Arbeitstisch diente. Darauf standen eine Kerosinlampe, ein batteriebetriebenes Radio, eine zerbeulte Thermosflasche, einige Becher aus Zinn und eine abgegriffene Bibel.

Pfarrer Makota zündete den niedergebrannten Stumpf einer alten Altarkerze an, dann neigte er seinen Kopf und sprach das Vaterunser auf Kiswahili: „*Baba yetu, uliye mbinguni, Jina lako litukuzwe ...*" Nach einem letzten „*Amina*" sah er wieder zu uns auf und sein faltiger Mund formte ein Lächeln. Dann nahm er die Thermosflasche in die Hand und goss uns allen heißen Tee ein. Daniel und ich schnupperten an unseren Bechern, bevor wir einen Schluck wagten. Der Tee war kochend heiß, aber süß und milchig mit einem würzigen, rauchigen Beigeschmack, den ich nicht kannte.

Christine eröffnete das Gespräch. So erstaunt ich auch war, meine Mutter so fließend Kiswahili sprechen zu hören, überraschte es mich umso mehr, dass ich selbst fast alles verstand.

„Warum ist das ganze Dorf versammelt?", fragte Christine.

„Mungu ist gnädig", sagte Pfarrer Makota. Seine Augenlider hingen schwer und müde. „Er ist immer großzügig, denn er schenkt uns voll ein, aber er verlangt viel von uns. Doch immer schenkt er uns seinen Trost." Seine eigene Tochter sei gerade beerdigt worden, erklärte er weiter. Sie sei achtundzwanzig Jahre alt gewesen und nach einer langen Krankheit gestorben. Ihre drei Kinder seien schon in den zwei Jahren davor eins nach dem anderen verstorben. „So viele junge Leute, immer die besten", sagte er. „Mungu ist großzügig, aber er verlangt uns viel ab."

Die Todesursache erwähnte er nicht, aber ich sah, wie Christine das Wort *ukimwi* – Aids – mit ihren Lippen formte. Will nickte ihr zu.

Pfarrer Makota sprach mit leiser, monotoner Stimme. Von den Überschwemmungen des Vorjahres und vom trockenen Wetter, dass das Nyakusaland jetzt heimsuchte. Von seiner Trauer darüber, dass so viele Leute dem Dorf für immer den Rücken kehrten und in die Städte zogen, um Arbeit zu suchen. Von seinen Sorgen um die Beschaffung von Geldern, um die hundertzwanzig Jahre alte Missionskirche zu renovieren. Von seiner Sehnsucht nach der alljährlichen Rückkehr der Störche an den See. Und immer wieder von seiner Trauer über den Tod seiner Tochter und seiner Enkelkinder, seiner Fassungslosigkeit angesichts des Todes so vieler junger Menschen durch eine unaussprechliche Krankheit. „Mungu ist großzügig", wiederholte er, „aber er verlangt auch viel von uns."

Er hat es akzeptiert, dachte ich. Ich schaute auf die rauchige Kerze, deren Flamme in der Zugluft flackerte. Seine Tochter und seine Enkelkinder und wer weiß sonst noch sind gestorben, und er hat einen Weg gefunden, dem Tod in die Augen zu schauen und den Verlust zu akzeptieren. Ich dagegen konnte den Verlust meines Vaters vor knapp zwei Jahren noch lange nicht akzeptieren. Würde ich es jemals können? Ich hielt Tari fest an meine Brust gedrückt. Meine Augen trafen Daniels und wir teilten einen Augenblick des Verständnisses.

Als es Zeit war, zu gehen, sprach Pfarrer Makota noch ein Gebet. Dann gaben wir uns zum Abschied die Hände und er begleitete uns an den Gräbern der ersten Missionare vorbei bis ans Seeufer, wo wir unser letztes Lebewohl sagten.

Die Sonne ging schon unter und der westliche Himmel färbte sich purpurrot. Ein junger Mann in einer zerrissenen Jeans und einem T-Shirt von den Dallas Cowboys trat auf uns zu und bot seine Dienste als Fährmann an. Will war einverstanden und wir folgten ihm bis zu seinem Einbaum.

„Aber – das ist doch nur ein hohler Baumstamm!", rief ich.

„Es ist das einzige richtig zuverlässige Verkehrsmittel auf dem Malawisee", sagte Will. „Ob zum Fischen oder für den Gütertransport – bei den Nyakusas ist ein Einbaum genauso sicher wie ein Münchner Taxi."

Christine stieg vorn ein, gefolgt von Will, mir und schließlich Daniel. Tari sprang zuletzt hinein und nahm auf meinem Schoß Platz. Es gab keine Sitze. Wir passten gerade so hinein, wenn wir die Knie bis an den Bauch anzogen. Der junge Mann schob den Einbaum ins Wasser und setzte sich ans hintere Ende. Dann nahm er das Ruder in die Hand und tauchte es zuerst auf der einen Seite, dann auf der anderen ins Wasser.

„Wir kippen um!", rief Daniel. Er hielt sich an den Rändern fest, während wir bedrohlich von einer Seite zur anderen schaukelten. Ich sah uns im Geist schon umkippen und in die Tiefe hinabsinken. Aber der Ruderer lachte nur und sagte etwas in der Nyakusasprache. Und schon hatte er das Gleichgewicht wiederhergestellt und trieb uns ruhig übers stille Wasser.

Die Berge zu unserer Linken schimmerten golden im Abendlicht. Die Wellen glitzerten blau-silbrig. Wir saßen alle still und ließen diese Pracht an uns vorbeigleiten. Will legte seine Arme um Christines Schultern.

Das ist der schönste Platz auf der ganzen Welt, dachte ich. Solange ich lebe, werde ich diesen Tag nicht vergessen.

32

Nach einem einfachen Abendessen bei Kerzenlicht in Reverend Buxtons Bungalow schlug Will noch einen Spaziergang vor. Wir hatten gerade den Abwasch gemacht und die Nacht lauerte schwer und dunkel hinter den Fliegengittern. Der elektrische Strom hatte in den Abendstunden völlig versagt und wir hatten bei Kerzenlicht gegessen. Christine trocknete sich die Hände an einem alten Leinenhandtuch und sah Will und uns einen Augenblick nachdenklich an. „Wir haben schon einen langen Tag hinter uns und ich will noch ein paar Dinge für unser Strandpicknick morgen vorbereiten." Sie lächelte. „Geht ihr doch und genießt den Abend." Also gingen wir zu dritt los.

Der Strand war kaum auszumachen und das dahinter liegende Wasser schwappte über den Sand wie schwere schwarze Tinte. Wir folgten dem Lichtstrahl von Wills Taschenlampe, der vor uns über ein Wirrwarr von Fußabdrücken tänzelte. Eine einsame Kerosinlampe brannte in einem der Bungalows, ansonsten war kein anderes künstliches Licht zu sehen. Will ging voran, Tari an seinen Fersen. Ich blieb zurück, bei meinem Bruder. „Hör mal, Daniel", flüsterte ich ihm ins Ohr. „Ich weiß, was die Menschen über Will sagen. Ich meine, das mit dem Flugzeugabsturz und so weiter. Und dass er auch seine Familie bei einem Unfall getötet haben soll. Dass er im Gefängnis war. Ich habe sogar seinen Entlassungsschein in den

Händen gehabt.. Aber weißt du was? Ich glaube es nicht mehr. Ich glaube kein Wort davon. Ich meine, *nicht wirklich*, wenn du verstehst, was ich meine. Was andere Menschen über einen sagen und was auf irgendwelchen Papieren gedruckt steht, ist eine Sache. Aber wer man wirklich *ist*, für sich und für die Menschen, die ihn lieb haben, ist eine ganze andere."

„Ja, ich weiß, was du meinst", flüsterte Daniel zurück. „Verdammt noch mal, wir kennen ihn schon lange genug – wir müssen ihn fragen. Wir müssen endlich herausbekommen, warum er in Afrika ist."

Will blieb stehen und setzte sich in den Sand. Daniel und ich folgten seinem Beispiel und Tari legte sich neben mich hin und wedelte mit dem Schwanz. Will seufzte und knipste seine Taschenlampe aus. Plötzlich fühlte ich mich von der Schwärze der mondlosen Nacht und dem kalten weißen Glanz der Sterne überwältigt. Millionen von Sternen und der unermessliche weiße Bogen der Milchstraße wölbten sich stechend klar über unseren Köpfen.

„Jedes Mal, wenn ich hierher komme", sagte Will langsam, „gehe ich immer abends an den Strand, um die Sterne zu beobachten. Fragt mich nicht warum, aber ich habe festgestellt, dass man die Sterne nirgends so gut sehen kann wie hier." Wir schauten alle drei nach oben und sprachen einige Minuten lang kein Wort. Tari legte sich wie so oft auf meinen Schoß und schlief fest ein. Außer dem leisen Schwappen der Brandung herrschte absolute Stille. Hier, in der Dunkelheit, an diesem Ort, fühlte ich ganz genau, wie ich mich allmählich in einen Schatten, in eine körperlose Stimme verwandelte.

Daniel atmete einmal tief durch. „Was ich dich die ganze Zeit fragen wollte, Will", begann er. „Warum bist du überhaupt nach Afrika gekommen?"

Endlich, dachte ich. *Der Anfang ist getan. Endlich werden wir die Wahrheit über ihn erfahren.*

„Warum ich überhaupt nach Afrika gekommen bin …"
Will lehnte sich zurück auf seine Ellenbogen und schaute
senkrecht in den Himmel hinauf. „Kannst du mich nicht etwas Leichteres fragen? Hoffentlich erwartest du keine einfache Antwort. Ich glaube, jeder will irgendwann nach Afrika
reisen. Etwas ganz anderes erleben. Und als ich die Schule beendet und meinen Berufspilotenschein in der Tasche hatte,
beschloss ich, erst mal eine Pause einzulegen. Mein älterer
Bruder und ich packten unsere Rucksäcke und wir flogen
nach Athen. Von dort aus nahmen wir ein Schiff nach Alexandria und reisten nach Süden – per Bahn, per Bus, per
Boot, auf Eselsrücken, zu Fuß – nur nicht mit dem Flugzeug.
Und das einen ganzen Sommer lang. Wir kletterten bei Vollmond auf die Pyramiden und fuhren auf einem Schiff den Nil
hoch. Wir bestiegen den Kilimanjaro und segelten mit einer
Dhau nach Sansibar rüber. Wir haben die ganze Swahiliküste
abgeklappert. Wir waren sogar in Iringa und im Ruaha-Park."
Er legte sich flach auf den Rücken und verschränkte seine
Hände hinter dem Kopf. „Wir haben den ganzen Weg bis
nach Kapstadt geschafft, bevor wir umkehrten und die gesamte Westküste bereisten, von Windhoek nach Timbuktu, bis
nach Marokko und zur Straße von Gibraltar. Von all den Reisen, die ich in meinem Leben gemacht habe, von all den Hun-
derttausenden von Meilen, die ich seitdem geflogen bin, war
diese Reise die wichtigste. Ich sah die Welt mit neuen Augen.
Ich entdeckte die Naturfotografie. Man könnte sagen, ich entdeckte mich selbst – oder wenigstens das, was ich damals für
mein Selbst hielt."

Ich musste mir eingestehen, dass so eine Reise auch mein
eigener Traum war. Wie toll müsste das sein! … Aber das war
nicht die Antwort, auf die Daniel und ich gewartet hatten.
„Und was passierte danach?", hakte ich nach.

„Danach? Na gut. Sobald wir nach Hause gekommen waren, begann ich meine Ausbildung als Linienpilot und Frank

hat sich bei der Luftwaffe gemeldet. Dann hatten wir keine Zeit mehr für Reisen dieser Art. Aber wir haben Afrika nicht vergessen und jedes Mal, wenn wir uns sahen, was immer seltener wurde, redeten wir davon, wie wir genau dieselbe Reise unternehmen wollten, aber dieses Mal in der Luft. Wir wollten ein Flugzeug kaufen und von Alexandria nach Kapstadt und zurück fliegen."

„Habt ihr es getan?", fragte ich.

„Dazu kam es nicht mehr", sagte Will. „Franks Hubschrauber ist ein Jahr später abgeschossen worden, und zwar in einem völlig sinnlosen Krieg, den er selbst verabscheut hatte — der sinnloseste Tod, den man sich vorstellen kann. Aber mich ließ die Vorstellung dieser Reise nicht los. Nach sechs Jahren als Kopilot in Verkehrsmaschinen zwischen Seattle und Vancouver hatte ich meinen Job einfach satt. Als Air Tanzania seinen Liniendienst ausdehnen wollte und nach Piloten suchte, habe ich mich sofort beworben. Meine Frau Pam und ich kauften ein Haus in Dar und ich arbeitete zwei Jahre als Linienpilot in Afrika. Sansibar, Mombasa, Arusha, Entebbe, Dodoma, Harare, Johannesburg, Maputo — das waren nicht nur Namen auf einem Schulatlas, sondern das war meine tägliche Routine. Nebenbei wurde ich ein professioneller Naturfotograf und veröffentlichte meinen ersten Bildband. Unsere Tochter Melanie wurde in Dar geboren. Das waren die besten Jahre unseres Lebens. Zu der Zeit habe ich auch Ibrahim kennengelernt. Wir hatten gleichzeitig bei Air Tanzania begonnen."

„Und was passierte dann?", fragte Daniel.

Offenbar erkannte Will den leicht inquisitorischen Ton in Daniels Stimme, denn er zögerte einige Augenblicke. „Air Tanzania fing an, seine Flüge zu reduzieren", sagte er dann langsam. „Die afrikanischen Piloten hatten mehr Dienstjahre als ich, und ich landete erst mal wieder auf der Straße. Dann hörte ich von einer neuen Fluglinie in den Staaten, Holidair, die Piloten brauchte. Und Pam und ich wollten sowieso irgendwann zurückgehen, eben nach Seattle, wo unsere beiden Familien lebten. Holidair wollte Urlaubsflüge anbieten, und ich bekam gleich eine Position als Flugkapitän. Ich verbrachte die nächsten zwei Jahre damit, in einer ihrer vier Boeing 767 Urlauber zwischen Seattle und verschiedenen karibischen Ferienparadiesen zu fliegen. Und der Geschäftsführer machte zunächst einen äußerst freundlichen Eindruck. Es war ein australischer Geschäftsmann namens Nelson Hobart."

„Das gibt's doch nicht ...", sagte Daniel.

„Oh doch. Mr. Hobart und mich verbindet viel. Sehr viel sogar."

„Und warum musstest du hierher kommen?", fragte ich.

Will richtete sich wieder auf. Ich spürte geradezu, wie sein Rücken steif wurde. „Okay, ihr beiden, raus mit der Sprache. Worauf wollt ihr hinaus? Warum denkt ihr, dass ich irgendwohin gehen *musste*?"

„Na ja", sagte ich. „Es ist so, dass wir in der letzten Zeit einiges über deinen Absturz gehört haben, und wir dachten ..."

„Oh, ihr habt also etwas gedacht." Will schwieg etwa eine Minute lang. „Ihr habt wohl auf die ganzen Gerüchte gehört, die mich umschwirren, nicht wahr?", sagte er endlich. „Dass ich Fluggäste gefährdet, sogar getötet habe. Dass ich meine eigene Familie auf dem Gewissen habe. Ihr habt Leute sagen hören, dass ich sogar im Gefängnis gesessen habe wie ein gemeiner Mörder. Ob das alles so stimmt? Eins sage ich euch: Ich denke, wenn man etwas wissen will, dann ist es besser, einfach danach zu fragen." Er legte sich wieder auf den Sand.

„Ehrlich gesagt, hatten wir Angst davor", sagte Daniel. „Kannst du das verstehen?"

„Und wie ich das verstehe", sagte Will. „Es ist in der Tat keine schöne Geschichte. Aber es ist alles andere als ein Geheimnis. Es ist sogar alles aktenkundig, und damals stand ohnehin alles in den Zeitungen. Wenn ihr wollt, könnt ihr jedes

Wort, das ich euch sage, in einer Bibliothek oder im Internet überprüfen."

„Ich will nur hören, was du zu sagen hast", sagte ich.

Will sammelte seine Gedanken und begann zu erzählen. „Die Arbeitsbedingungen bei Holidair waren am Anfang gar nicht übel, obwohl ich mir eher wie ein Lieferwagenfahrer als wie ein Pilot vorkam. Aber als das erste Jahr vorüber war, merkte ich schnell, wie lax die Sicherheitsvorkehrungen allmählich wurden. Die Besitzer sparten, wo es nur ging, vor allem bei der Wartung und auch beim Personal. Einmal versagte sogar ein Triebwerk beim Start – es hätte eine Katastrophe geben können. Hobart hat die Wartungsberichte mehr als einmal fälschen lassen. Meine Beschwerden richteten wenig aus, aber jedes Mal hat Hobart meinen Lohn erhöht, um mir den Mund zu versiegeln. Außerdem wirtschaftete die Firma äußerst schlecht, und ich gewann allmählich den Eindruck, dass die ganze Fluggesellschaft nur eine Art Abschreibetrick des Konzerns war. Aber ich machte mir vor allem Sorgen um die Gepäckstücke und die andere Fracht, die ich beförderte. Ich schöpfte den Verdacht, dass wir illegale Substanzen transportierten – Chemieerzeugnisse und Waffen aus den USA in diese Staaten, von wo aus sie vermutlich weitergeschickt wurden, vermutlich mit dem Segen einiger Menschen in der Regierung. Gott weiß wohin. Das langte mir und ich reichte meine Kündigung ein."

„Höchste Zeit, würde ich sagen", sagte Daniel.

„Aber zu spät. Es war nur eine Woche vor meinem Abschied. Ich hatte gerade den Landeanflug auf Puerto Rico begonnen. Das rechte Triebwerk fing Feuer. Ich hatte am Tag zuvor eine Fehlfunktion gemeldet, aber wie sich später herausstellte, haben die Mechaniker sie gar nicht beseitigt – sie haben wieder den Wartungsbericht gefälscht. Zwar gelang es mir, das Feuer zu löschen, aber das rechte Fahrwerk war dadurch so sehr beschädigt, dass ich es nicht ausfahren konnte. Ich bin eine halbe Stunde lang um den Flughafen gekreist, mit fast hundert nervösen Touristen hinten drin, bis das Bodenpersonal eine Schaumdecke auf die Flugpiste sprühen konnte. Ich ließ unseren Sprit ab und landete auf dem linken Fahrwerk und der rechten Tragflächenspitze."

Will seufzte tief und schaute Daniel und mir ins Gesicht. „Ich habe jedem Menschen in diesem Flugzeug das Leben gerettet. Und dann passierte es. Ein neues Feuer entflammte im Frachtraum, und es hatte nichts mit dem Feuer im Triebwerk zu tun. Die Flugbegleiter taten ihr Bestes, aber es ist eine Panik ausgebrochen. Ein Passagier starb an einem Herzinfarkt. Weitere sechsundzwanzig starben durch den Rauch. Es war Senfgas – ein chemischer Kampfstoff, der schon im Ersten Weltkrieg eingesetzt wurde –, und so etwas hatte in unserem Frachtraum wahrlich nichts zu suchen." Will blieb einige Augenblicke still. „Hobart versuchte, sich mein Schweigen zu erkaufen. Er versprach mir Geld, Aktien, die fantastischsten Stellen, die man sich vorstellen kann. Dann begann er mit den Drohungen. Aber ich habe nicht mitgemacht.

Es gab eine ausführliche Untersuchung durch die amerikanischen Behörden. Sie zog sich über mehrere Monate hin. Holidair setzte alles daran, die ganze Angelegenheit mir in die Schuhe zu schieben, und das wurde zunächst alles in den Zeitungen abgedruckt. Ich wurde aber vollkommen entlastet. Ich habe sogar sehr viel Lob für meine Vorgehensweise erhalten. Aber ich habe der Kommission alles gesagt, was ich über die Sicherheitsmängel und die illegale Fracht wusste, und das hat mir Hobart niemals verziehen.

Und eines Tages klingelte dann die Polizei an meiner Haustür. Sie hatte einen Durchsuchungsbeschluss dabei. Eine halbe Stunde später stand ich unter Arrest: man hatte bei mir „kontrollierte Substanzen" – wie man ganz normales Rauschgift so schön umschreibt – entdeckt, und zwar in großen Mengen. Außerdem Dokumente, die mich mit Waffenschmuggel in

Verbindung brachten. Nach einem Prozess wurde ich zu zwanzig Jahren Haft in einem Bundesgefängnis verurteilt. Im Zuchthaus Leavenworth in Kansas, um genau zu sein."

Er schwieg erneut. Dann fuhr er fort: „Ich dachte, mein Leben wäre gelaufen. Daher die Tätowierungen auf meiner Haut, die ihr bestimmt schon bewundert habt. Den Sinn der Uhr ohne Zeiger habt ihr schon erraten, oder? Zeit ohne Ende ...

Aber es kam doch anders. Nach vier Jahren gelang meinem Anwalt und mir die Revision. Das Gericht hat zweifelsfrei bewiesen, dass die Beweislage keineswegs ausreichend gewesen war und dass die Staatsanwaltschaft geschummelt hatte."

Will seufzte. „Dass ich unschuldig war, interessierte aber keinen Menschen. Ich konnte auf jeden Fall nicht mehr in Nordamerika als Linienpilot arbeiten. Hobart sorgte dafür. Und dann passierten ... andere Sachen."

Will schwieg wieder – wie so oft, seit wir ihn kannten. Er nahm einen Stock in die Hand und überzog den Sand mit unsichtbaren Figuren. „Vielleicht hätte ich dableiben sollen, um dafür zu sorgen, dass Hobart hinter Gitter kommt statt nur ein anderes Ressort im Konzern zu übernehmen. Aber ich dachte, ich hätte lange genug gekämpft. Ehrlich gesagt trauerte ich der Zeit, in der ich Linienmaschinen geflogen war, nicht hinterher. Ibrahim war der Einzige, der stets zu mir gestanden hatte. Wir hatten schon seit Jahren davon gesprochen, unseren eigenen Flugdienst in Ostafrika aufzubauen. Ich hatte bereits als Buschpilot in Alaska gearbeitet, während der Schulferien, und ich hatte immer davon geträumt, nur noch so zu fliegen. Und nun war die Zeit gekommen. Ich habe eine ziemlich große Abfindung erhalten, und dann habe ich alles andere verkauft und meine Cessna erworben. Ich habe sie ganz allein auf der nördlichen Route geflogen – über Kanada, Grönland und Island, Irland und Europa, bis nach Alexandrien. Und von dort bis nach Dar und weiter bis Cape Town hinunter.

Genau so, wie Frank und ich uns das immer erträumt hatten. Ibrahim und ich gründeten anschließend Simba Airways und eröffneten eine Flugschule; zunächst auf Sansibar, wo wir zwei Jahre blieben. Danach arbeiteten wir ein halbes Jahr in Südafrika. Schließlich eröffneten wir unser Büro hier in Zimmermann's Bend und den Rest kennt ihr schon."

„War es eine gute Entscheidung?", fragte Daniel.

„Lasst es mich so ausdrücken: Bei Simba Airways sind wir unsere eigenen Chefs. Wenn es Wartungsarbeiten gibt, verrichten wir sie selber. Wir erstellen unsere eigenen Flugpläne. Wenn wir Passagiere befördern, sorgen wir dafür, dass sie wissen, wo sie sich befinden und wohin sie fliegen. Wir riskieren kein Leben, sondern wir retten Leben. Es ist zwar alles viel schwerer als für eine herkömmliche Fluggesellschaft zu arbeiten, doch wenigstens wissen wir, wozu wir das alles machen."

„Aber das ist eine unglaubliche Umstellung", sagte Daniel. „Ich meine, alles ganz aufzugeben, vor allem dann, wenn ein Mensch wie Hobart noch auf freiem Fuß ist und ..."

„Andere Leute tun's auch", sagte Will. „Eure Mutter, zum Beispiel, und ihr selbst." Er malte weiter im Sand.

„Ja, klar", sagte Daniel. „Aber du weißt doch warum. Der Unfall und das Ganze."

„Muss ich euch wirklich sagen, dass ihr nicht die Einzigen seid, die geliebte Menschen verloren haben? Und – die ihre Orientierung verloren haben?" Er brach den Stock über seinem Knie entzwei und warf beide Hälften in die Dunkelheit hinaus. „Na gut, ihr wollt alles hören, stimmt's?" Will sammelte seine Gedanken. „Als ich gerade bei den Verhandlungen im Gerichtssaal saß, wo es um meine Revision ging", sagte er schließlich, „waren Pam und Melanie im Auto unterwegs, gerade zehn Kilometer von Seattle entfernt. Es war kurz vor Weihnachten. Auf der Brücke lag Eis ..." Will schwieg. „Sie haben den Unfall nicht überlebt."

Das tintenschwarze Wasser schwappte weiter an den Strand. „Will, es tut uns so leid", sagte ich. „Wir haben's nicht gewusst." Ich berührte seinen Arm. Aber Will starrte weiterhin auf die Sterne. „Aber es war nicht deine Schuld", sagte ich weiter. „Nichts davon war deine Schuld."

„Vielleicht war es nicht meine Schuld, vielleicht aber doch", sagte Will. „Hätte ich früher etwas unternommen, dann hätte ich den Flugzeugabsturz vielleicht verhindern können. Und wenn ich in Seattle gewesen wäre, dann wäre ich eben da gewesen, vielleicht im selben Auto, als sie starben, und nicht tausend Kilometer von ihnen entfernt." Er radierte seine Sandzeichnungen mit dem Absatz seines Schuhs aus. „Könnt ihr euch an die Makonde-Skulptur erinnern, die ihr damals in Dar gesehen habt? Den Lebensbaum? Die Idee, dass wir alle zusammenstehen müssen? Vielleicht, wenn ich danach dort geblieben wäre und gegen Hobart gekämpft hätte, wäre er jetzt nicht hier. Aber der Autounfall damals hat meinen eigenen Lebensbaum mit einem Hieb umgehauen. Keine Wurzeln mehr. Nichts, was mich in jenem Land hätte zurückhalten können." Er kratzte sich am Nacken. „Ihr habt mich einmal nach dem Schicksal gefragt. Nein, ich will nichts vom Schicksal hören. Ich will nur noch meinen Baum pflegen, für andere da sein. Hier draußen sollte es doch kein Heldentum, keine Gefahren für meine Familie geben. Nein, das Leben von damals ist vorbei. Es gibt kein Zurück."

„Da haben wir dir Unrecht getan, Will", sagte ich. Ich erinnerte mich an einen Tag einige Monate zuvor: Ein Unfall auf der Straße und ein verletztes Mädchen, das Will in die Arme nahm ...

Ich spürte Tränen in den Augen aufsteigen. „Wir wussten es einfach nicht besser, Will", sagte ich. „Wir hörten einfach vom Absturz und sahen deine Tattoos und dachten ..."

„... Dass ich Interpol gerade einen Schritt voraus war?!" Will lachte auf. „Wäre das nicht eine schöne Geschichte für die Großeltern in der Heimat? ‚Liebe Oma, wir sitzen hier in Afrika fest, mit einem Stiefvater, der ein Massenmörder und Drogenschmuggler ist! Schick Hilfe!'" Er lachte weiter, bis Daniel und ich auch endlich loslachten und ich nur noch Freudentränen weinte. „Ach nein, ich muss euch echt enttäuschen", sagte Will endlich. „Meine Arbeit ist zwar interessant, aber so interessant ist sie auch wieder nicht. Ihr habt mich aber gefragt, warum ich nach Afrika gekommen bin. Das alles ist nicht der Grund."

„Sondern?", fragte Daniel.

„Ich habe euch gesagt, dass mir Afrika immer viel bedeutet hat. Versteht mich nicht falsch: Man sollte das Leben hier niemals idealisieren, und dieses Land ist eines der ärmsten der Welt. Es gibt Krankheiten und grausame Rituale. Für die meisten Menschen ist das Leben hart und kurz. Fragt eure Mutter – sie ist erst seit ein paar Monaten im Lande, aber sie weiß das alles besser als ich. Aber so merkwürdig es auch klingen mag, ist es vielleicht gerade das, was mich so anzieht. Natürlich nicht der Hunger und die Krankheiten, sondern die Tatsache, dass das Leben hier echt ist – ohne Maske. Das habe ich damals auf meiner ersten Reise mit Frank erlebt. Wir hatten eine ziemlich miese Woche gehabt. Wir waren erschöpft und unser Geld war fast alle. Unsere Nerven lagen blank, wir hatten Angst und fragten uns schon, was wir hier mitten in Afrika verloren hatten. Und dann kamen wir hierher nach Matema. Die erste Nacht war vollkommen mondlos, und als ich da am Ufer stand, meine nackten Füße im Sand, und das riesige Rad der Milchstraße sich über mir drehte, spürte ich plötzlich, dass ich noch nie so nah an der Erde und so nah an den Sternen gewesen bin. Wisst ihr – die Welt kann manchmal sehr dunkel sein und wir sehen nur Angst und Tod um uns herum. Wir alle spüren manchmal, wie diese Dunkelheit in unser Leben eindringt wie das Meerwasser in einen lecken Schiffsrumpf. Wie sie uns nach unten zieht. Aber so dunkel diese Dunkelheit auch ist, ist das Universum voller Licht. Und in dem Augenblick wusste ich: Solange man seine Augen auf das Licht gerichtet hält, braucht man keine Angst zu haben, sich niemals alleine zu fühlen. Man kann dir alles wegnehmen, nur das nicht. Denn das Licht ist immer da, überall in und um uns, und in der Nacht habe ich es gespürt."

Will sagte einige Weile nichts, sondern schaute weiter in die Sterne. „Es war wie das Fliegen", sinnierte er schließlich. „Frank und ich haben es beide gespürt. Seht ihr, ich habe damals auch begriffen, warum ich fliege. Um dieses Gefühl des Schwebens zwischen Himmel und Erde zu erleben – man berührt beide, und ist doch in jenem zauberhaften Raum, der dazwischen liegt. Im Licht gebadet, ob von der Sonne, dem Mond oder den Sternen. Seit jener Nacht spüre ich das Gefühl sehr oft, ob an ruhigen Orten wie diesem oder dort oben."

Daniel und ich schwiegen. Das Wasser setzte seinen platschenden Singsang fort und eine Sternschnuppe schoss wie ein Blitz über unsere Köpfe hinweg.

„Und deshalb bist du nach Afrika gekommen?", fragte Daniel.

„Jetzt habt ihr's endlich geschnallt", sagte Will. „Ja, deshalb bin ich nach Afrika gekommen."

33

Liebe Marie-Heloise, wie geht's dir? Meine Finger flogen geradezu über Christines Tastatur.

Wir haben vorletzte Woche etwas ganz Furchtbares erlebt, und ich dachte, du solltest davon erfahren, denn es kann sein, dass dein Chef und seine Firma etwas damit zu tun haben. Wir waren mit unserer Mutter im Ruaha-Park unterwegs, wo wir auf eine Gruppe kranker und sterbender Paviane stießen. Christine hat einen der Kadaver zur Klinik gebracht, und sowohl ihre Autopsie als auch die Testergebnisse weisen auf das Ebola-Virus hin. Sie hat auch einen Minisender im Nacken des Affen entdeckt, und du kannst dir vorstellen, was das bedeutet. Will hat die Weltgesundheitsorganisation benachrichtigt und ich werde gleich einem alten Kollegen meines Vaters schreiben, der sich bestimmt dafür interessieren wird. Und es ist auch etwas mit Tari los – es ist alles total verwirrend, und ich weiß nicht, was ich denken soll. Aber es gibt auch gute Nachrichten! Wir wissen inzwischen ganz genau, dass Will unschuldig ist! Wir können ihm voll vertrauen! Daniel und ich fühlen uns noch sicher, aber wie geht es dir? Ich habe Angst um dich.
Liebe Grüße
Jenny

Kaum hatte ich auf „Senden" geklickt, begann ich eine neue E-Mail.

Sehr geehrter Herr Bergmann, tippte ich.

Ich erinnere mich an Ihr freundliches Angebot, meinem Bruder und mir zu helfen, wenn wir in Schwierigkeiten gerieten. Nun sind wir auf einige Dinge aufmerksam geworden, die ...

In knappen Worten schilderte ich unsere Erlebnisse und Beobachtungen der vergangenen Wochen und schloss mit den Worten: *Wäre das nicht etwas für MONITOR?* Bevor ich auf „Senden" ging, klickte ich auf „CC" und schrieb „bridget_callaghan@bbcworldservice..."

Gerade als ich die E-Mail versandte, piepste der Rechner und eine neue E-Mail von Marie-Heloise erschien auf dem Bildschirm:

Liebe Jenny,
ich bin entsetzt! Dabei habe ich auch Neues erfahren. Wir müssen uns unbedingt treffen. Ich komme morgen gegen Mittag zu euch. Wartet auf mich!
In Angst
M.-H.

Warum habe ich Marie-Heloise per Flugzeug erwartet? Ich stellte sie mir inzwischen als eine Art himmlisches Wesen vor, aber wohl deshalb, weil ich sie fast nur in Verbindung mit Flugzeugen sah. Von daher trauten Daniel und ich unseren Augen nicht, als am nächsten Vormittag kurz vor zwölf ein Land Rover aufs Gelände fuhr und vorm Missionshaus anhielt.

Die junge Frau, die ausstieg, erkannte ich im ersten Augenblick nicht. Als sie dann so müde und abgekämpft vor uns stand, dachte ich im ersten Augenblick, sie würde vor Erschöpfung und Besorgnis umfallen.

„Ich bin heute Morgen einfach losgefahren, und es ist mir egal, wer davon erfährt", erklärte Marie-Heloise einige Augenblicke später auf den Verandastufen. Sie trank ihre Cola, als wäre sie ein Lebenselixier. „Eure E-Mail hat mich ganz schön durcheinandergebracht", fuhr sie fort. „Ich habe so etwas längst vermutet. Hobart und seine Leute halten mich ganz auf Trab – sie wollen anscheinend, dass ich keine Zeit habe, selbst herumzuschnüffeln."

„Aber was bedeutet das alles?", fragte Daniel. „Wer hat ein Interesse daran, die Tiere im Ruaha-Park zu quälen?"

„Wenn ich das nur wüsste", antwortete Marie-Heloise. „Natürlich ist Ebola schon lange als biologischer Kampfstoff im Gespräch. Aber ich habe etwas herausgefunden – hört gut zu! Mr. Hobart und euer Stiefvater kennen sich schon lange! Chapman hat sogar für Hobart gearbeitet. Es war sogar Hobart, der Will Chapman diese Anklage angehängt hat. Der ihn für Jahre ins Gefängnis gebracht hat! Kein Wunder, dass so schlechtes Blut zwischen den beiden herrscht."

„Aber es war so unfair", sagte ich. „Will war absolut unschuldig."

„Ich weiß." Marie-Heloise wischte sich eine Träne aus dem linken Auge. „Ich weiß. Es tut mir leid, dass ich an ihm gezweifelt habe. Aber was hätte ich schließlich denken sollen?"

Daniel und ich erklärten ihr abwechselnd, wie sich die Situation zwischen Will und Hobart verhielt.

„Was ich nicht verstehe", sagte Marie-Heloise, „ist, warum ihr noch da seid. Wisst ihr nicht, dass das kein guter Ort für euch ist?"

„Unsere Mutter macht alles nach Vorschrift", sagte ich. „Wir lassen ihr auch keine andere Wahl. Alles, was wir besprochen haben, sind Mutmaßungen. Ihre Organisation gibt noch grünes Licht und es gibt noch keine offiziellen Reisewarnungen. Aber sobald es einen klaren Hinweis auf Gefahr gibt, dann wird sie bestimmt mit uns von hier weggehen."

„Ich verstehe euch sehr gut, und ich bewundere euren Mut, aber ich weiß nicht, ob ich so lange bleiben kann." Marie-Heloise schaute uns beide an. „Ihr wart mir sehr gute Freunde. Aber wenn ihr geht, dann muss ich auch gehen – wenn ich es noch so lange aushalte."

„Wir gehen nicht weg, ohne dir Bescheid zu sagen", sagte Daniel.

„Aber umgekehrt auch", sagte Marie-Heloise. „Wenn ich die Zeichen erkenne, dass es hier zu Ende ist, dann dürft ihr auch nicht zögern. Wir bleiben die Drei Musketiere. Einverstanden?"

Ich zögerte einen Augenblick. „Einverstanden."

„Sag' mal, Jenny", wandte sich Marie-Heloise an mich. „Was ist mit Tari los? Was meintest du in deiner E-Mail?"

„Ja, das auch noch", begann ich. „Es war nach unserer Entdeckung im Ruaha-Park. Ich blicke überhaupt nicht durch."

Marie-Heloise trank ihre Flasche leer und wollte gerade wieder zu sprechen beginnen, als Tari, der zu ihren Füßen lag, plötzlich die Ohren spitzte. Er hob seinen Kopf und schaute in den Himmel. Wir folgten seinem Blick.

Weit oben, wie eine winzige schwarze Mücke gegen eine weiße Wolke, erschien ein Flugzeug. Je lauter das Surren seines Motors wurde, desto bleicher wurde Marie-Heloises Gesicht. Als die Maschine rasch an Höhe verlor und eine ausschweifende Runde über das Gelände flog, erkannte ich die roten Sonnen an den Tragflächen.

„*Merde merde merde merde merde*", flüsterte Marie-Heloise. Tari sprang auf, als ob er ihre Panik spürte. Die junge Frau schaute zunächst zu uns, dann zum Land Rover, der nur wenige Meter von uns entfernt stand, und dann zum Flugzeug, das nun zur Landung ansetzte. Sie stand auf, als wollte sie zum Auto springen. Dann blieb sie doch stehen, als ob sie den Kampf schon aufgegeben hatte. Ihre Arme hingen leblos von ihren schlaffen Schultern herab. Ihre Hände zitterten.

„Es ist wirklich ein Vergnügen, Sie alle drei hier versammelt vorzufinden." Figueira hatte die Maschine in Missachtung jeglicher Sicherheitsvorschrift wenige Meter vorm Missionshaus zum Stehen gebracht. Hobart stand nun vor uns und stemmte die Hände in die Hüften, als wollte er uns zum Kampf herausfordern. Sein maßgeschneiderter grauer Anzug ließ ihn eher wie einen Mafioso als wie einen Manager aussehen. „Aber es war leider keine Überraschung. Sie sollten wissen, dass wir alle unsere Fahrzeuge mit Transpondern ausgestattet haben, Benoit. Vor allem die Fahrzeuge, die Sie benutzen."

„Mr. Hobart, ich kann das ohne Weiteres erklären", stotterte Marie-Heloise. Sie trat einen Schritt zurück und streckte ihre Arme aus. „Ich hatte heute sowieso nicht viel zu tun, und ich machte mir echte Sorgen um die beiden …"

„Seit wann machen Sie sich Sorgen?", fragte Hobart. „Gehört das zu Ihren Aufgaben bei uns? So wie ich die Dinge sehe, bin ich der Einzige in unserer Organisation, der sich Sorgen zu machen hat. Ihre Aufgabe besteht lediglich darin, zu arbeiten. Schließlich bezahlen wir Sie dafür." Figueira hatte sich zu Hobart gesellt und musterte uns alle. Sein Khakihemd war komplett durchgeschwitzt. „Oder sehen Sie das anders, Figueira?"

Figueira grunzte. „Was sollen wir mit ihr machen, Chef?", fragte er knapp.

„Das überlege ich mir gerade." Hobart schwieg und schaute zunächst Daniel und mich und anschließend Marie-Heloise an.

„Mr. Hobart, wenn das ein Grund für eine Kündigung ist …" Marie-Heloise brach das Schweigen. „… Dann kann ich das gut verstehen. Wenn Sie möchten, werde ich gleich heute Abend meine Sachen packen und …"

„Ich entscheide, was Sie zu tun und zu lassen haben." Nun verschränkte Hobart die Arme. Er dachte nach. „Haben Sie vergessen, dass Ihr Arbeitsvertrag eine Kündigungsfrist enthält? Tja, es würde mich nicht wundern, wenn Sie es tatsächlich vergessen hätten, denn Ihnen ist in den letzten Monaten so manches entfallen, wie's mir scheint. Zum Beispiel, wer hier der Chef ist. Was ich mich aber frage …" Er machte ein paar Schritte und schaute sich Marie-Heloise von der Seite an. „... Ist, was Sie mit diesen beiden Jugendlichen verbindet. Wollen Sie etwa ein Autogramm? Sie vergessen dabei, dass nicht sie prominent sind, sondern allenfalls ihre unverantwortliche Mutter. Vielleicht ist sie immer noch für eine Schlagzeile gut, aber die Medien haben ihren Nachwuchs längst vergessen. Diese beiden sind unwichtig – und in jeder Hinsicht entbehrlich."

„Es geht mir lediglich um ihr Wohlergehen, Mr. Hobart. Ich meine, sie leben hier draußen, wo nach dem grässlichen Tod des anderen Mediziners kein einheimischer Arzt hinkommen will. Das beunruhigt mich doch."

„Das ist in der Tat ein beunruhigender Gedanke." Hobart trat zurück und schaute mir ins Gesicht. „Und warum wollt ihr unbedingt hier bleiben?", fragte er mich. „Wie ich erfahren habe, habt ihr euch immer noch nicht bei diesem schönen Internat in Kapstadt angemeldet. Ihr besteht offenbar darauf, anderen Menschen Kopfzerbrechen zu bereiten. Ihr habt sogar Mademoiselle Benoit, die es wirklich besser wissen sollte, einen ganz schönen Strich durch die Rechnung gemacht."

Den wahren Grund, nämlich dass wir unmittelbar vor unseren Soloflügen standen, konnten wir ihm auf keinen Fall nennen.

„Wir lassen uns nicht gern einschüchtern", erklärte Daniel. „Und Sie versuchen ganz schön, uns Angst zu machen."

Hobart starrte ihn an. Dann schüttelte er langsam den Kopf. „Dumme, verzogene Gören. Uneinsichtige, undankbare Halbstarke, die denken, dass die ganze Welt nur zu ihrem eigenen Vergnügen da ist, und die zu blöd sind, zu begreifen, dass man es mit ihnen nur gut meint. *But all right, so what?* Nicht nur Figueira hier, sondern auch Mademoiselle Benoit werden bezeugen, dass ich alles in meiner Macht getan habe, um euch zu warnen. Aber wie steht's so schön in der Heiligen Schrift geschrieben? *Euer Blut komme über euer Haupt ...*" Er wandte sich an Marie-Heloise. „Mademoiselle Benoit, Sie werden sich sofort hinters Steuer setzen und nach Irgina zurückfahren. Ich erwarte Sie heute Abend um Punkt sechs Uhr in meinem Büro, um mit Ihnen über Ihre weitere Mitarbeit in unserer Firma zu reden. Dass das jetzt das letzte Mal ist, dass Sie eines unserer Fahrzeuge auch nur anfassen werden, dürfte Sie nicht weiter überraschen."

Marie-Heloise, die die ganze Zeit regungslos neben uns gestanden hatte, wischte sich die Tränen von den Wangen, bevor sie losrannte, ins Auto stieg und wie eine Besessene davonraste.

„Und euch überlasse ich nun eurem Schicksal." Marie-Heloise war gerade außer Sichtweite und Hobart richtete seine ganze Aufmerksamkeit auf uns. „Ich gebe euch nur einen Rat: Wenn ihr die Gelegenheit bekommt, eine ausnahmsweise intelligente Entscheidung zu treffen, solltet ihr sie ergreifen. Habe ich recht, Figueira?"

„Wie immer, Chef." Figueira lächelte. Dann zog er eine Zigarette aus der Brusttasche seines Khakihemds und zündete ein Streichholz an.

„Na also", sagte Hobart.

Figueira paffte einmal an seiner Zigarette. Dann schnipste er das noch brennende Streichholz in einem hohen Bogen von sich, so dass es zwei Meter weiter auf einem trockenen Grasbüschel landete. Ich erstickte die gerade entstehende Flamme unter meiner Schuhsohle. Hatte er sie noch alle? Ich meine, wer wirft mitten in einer Dürre ein brennendes Streichholz weg?!

Auf einmal stieg eine Erinnerung in mir auf. Eine Beerdigung im Winter. Alpenluft, Zwiebeltürmchen ...

Hatte ich diesen Mann nicht schon einmal gesehen? Das Gesicht – nun mit Kinnbart –, die schwarzen Augen ...

Mein Gott, was ging hier überhaupt vor?!

34

„Korea?!", riefen Daniel und ich gleichzeitig.

Wir tranken gerade Tee und aßen Schokokekse. Vier Tage waren seit Marie-Heloises und Hobarts Besuch vergangen, und die Begegnung ging mir nicht aus dem Kopf. Von Richard Bergmann hatte ich zwei Tage später nur folgende Meldung erhalten: „Danke, Jenny, ich werde mich sofort um die Sache kümmern. Halte durch. –R. B." Von Bridget Callaghan bekam ich nur die Nachricht:

```
Thank you for your message. Please note
that I am currently out of office with
no access to my e-mails. I'm back on
01.11.20.. and will answer your mail as
quickly as possible.
```

Will trug noch seine verstaubten Fliegersachen. Der Postsack lag zu seinen Füßen. Er las den Brief durch, den Christine ihm gerade gereicht hatte. „Es handelt sich um eine internationale pharmazeutische Konferenz in Seoul", erklärte sie uns. „Offensichtlich brauchen sie jemanden, der nächste Woche einen Vortrag über Malariaprophylaxe halten kann. Klingt so, als sei jemand ausgestiegen und sie kamen irgendwie auf meinen Namen. Das Ganze wird von vier Pharmakonzernen gesponsert."

„Ja, gut", sagte Daniel. „Das ist bestimmt eine große Ehre und so weiter. Wie lange wirst du weg sein?"

„Zehn Tage", sagte Christine. „Der Flug an sich dauert schon ewig und dann kommt ein Kolloquium hinzu und ein ganzes Kulturprogramm. Aber was meinst du damit, wie lange *ich* weg sein werde? Die Pharmafirmen haben euch ebenfalls zwei Flugtickets gekauft. Ihr seid ausdrücklich eingeladen. Sie haben aber Will vergessen."

„Tja, damit muss ich eben leben", sagte Will und las weiter.

„Aber warum uns einladen?", fragte ich. „Wir wissen gar nichts über Malaria."

„Ja, eben", sagte Daniel. „Woher wissen die überhaupt, dass es uns gibt?"

„Hier ist von einer ‚Bildungsreise' die Rede", sagte Will. „Mit Kulturprogramm. Da will euch jemand die große weite Welt zeigen." Er faltete den Brief zusammen und steckte ihn wieder in den Umschlag zurück. „Ich denke, ihr solltet hinfahren. Alle drei. Schließlich haben James Mwamba und die Schwestern die Klinik voll im Griff. Jetzt ist eine gute Gelegenheit, hier wegzukommen und vor allem auch, mit anderen Ärzten und Wissenschaftlern darüber zu reden, sie auf unsere Beobachtungen aufmerksam zu machen. Die Puzzle-Teile langsam ineinanderfügen. Wenn ich könnte, würde ich mitkommen."

„Es wird gar nicht leicht sein, die Klinik für zehn Tage zu verlassen." Christine rührte ihren Tee um. „Aber euch beiden wird endlich euer Wunsch erfüllt, aus Tansania herauszukommen. Wieder Schnee erleben – oder wenigstens Regen! Was meint ihr dazu?"

Meine Gedanken rasten. *Endlich weg, wenigstens für zehn Tage.* Aber … „Müssen wir uns schon jetzt entscheiden?", fragte ich.

„Viel Zeit ist nicht mehr", sagte Christine. „Der Brief war ziemlich lange unterwegs und die Rückmeldefrist ist schon morgen zu Ende. Aber ich glaube, ich werde es machen. Eigentlich ist mir meine alte Karriere ziemlich egal, und es macht mir gar nichts aus, wenn ich nie wieder einen Vortrag halte. Aber es wird mir tatsächlich die Chance geben, die Ereignisse im Ruaha vor einem Fachpublikum bekannt zu machen, damit die Weltgemeinschaft erfährt, dass hier einiges nicht stimmt. Ich habe keine andere Wahl." Sie nahm einen Schluck Tee und runzelte dann die Stirn. „Ach ja, immer die Pflicht. Ihr seid doch auch meine Pflicht, und es würde mir viel besser gehen, wenn ich euch bei mir hätte. Vor allem jetzt."

Daniel rutschte auf seinem Sessel hin und her. „Wir hätten nichts dagegen, Mama", sagte er. „Es ist nur – wir haben eine besondere Verabredung mit Will."

„Eine Verabredung? Was soll denn das nun heißen?"

„Weißt du, er hat uns versprochen, dass wir am 1. November unsere Soloflüge absolvieren können", ergänzte ich. „Seit Monaten haben wir nichts anderes gemacht, als uns auf diesen Tag vorzubereiten. Und da bist du schon längst in Korea."

„Wir können die Soloflüge erst mal außen vor lassen", sagte Will. „Die holen wir sofort nach, wenn ihr wieder zurück seid. Es gibt gar keine Eile, und für tansanische Pilotenscheine müsst ihr sowieso beide siebzehn sein."

„Aber du hast es uns doch versprochen ...", begann ich.

„Ich weiß, was ich versprochen habe", sagte Will knapp, „und ich verspreche, dass wir das alles nachholen werden." Seine grauen Augen zeigten zum ersten Mal seit vielen Wochen keine Wärme. „Es ist jetzt eure Pflicht, eure Mutter zu begleiten."

Ein peinliches Schweigen schwebte über dem Teetisch. Daniel und ich tauschten Blicke. „Nein", sagte Daniel endlich und verschränkte die Arme. „Wir können einfach nicht."

„Tut mir leid, Mama", sagte ich.

Christine räusperte ich. „Ich bin doch eure Mutter. Wenn es um euer Wohlergehen geht, habe ich zu bestimmen. Ihr habt da wahrhaftig nichts zu melden."

„Und wenn wir nicht wollen?", sagte ich. „Wir sind keine kleinen Kinder mehr. Hast du eine Ahnung, was du alles von uns verlangst? Seit Papas Tod? Wir lassen uns zu nichts mehr zwingen."

Will starrte uns einen Augenblick an. „Dann macht ihr einen Fehler", sagte er. „Ihr habt noch vierundzwanzig Stunden, um eure Entscheidung zu überdenken, und ich schlage vor, ihr fangt schon jetzt damit an."

„Da gibt's aber nichts zu überdenken", sagte Daniel.

Christine schaute hilflos zu Will. Er atmete tief aus und zuckte mit den Achseln. Dann stand er auf und verschwand ins Haus.

Damit war die Sache noch lange nicht aus der Welt. Nach stundenlangen Verhandlungen gab uns Christine endlich die Erlaubnis, in Zimmermann's Bend zu bleiben, aber erst nachdem wir einer schier endlosen Liste von Bedingungen zugestimmt hatten. Regel Nummer 1: Niemals ohne Begleitung von Will das Gelände verlassen. Und damit hatten wir wirklich kein Problem. Warum sollten wir Zimmermann's Bend jemals alleine verlassen wollen ...?

Christine beschloss, keinen wissenschaftlichen Vortrag zu halten, sondern eine Bildpräsentation zu ihrer praktischen Arbeit in Zimmermann's Bend zusammenzustellen. Sie knipste selbst einige Fotos in der Klinik, verwendete auch ein paar Bilder aus Wills Sammlung sowie aus unserem Online-Fotoalbum. „So kann ich diesen Pharmaleuten am besten zeigen, dass diese Arbeit von keinem privaten Konzern übernommen werden kann", sagte sie am späten Abend. „Und nebenbei erkläre ich ihnen, was wir hier vor Ort sonst noch erleben." Sie legte ihren Aktenkoffer auf den Holztisch im Wohnzimmer, wo Daniel und ich auf dem Sofa saßen und lasen. „Aber sagt mal, wie ist es mit euch? Haltet ihr es wirklich alleine aus?"

„Na klar", sagte ich. „Will ist doch da."

„Eben", sagte Christine. „Passt ihr auch auf ihn auf? Ihr müsst auf jeden Fall zusammenhalten. Wie der Lebensbaum. Versprecht ihr mir das?"

„Wir versprechen es", sagte Daniel.

„Ja, wir bleiben zusammen", ergänzte ich. „Keine Sorge."

„Dann kann nichts passieren", sagte Christine. „Mein Gott, es ist fast zehn und ich habe meine Sachen noch gar nicht gepackt. Wollt ihr morgen wirklich zum Flughafen mitfliegen? Dann geht jetzt schlafen. Wir müssen alle fit sein."

Wir starteten um sechs Uhr in der Früh. Ich glaube, wir spürten alle, dass irgendwas nicht stimmte. Christine selbst redete fast nur von ihrem bevorstehenden interkontinentalen Flug: Daressalam – Bombay – Hongkong – Seoul. „Die haben mir eine tolle Flugroute zusammengestellt. Zwanzig Stunden! Das gibt's doch nicht!"

Wir erreichten Dar um acht. Christine gab jedem von uns einen Kuss. „Vergesst nicht, was ich euch gesagt habe. Und Hals- und Beinbruch bei euren Soloflügen! Ich werde die ganze Zeit an euch denken."

„Wie sehr wünschte ich, dass ihr jetzt in dem Jumbo sitzen würdet", sagte Will einige Minuten später, als wir den Luftraum von Dar wieder hinter uns ließen.

„Will, es ist klar, dass du viel mehr weißt, als du uns sagst", sagte Daniel vom Rücksitz aus. „Ist es nicht endlich an der Zeit, dass du uns erklärst, was wirklich los ist?"

„Nun bleibt mir nichts anderes übrig, zumal ihr beide ab jetzt mittendrin sitzt", sagte Will. Er schaltete den Autopiloten ein und streckte die Arme aus. „Es tut mir leid. Ehrlich. Ich war nicht so offen, wie ich es vielleicht hätte sein sollen – weder euch noch eurer Mutter gegenüber."

„Versteh' ich nicht", sagte ich. „Hast du kein Vertrauen zu uns?"

„Oh, ich vertraue euch schon, keine Sorge. Ich wollte euch aber raushalten. Aber mit eurer Sturheit habt ihr meine Pläne durchkreuzt." Er hörte noch einen Funkspruch ab, dann schaltete er das Funkgerät aus. „Gut, dann mal los: Vor zwei Jahren fand eine Präsidentschaftswahl statt, bei der ein Mann namens Oliver Dambala, der tief in Schmuggel- und Waffengeschäften steckte, seinen Konkurrenten Lobulu ausschaltete und durch Wahlbetrug und Einschüchterung die Macht an sich riss. Unmittelbar danach hat die Black Star Tea Company angefangen, Land und Immobilien in Tansania aufzukaufen. Doktor Lobulu, den ich seit Jahren gut kenne, vermutet, dass Dambala inzwischen von Black Star erpresst wird, damit er ihnen große Freiheiten einräumt und auch die internationalen Organisationen im Lande hinaustreibt. Lobulu hat selbst drei Attentate überlebt. Und nun ist man hinter mir her."

„Und warum?", wollte Daniel wissen.

„Weil ich aufgrund meiner Arbeit Dinge sehe, die andere nicht sehen."

„Und was wollen die überhaupt?" fragte ich.

„Black Star ist vermutlich eine Tarnorganisation – eine alte Teefirma, die vor der Pleite stand und daher billig zu haben war –, denn ich kann mir Nelson Hobart nur schwer als Teehändler vorstellen. Hört zu: Vor einigen Monaten gab es einen riesigen Skandal in Europa. Ihr habt von der neuen Biowaffenkonvention gehört, die vor knapp zwei Jahren in Wien unterzeichnet wurde? Leider ist nicht jeder damit einverstanden, dass diese Waffen endlich abgeschafft werden. Einer Biotech-

Firma namens Montoussaint wurden illegale Menschenversuche vorgeworfen, und als die Sache ans Licht kam, verschwand ihr Geschäftsführer, ein belgischer Multimillionär und Waffenhändler namens Jacques Lautray, spurlos zusammen mit seinem Team. Und das sind nicht irgendwelche Wissenschaftler, sondern Profis – sie haben sogar einen Nobelpreis im Gepäck! Und ich vermutete schon früh, dass sie sich irgendwo in Tansania festgesetzt haben. Dass es irgendeinen Zusammenhang mit Hobart und Black Star gibt, scheint mir wahrscheinlich."

„Wie kommst du darauf?", fragte Daniel.

„Ich bin kein Naturwissenschaftler", sagte Will. „Ich selbst wäre wohl nie dahintergekommen. Aber in meinem Job komme ich wie gesagt sehr viel herum. Vor etwa einem Jahr entdeckte ich einige tote Büffel im Ruaha-Park. Sie waren nicht erschossen worden, also ging es nicht auf das Konto der Wilderer. Ich meldete meine Entdeckung bei der Parkverwaltung und hörte nichts weiter. Aber am darauffolgenden Tag waren die Kadaver verschwunden. Es war keine Zauberei, denn an der Fundstelle waren Reifenspuren zu sehen."

„Und du weißt nicht, woran sie gestorben waren?", fragte ich.

Will schüttelte den Kopf. „Einige Zeit später erzählte ich Doktor Kowalski davon. Kowalski war zwar kein besonders kompetenter Arzt, aber er entpuppte sich als erstklassiger Detektiv. Er wollte unbedingt mit mir hinfliegen und kurz darauf entdeckten wir weitere tote Tiere. Er untersuchte sie und entnahm Gewebeproben, die er dann von Freunden in einem Labor in den Staaten analysieren ließ. Und so hat er es gefunden."

„Ich wette, es war Milzbrand", sagte ich.

„Milzbrand schon, aber eine ganz neue Art: Schnell agierend, absolut tödlich und äußerst virulent. Vor allem waren Kowalskis Kollegen anhand der Zellstruktur der Meinung, dass die Bakterie genmanipuliert war, sogar in einem Speziallabor konstruiert, und zwar mittels einer Technologie, die sie nicht kannten. Der Erreger wurde eindeutig von außen in den Park hineingetragen. Einige Zeit später flog ich zufällig über die alte Hütte in der Schlucht und sah Reifenspuren auf der Flugpiste. Ich holte Kowalski ab und wir machten sozusagen einen Hausbesuch."

„Das ist ja irre", sagte ich. „Ihr seid richtig eingebrochen?"

„Oh ja, dank Kowalskis besonderer Fähigkeiten", sagte Will. „Damals war das Labor noch recht primitiv. Da waren nur ein Seziertisch, ein Computer und einige Schränke – und ein Waffenarsenal. Da war noch kein Alarmsystem. Aber uns war sofort klar, dass hier etwas Furchtbares vor sich ging."

Will drehte am Trimmrad. „Wir fotografierten alles – die Ausstattung, auch einige Unterlagen, die wir in den Schränken fanden. Kowalski hatte daran gedacht, einen Memory-Stick mitzunehmen und lud sämtliche Dateien vom Rechner herunter. Darunter waren Unterlagen – Quittungen, Korrespondenzen – von Black Star. Es waren nur Fragmente, denn die eigentlich wichtigen Daten wurden alle woanders aufgehoben."

„Aber jedenfalls hattet ihr genug Informationen, um eine Untersuchung einzuleiten", sagte Daniel.

„So wäre es auch gekommen, wenn Kowalski nicht Kowalski gewesen wäre. Er sah das Ganze als eine Art Geländespiel. Kowalski war von Spionagethrillern besessen. Und als wir die Tiere und das Geheimlabor entdeckten, beschloss er, den Helden zu spielen. Die Situation damals war schwierig – das war die Zeit, als Dambala anfing, einige der Nichtregierungsorganisationen auszuweisen –, aber er wollte sowieso alles selber machen. Und als er die Fragmente zusammenpuzzelte, entdeckte er, dass eine Gruppe Wissenschaftler, die hinter der Black Star Tea Company agierten, damit begonnen hatten, Tierfutter mit einem künstlich erzeugten Milzbranderreger zu kontaminieren und dann die Verbreitungswege der Krankheit zu beobachten."

„Das ist ja ekelhaft!", sagte ich. „Marie-Heloise hatte also die ganze Zeit recht. Aber eins verstehe ich nicht: Wenn sie unbedingt unschuldige Tiere quälen wollen, warum nicht in ihren eigenen Labors in Europa oder sonst wo?"

„Es handelte sich offenbar um ein Freilandexperiment. Eventuell war die Milzbrandübung nur eine Vorbereitung auf etwas viel Größeres – einen Terroranschlag, einen Krieg, wer weiß? Nun, Kowalski hatte einen ausgeprägten Sinn für dramatische Auftritte und beschloss, seine Daten Präsident Dambala persönlich zu überreichen. Er machte sich alleine im Geländewagen nach Dar auf."

„Da hat der Präsident sicher Augen gemacht", sagte Daniel.

„Und wie! Er behielt ihn zwei ganze Tage dort, bis er und seine Berater ihm alles entlockt hatten, was sie haben wollten. Kowalski hat die Streicheleinheiten bestimmt genossen. Endlich wurde er ernst genommen, und zwar von einem Staatspräsidenten! Er erwartete bestimmt, schon am nächsten Tag seinen Namen überall in den Schlagzeilen zu lesen. Aber kaum war er wieder in Zimmermann's Bend, wurde er krank. Er erkannte die Symptome des Ebola-Virus, einer geradezu unheilbaren Tropenkrankheit, die immer wieder in Afrika ausbricht, und bat mich, ihn sofort in eine Spezialklinik zu fliegen – dieses Mal nach Kenia. Er bestand darauf, dass ich eine Maske und Handschuhe trug. Hinterher sollte ich das Flugzeug komplett reinigen und desinfizieren. Aber für Kowalski selbst kam jede Hilfe zu spät." Er schwieg einige Augenblicke. „Schon vor dem Flug hatte er mich gebeten, seine Kopien der Unterlagen, die er Dambala überreicht hatte, Lobulu zu geben. Der sei der einzige Politiker, dem man voll vertrauen könne. Aber nun lag Kowalski schon im Delirium und konnte mir das Versteck nicht mehr sagen. Er sagte nur noch ,Wasser, Wasser' bis er ins Koma fiel. Eigentlich sagte er es auf Kiswahili: *Maji, maji, maji.*"

"*Maji-dawa*", sagte ich. "Bibi Sabulanas Geschichte. Medizinwasser, wie im Maji-Maji-Krieg."

"Ja, die Geschichte kenne ich auch." Will nickte. "Ich weiß nicht, ob seine Worte vom rasenden Durst, den diese Krankheit erzeugt, herrührten. Aber auf dem Hinflug behauptete er, er hätte die Krankheit von einem Glas Trinkwasser im Präsidentenbüro bekommen. Und als er untersucht wurde, stellten die Ärzte in Nairobi fest, dass es sich um eine neue, besonders schnelle und tödliche Art handelte. Er hielt noch drei Tage durch, ohne wieder das Bewusstsein zu erlangen. Dann wurde er in eine weitere Spezialklinik nach London transportiert, wo er kurz darauf gestorben ist. Und dann war alles vorbei. Das Labor in der Schlucht wurde geräumt und die Tiere hörten auf zu sterben. Sogar die Black Star Tea Company tauchte unter. Ich schmuggelte ein paar Biologen vom WWF in den Park, um Bodenproben zu nehmen, aber sie fanden nichts. Als ob nichts passiert wäre."

"Und dann kam unsere Mutter", sagte Daniel.

Will antwortete nicht, sondern klickte auf die Mikrofontaste am Steuerknüppel und rief Iringa Tower an, der ihm dann die Wetterdaten durchsagte. "Jetzt bist du dran, Jenny", sagte er. "Wir haben einen leichten Wind aus Südwest. Zeig mir, wie du diesen Vogel landest."

35

„Und dann kam eure Mutter", nahm Will den Gesprächsfaden wieder auf. Wir hatten die Maschine unter Aufsicht am winzigen Provinzflugplatz am Stadtrand gelassen und saßen nun zusammen an einem Tisch im hinteren Raum von Lulu's Café, einem populären Restaurant in Iringa. Wir aßen Brathähnchen mit Reis und tranken eiskalte Stoney Tangawizis. „Ich liebe eure Mutter", sagte Will. „Glaubt mir, wenn ich euch sage, dass ich sie niemals gebeten hätte, mich zu heiraten und mein Leben hier mit mir zu teilen, wenn ich geahnt hätte, dass diese traurige Geschichte doch noch nicht vorbei ist. Aber kaum wart ihr da ..."

„Ich weiß, da tauchte Hobart auf", sagte Daniel.

„Ja, mein alter Chef Hobart. Ihr wisst bereits, welche Rolle er schon einmal in meinem Leben gespielt hat." Will trank einen Schluck Cola. „Und er war alles andere als glücklich, ausgerechnet mich hier vorzufinden. Was er wirklich will, ist Kowalskis Dokumentation, denn Kowalski hatte ganze Arbeit geleistet: sie würde schon ausreichen, um die Operation ein für alle Mal zu beenden. Kurz vor eurem Einzug wurde in Zimmermann's Bend eingebrochen. Hobarts Schergen stellten das Missionshaus und das gesamte Dorf auf den Kopf, aber ohne Erfolg. Seitdem tut er alles, um mich aus dem Weg zu bekommen – gezielter Rufmord, mehrere Verfahren gegen Simba Airways, dazu einige Versuche, sowohl meinen Pilotenschein als auch mein Visum einzuziehen. Wärt ihr und eure Mutter nicht hier, dann hätte er mich bestimmt schon längst mit irgendwelchen Tricks einlochen lassen. Und dann gibt es die Todesdrohungen ..."

„Todesdrohungen?", sagte ich. „Du spinnst wohl!"

Will schüttelte den Kopf. „Seit zwei Wochen bekomme ich jeden Tag die gleiche E-Mail. Ein Satz, immer wieder, seitenlang." Er nahm ein gefaltetes Blatt Papier aus seiner Hemdtasche und breitete es auf dem Tisch aus. Nur ein Satz, viele Male hintereinander: *Siku ya kufa nyani miti yote huteleza.*

„An dem Tag, wo ein Affe sterben soll ...", übersetzte Daniel.

„... werden alle Bäume glitschig." Will nickte und steckte das Blatt wieder in die Tasche. „Am selben Tag, an dem eure Mutter die Einladung nach Korea bekam, erhielt ich eine Bestätigung aus New York, dass in den nächsten Tagen eine Sonderkommission der UNO und der Weltgesundheitsorganisation nach Dar reisen wird, um sowohl den Ergebnissen meiner Untersuchung als auch dem Ebolabefund vor Ort auf den Grund zu gehen. Ob Dambala es will oder nicht. Ich werde als Zeuge vorgeladen und ich wollte, dass ihr in diesen Tagen weit weg seid. Sonst könnten bestimmte Leute auf dumme Gedanken kommen."

„Wenn es so gefährlich ist, warum verschwindest du dann nicht einfach?", fragte ich.

„Genau das will Hobart doch", sagte Will. „Aber Lobulu braucht mich hier vor Ort, um auszusagen, denn sonst passiert gar nichts. Ich hätte schon damals, als es anfing, auf irgendeine Weise in Aktion treten sollen. Dieses Mal will ich die Geschichte zu Ende führen. Könnt ihr das nachvollziehen?"

„Sehr gut sogar", sagte Daniel.

„Eure Mutter ist jetzt am besten dran. Es ist offensichtlich gar nicht so schwer für Hobarts Chef, so eine Konferenzeinladung einzufädeln."

302

„Meinst du, dass die Konferenz von Black Star gelenkt wird?" fragte ich. „Ist Mama –?"

„Keine Sorge, ihr geht's gut", sagte Will, „auch wenn Christine wohl kein so bequemer Gast sein wird. Es ist dringend notwendig, dass sie unsere Geschichte erzählt. Sie ist eine Untersuchungskommission für sich. Sie weiß alles, nur das mit den Todesdrohungen nicht, denn sonst wäre sie nie losgefahren. Man wollte sie – und euch – einige Tage außer Landes bekommen und euch anschließend die Wiedereinreise verwehren. Es würde einfach zu viele unangenehme Fragen geben, wenn ausgerechnet euch dreien etwas zustoßen würde. Aber wenn ein afrikanischer Buschpilot einmal nicht wieder zur Basis zurückkehrt, wem fällt es auf? Und wer kümmert sich darum?"

„Es würde uns auffallen", sagte Daniel.

„Und wir würden uns darum kümmern", sagte ich.

Als wir gerade wieder auf die Straße traten, kam ein beigefarbener Geländewagen mit einem schwarzen Stern an der Tür in voller Fahrt um die Kurve gesaust. Wir sprangen alle drei zurück, um nicht von ihm erfasst zu werden. „Der kommt vom Flughafen", sagte Will. Wir eilten zum Marktplatz, wo wir sofort in ein Taxi sprangen und den verschlungenen Weg zum Flugplatz rasten. Wir sahen die Rauchsäule schon aus der Ferne. Ein Löschwagen stand vor dem blutroten Kontrollturm und zwei Mechaniker schauten neugierig zu. Ein Geruch von verkohltem Holz und Chemikalien brannte auf unseren Schleimhäuten, als wir ausstiegen. „Haben Sie die ganze Zeit mein Flugzeug im Auge behalten, wie ich Sie gebeten habe?", frage Will auf Kiswahili, als er im winzigen Wartesaal einen Flughafenangestellten antraf.

Der Angestellte hatte sich gerade das Gesicht gewaschen und trocknete es an einem rotkarierten Handtuch ab. „Das wollte ich doch, Bwana Chapman, aber es hat im Geräteschuppen gebrannt und ich musste hin. Die Feuerwehr hat den Brand gerade eben gelöscht."

Will stürmte auf das Rollfeld. Wir folgten ihm mit etwas Abstand. Dass etwas Ernsthaftes geschehen war, wusste ich. Aber was war es? Die Cessna stand jedenfalls noch da, wo Will sie abgestellt hatte. Kein Grund zur Besorgnis also. Allerdings ...

„Was hängt denn da an der Tür?", fragte ich. Will griff nach dem bunten Tuch, das wie eine Fahne vom Griff der Pilotentür wehte. Er knotete es auf und entfaltete es im Wind, der plötzlich so böig wehte, dass ihm der Stoff fast aus den Händen flog. Es war eine blaue, bedruckte Kanga, mit roten Affen und einer Reihe schwarzer Zypressen darauf. Unten standen die Worte: *Siku ya kufa nyani miti yote huteleza*. An dem Tag, wo ein Affe sterben soll ...

Will riss die Kanga entzwei und schleuderte die Fetzen von sich. Dann schloss er die Kabine auf und begann eine Vorabflugkontrolle mit einer Gründlichkeit, die Daniel und ich noch nie bei ihm erlebt hatten. Dann öffnete er die Motorhaube und checkte alle Systeme.

„Nichts?", fragte Daniel.

Will schüttelte den Kopf und tastete jeden Zentimeter des Rumpfes und der Tragflächen ab. „Ich finde nichts", sagte er. „Keine Bombe, der Motor ist in Ordnung, gar nichts." Wir stiegen ein und schnallten uns an. Will ließ den Motor an und fuhr ihn mehrmals hoch und runter. Ruder, Seitenflossen, Landeklappen – alles funktionierte. Will dachte eine Weile konzentriert nach, bevor er schließlich den Kontrollturm um Starterlaubnis bat. Er gab Gas und Sekunden später erhob sich die Maschine in die Luft.

Wir waren kaum zwei Minuten oben, als Will eine Rechtskurve einlegte. Gerade wollte er die Kurve abschließen, als unter uns ein Knall wie ein Pistolenschuss ertönte. Die Maschine zitterte, dann fing sie an zu schlingern.

Die Querruder blieben starr, egal wie sehr Will am Steuerknüppel drehte.

Will sprach nicht, sondern drosselte den Motor und meldete per Funk eine sofortige Notlandung an. Dann drückte er fest auf das linke Ruderpedal. Das Flugzeug ließ sich nicht mehr abkippen und schlingerte hin und her. Langsam, unendlich langsam schafften wir die Kurve. Die Flugpiste tauchte wieder vor uns auf. Will fuhr die Landeklappen und das Fahrwerk aus und setzte zum Landen an. Ein Seitenwind kam auf, der die Maschine zusätzlich durchrüttelte und auf die Seite kippte. Wir waren nur noch hundert Meter von der Flugpiste entfernt, als es erneut krachte. Dieses Mal wurde die Maschine ganz aus der Bahn geschleudert. „Das Ruderkabel auch noch!", rief Will. „Haltet euch fest!"

Der Seitenwind drängte uns nach links. Daniel und ich sahen Bäume, dann Himmel, dann den erschrockenen Ausdruck auf Wills Gesicht. Fünfzig Meter, dreißig, zehn ... Die Flugpiste rollte an uns vorüber, diagonal. Der Kontrollturm kam immer näher.

„Wir stürzen ab!", schrie ich. „Wir stürzen ab! Wir stürzen ab!"

36

Will riss den Gashebel nach hinten. Das Flugzeug sackte ab und landete mit einem Ruck. Nun holperte es über das trockene Gras auf das Flughafengebäude zu. Will drückte mit ganzer Kraft auf die Bremspedale. Endlich brachte er die Maschine zum Stehen – nur wenige Zentimeter vor dem Fenster des Wartesaals, hinter dem ein Angestellter dem Geschehen mit offenem Mund zusah. „Seid ihr okay?", fragte Will, als er den Motor abwürgte. Wir öffneten die Augen und nickten. „Eine Landung dieser Art war in meinem Flugunterricht eigentlich nicht vorgesehen." Will nahm sein Taschentuch und wischte sich den Schweiß vom Gesicht. „Aber ihr müsst zugeben: Dieser alte Affe rutscht nicht so leicht vom Baum."

Während wir nacheinander mit wackligen Knien ausstiegen, klappte Will die Fußbretter hoch und fing an, das Kabelwerk zu untersuchen. „Da war ein absoluter Profi am Werk", sagte er wenige Minuten später. „Das hätte man vorher nur mit einer Lupe entdecken können, aber beim ersten richtigen Druck brachen die Kabel durch. Es ist das alte Prinzip: Zuerst zermürben, dann durchbrechen." Er hielt die getrennten Kabel hoch. „Genau so versucht man es mit mir. Seit Jahren."

„Dann war das eben doch ein Mordversuch", sagte ich. Mein Herz schlug mir bis zum Hals, als ich begriff, welchem Schicksal wir gerade entronnen waren.

In einem Seitengebäude des Flughafens befand sich ein komplettes Ersatzteillager für Kleinflugzeuge. Will besorgte sich die nötigen Kabel und machte sich an die Arbeit. Zwei Stunden später waren wir wieder unterwegs.

Am Abend sprachen wir wenig miteinander und gingen bald schlafen. Will erzählte Anita und Veronica von dem Vorfall und bat sie, am Abend und am darauffolgenden Tag im Dorf zu bleiben und ihm über jedes ungewöhnliche Vorkommnis zu berichten. Er schaltete den Notgenerator ein, um das elektrische Licht die ganze Nacht brennen zu lassen und riegelte die Türen ab. Daniel und ich schliefen wie immer in unserem Schlafzimmer unterm Dach, aber Will legte sich auf das Sofa im Wohnzimmer, vollständig angezogen, neben seinem eingeschalteten Laptop und dem knackenden Funkgerät.

Wie sollten wir nach so einem Tag schlafen? Daniel und ich saßen bis lange nach Mitternacht zusammen und sprachen alles mehrmals durch. Wir freuten uns, dass wir in dieser Nacht die elektrische Beleuchtung anlassen konnten. Das helle Licht weichte die Schatten auf, die aus der Dunkelheit hinterm Fensterrahmen zu uns vordringen wollten. Aber endlich, gegen ein Uhr, knipsten wir das Licht aus und gingen beide schlafen. Die Dunkelheit schwappte über mich wie eine schwarze Sturmwelle. Mir war so, als würde ich darin untergehen. Sie drang muffig und bitter in meine Augen, die Nase, die Ohren, den Mund. Sie verstopfte sämtliche Poren, bis ich dachte, ich würde in Angst und Blindheit ertrinken.

Das Zirpen der Grillen und das Quaken der Frösche – die afrikanische Nachtmusik, die mich sonst immer beruhigte – nahm einen pulsierenden, bedrohlichen Ton an, der mich an das Knurren eines nahenden, unsichtbaren Raubtiers denken ließ. Trotz meines Baumwollpyjamas und meiner dicken

Wolldecke bekam ich eine Gänsehaut, denn ich spürte ganz genau, dass da draußen irgendetwas *auf uns wartete*.

In meiner Fantasie sah ich die Umrisse einer riesigen Raubkatze – eines Löwen oder eines Gepards –, die unter unserem Fenster lauerte. Ich roch schon den Aasgestank seines Atems und den beißenden Geruch seines Urins. Aber je länger die Nacht wurde, desto größer, härter und stromlinienförmiger wurde mein ganz persönliches Monster. Ich hielt es zunächst für ein überdimensionales Reptil, dann für einen seltsam harten, glatten Vogel ...

Und damit war das Erlebnis, das wir durch unser langes Gespräch mit Worten zu zerreden versucht hatten, schon wieder mit mir im Raum und kniete wie ein Dämon auf meinem Brustkorb, bis ich nach Luft rang: Das Gedröhn des Motors, das Krachen der Kabel und das Ekel erregende, schlingernde Gefühl, als die Maschine außer Kontrolle geriet und auf den Kontrollturm zuraste. Dann wieder die Dunkelheit, das Gefühl des Stürzens, die absolute Hilflosigkeit. Und während sich das Tageslicht nach und nach auf dem Fenstersims sammelte und sich zu einem rosigen Glühen verdichtete, wurden auch andere Bilder in mir wach: Ein gekapertes Flugzeug, Felsen, Schnee ...

Ich fühlte mich fallen, stürzen, bis ich mit einem Donnerschlag auf den schwarzen Berghang prallte. Ich öffnete die Augen und richtete mich im Bett auf. Aber es dröhnte weiter in meinen Ohren. Ich schaute auf die Uhr: 8.03 Uhr. „Wach endlich auf!", rief Daniel vom Fenster her. „Hörst du es nicht?"

„Warum musstest du mich schon wecken?" Ich rieb mir die Augen. Aber dann hörte auch ich den Motor und stellte mich neben Daniel ans Fenster.

Unten auf der Flugpiste stand eine blaue Piper Saratoga, die wir noch nie zuvor gesehen hatten. Ihr Motor lief. Will ging darauf zu und wurde von einem Afrikaner in einem weißen T-

Shirt und Jeans empfangen, der ihm die Passagiertür aufhielt. Als die Tür wieder zuschlug, fuhr der Pilot den Motor hoch und brachte das Flugzeug in Startposition. Daniel und ich rannten die Treppe hinunter. Wir sprangen von der Veranda und rasten über die Rollbahn. Die trockenen Grasstoppeln kratzten unsere nackten Füße blutig. Die Maschine rollte aber bereits. Sie startete und flog über den riesigen Akazienbaum, drehte nach links ab und verschwand hinter einer Reihe Palmen. Alles, was von ihr blieb, waren frische Reifenspuren im Staub.

Um uns herum schien sich alles zu drehen. Instinktiv hielten wir uns einen Augenblick an den Händen – beide noch immer im Pyjama, hilflos. Eine Wolke schob sich vor die Sonne und ein kühler Wind kam auf. Uns fröstelte.

Wir standen mindestens eine Minute so da, bis wir endlich wieder den Boden unter unseren Füßen spürten. Ich schluchzte. Daniel stieß einen Fluch aus. Dann ließen wir unsere Hände sinken und kehrten zum Missionshaus zurück.

Das Wohnzimmer war so friedlich wie immer. Will hatte seine Decke ordentlich zusammengefaltet und auf das Sofa gelegt. Den Laptop hatte er zugeklappt und das Funkgerät knisterte weiter vor sich hin. Auf dem Tisch lag ein Blatt Papier. Auf einem Briefbogen der Simba Airways hatte er folgende Worte geschrieben: *Liebe Jenny, lieber Daniel*, las Daniel vor.

Verzeiht mir, dass ich euch so allein lasse. Das war nicht meine Absicht. Heute Morgen erhielt ich eine dringende Nachricht aus der Klinik in Ifakara. Der Generator dort ist in der Nacht ausgefallen und die ganze Klinik ist in Gefahr. Dr. Andersson hat das Land verlassen und ist unerreichbar. Da ich den Generator schon einmal repariert habe, haben sie mich angefleht, sofort zu kommen. Sie schicken ein Flugzeug, um mich abzuholen. Wenn alles nach Plan geht, werde ich spätestens heute Abend wieder bei euch sein. Wenn es eine Verzögerung gibt, melde ich mich per Funk bei euch, und zwar genau 21.00 Uhr.

Vielleicht hätte ich euch das alles persönlich erklären sollen. Aber ich weiß, dass ihr versucht hättet, mich davon abzuhalten. Bleibt auf dem Gelände, bis ich wieder da bin. Wenn tatsächlich etwas dazwischenkommt – was ich nicht glaube –, meldet euch bei Ibrahim und wartet, bis er euch heraus holt. Ihr könnt euch auf ihn verlassen. Und vergesst nicht, zusammenzuhalten – wie der Lebensbaum.
Will

„Das gibt's doch nicht", sagte ich. „Warum sollte gerade jetzt ein Generator kaputtgehen?"

„Du weißt doch, wie schnell einem so etwas um die Ohren fliegen kann", sagte Daniel. „Es hängen wahrscheinlich viele Leben von diesem Generator ab. Will musste sofort handeln."

„Und haben sie keinen Notgenerator? Keine Akkus?" Ich warf mich in einen Sessel und verschränkte die Arme. „Verstehst du nicht, dass das der einzige Weg ist, Will zu kriegen? Sie haben alles andere versucht – Rufmord, Todesdrohungen, sogar Sabotage. Es hat alles nichts genutzt. Aber Hobart weiß, dass Will sein Leben einsetzen würde, um anderen zu helfen. Das ist seine einzige Schwäche und Hobart hat das offenbar begriffen."

Daniel antwortete nicht, sondern las sich den Brief noch einmal durch. Schließlich legte er ihn wieder weg und setzte sich aufs Sofa. „Was soll's?", fragte er. „Dann warten wir eben."

Wir verbrachten den Rest des Vormittags auf der Veranda. Tari lag hechelnd neben den vier aufgereihten Halloween-Kürbissen, die Anita in der *shamba* für uns gepflanzt hatte, auf dem Fußboden. Natürlich – heute war doch der 31. Oktober. Aber an diesem Halloweentag hatten wir keine Lust, Kürbisse zu schnitzen.

Ich saß auf den rauen Bodendielen, meinen Rücken gegen die kühlen Backsteine des Missionshauses gelehnt, und versuchte, einige meiner Gedanken der letzten vierundzwanzig

Stunden im Tagebuch niederzuschreiben. Ich sah dabei zu, wie ein Geschwader schwarz-gold gestreifter Wespen zu einem neuen Nest flog, das gerade an der Verandadecke entstand. *Wenn der Gärtner dieses Nest erblicken würde,* schrieb ich, *würde er keinen Augenblick zögern, es herunterzureißen, mit Kerosin zu übergießen und in Brand zu stecken. Aber jetzt fühlen sich die Wespen noch sicher. Vor einem Tag fühlten wir uns auch noch sicher ...*

Daniel saß mit angezogenen Beinen auf einem Rattansessel. Das Buch, das er gerade las – ein Thriller aus Doktor Kowalskis Sammlung über eine gestohlene chinesische Atombombe, die an eine Gruppe fundamentalistischer Terroristen verkauft werden sollte –, konnte seine Gedanken nicht fesseln. Er ließ es auf die Dielen plumpsen. „Wir können nicht einfach herumsitzen", sagte er. „Wir müssen mit irgendjemandem reden. Sonst drehen wir durch."

Daniel hatte recht. Zwar fühlten wir uns unbeschreiblich allein, aber wir waren es nicht. Wir hatten doch Freunde, sehr gute sogar – und das war etwas, das ich am Anfang unseres Aufenthalts in diesem Dorf niemals für möglich gehalten hätte. Wir standen auf und liefen zur Klinik hinüber. Jeder dort spürte inzwischen, dass etwas los war. Die Patienten fragten uns besorgt nach unserem Wohlergehen. Die beiden Krankenschwestern baten uns, bei sich zu wohnen, bis Christine von ihrer Reise zurückkam, aber wir lehnten dankend ab. Anita, die im Klinikbüro saß, lud uns spontan zu sich zum Mittagessen ein. „Es gibt nichts Gefährlicheres als das Alleinsein. Solange ihr Freunde habt, kann man euch nichts antun. Außerdem ist Joseph gerade wieder da."

Ach ja, Joseph ... Wann hatte ich ihn das letzte Mal gesehen? Ich musste lächeln. Schon schien die Sonne heller.

Die türkisblauen Wände von Anitas Häuschen glänzten im Tageslicht wie das offene Meer und passten erstaunlich gut zu dem grünen Ecksofa und den roten Plüschsesseln. Anitas sonniges Gemüt spiegelte sich tatsächlich in allem, was sie tat. Daniel und ich saßen an einem einfachen Esstisch mitten im Raum Anita und Joseph gegenüber und aßen Reis mit scharfem Bohnengemüse. Tari lag wie immer zu meinen Füßen. Joseph war genauso formell gekleidet wie immer, heute in ein weißes Hemd mit rotem Schlips. An einem Ende des Tisches saß Bibi Sabulana. Sie war der einzige Mensch im Dorf, der nicht von unserer Unruhe angesteckt war. Sie packte das würzige Essen mit den Fingern und schmatzte mit den Lippen.

„Bwana Chapman hat sich das nicht gut überlegt", sagte Joseph. Wir hatten gerade von Wills Verschwinden erzählt. „Aber so ist er. Er denkt an so vieles, aber nicht an seine eigene Sicherheit."

„Kowalski hat auch nicht an seine eigene Sicherheit gedacht", sagte Daniel. „Und wenn er Will das Versteck für seine Unterlagen anvertraut hätte, dann wäre das alles nie geschehen. Aber nun ..." Ein lautes Klirren unterbrach seine Worte. Bibi Sabulana hatte die tönerne Reisschüssel vom Tisch gestoßen, so dass sie auf dem Holzfußboden zerschellte. Anita seufzte und fing an, auf Händen und Knien die Scherben und Essensreste aufzulesen.

„Seit wann ist sie eigentlich blind?", fragte Daniel.

„Ich glaube, sie war schon immer blind", sagte Anita. Sie warf die Scherben in den Mülleimer und strich ihr blaukariertes Kleid wieder glatt. „Meine Mutter und auch meine Großmutter kannten sie jedenfalls nie anders. Wir haben im Laufe der Jahre viele Scherben aufsammeln müssen."

Bibi Sabulana, die sich von dem Unglück unbeeindruckt zeigte und mit ihren leeren bläulichen Augen zur Decke hochschaute, öffnete ihren zahnlosen Mund und begann, auf Kihehe zu reden.

„Was sagt sie denn?", fragte ich.

„Sie will wissen, was die Topelkele gerade gesagt haben", sagte Joseph. „Wollt ihr sie nicht selbst fragen?"

„Aber das kann ich doch nicht!"

„Nur zu", sagte Joseph freundlich. „Sie wird es sowieso erraten. Keiner kann Bibi hinters Licht führen."

Daniel räusperte sich und sagte auf Kiswahili: „Ich wollte nur wissen, seit wann du blind bist, Bibi Sabulana."

Bibi Sabulana hustete und begann zu sprechen. Die Worte kamen heiser und schlürfend daher. „Ich bin nicht blind."

„Aber", begann Daniel, „ich dachte ..."

„Ich denke, *du* bist blind", sagte Bibi Sabulana, „denn du siehst nur Gesichter, während ich Geheimnisse sehe."

Wenn ich die Geheimnisse, die uns umschwirren, nur sehen könnte!, sagte ich zu mir selbst. Ich lachte laut auf und drehte mich zu Bibi Sabulana. „Gut, dann sag' uns ein Geheimnis", sagte ich. „Es gibt so viele inzwischen."

Bibi Sabulana grinste und erhob einen knochigen Zeigefinger. „Ich sehe, dass du Joseph gern hast. Dass du ihn sogar sehr magst. Du träumst auch immer wieder von ihm. Zum Beispiel in der vorletzten Nacht."

Woher konnte sie das wissen? Ich errötete und schaute verschämt zu Joseph hin. Der aber lachte und sagte: „Immer erzählst du Geschichten, Bibi. Deswegen lieben wir dich alle."

„Das sind keine Geschichten." Die Greisin schüttelte beleidigt den Kopf. „Ich erzähle niemals Geschichten, sondern Geheimnisse. Jeder hat Geheimnisse in seinem Schädel. Aber so ein Menschenschädel ist kein gutes Behältnis für Geheimnisse. Sie fallen immer wieder heraus."

„Wie sollen wir das schon wieder verstehen?", fragte Daniel.

„Schau dir mal einen Schädel an", sagte Bibi Sabulana, „wie den von Sultan Mkwawa, den die Topelkele nach Ujerumani mitgenommen haben." Sie sprach langsam und bestimmt, als würde sie die Wörter von der Zimmerdecke ablesen. „Oben sind zwei Löcher für die Augen. Da fallen die Geheimnisse gleich heraus, denn dein Blick verrät alles. Rechts und links gibt es kleine Löcher für die Ohren. Wer schmeichelhafte Worte hört, der gibt seine Geheimnisse schon von alleine preis. Und unten drunter ist ein riesengroßes Loch für den Mund. Wer so ein Loch im Schädel hat, der kann doch keine Geheimnisse für sich behalten."

„Wo sollen wir unsere Geheimnisse denn sonst aufbewahren?", fragte Daniel.

„Im *mbuyu*", sagte Bibi Sabulana. „In den alten Zeiten haben die jungen Leute ihre Geheimnisse immer dem *mbuyu* anvertraut. Der ist das beste Versteck für Vögel, für Geister ... und für Geheimnisse."

Joseph lehnte sich nach vorn und schaute die alte Frau neugierig an. „Warum eignet sich der Affenbrotbaum so gut als Versteck für Geheimnisse, Bibi?"

„Weil sie nie herausfallen. Die Geheimnisse bleiben darin unsichtbar, es sei denn, man hat noch Augen, um die Geheimnisse zu sehen. Aber die Menschen heute sind alle blind. Das sagte ich auch dem Topelkele, als er zu mir kam."

„Welchem Topelkele denn?", fragte ich.

„Dem *daktari*, der hier war, bevor die neue *daktari* mit den beiden Kindern ins Dorf kam. Er war verrückt. Die Topelkele sind alle verrückt. Er wollte immer in einem Vogel fliegen, mit Bwana Chapman. In einem Vogel aus Blech!" Sie lachte. „Er dachte, er hätte viele Geheimnisse, aber ich habe sie alle gesehen. Er wollte ein großer Held sein, wie Sultan Mkwawa. Und fliegen wollte er, wie ein Storch. Ausgerechnet er! Verrückt."

Joseph neigte sich zu ihr nach vorn. „Was wollte Daktari Kowalski von dir, Bibi? Sag's uns doch."

„Er behauptete, es würden wieder Männer kommen, die uns alle töten wollten. Wie in der Zeit des Maji-Maji. Er fragte mich, wo man Geheimnisse vor solchen Menschen verstecken kann."

„Und du hast ihm vom Affenbrotbaum erzählt?", fragte Joseph weiter.

„Es hat ihm nicht geholfen", sagte Bibi Sabulana und lachte dabei. „Er hätte sich lieber selbst in einem *mbuyu* verstecken sollen, aber er wollte ein großer Held sein. Dieser Topelkele, der ein Vogel sein wollte. Aber man hat ihm das Fieber gegeben und nun ist er tot. Er war verrückt!" Plötzlich hörte sie auf zu grinsen und richtete ihre leeren Augen direkt auf mich. „Ob die anderen Topelkele auch seinen Kopf mitgenommen haben?"

Joseph sprang vom Tisch auf und rannte zur Hintertür hinaus in den Garten. Als Daniel und ich ein paar Sekunden später ebenfalls in den Garten traten, stand Joseph schon oben im Geäst des Affenbrotbaums und streckte seinen rechten Arm tief in eine Spalte im Stamm. Tari japste und lief aufgeregt unterm Baum hin und her.

Nachdem er eine Weile in der Spalte gesucht hatte, zog Joseph endlich ein rechteckiges Paket heraus, das er Daniel in die Hände warf. Verblüfft und neugierig schauten wir es an. Das Paket war in mehrere Lagen Plastikfolie gewickelt. Daniel nahm sein Taschentuch und wischte den Staub und den Vogeldreck von der Folie. Dann wickelte er sie ab und ließ sie zur Erde fallen. Ein dicker brauner Umschlag kam zum Vorschein. Termiten hatten eine der Ecken angeknabbert, aber ansonsten war das Papier ganz sauber.

„Mach ihn doch auf!", sagte ich. Joseph sprang vom Baum hinunter und trat wieder auf uns zu.

Daniel zog sein Taschenmesser hervor und schlitzte den Umschlag auf. Er entnahm ein dickes Bündel Papier, das zwischen roten Aktendeckeln säuberlich zusammengeheftet war. Einige Fotos und USB-Sticks steckten gut geschützt in Klarsichtfolien. „Na?", fragte ich. „Mach's nicht so spannend. Was steht drin?"

Daniel schlug den vorderen Aktendeckel auf und las vor: „Ungewöhnliche Ereignisse am Great Ruaha River. Ein vorläufiger Bericht, erstellt von Dr. med. Philipp Kowalski, Klinik Zimmermann's Bend, Tansania ..."

37

Daniel und ich verbrachten den Rest des Tages auf der Veranda des Missionshauses. Der Umschlag, säuberlich wieder zugeklebt, lag auf dem Tisch zwischen uns.

Schon um sieben, als die Lichter ansprangen, schalteten wir das Funkgerät im Wohnzimmer an und stellten Wills Frequenz ein. Während zahllose unzusammenhängende Wortbrocken durch die Störgeräusche durchsickerten, machten wir uns in der Küche belegte Brote zurecht und setzten uns damit auf den Fußboden im Wohnzimmer. Wir saßen im Schneidersitz auf dem Flickenteppich, kauten und hörten einfach zu.

Zwei Stunden vergingen, ohne dass Will nach Hause kam oder wir etwas von ihm hörten. Während Daniel versuchte, sich mit einem neuen Thriller abzulenken, blätterte ich in meinem Tagebuch hin und her. Ich schaute auf die Uhr. 20.35 Uhr. Ich suchte in meinen Aufzeichnungen der letzten Monate nach irgendeiner Erklärung dafür, dass wir uns plötzlich in dieser Situation befanden. Aber die Vergangenheit konnte mich nicht fesseln. Mich interessierte nur noch, was uns die nächsten Minuten bringen würden.

21.00 Uhr. Komplette Stille, abgesehen von einem gelegentlichen Knacken.

„Überprüfe die Frequenz noch mal", sagte ich. Ich saß immer noch auf dem Fußboden und kraulte Tari hinter den Ohren.

„Hab' ich schon." Daniel griff nach dem Frequenzwähler und machte einige feine Umdrehungen. „Dreimal sogar. Es ist alles richtig."

Aber nichts war richtig.

Wir hörten weiter zu. 21.15 Uhr. 21.30 Uhr. Um 21.33 Uhr drehte Daniel wieder am Frequenzwähler. Eine Flut von Worten ergoss sich aus dem Lautsprecher. Die stille Abendluft übertrug Hunderte von körperlosen, gesichtslosen Stimmen. Britische und schwedische Missionare tauschten Grüße von einem Ende Ostafrikas zum anderen aus. Ein Polizist bat auf Kiswahili um Verstärkung bei einem Raubüberfall in Dodoma. Aus dem fernen Ruanda schickte eine amerikanische Frau Halloweengrüße an ihre drei Kinder im internationalen Internat in Arusha. Daniel gab auf und drehte zu der vereinbarten Frequenz zurück.

Nichts. Nicht einmal Störgeräusche.

Pünktlich um 22.00 Uhr erloschen die elektrischen Lichter. Das Funkgerät hauchte sein Leben aus. Daniel schaltete es auf Akkubetrieb um, während ich eine Kerosinlampe anzündete. Im Wohnzimmer wehte Zugluft und die Flamme der Lampe warf gespenstische Schatten auf die Wände und an die Zimmerdecke. „Das passt alles gut zu Halloween", sagte ich. „Ganz schön gruselig."

„Ja, da braucht man sich gar nicht mehr zu verkleiden. Ich komme mir selber schon wie ein Gespenst vor."

„Sag's nicht ..."

Um fünf nach zehn schaute ich auf. „Daniel, wir sind blöd. Ist heute nicht Dienstag?"

„Radio Call, na klar!", begriff Daniel. „Wo sich die ganzen ausländischen Kliniken austauschen. Jeden Dienstag um 22.00 Uhr." Er griff nach dem Frequenzwähler und drehte kräftig daran, bis plötzlich Dutzende von Stimmen und Nebengeräuschen durcheinanderschwirrten. Er ließ wieder los, als wir eine Stimme vernahmen, die eine Ärztin auf der Insel Pemba begrüßte. Ich nahm das Mikrofon in die Hand und stand auf. Sobald sich eine Pause ergab, drückte ich auf die Mikrofontaste und sagte auf Englisch: „Hier ist Jenny Sandau in Zimmermann's Bend. Ich rufe Ifakara Clinic. Kommen."

Nach einer kurzen Pause antwortete eine freundliche Frauenstimme: „Guten Abend, Zimmermann's Bend! Und guten Abend an dich, Jenny. Hier ist Britt Andersson, Klinik Ifakara. Was gibt es für Nachrichten von eurer Mutter aus Korea?"

Ich konnte es nicht fassen. „Doktor Andersson?", fragte ich. „Sagten Sie Dr. Britt Andersson? Sie haben doch das Land verlassen!"

„Was sagst du da, Jenny?", sagte Dr. Anderssons Stimme. „Ich soll das Land verlassen haben? Nein, mich wird man nicht so schnell los."

Ich blickte zu Daniel. „Das verstehe ich nicht, aber hören Sie: Mein Bruder und ich brauchen Ihre Hilfe. Können wir bitte mit unserem Stiefvater sprechen? Ich meine Mr. Chapman?"

Das Funkgerät quietschte und prasselte. „Tut mir leid, Zimmermann's Bend, ich habe nichts verstanden. Was ist mit Mr. Chapman?"

„Ist er bei Ihnen, verdammt noch mal?" Ich stampfte mit dem Fuß auf. „Wir müssen ihn sofort sprechen!"

„Soll er sich bei uns aufhalten? Nein, ich habe ihn seit seinem letzten Besuch nicht mehr gesehen."

„Aber was ist mit Ihrem Generator?", brüllte ich.

„Ich weiß gar nicht, wovon du sprichst, Jenny. Unser Generator läuft doch perfekt, seitdem Mister Chapman ihn im vergangenen März repariert hat. Aber einer meiner Mitarbeiter ist heute verschwunden. John Chikewe. Er macht Gelegenheitsjobs für diesen furchtbaren Mister Hobart, und er soll heute Morgen zu ihm nach Iringa gefahren sein." Die Stimme blieb einen Augenblick weg. „Sag mal, Jenny", fuhr sie dann fort, schnell und eindringlich. „Was ist denn bei euch los? Ist euer Stiefvater etwa verschwunden?"

Verschwunden. Ich warf das Mikrofon zu Boden und ließ mich in einen Sessel fallen. Daniel hob es wieder auf. „Hallo, Doktor Andersson, hier spricht Daniel. Ja, ich fürchte, es ist so." In wenigen Worten erzählte er ihr von dem Besuch des fremden Flugzeugs.

„Hier ist er auf keinen Fall gewesen", sagte Doktor Andersson, „und dieses Flugzeug kenne ich nicht. Aber das hört sich sehr ernst an. Deswegen frage ich jetzt alle Kliniken, die an diesem Gespräch teilnehmen, ob sie in den letzten vierzehn Stunden etwas über Will Chapman gehört haben."

Es folgte eine Flut von Botschaften aus dem ganzen Land. Offensichtlich hatte Will im Laufe der letzten Jahre Dutzende von Kliniken und Entwicklungsprojekten besucht und dort irgendetwas gemacht, was einen nachhaltigen Eindruck hinterlassen hatte. Es schien, als ob ganz Ostafrika an unseren Sorgen Anteil nahm. „Ich habe nicht geahnt, was Will diesen Leuten hier bedeutet", sagte ich zu Daniel. Aber kein Mensch wusste etwas. Nach einer halben Stunde unterbrach Daniel die Diskussion. Er dankte allen Beteiligten für ihre Unterstützung und versprach, sich sofort wieder zu melden, sobald wir etwas wüssten. Dann meldete er sich ab und drehte auf die andere Frequenz zurück. Immer noch nichts.

„Er würde anrufen, wenn er es könnte", sagte Daniel.

„Lass es jetzt mit dem blöden Funkgerät." Ich stand auf und nahm den Umschlag in die Hand. „Du weißt doch, was passiert ist. Hobart hat ihn und er wird auch uns kriegen. Jetzt müssen wir machen, was er uns aufgetragen hat: Ibrahim anrufen. Und dann Marie-Heloise. Will braucht Hilfe und wir müssen hier raus."

Daniel drehte am Funkgerät, bis er auf Ibrahims Frequenz kam. Der Lautsprecher knackte und brummte. Unter den Störgeräuschen vernahmen wir ein leises, aber umso heftigeres

Gespräch zwischen einem Mann und einer Frau in einer völlig unbekannten Sprache. „Kommt doch, verschwindet hier von dieser Frequenz", murrte Daniel. Er trommelte mit den Fingern auf das Gehäuse. Als endlich eine Pause kam, drückte Daniel wieder auf die Mikrofontaste und sagte: „Klinik Zimmermann's Bend an Ibrahim Kharusi, Simba Airways, Sansibar. Kommen." Aber das Gespräch setzte sich gleich fort, unbeachtet seiner Worte. Daniel versuchte es noch einmal. Zum Schluss brüllte er „Haltet die Klappe!" ins Mikrofon, aber das Paar redete munter weiter. Das Gespräch artete in einen heftigen Streit aus. Sie schrien sich gegenseitig an. Die Frau brach in Tränen aus, während der Mann einige versöhnliche Worte sprach. Danach wurde der Ton wieder freundlicher, so dass sie zum Schluss laut auflachten und sich endlich wie alte Freunde voneinander verabschiedeten. Daniel versuchte es wieder, aber das Funkgerät knackte nur noch.

„Mensch, Daniel", sagte ich. „Will hat doch eine Satellitenverbindung! Wir können Ibrahim doch einfach anrufen."

Daniel schüttelte den Kopf. „Die hat er im Hangar, aber der ist abgeschlossen und er hat den Schlüssel mit. Wir würden die Tür niemals aufkriegen."

„Probieren wir wieder die Klinikfrequenz", sagte ich. „Vielleicht kann ihn jemand anders anrufen." Aber diese Frequenz war inzwischen tot. Nur das Zirpen der Grillen und das Quaken der Frösche störte die Stille im Haus. Die Kerosinlampe machte ein geheimnisvolles saugendes Geräusch, das mich irgendwie beruhigte.

„Sie liegen alle schon im Bett", sagte Daniel. „Es ist schon nach Mitternacht." Daniel griff nach Wills Laptop und schloss ihn an das Rundfunkgerät an. Er fuhr den Rechner hoch und schrieb Ibrahim eine kurze E-Mail, die mit den Worten endete: „Was sollen wir tun?"

Während die E-Mail minutenlang über die Hausantenne versendet wurde, sagte ich: „Schau mal, ob etwas für uns da ist."

„Wer sollte uns ausgerechnet jetzt eine E-Mail schreiben?", fragte Daniel. Trotzdem wartete er, bis der Laptop Stück für Stück die Verbindung mit dem Server in Dar aufnahm. Als das Bild endlich aufgebaut war, schaute er in seine Mailbox. „New Mail" stand da, und ein Name erschien in freundlichen blauen Buchstaben auf dem Bildschirm. „Marie-Heloise!" rief Daniel. Er klickte auf die Nachricht.

„Liebe Jenny, lieber Daniel", las er vor. „Euer Stiefvater ist entführt worden."

„Oh Gott!", sagte ich.

Einer von Hobarts Mitarbeitern hat es mir heute Abend verraten. Ich weiß nicht, wo er ist, aber ich fürchte, er ist in großer Gefahr. Aber passt gut auf: So entsetzlich das ist, nun seid ihr dran und ich auch, denn wir wissen einfach zu viel. Nun ist alles so gekommen, wie es kommen muss-te und wir müssen hier raus. Ich habe Angst. Wir stehen doch zusam-men, oder? Wie die Musketiere? Egal wo ihr jetzt seid, lasst alles stehen und liegen und nehmt morgen früh den Bus nach Iringa. Ich werde euch um 11.00 Uhr in Lulu's Café erwarten. Hobart ist irgendwo mit seinem Flugzeug unterwegs, aber ich habe einen Geländewagen ergattert. Hier ist mein Plan: Wir werden den ganzen Tag so lange fahren, bis wir Dar erreichen. Ich habe für uns ein Flugzeug nach Nairobi reserviert, und von dort aus können wir Interpol alarmieren, eure Mutter anrufen und auch eure Botschaft in Kenntnis setzen. Die werden Mr. Chapman helfen können, da bin ich mir sicher.

Wenn ihr diese Zeilen nur rechtzeitig bekommt! Denn ohne euch kann ich hier gar nicht weg. Ich kann mir nicht vorstellen, die ganze Strecke nach Dar alleine zu fahren, und ich würde mir nie verzeihen, wenn euch etwas zustoßen würde.

Ich brauche euch jetzt, Musketiere. Ich kann einfach nicht mehr. Lasst mich nicht im Stich. Bitte.
M.-H.

„Keine Frage", sagte Daniel. „Wir müssen morgen zu ihr fahren. So können wir auch die Unterlagen in Sicherheit bringen."

„Ja, schon, aber was ist mit Will?", fragte ich.

„Was erwartest du von mir? Marie-Heloise hat völlig recht – Will kann nur noch von außen geholfen werden." Daniel nahm mir den Umschlag aus der Hand. „Hobarts Organisation scheint das ganze Land im Griff zu haben. Die Untersuchungskommission muss diese Unterlagen bekommen, sonst ist alles verloren." Er tippte eine knappe Antwort und klappte den Rechner zu. „Komm, lass uns jetzt schlafen. Der Bus fährt schon um sieben."

38

„Habt ihr etwas von Bwana Chapman gehört?", fragte Joseph. Es war kurz vor Sonnenaufgang. Daniel und ich standen auf der Veranda und schnürten unsere Rucksäcke zu.

„Hobart hat ihn", sagte ich, „und er will den Umschlag. Joseph, es tut mir so leid, dass wir uns nicht mehr von euch verabschieden konnten, aber wir müssen von hier weg. Wir nehmen den Bus nach Iringa und dann wird Marie-Heloise uns zur Küste fahren. Wir müssen doch den Umschlag in Sicherheit bringen."

„Dann fahren wir zusammen, denn ich muss heute ebenfalls nach Dar zurück." Joseph zog seinen roten Schlips gerade. In seinem weißen Hemd und der schwarzen Hose sah er aus wie ein junger Geschäftsmann auf dem Weg ins Büro. Ganz anders als die Jungs zu Hause! „Sicherlich will die französische *mzungu* euch helfen, aber die Unterlagen werden nicht sicher sein. Der Weg ist lang. Wenn ihr wirklich gesucht werdet, dann wird euch doch jeder gleich erkennen."

„Vielleicht hast du recht", sagte Daniel. „Aber unsere Mutter ist weit weg von hier und Will ist verschwunden. Ibrahim ist nicht erreichbar. Marie-Heloise ist der einzige Mensch, der uns noch helfen kann. Ich weiß ehrlich nicht, was wir sonst noch tun können."

Joseph schüttelte den Kopf. „Ich fahre nach Dar und keiner wird mich bemerken. Ich nehme den Umschlag mit und bringe ihn zu Bwana Kharusi nach Sansibar. Wenn ich es klug anstelle und in Luganga umsteige und dann über Dodoma fahre, dann werde ich ganz unsichtbar sein."

„Joseph, du bist einmalig!" sagte ich.

„Fahrt doch mit mir nach Luganga mit", sagte Joseph. „Da wohnt ein alter Freund meines Vaters. Ich nenne ihn Onkel Walter. Er ist Polizist in der Station in Luganga. Vielleicht kann er uns helfen. Wenigstens können wir von dort aus versuchen, mit Bwana Kharusi zu telefonieren. Nehmt eure Fahrräder mit, damit ihr schnell zurückfahren könnt. Wenn er kommt, dann kann er euch rausfliegen, euch zu der französischen *Bibi* bringen, und dann könnt ihr alle nach Will suchen. Sicherlich kann er auch eure Freundin mitnehmen. Er kann auf jeden Fall im Streifenwagen nach Iringa fahren. Ihr werdet sehen." Er fasste Daniel und mich an den Händen. „Wenn wir zusammenhalten, werden wir alles schaffen."

Daniel und ich legten Tari am Klinikgebäude an eine Kette und stellten ihm eine volle Wasserschüssel hin. Anschließend sagten wir Anita und Veronica Bescheid, dass sie das Missionshaus bis auf Weiteres meiden sollten. Dann holten wir unsere Mountainbikes und fuhren zur Bushaltestelle, wo sich schon mindestens drei Dutzend Menschen versammelt hatten. Nur zwei ältere Damen wollten mitfahren. Alle anderen waren da, um Joseph eine gute Reise zu wünschen.

Als der Bus kam, packten der Fahrer und sein Assistent die beiden Fahrräder zu den anderen Gepäckstücken aufs Dach. Während Anita und andere Verwandte von Joseph Abschied nahmen, suchten Daniel und ich uns zwei Plätze auf den harten Sitzbänken. Der Fahrer startete den Motor und der Bus brauste in einer blauen Rauchwolke davon.

Wir fuhren eine volle Stunde auf der Sandpiste nach Luganga. Als wir im staubigen Hüttendorf ankamen und unsere Mountainbikes in Empfang nahmen, führte Joseph uns direkt zur Polizeistation, einem flachen Backsteingebäude mit einem Wellblechdach. Der Polizist am Schreibtisch umarmte Joseph und hob ihn mit seinen kräftigen Armen vom Boden, als ob er seit Josephs Geburt nichts anderes getan hätte. Er war fast zwei Meter groß. Sein Haar war kurz geschoren und sein Gesicht zierte ein knapper, gerader Schnurrbart, der so aussah, als hätte man ihn mit dem Lineal gezeichnet. Die beiden lachten und unterhielten sich kurz auf Kihehe. Als der Polizist Daniel und mich sah, runzelte er die Stirn. Joseph redete in ernstem Ton auf ihn ein, aber der Polizist schüttelte nur den Kopf. Er schwieg bedenklich lange, dann setzte er sich wieder an seinen Schreibtisch und gab uns einen Wink, dass wir uns ebenfalls hinsetzen sollten. „Jetzt ist eure Chance", wandte sich Joseph auf Kiswahili an uns. „Erklärt ihm, was passiert ist."

Uns so gut wie nur möglich in der schwierigen und immer noch ungewohnten Sprache ausdrückend, fingen Daniel und ich an, dem Polizisten die Sabotage am Flugzeug sowie Wills Verschwinden zu schildern. Der Offizier spielte die ganze Zeit über mit einem Kugelschreiber. Als wir fertig waren, blieb er eine Weile stumm sitzen und trommelte mit den Fingern auf dem Aktenstapel herum, der vor ihm lag. „Es tut mir sehr leid", sagte er endlich auf Englisch. „Ich bewundere eure Sprachfähigkeiten. Aber ich kann euch nicht helfen."

„Aber Sie müssen uns helfen!", rief ich. „Er ist vielleicht schon tot!"

Der Polizist schob die Akten weit von sich und legte seine Hände auf die Tischplatte. „Ihr versteht nicht. Bwana Chapman ist Ausländer und wir sind nicht für seine Bewegungen in diesem Land verantwortlich. Wenn ihr ihm helfen wollt, dann müsst ihr nach Daressalam fahren und mit dem amerikanischen Botschafter reden und anschließend am besten das Land verlassen. Ihr seid, glaube ich, gewarnt worden. Es gibt jedenfalls nichts, was wir tun können." Er stand auf und nickte in Richtung Tür. Joseph begann, ihm etwas auf Kihehe zu sagen, aber der Polizist schlug so hart mit der Faust auf die Schreibtischplatte, dass die Akten durcheinanderflogen.

„Könnten wir wenigstens von hier aus telefonieren?", fragte ich.

Der Polizist wies mit seinem rechten Arm zur Tür und erklärte damit das Gespräch für beendet.

„Ich verstehe das nicht. Walter ist sonst ganz anders", sagte Joseph, als wir wieder auf der staubigen Dorfstraße standen. „Er hätte euch bestimmt gern geholfen. Aber ich denke, er hat Angst. Richtig Angst. Es stand in seinen Augen geschrieben." Er schüttelte den Kopf. „Aber jetzt, wo er euch gesehen hat, seid ihr nicht mehr sicher. Fahrt schnell nach Hause und haltet euch versteckt. Vielleicht kann euch jemand mit dem Geländewagen wegfahren. Dort könnt ihr auch wieder versuchen, Bwana Kharusi zu erreichen."

„Und Marie-Heloise?", fragte Daniel. „Wir müssen doch ..."

„Sie auch, wenn du willst. Und nun kommt mein Bus. Keine Sorge, ich bringe die Dokumente nach Sansibar. Und wenn alles gut geht, sehen wir uns heute Abend dort."

„Danke." Daniel zog den Umschlag aus seinem Rucksack und legte ihn Joseph in die Hand. „Für alles."

„Sei bloß vorsichtig, Joseph", sagte ich. „Wir haben schon zu viele liebe Menschen verloren." Ich zögerte einen Augenblick, aber dann nahm ich meinen ganzen Mut zusammen und gab ihm einen Kuss auf die linke Wange. Der Daladala-Bus hielt quietschend an und hupte zweimal. Joseph lächelte mich kurz an, dann nahm er seine Reisetasche in die freie Hand und rannte über die Straße zum Bus.

39

Den Weg zurück schafften wir in anderthalb Stunden. Wir rasten im Zickzack den Sandweg entlang. Wir umfuhren Schlaglöcher und Spurrinnen, holperten über Steine, fuhren zwischen frei laufenden Hühnern hindurch und an langbeinigen, melancholisch aussehenden Massai und deren mageren Rindern vorbei. Als wir zur letzten ausgewaschenen Brücke kamen, wateten wir durch den flachen Fluss und schoben unsere Räder das steile Flussbett hinauf. Als wir oben ankamen, sahen wir schon von weitem den riesigen Akazienbaum und das rote Ziegeldach des Missionshauses.

Ein Brummen kam vom Himmel auf uns zu. „Will!", riefen wir beide und folgten dem Geräusch mit den Augen. Endlich! Ich atmete aus. Unser Alptraum war vorbei!

Aber dieses Flugzeug landete nicht – es startete gerade. Es stieg schnell vom Missionsgelände auf und flog direkt auf uns zu. Daniel griff nach mir und zog mich von der Straße weg unter einen Busch. Er warf mich auf die Erde und drückte meinen Kopf in den Staub. Ich schrie, riss meinen Kopf frei und schaute hoch. Dann sah ich es auch: Ein weißes Flugzeug mit roten Sonnenstrahlen auf den Flügeln, das fünfzig Meter über unseren Köpfen davonflog.

„Kopf runter!", rief Daniel. Aber der Pilot schien uns nicht gesehen zu haben. Die Maschine stieg immer höher und verschwand allmählich in Richtung Iringa.

Sobald die Maschine verschwunden war, kletterten wir wieder hoch und schwangen uns auf die Räder. Wir rasten am Akazienbaum vorbei und über die Flugpiste bis zum Missionshaus. Etwa dreißig Menschen standen auf der Veranda und schauten uns verwundert an: Anita, Veronica, James Mwamba, die drei Krankenschwestern und einige Leute aus dem Dorf. Bevor Daniel und ich das Missionshaus überhaupt erreichten, sahen wir, was passiert war. Bücher und Papiere lagen im Gras verstreut. Eins der Fenster war zerschlagen und die Haustür lag flach auf den Verandadielen.

„Sie haben alles kaputtgemacht." Anita schluchzte und legte ihre Arme um uns.

„Wer war es?", fragte Daniel.

„Bwana Hobart, dann dieser Portugiese, Figueira, und zwei weitere Männer. Kaum wart ihr weg, da kamen sie angeflogen und brachen die Haustür und die Hangartür mit Brechstangen auf. Dann stellten sie die Klinik auf den Kopf und zerstachen die Reifen vom Geländewagen. Ich sagte ihnen, sie sollten wieder weggehen, aber sie haben ein Gewehr auf mich gerichtet und gesagt, ich sollte ins Dorf verschwinden, sonst würden sie uns alle umbringen."

„Und Tari?", fragte ich. „Was haben sie mit Tari gemacht?"

„Als sie kamen, habe ich ihn angeleint und ihn schnell durch den Rosengarten zu mir nach Hause gebracht." Anita putzte sich die Nase. „Aber Hobart fluchte die ganze Zeit und wollte ihn zurückhaben. ‚Ich erschieße den Köter!', hat er immer wieder geschrien."

Wir traten durch den zerborstenen Türrahmen ins Wohnzimmer. Die Möbel lagen umgekippt auf dem Fußboden. Kissen und Bezüge waren aufgeschlitzt. Das Funkgerät war zertrümmert worden und Wills Laptop war verschwunden. Die anderen Räume sahen nicht besser aus. Wills und Christines Schlafzimmer war gänzlich auseinandergenommen worden. Auch das Esszimmer und die Küche waren völlig demoliert.

Dann stiegen wir zu unserem eigenen Zimmer hinauf. Die Eindringlinge hatten unsere Kissen und Matratzen aufgeschlitzt. Federn und Schaumgummifetzen lagen wie Rasierschaum auf den Dielen. Unsere Kommoden lagen umgekippt auf der Erde, ihr Inhalt in völligem Durcheinander im Zimmer verstreut. Einige der Holzdielen waren aufgerissen worden. „Sie waren hinter dem Umschlag her", sagte ich. In meinem Magen bildete sich ein Knoten. Was passiert mit Joseph, wenn sie ihn erwischen?

Wir stiegen die Treppe wieder hinab und gingen nach draußen. Wir spürten beide, wie uns alle anstarrten.

Nun gingen wir auf den Hangar zu. Von innen sah er aus, als hätte eine Granate eingeschlagen. Die Eindringlinge hatten die Türen aus den Angeln gehoben. Wills Arbeitsbank stand ramponiert an der Wand. Überall lagen Werkzeuge und Ersatzteile herum. Außerdem war der Schlüsselschrank aufgebrochen worden.

Mitten im Chaos stand die Cessna. Die Türen standen offen, das Landkartenfach hing lose herunter, sein Inhalt war ebenfalls durchsucht worden. Die vorderen Bodenbretter waren aufgeschlagen. Irgendjemand hatte offenbar jeden Zentimeter davon abgetastet.

Wir gingen schweigend zum Haus zurück. „Haben sie sonst noch etwas gesagt?", fragte Daniel Anita.

Anita saß auf der obersten Verandastufe und wischte sich die Tränen mit einem weißen Taschentuch ab. „Sie fragten immer wieder nach euch. Ich habe nichts gesagt, aber als sie zum Schluss entdeckten, dass eure Fahrräder weg waren, starteten sie wieder. Sie suchen nach euch!"

Ich griff nach Daniels Hand und riss ihn mit mir in den Hausflur. „Wir müssen etwas tun!", zischte ich. „Jetzt und sofort! Sie suchen uns und den Umschlag. Dieser Polizist hat uns verraten – und er hat bestimmt auch Joseph verraten.

Wenn sie uns auf der Straße nicht finden, werden sie sofort umdrehen und dann ist alles vorbei!"

Wir traten beide ins Wohnzimmer, wo Daniel seine Finger über das zerschlagene Gehäuse und die durchtrennten Drähte des Rundfunkgeräts gleiten ließ. „Wenn sie auch Marie-Heloise haben ...? Wir können ihr nicht einmal eine E-Mail schreiben."

„Ich weiß." Ich ging auf und ab. „Daniel, wir müssen weg. Sofort."

Daniel setzte sich hilflos auf den Fußboden. „Wir können niemanden mehr um Hilfe rufen. Und wir können uns nicht verstecken. Wir haben nur noch unsere Fahrräder. Und unsere Füße. Aber sie haben ein Flugzeug. Sie können jeden Augenblick wiederkommen."

Ich ging weiter auf und ab. Dann nahm ich ein altes Exemplar des MONITOR in die Hand. Ich blätterte die Zeitschrift hektisch durch, dann drehte ich mich um und schleuderte sie mit meiner ganzen Kraft zur Tür hin. Ich verfehlte aber das Ziel und das Heft traf den WWF-Kalender, der sich von seinem Nagel löste und zu Boden fiel. Ich bückte mich und hob ihn wieder auf. Das Blatt für Oktober lag noch aufgeschlagen. Ich blätterte automatisch zum nächsten Monat: November. Über dem Kalenderblatt prangte das Hochglanzfoto von zwei Störchen, die am Ende ihrer langen Reise aus Europa auf einer ostafrikanischen Feuchtwiese landeten.

Will hat dieses Foto gemacht, dachte ich. *Wo steckt er jetzt bloß ...?*

Meine Augen trafen auf das Kästchen für den 1. November, das mit einem großen schwarzen „X" markiert war. Dasselbe „X", das ich selbst drei Monate zuvor dorthin gemalt hatte. „Es ist wirklich komisch", sagte ich laut. „Heute ist der Tag, an dem wir unsere Soloflüge machen sollten. Wir wollten endlich beide so richtig erwachsen sein. Und stattdessen sitzen wir nun hier – genauso hilflos wie zwei neugeborene Kinder."

Daniel stand auf und schaute sich die beiden Störche an. „November – die Rückkehr der Korongo", sagte er langsam. „So hat Joseph diese Zeit genannt. Ich frage mich ..." Er dachte einige Augenblicke nach. „Jenny ..." Daniel sah mich an. „Wir sind gar nicht hilflos. Wir wissen uns sogar sehr gut zu helfen. Komm mit!"

„Wohin?"

„Zum Hangar. Komm doch, wir müssen uns die Cessna genauer anschauen. Sie sah gar nicht beschädigt aus."

„Siehst du, was ich meine?", sagte er einige Minuten später im Hangar. „Die Maschine ist fast unberührt geblieben! Die Türen sind nicht einmal aufgebrochen. Siehst du, der Schlüssel steckt! Es war bestimmt nicht Hobart, der das Flugzeug durchsucht hat, sondern Figueira, sein Pilot, der ein so wertvolles Flugzeug nicht unnötig beschädigen wollte. Ich glaube, sie fliegt noch."

„Willst du, dass wir hier rausfliegen?" Ich schüttelte den Kopf. „Mein Gott, Daniel, wir haben nicht einmal unsere Soloflüge gemacht."

„Heute ist der 1. November", sagte er, „und wir werden unsere Soloflüge jetzt durchziehen, genau wie es geplant war. Hilf mir, sie auf die Flugpiste zu schieben."

Während Daniel den Haken anschloss, löste ich die Bremse. Gemeinsam rollten wir die Maschine ins Sonnenlicht. Daniel sprang auf den Pilotensitz und überprüfte den Steuerknüppel und die Instrumente. Dann bereitete er den Motor vor und ließ ihn an. Er fuhr ihn mehrmals hoch und runter und überprüfte alle Klappen. „Alles in Ordnung, soweit ich feststellen kann." Er stellte den Motor wieder ab. „Wenn die wüssten, dass wir fliegen können!"

„Vielleicht könnten wir es irgendwie bis Sansibar schaffen ..."

„Vergiss Sansibar!", sagte Daniel. „Wie sollen wir dort unerkannt durch den Luftraum kommen? Sobald sie erfahren, dass wir weg sind und selber am Steuer sitzen, werden sie uns dort am Flughafen abfangen. In Iringa genauso." Er sprang wieder hinunter. „Hör mal, Jenny, wir haben doch Flügel! Wir können fliegen! Und wir müssen Will finden, bevor es zu spät ist! Das haben wir Christine doch versprochen, weißt du's nicht mehr?"

„Aber wenn schon ... wo wollen wir ihn suchen? Und was ist mit Ibrahim? Und Marie-Heloise?"

„Ibrahim wird schon erfahren, dass wir in Schwierigkeiten sind, wenn Joseph heute Abend aufkreuzt – solange ihn sein toller Onkel Walter nicht vorher verhaften lässt. Und wir werden uns bei der ersten Gelegenheit bei Marie-Heloise melden – sie ist jetzt ohne uns besser dran. Und hör mal – ich habe schon ein paar Ideen, wo wir Will suchen können. Aber wir müssen wirklich los."

„Du hast vielleicht Vorstellungen!" Ich drehte mich um und ging wieder auf das Missionshaus zu. Was für ein Plan! Wie sollte das alles gehen? Wie sollten wir uns in einem Land zurechtfinden, das fast dreimal größer war als die Bundesrepublik und dessen die Sprache wir noch nicht beherrschten? Und das alles aus der Luft! Diese Idee würde sogar den erfahrensten Buschpiloten und den gewieftesten Polizeiermittler komplett überfordern. Wir würden auf keinen Fall überleben, geschweige denn, Will retten. Es war totaler Wahnsinn.

Daniel hatte sie nicht mehr alle. Wirklich.

Aber ...

Ich blieb stehen.

Aber was bleibt uns anderes übrig?

Und wer sagt überhaupt, dass wir das nicht können?

Und was Will betrifft – wer sollte ihn sonst suchen, wenn nicht wir?

Ich ging noch drei Schritte – und lief dann wieder zu Daniel zurück. Nun strahlte ich übers ganze Gesicht.

Ohne ein weiteres Wort zu sagen, fingen Daniel und ich an, Vorräte zu sammeln. Wir fischten drei volle Ölbüchsen und einen Ölfilter aus den Trümmern des Hangars. Ich füllte einen Fünfliterkanister mit Trinkwasser und den Zwanzigliter-Reservekanister mit Benzin. Daniel griff nach einer Handvoll Landkarten und entdeckte ein Tarnnetz, das er zusammenrollte und in den Frachtraum hinter den Passagiersitzen warf. Die Notausrüstung im Flugzeug enthielt schon ein Zelt, ein Moskitonetz, ein Bodentuch, einen Erste-Hilfe-Koffer, Notrationen, einen Spirituskocher, einen Kompass, eine Taschenlampe, Werkzeuge und ein Messer. In der verwüsteten Küche sammelten wir ein Paket Knäckebrot, einen Karton Kekse, ein Bündel Fingerbananen und so viele Konservenbüchsen zusammen, wie wir auf die Schnelle finden konnten. Aus dem Chaos in den Schlafzimmern retteten wir einige T-Shirts, kurze Hosen, Jeans, Pullover und zwei Sonnenbrillen.

Ich schnappte noch eine Flasche Sonnencreme und eine Packung Tampons, dann band ich meine losen Haare zu einem Zopf und setzte mir das Basecap auf. Ein frisches Tagebuch und eine Handvoll Bleistifte kamen in die Außentasche meines Rucksacks. Ich musste diese Geschichte unbedingt festhalten! Daniel stopfte eine Handvoll tansanische Shillingi-Scheine – unsere sämtlichen Ersparnisse – in seine Jeanstasche. Es war nicht viel, aber genug, um mindestens einmal vollzutanken. Wir schnürten unsere Rucksäcke zu, dann nahmen wir unsere Schlafsäcke unter den Arm und liefen zum Flugzeug zurück.

„Wo geht ihr hin?", rief uns Anita von der Veranda entgegen.

„Wir müssen Bwana Chapman suchen", sagte ich. „Wenn diese Leute wiederkommen, sag ihnen einfach, Ibrahim ist gekommen und hat uns rausgeflogen. Sie dürfen unter keinen Umständen erfahren, dass wir selber fliegen können!"

„Und was soll ich eurer Mutter und Bwana Kharusi sagen, wenn sie sich melden?"

„Sag ihnen nur, dass wir unseren Vater suchen", sagte Daniel.

Anita nickte stumm, dann drehte sie sich um und lief den Weg ins Dorf zurück.

Wir warfen alles auf einen Haufen und beluden die Cessna. Die Kanister und Schlafsäcke kamen in den Frachtraum. Die Rucksäcke mit den Nahrungsvorräten kamen unter die Passagiersitze. Als die Maschine vollgepackt war, nickten wir uns wortlos zu und nahmen unsere Plätze ein. Daniel, der sich auf den Pilotensitz setzte, ließ den Motor an.

„Tari!", rief ich. „Was machen wir mit Tari?"

„Er bleibt hier", sagte Daniel. „Wir haben bestimmt schon zu viel Gewicht, und er würde uns nur im Weg sein."

„Aber Hobart bringt ihn um, wenn er ihn in die Finger bekommt! Er hatte ihm doch diesen Sender verpasst. Weißt du nicht, dass sie das Dorf auf den Kopf stellen werden, wenn sie uns nicht finden? Und dann wird er sich an Tari rächen!"

„Jenny, sie können jeden Augenblick zurückkommen!", rief Daniel.

Aber ich sprang aus der Tür und lief los. Schon rannte mir Tari japsend entgegen. „Hinein mit dir!", sagte ich. Tari sprang auf den Rücksitz und winselte. Ich machte die Tür zu und schnallte mich an. Dann prüfte Daniel die Windrichtung, löste die Bremse und lenkte die Cessna über die Piste am Missionshaus vorbei bis zum äußersten Ende des Klinikgeländes. Dann drehte er sie in den Wind und drückte auf die Bremspedale. „Bist du so weit?", fragte er.

„Worauf wartest du noch?" Ich setzte mir die Kopfhörer und die Sonnenbrille auf. „Mach schon."

Daniel gab Vollgas und löste die Bremse.

40

„Afrika ist doch riesig." Ich schaute aus dem Fenster auf das schmale braune Band des Ruaha-Flusses, das sich gerade unter uns entlangschlängelte. Die Cessna schaukelte in den Böen, so dass ich mich am Türgriff festhalten musste. „Und Will könnte überall sein. Vielleicht haben sie ihn schon nach Belgien oder Gott weiß wohin verschleppt. Wenn er überhaupt noch am Leben ist. Wo willst du ihn suchen?"

Daniel drosselte den Motor und setzte sich seine Sonnenbrille auf. „Wir müssen erst mal herausbekommen, wo er sein könnte. Dann müssen wir jede Möglichkeit durchgehen. Eine nach der anderen."

„Aber wo sollen wir überhaupt anfangen?"

„Fangen wir mit dem Labor in den Bergen an. Da entdecken wir bestimmt ein paar Anhaltspunkte."

Ich verdrehte die Augen. „Hast du ein Rad ab, oder was? Das ist jetzt unser erster Soloflug, und du willst die Maschine ausgerechnet auf dieser Piste landen? Sogar Will ist dabei ins Schwitzen gekommen!"

„Glaub mir, ich habe die Piste nicht vergessen", sagte Daniel. „Aber wir waren schließlich auch dabei und ich habe mir alles gut gemerkt. Wenn ich ein paar Anläufe mache, dann schaffe ich es bestimmt. Oder hast du eine bessere Idee?"

„Und wenn da jemand ist und auf uns wartet? Hobarts Leute sind doch bewaffnet!"

Daniel drehte am Trimmrad. „Streng mal dein Gehirn an. Wenn tatsächlich jemand mit einem Flugzeug oder Geländewagen da ist, werden wir's von der Luft aus sehen. Ich mache mir nur Sorgen wegen der Zeit. Es ist schon nach drei und wir haben nur noch ein paar Stunden Sonnenlicht. Wir müssen den Weg dorthin finden, landen, irgendwie hineinkommen, das Labor durchsuchen, von dort verschwinden und einen Platz zum Übernachten finden, alles in den nächsten drei Stunden."

„Ja ja, alles ganz einfach. Ein Klacks."

„Verdammt noch mal, Jenny, hast du einen besseren Plan?"

Ich streichelte Tari über den Kopf. Dabei schaute ich nach unten und sah, wie die rauen Hügel des Parks unter uns hinwegglitten. „Sei nicht blöd, Daniel", sagte ich. „Du weißt doch, dass ich keinen Plan habe. Wenn's Will hilft, bin ich dabei. Aber ... übe vorher ein paar Mal, in Ordnung?" Ich zog eine Landkarte des Parks aus dem Kartenfach. Ich ließ meinen Zeigefinger über die Karte gleiten und fand die Berge und den Fluss, der sich durch den Park schlängelte. An einer Stelle hatte Will eine winzige Flugpiste eingezeichnet, dazu die genauen Koordinaten. „Okay, ich hab's", sagte ich und schaute auf das GPS und den Kompass. Ich trug unsere genaue Lage auf der Karte ein. „Dreh auf zweihundertsechzig Grad und flieg geradeaus weiter." Schon nach wenigen Minuten stiegen die Berge wieder vor uns auf. „Weißt du wirklich, was du da machst?", fragte ich.

„Ja doch", antwortete Daniel. „Jedenfalls ... so ungefähr."

Wir sprachen die Ereignisse jenes Tages, der inzwischen einige Wochen zurücklag, mehrmals durch. Wie hatte Will es geschafft, die Maschine auf einer so kurzen Piste zu landen?

Zunächst die Piste orten. Sie umkreisen, bis man die Windrichtung ausgemacht hatte. Motor bei voll ausgefahrenen Landeklappen leer laufen lassen. Fahrwerk ausfahren. Anflug aus dem rechten Winkel. Seitengleitflug. Dann Vollgas geben. Aufsetzen, Motor drosseln, Vollbremsung. War es so ...?

Die Berge standen schon unter uns. Daniel entdeckte den Fluss und einige Minuten später zeigte er auf das funkelnde Wellblechdach der Hütte in der Nachmittagssonne. Er umkreiste die Stelle in einem weiten Bogen und brachte die Maschine langsam tiefer. Dann drehte er scharf nach rechts ab und überflog die Bergschlucht in einer Höhe von circa fünfhundert Metern. „Aufgepasst, gleich sehen wir die Hütte und die Piste", sagte Daniel. „Ich brauche die Windrichtung. Siehst du den Windsack schon?"

Ich schaute durch den Feldstecher. „Ich habe ihn. Er bewegt sich kaum, aber es sieht so aus, als ob ein leichter Seitenwind aus Nordnordost weht."

Die Berge brannten noch von der Tageshitze und Daniel musste gegen die Turbulenzen kämpfen, während er die Maschine wendete, um seinen ersten Versuch zu starten.

„Daniel, du bringst uns um. Ich meine – wirklich. Versuch' doch ein paar Probelandungen."

„Ja, klar doch", sagte Daniel. Er schwitzte noch, atmete jetzt aber leichter. Nun flog er in einem großen Bogen um die Berge. Wieder an der Schlucht angelangt, legte er die Maschine in die Kurve und flog so tief er konnte am Fluss entlang. An welchem Punkt hatte Will den Sinkflug begonnen? Ich glaube, wir wussten es beide nicht mehr. Und wo war die Piste jetzt? Sie lag doch an einer Biegung des Flusses, wo die Schlucht am breitesten war. „Okay, okay", sagte Daniel. „Ich sehe die Piste noch nicht, aber sie muss kurz vor uns liegen. Wir beginnen den Sinkflug, wenn wir die Baumgruppe da vorn erreicht haben. Präg dir die Stelle gut ein, verstanden?" Ich nickte. Daniel wartete, bis wir uns über den Akazien befanden. Dann ließ er den Motor leer laufen, stellte den Landescheinwerfer an und ließ die Landeklappen voll ausfahren. Die Cessna bockte wie ein Pferd, warf ihre Nase nach oben und flog zuerst höher. Daniel hielt die Nase hoch und wir begannen plötzlich wie ein Expresslift in die Tiefe zu sausen. Dreißig Meter, sechzig Meter – hundertfünfzig Meter in weniger als einer Minute. Der Fluss raste uns entgegen.

„Wir überziehen!", rief ich. Daniel stieß einen Fluch aus und jagte den Motor hoch. Dann fuhr er die Klappen wieder ein und kippte die Nase der Maschine wieder nach unten. Wir fielen noch weitere zwanzig Meter, bis die Cessna genug Antrieb hatte, um sich von dem Strömungsabriss zu erholen. Dann, nur noch wenige Zentimeter vom Wasser entfernt, sprang die Cessna wieder nach vorne. Die Spitze der rechten Tragfläche platschte ins Wasser und spritzte die Scheiben voll. Die Flugpiste sauste rechts an uns vorüber.

„Du hast uns fast umgebracht!", schrie ich. „Bist du durchgeknallt oder was?"

Daniel wischte sich den Schweiß aus den Augen. Er zitterte am ganzen Körper, als er die Maschine langsam wieder aus der Schlucht steuerte. Der Testosteronschub, der ihn offenbar bis jetzt getragen hatte, schien ihn ganz verlassen zu haben. „Ich habe den Sinkflug einfach ein paar Sekunden zu früh begonnen", sagte er. „Und der Antrieb hat nicht ausgereicht. Ich übe es noch mal."

„Du darfst nicht einfach so absacken!", sagte ich. „Wenn du es wieder so machst, dann stürzen wir bestimmt in den Fluss. Und außerdem, hat nicht Will das Fahrwerk vorher ausgefahren?"

Daniel hatte tatsächlich das Fahrwerk vergessen. Und warum hatte er unnötigerweise den Landescheinwerfer eingeschaltet? Eine Gewohnheit wahrscheinlich. Komisch, dass man bei so wenigen Stunden in der Luft schon Gewohnheiten entwickelt.

Als wir wieder über den Bergen waren, wendete er und flog eine Platzrunde. Schon bereitete er sich auf eine zweite Übung vor. Ich schaute auf die Uhr am Instrumentenbrett. 15.47

Uhr. Das ließ uns nicht viel Zeit, um bis zum Anbruch der Dunkelheit alles zu erledigen. Er flog tiefer. Dieses Mal wählte er einen Punkt aus, der etwa zweihundert Meter hinter den Bäumen lag. Als erstes fuhr er das Fahrwerk aus. Dieses Mal hielt er die Nase weiter nach unten. Wir kamen langsamer hinunter, so langsam, dass in dem Augenblick, wo wir gerade hoch genug waren, um scharf nach rechts abzudrehen und zur Landung anzusetzen, die Piste inzwischen weit hinter uns lag. Aber wenigstens sackten wir dieses Mal nicht ab. Daniel brachte uns wieder aus der Schlucht hinaus und flog eine erneute Platzrunde. 16.05 Uhr. Beim dritten Anlauf wurde Daniel von einer Windböe aufgeschreckt und brach die Landung ab. Beim vierten Versuch wählten wir gemeinsam einen Punkt aus, der direkt zwischen den beiden anderen lag. Fahrwerk raus, Gashebel raus, Klappen raus. Dieses Mal sanken wir so sanft wie ein Eichenblatt im Herbst. Nach genau einer Minute tauchte die Flugpiste an unserer rechten Seite auf. „Jetzt haben wir's!", sagte Daniel. Er fuhr den Motor hoch und flog uns wieder hinaus. „Das nächste Mal landen wir richtig!" 16.30 Uhr. Die Bergschatten wurden länger und schon jetzt lag das hintere Ende der Flugpiste im Dunkeln.

Ein Probelauf war das eine. Aber eine echte Landung – wie viele Versuche würde er dann bekommen, bevor wir in den Fluss stürzten oder gegen den Berg prallten? Ich sah den Schweiß auf seiner Stirn perlen. Seine Hände zitterten und der Steuerknüppel sah feucht und seifig aus. *Wie wird es Will helfen, wenn wir uns hier auf dieser einsamen Piste umbringen?*, fragte ich mich. Sollten wir nicht doch direkt zu Ibrahim fliegen?

Ich sah Daniel ins Gesicht. Nun taten mir meine harten Worte leid. Schließlich mussten wir beide jetzt zusammenhalten. „Immer mit der Ruhe", sagte ich. „Schaffst du schon." Daniel nickte.

Aber ich war nicht so sicher. Zwar hatte Will es geschafft. Er hatte die Erfahrung und die Instinkte, um Situationen wie diese zu meistern. Wir dagegen hatten nur ein paar Monate sporadischen Flugunterrichts gepaart mit einer schwammigen Erinnerung an das, was wir dachten, das er vielleicht gemacht hat. Und wie hatte er es überhaupt gemacht? Scharf nach rechts drehen, dann Vollgas, die Nase nach unten, landen, voll auf den Bremspedalen stehen, bevor wir gegen die Felsen prallen ...?

Daniel flog in die Schlucht hinein und wartete, bis er den Punkt hinter den Bäumen überflog, um mit der Landung zu beginnen. Fahrwerk raus, Gashebel raus, Klappen raus. Wir verloren rasch an Höhe. Die Flugpiste tauchte auf der rechten Seite auf. Daniel kippte die Maschine scharf nach rechts.

Zu scharf.

Die Cessna schlingerte und sackte kurz ab. Und da stand die Flugpiste schon vor uns. Daniel schob den Gashebel voll hinein. Der Motor brüllte auf. Wir flogen geradezu auf die Piste, sieben Meter überm Wasser. Aber wir hatten noch dreißig Meter bis zum Ende der Piste und sanken immer tiefer. „Verdammt!" rief Daniel. Er drückte auf den Schalter für die Landeklappen und fuhr sie wieder ein. Dann zog er den Steuerknüppel leicht nach hinten und kippte die Maschine nach links ab. Das Flugzeug erhob sich wieder in die Luft, überquerte das Laborgelände und streifte die Dachplatten der Hütte mit einem der Reifen. Tari bellte.

„Ich glaub's einfach nicht!", schrie ich, als Daniel die Maschine wieder geraderückte und uns langsam aus der Schlucht hinausflog. „Du hast keine Ahnung, wie man ein Flugzeug bedient!" Meine Augen blitzten. Ich brüllte ihn weiter an, während wir die Schlucht unter uns zurückließen und zum sechsten Mal den großen Bogen begannen. „Jetzt fliege ich!" Ich griff nach meinem Steuerknüppel.

„Aber du kannst nicht ...", setzte Daniel an.

„Du wirst schon sehen, was ich kann."

Ich war zu konzentriert, um an meine Angst zu denken. *Ich muss es schaffen*, dachte ich. *Ich muss ihm beweisen, dass ich alles kann, was er kann, sogar besser.*

Und schon ging es los. Fahrwerk raus, Gashebel raus, Klappen raus. Wir kamen noch sanfter herunter als zuvor. *Ich kann es schaffen*, dachte ich. *Ich werde es schaffen!* Die Flugpiste tauchte genau im richtigen Moment auf. Ich legte die Maschine in die Kurve und flog direkt darauf zu. Ich schob den Gashebel voll ein. Die Maschine flog über das Ende der Flugpiste hinweg – und flog immer weiter, dem Berghang entgegen. „Wir sind zu hoch!", brüllte Daniel. „Hol' uns hier raus!" Ich warf den Steuerknüppel nach links. Daniel griff nach dem Schalter für die Landeklappen und fuhr sie ein. Wir flogen direkt auf das Labor zu, bis eine plötzliche Windböe uns nur Sekunden vor dem Aufprall darüber hinwegtrug. Die Cessna bockte und kippte fast um. Tari heulte. Ich stabilisierte die Maschine erst, nachdem wir wieder über dem Fluss waren, und brachte sie wieder nach oben. „Du hast nicht einmal an die Landeklappen gedacht", sagte Daniel. Ich brachte kein Wort heraus.

Daniel übernahm den Steuerknüppel. Fünf Minuten vergingen.

„Das ist doch Wahnsinn, Daniel", sagte ich, als wir wieder über den Bergen waren. „Wir sind doch keine Buschpiloten. Wir sind überhaupt keine Piloten. Denk mal, wie schwer das Flugzeug jetzt ist mit all unserem Gepäck. Und schau, wie spät es schon ist – fast 17.00 Uhr. Bald wird es eh zu dunkel sein."

Daniel schüttelte den Kopf. „Vielleicht schaffst du es nicht, aber ich schaffe es schon. Du weißt, dass wir keine Alternative haben. Wir haben noch genug Tageslicht für einen letzten Versuch." Er vollendete unseren siebten Kreisbogen zur Schluchtmündung.

342

Er begann den Sinkflug und folgte dem Flusslauf. Obwohl die Sonne grell loderte und der Himmel weiterhin hell und blau war, lagen lange Schatten über der Schlucht. Die Bäume, die uns als Orientierung dienten, waren nicht mehr zu sehen. Eine plötzliche Windböe ließ Daniel aufschrecken und er brach das Manöver ab.

„Oh Gott!", sagte ich und legte einen Arm übers Gesicht.

Daniel sagte nichts, sondern flog wieder nach oben und begann den achten Kreisbogen über den Bergen. 17.25 Uhr. Die Kraftstoffanzeige lag schon unter halbvoll. Daniel schaute zu mir herüber. *Komm, mach schon*, nickte ich ihm zu. Daniel lächelte schwach, dann begann er einen letzten Sinkflug. Als ich ihn im Profil erblickte, erinnerte er mich plötzlich an einen anderen Piloten – einen wilden, lachenden Piloten, der ebenfalls ein Flugzeug durch die Berge steuerte ... Ich verdrängte den Gedanken und schaute geradeaus.

Daniel atmete einmal tief durch und begann die Routine von neuem: Fahrwerk, Gashebel, Klappen, Landescheinwerfer. Nein, wozu wieder der Landescheinwerfer? Er schaltete ihn wieder aus. Daniel legte die Maschine in eine Rechtskurve und steuerte auf die Flugpiste zu, die noch im Licht lag. Sieben Meter vor dem Anfang der Flugpiste gab er Vollgas. Die Maschine sank langsamer und sprang nach vorn. Gerade als wir das Ende der Piste überschritten, kippte Daniel die Nase der Maschine nach unten und würgte den Motor ab. Wir flogen weiter – drei Meter, acht Meter, zehn Meter – der Felswand entgegen ...

41

Die Cessna sackte ab und landete mit einem dumpfen Knall auf der staubigen Flugpiste. Daniel stellte sich voll auf die Bremspedale, während die Maschine weiter nach vorn rollte. Gerade rechtzeitig bevor wir in die Felsen hineinrollen konnten, ließ Daniel das rechte Pedal los und drückte das linke Ruderpedal mit der Ferse. Die Maschine drehte sich im Kreis und kippte fast um, dann blieb sie einen knappen Meter vor den Felsen stehen.

Wir konnten die Türen nicht schnell genug aufkriegen. Ich warf mich in den Staub und lachte. Tari sprang mir hinterher und leckte mir das Gesicht. Daniel setzte sich einfach hin und legte seinen Kopf in die Hände. *Ich habe es doch geschafft!*, stand in seinem Gesicht geschrieben. Eine volle Minute saß er so, dann stand er auf und schüttelte den Staub von seinen Jeans. „Wir können uns nicht ausruhen, Jenny. Es ist schon nach halb sechs und bald ist das Sonnenlicht ganz weg." Er zog den Werkzeugkasten und eine Brechstange hinter dem Rücksitz hervor. Gemeinsam breiteten wir das Tarnnetz über die Maschine, damit sie aus der Luft nicht gesehen werden konnte.

„Was ist mit der Alarmanlage und den Kameras?", fragte ich.

„Die Anlage muss an ein Funkgerät angeschlossen sein", sagte Daniel. „Es sendet dann ein Signal über die Antenne da." Ich schaute nach oben und sah, wie ein Sendemast auf einem Berg im Abendlicht funkelte.

„Es gibt bestimmt ein Kabel", sagte ich. „Gib mir die Drahtschere." Daniel wühlte im Werkzeugkasten und holte eine Drahtschere hervor, während ich anfing, den Boden zwischen der Hütte und der Steinwand abzusuchen. Am Ansatz der Felswand, zwischen zwei Felsbrocken, erblickte ich einen dicken Draht, der ein Stück weiter steil nach oben führte. Ich legte die Drahtschere an. Sie kratzte nur an der Oberfläche, egal wie hart ich drückte. „Das Kabel ist mit Stahl umhüllt!", rief ich. „Wir bräuchten eine Säge, um durchzukommen!"

„Haben wir nicht." Er wühlte weiter im Werkzeugkasten und schüttelte den Kopf. „Es gibt vielleicht eine andere Lösung." Er schaute zum Berggipfel hinauf, und bevor ich etwas sagen konnte, setzte er sich schon in Trab. Tari raste ihm hinterher.

„Was willst du da oben?", fragte ich.

„Wirst schon sehen." Wie eine Bergziege stieg er den Trampelpfad nach oben. Nach knapp zehn Minuten stand er an der Antenne. Er betrachtete sie einen Augenblick, dann kletterte er an ihr hinauf und hängte sich an sie dran. Plötzlich blitzte die Antenne im Sonnenlicht auf, während sie langsam und dann immer schneller zur Seite kippte. Als sie sich der Erde entgegenneigte, sprang Daniel wieder hinab und begann den Abstieg. „Nun sind wir unsichtbar", sagte er, als er wieder bei mir war. „Jedenfalls bis sie wieder hierherfliegen und sich die Bilder vor Ort ansehen."

Wir holten das Brecheisen und zwei Taschenlampen aus dem Gepäckraum des Flugzeugs. Dann schlossen wir Tari im Cockpit ein und schritten einfach durch die Lichtschranken und an den laufenden Kameras vorbei. Das Labor war genauso verschlossen und verlassen wie bei unserem letzten Besuch. Daniel steckte ein Ende des Eisens in einen Fensterrahmen und wir stemmten beide unser volles Gewicht gegen das andere. Es gab ein lautes Krachen, als das Fenster aus dem Rahmen herausbrach. Die Alarmanlage heulte los und über der Tür fing ein blaues Licht an zu blinken. Daniel nahm die Brechstange in beide Hände und schlug so lange auf das Licht und die Sirene ein, bis wieder Ruhe einkehrte.

Ungeachtet der Bewegungsmelder kletterten Daniel und ich durchs Fenster und fingen an, das Labor auseinanderzunehmmen. Daniel brach den Schreibtisch und die Aktenschränke mit dem Brecheisen auf. Ich wühlte die Ordner durch und überflog ihren Inhalt im Licht der Taschenlampe. „Nichts!", sagte ich. „Lauter Zahlen! Was sollen wir mit Zahlen?" Daniel warf das Brecheisen weg und holte selbst einen Arm voll Akten aus dem Schrank. Tabellen, Berichte, Gebrauchsanweisungen für technische Geräte. Er ließ die Papiere zu Boden fallen und drückte den Netzschalter an einem der Computer. Kein Strom. Das Licht, das durch den offenen Fensterrahmen zu uns hindurchdrang, wurde ohnehin von Minute zu Minute schwächer.

Nach einer Viertelstunde glich das Labor einem Altpapiercontainer. „Ich fürchte, wir werden hier doch kein Glück haben", sagte Daniel und warf das Brecheisen klirrend auf den Seziertisch. „Vielleicht war das doch keine so gute Idee. Komm, hauen wir ab, bevor es zu dunkel wird."

Ich überblickte das Labor ein letztes Mal im Schein meiner Taschenlampe. Was hatten wir bloß angerichtet – kaputte Möbel, Papiere und Glassplitter überall. Wir waren genauso schlimm wie Hobart und Figueira! Ich musste lachen. „Das Einzige, was wir nicht kaputtgeschlagen haben, ist ihr Waffenarsenal. Komm, wir werfen die Dinger in den Fluss. Dann können sie wenigstens erst mal keine armen Tiere erschießen."

„Mit Vergnügen", sagte Daniel und legte das Brecheisen an.

„Warte!" Ich richtete meine Taschenlampe auf das untere Ende des Bretts. Ich griff mit meiner rechten Hand hinter die

Gewehrkolben und zog ein zusammengefaltetes Blatt Papier heraus. „Da hat jemand eine Landkarte verloren!" Wir kletterten beide aus dem Fenster und setzten uns auf die Erde, wo wir die Landkarte ausbreiteten und in den letzten Sonnenstrahlen untersuchten. Sie zeigte ganz Tansania mit der Lage und den Koordinaten aller Flughäfen im Land. Dazu waren mehrere kleine Kritzeleien zu sehen, die offensichtlich einfache Buschpisten darstellen sollten. „Das muss es sein, wonach wir gesucht haben", sagte ich. Die Piste in der Schlucht war angezeigt, dazu eine weitere im Ruaha-Park. Drei andere lagen im Westen des Landes: Bei Njombe, Mbeya und Matema. Eine weitere bei dem Dorf Sibwesa lag an den Ufern des Tanganyikasees. Weitere Pisten lagen im Norden am Fuße des Kilimanjaro.

„Immerhin etwas", sagte Daniel. Er faltete die Karte zusammen und steckte sie in seine Hosentasche. „Komm jetzt. Wenn wir nicht sofort losfliegen, müssen wir die Nacht hier verbringen." Wir rasten zum Flugzeug zurück. Daniel ließ die Parkbremse los und gemeinsam schoben und zogen wir die Maschine herum, so dass ihre Nase im seichten Abendwind stand, der sich inzwischen gedreht hatte und nun vom Fluss her wehte. Wir schoben sie so weit zurück, dass das Heck gegen die Felswand kratzte. Daniel wollte gerade auf den Pilotensitz springen, als ich ihn an den Schultern packte. „Nein, dieses Mal nicht. Ich starte. Vielleicht war es deine Idee, hierher zu kommen, aber ab jetzt teilen wir alles fifty-fifty." Daniel leistete keinen Widerstand – er war wohl zu erleichtert und zu ängstlich, um etwas zu erwidern. Wie sehr hätte ich mir ein bisschen Widerstand gewünscht! Während ich mich anschnallte, dachte ich: *Wie hat Will das gemacht? Vollgas, Klappen zunächst einfahren und im letzten Augenblick ausfahren ...*

So in etwa.

Dieses Mal konnte ich nicht vorher üben. Ich konnte den Start auch nicht abbrechen – ich würde nicht abbremsen können, bevor wir in den Fluss stürzten. Es hieß alles – oder nichts.

Ich bereitete den Motor vor, drückte auf den Startknopf und der Propeller fing an, sich zu drehen. Ich schaute auf die Kraftstoffanzeige. Sie zeigte weit unter halbvoll an. Wenigstens hatten wir jetzt weniger Gewicht, aber ... „Daniel, denkst du, wir sind zu schwer?", fragte ich, während ich darauf wartete, dass die Motortemperatur und der Öldruck die nötige Höhe erreichten. „Wir müssen diesen Krempel rausschmeißen. Alles, was wir nicht brauchen, sonst kommen wir nie vom Boden weg."

Daniel nickte. Er kletterte neben Tari auf den Rücksitz und schaute sich unsere Fracht an. Das Brecheisen konnte gleich weg. Er warf es hinaus. Das Zelt brauchten wir auch nicht, solange es nicht regnete, und wir hatten seit fast einem halben Jahr keinen einzigen Regentropfen gesehen. Weg damit! Brauchten wir wirklich so viel zu essen? Er schmiss ein halbes Dutzend Konservenbüchsen hinaus. Den Werkzeugkasten? Den würden wir schon noch brauchen. Leuchtsignale für einen Notfall? Wir hatten schon unseren Notfall! Weg! Den Wasserkanister? Ohne Wasser würden wir nicht lange überleben, aber was war mit dem vollen Benzinkanister? Dafür hatten wir schließlich unser Geld mit. Der Kanister polterte auf die Sandpiste hinunter. „Wenn ich die Maschine noch leichter mache, dann schweben wir alleine davon", sagte er und stieg wieder in seinen Sitz.

Ich ging Wills Startmanöver von damals mehrfach durch. Hatte ich's? Der letzte Sonnenstrahl verschwand aus der Schlucht und der Himmel selbst verdunkelte sich. Ein grauer Nebelschleier stieg vom Fluss auf. Bald würde die Dunkelheit vollkommen sein.

„Es ist zu dunkel", sagte ich. „Ich kann das Ende der Piste nicht mehr sehen."

„Warte, ich habe eine Idee", sagte Daniel. Er sprang aus dem Flugzeug und griff nach dem Karton mit den Leuchtsignalen. Sie sahen aus wie lange, in rotes Papier gewickelte Kerzen. Er nahm sie einzeln heraus und knipste ihnen die Spitzen ab, so dass sie anfingen, wie Zunder zu brennen. Dann rannte er die Flugpiste entlang und warf vier auf jede Seite, um die Abgrenzung der Piste zu markieren, dann ließ er vier letzte genau dort fallen, wo die Piste ins Leere lief. In der Dunkelheit brannten die zwei ungeraden Signalzeilen wie ein Lauffeuer.

Daniel sprang wieder hinein und schnallte sich an. Ich ließ meine Augen zwischen dem Instrumentenbrett und den Leuchtsignalen am Rand der Schlucht hin und her schweifen. Der Windsack zeigte an, dass sich der Wind leicht gedreht hatte, so dass wir in einen leichten Wind von vorn hineinstarten konnten. Wenigstens das.

Ich darf nicht länger warten, dachte ich. Ich drückte voll auf die Bremspedale, fuhr die Klappen ein, regelte das Gemisch und schob den Gashebel langsam hinein.

Der Motor heulte auf und die Cessna wehrte sich wie ein angeketteter Adler. Ich knipste den Landescheinwerfer an. Er schnitt wie eine Sense durch die Dunkelheit und endete hinter den Leuchtsignalen als schwammiger weißer Punkt auf der grauen Nebelwand.

Volle Kraft. Ich sah zu Daniel hinüber. Er starrte geradeaus, die Augen weit und ausdruckslos. *An dem Tag, wo ein Affe sterben soll ...*, dachte ich. Er bestimmt auch. *Ist heute der Tag?* Aber als Daniel meinen Blick bemerkte, nickte er mir nur zu.

Na gut, dachte ich und biss mir auf die Unterlippe. Drei ... zwei ... eins. Ich ließ das Bremspedal los und das Flugzeug kam in Bewegung. Zwanzig, vierzig, sechzig Stundenkilometer. Das Labor sauste an uns vorbei. Der Strahl des Scheinwerfers peitschte wild um sich. Die Nebelwand raste uns entgegen. Ich sah vom Fahrtmesser zu den Leuchtsignalen, von den Leuchtsignalen zum Fahrtmesser. Fünfundsiebzig Stundenkilometer. Zehn Meter vor dem Ende der Piste fuhr ich die Klappen voll aus. Die Maschine machte einen Luftsprung, stieß einmal mit den Reifen auf die Piste und sprang wieder hoch. Die letzten Leuchtsignale schossen an uns vorüber und plötzlich war nichts unter uns als leere, schwarze Luft. Ich zog den Steuerknüppel nach hinten.

Wir stürzten ins Leere – und richteten uns wieder auf. Ich warf den Steuerknüppel nach rechts, um dem Berg, der irgendwo vor uns in den Schatten lauerte, zu entgehen. Die Maschine kippte zur Seite und fing an zu rollen. Daniels Kopf knallte gegen das rechte Fenster. Durch die Windschutzscheibe sah ich nur noch weißen Nebel. „Ich sehe gar nichts mehr!", rief ich. Daniel rieb sich den Kopf und schaute auf den Kompass. „Du machst es richtig!", sagte er. „Flieg nur weiter nach Norden und hol uns endlich hier raus!"

Einige Augenblicke lang schienen wir nur im Nebel zu schweben. Dann tauchten wir aus dem Dunst wieder hervor und erblickten die dunklen Umrisse der Berge um uns herum. Der Landeschweinwerfer tänzelte über die Oberfläche eines Berghangs, der gerade vor uns aufragte. Ich steuerte wieder nach rechts und wich dem Zusammenprall aus. Wir stiegen höher. Drei Minuten später kamen wir aus der Schlucht heraus. Der Himmel schlummerte indigoblau über uns. Am westlichen Horizont glühte er purpurrot. Ich drehte die Maschine nach links und flog den letzten Fetzen des Tages mit Vollgas hinterher.

Geschafft!, dachte ich. *Wir haben's geschafft! Aber ... mein Gott, wo fliegen wir überhaupt hin ...?*

42

„Wir müssen irgendwo runter", sagte Daniel. Wir hatten den Park längst hinter uns gelassen. Die Landschaft unter uns war kaum noch auszumachen. Die schlängelnde Linie einer Straße, auf der sich die Scheinwerfer eines Autos langsam vorwärts bewegten, war das einzige Lebenszeichen in diesem trockenen, menschenleeren Gebiet. Ich drosselte den Motor und flog tiefer. Im letzten Tageslicht entdeckte ich eine flache Stelle vor uns und lenkte die Maschine zunächst in einem großen Bogen um sie herum. Daniel zeigte auf ein ebenes Stück Boden in der Nähe eines Baches. Ich flog einmal tief darüber hinweg, entdeckte aber weder Steine noch Büsche noch Tiere noch sonst etwas, das uns am Landen hindern konnte. Ich wendete ein letztes Mal, fuhr die Landeklappen aus und landete hart. Die Cessna sprang wieder hoch und setzte sich auf einen Reifen. Wir hüpften viermal auf und ab, mal auf einem Reifen, dann auf zwei, so dass Daniel wieder gegen das Fenster geschleudert wurde. Ein Strauch tauchte vor uns im Scheinwerferlicht auf. Ich scherte nach rechts aus und stellte mich voll auf die Bremse. Die Maschine schlitterte im Staub und blieb stehen.

„Ich habe schon immer gesagt, dass du nicht landen kannst." Daniel rieb sich die Beule an seiner Stirn.

Ich boxte ihn an die Schulter. „Ich habe gerade unser Leben gerettet!"

Er lachte auf. „Tut mir leid, Jenny. Du bist unglaublich. Ein richtiges As. Will wird's nie glauben. Wie lange musste er wohl üben, bevor er solche Starts und Landungen gemeistert hat?"

„Christine würde es auch nie glauben." Ich zog das Basecap vom Kopf und wischte mir einige lose Haarsträhnen aus den Augen. „Ach Daniel, was würde unsere Mutter überhaupt denken, wenn sie wüsste, was wir jetzt machen?"

„Na ja, wahrscheinlich, was ich auch denke: dass wir Hobart gerade einen ziemlich üblen Streich gespielt haben. Ich möchte sein Gesicht sehen, wenn er sieht, was wir aus seiner Folterkammer gemacht haben!" Der Druck der letzten achtundvierzig Stunden löste sich und wir lachten, bis uns die Rippen im engen Sitzgurt schmerzten.

Wir stiegen aus und fingen an, unser Nachtlager herzurichten. Es war inzwischen tiefe Nacht geworden, doch der Mond hatte sich noch nicht sehen lassen. Im Schein unserer Taschenlampen öffneten wir die Notausrüstung und entnahmen eine Handaxt und eine winzige Flasche Feueranzünder. Dann machten wir uns daran, die trockenen Sträucher und Bäumchen, die ganz in der Nähe standen, klein zu hacken und das Holz in gehöriger Entfernung zum Flugzeug aufzuschichten. Wir zündeten es an und sammelten immer mehr Brennholz, bis wir genug hatten, um das Feuer die ganze Nacht hindurch brennen zu lassen. Will hatte uns nämlich mal erklärt, dass die Afrikaner im Busch immer ein Feuer brennen lassen, um sowohl die großen Tiere als auch die Mücken zu vertreiben. Die Chancen, dass uns außerhalb eines Naturparks ein Löwe besuchen würde, waren zwar gering, aber die Mücken quälten uns gnadenlos. Zum Schluss holten wir das Tarnnetz hervor und breiteten es auf das Flugzeug aus, damit wir nicht aus der Luft gesichtet werden konnten.

Ich füllte einen Blechnapf mit einer Büchse Rindfleisch und stellte ihn Tari hin. Dann untersuchten wir die weiteren Essensvorräte. „Na toll, Daniel!" Ich rümpfte die Nase. „Du hast alle vier Dosen Ravioli rausgeschmissen, aber die fünf ekligen Dosen Pfirsiche hast du schön unterm Sitz liegen gelassen!"

„Wenn du willst, dann flieg doch zurück und hole sie dir wieder", sagte Daniel. Wir entdeckten aber noch eine Büchse Baked Beans und ein Glas mit Würstchen, die wir in einem Campingtöpfchen überm Feuer aufwärmten. Wir schütteten das dampfende Essen auf unsere Blechteller und griffen gierig zu. Die Bohnen hatten einen rauchigen Geschmack vom offenen Feuer, genau wie der Tee, den wir in einem zweiten Topf aufkochten. Wir nahmen beide eine zweite Portion Bohnen und öffneten dazu eine Packung Knäckebrot und eine Schachtel Kekse.

„Wie zwei Wandervögel", sagte Daniel und wischte sich den Mund mit dem Handrücken ab. „Oder wie zwei Pfadfinder. Marie-Heloise hat's bestimmt auch so getrieben. Was sie jetzt wohl macht?"

„Immer denkst du an Marie-Heloise", sagte ich. „Nur weil sie wie Céleste aussieht ..."

„Nicht nur deswegen, Jenny, so blöd bin ich nicht. Hast du wirklich geglaubt, ich würde mir irgendwelche Chancen bei ihr ausrechnen? Sie ist ein paar Jahre älter als ich und hat einen Verlobten. Darum geht's mir überhaupt nicht. Ich hoffe nur, dass ihr nichts passiert ist."

„Ich auch."

Als wir nichts mehr essen konnten, legten wir unsere Teller beiseite und lehnten uns auf unsere Ellenbogen zurück. Silberne Sterne prangten am schwarzen Himmel und vom Mond war noch immer keine Spur zu sehen. Das Feuer knisterte und leuchtete auf unseren Gesichtern, während Funken wie kleine Leuchtraketen in den Himmel stiegen. Die Cessna flimmerte schwach nebenan, aber dahinter sahen wir nur noch Schwarz.

Daniel gähnte. „Wo sind wir überhaupt?"

„Irgendwo westlich vom Ruaha-Park. Mindestens zwanzig Kilometer von der nächsten Straße entfernt. Von oben war kein einziges Haus, kein einziges Feuer in Sicht. Man könnte sagen, wir sind nirgendwo. Am Ende der Welt."

„Und das ist jetzt genau der richtige Platz für uns." Daniels Gesicht glänzte rot und gelb im Widerschein des Feuers. Wir schwiegen und lauschten dem Knacken und Zischen der Flammen. „Jenny", sagte Daniel nach einer Weile. „Dein Start war fantastisch."

„Ja, klar."

„Das ist mein Ernst. Ich selbst hätte es nie geschafft."

„Aber deine Landung war auch toll. Du bist ein großartiger Pilot."

„Vielleicht, aber ich hatte doch sieben Versuche. Du hast es beim ersten Mal geschafft."

Ich schüttelte den Kopf. „Siehst du es nicht? Ich hatte nur die eine Chance. Es musste gehen. Mir blieb nichts anderes übrig."

„Oh doch." Daniel richtete sich wieder auf und verschränkte die Beine. „Du hättest zu Hause bleiben können. Wir hätten uns irgendwo in die Büsche verkriechen können."

„Hobart hätte uns bestimmt aufgespürt, und Tari hätte er sowieso massakriert. Und außerdem müssen wir doch Will finden."

„Ich kann es kaum erwarten, seinen Gesichtsausdruck zu sehen, wenn wir ihn retten kommen."

„Und wie willst du das überhaupt anstellen?", fragte ich, obwohl ich seine Antwort schon wusste.

Daniel lachte. „Keine Ahnung."

Ein leichter Wind kam auf. Jetzt, wo die Sonne weg war, wurde der Abend kühl. Wir zitterten in unseren T-Shirts.

Daniel hustete. „Jenny, ich will mich nicht mehr schuldig fühlen", sagte er nach einer Weile. „Wenn ich nur wüsste, wie ich das anstellen sollte."

Was meinte er damit? „Dass wir das Labor auseinandergenommen haben, geschah Hobart doch recht", sagte ich. „Außerdem ..."

Daniel schüttelte den Kopf. „Ich meinte die Sache in den Bergen."

„Gerade eben? Oder wovon redest du?"

„Mensch, Jenny, über den Alpen damals ... Du weißt schon."

Ich schaute hoch. „Du meinst wegen Papa? Mein Gott, Daniel, fühlst du dich etwa dafür verantwortlich? Wieso?"

Daniel nickte. „Ich hatte doch Schuld. Du weißt, wie ich damals mit fünfzehn war. Ich hatte so eine Wut, weil er nie zu Hause war, weil er nur für seine verdammten Recherchen und Artikel lebte und alles andere um sich herum einfach vergaß. Vor allem mich. Deswegen habe ich ja diese blöde U-Bahn-Station vollgesprayt. Damit er endlich wieder an mich dachte und endlich nach Hause kam. Ich wollte es eigentlich nicht. Ich hab's aus Verzweiflung gemacht."

„Mama hat alles bezahlt", sagte ich. „Kein Mensch erinnert sich mehr daran."

„Und deswegen wollte Papa zurückfliegen. In ganz Europa galt eine Wintersturmwarnung, aber er musste unbedingt nach München zurückfliegen und mich suchen helfen. Er hat diesen armen Piloten bestimmt bestochen, damit er ihn über die Alpen fliegt, als keine andere Maschine starten wollte." Daniel atmete tief ein und aus. „Es ist die ganze Zeit so, als ob ich Papa selbst gegen diesen Berg gesteuert hätte. Ohne mich wäre er immer noch am Leben, und wir würden jetzt nicht hier draußen hocken, ohne die geringste Ahnung, wie es morgen mit uns weitergeht." Wir saßen noch einige Minuten zusammen und schauten in die Sterne. „Ich will das alles nicht mehr, Jenny", sagte Daniel. „Wenn ich nur wüsste ..."

„Was geschehen ist, ist geschehen", sagte ich, aber ich spürte sofort, wie hohl und absolut banal meine Worte klangen.

Ich schwieg eine Weile. Aber ich musste ihn endlich etwas fragen. „Nur eins kapiere ich nicht", sagte ich dann. „Nach dem, was Papa passiert ist, und wo du Will am Anfang so scheiße fandest, warum wolltest du unbedingt fliegen lernen? Ich meine, ich weiß jetzt, dass ich Afrika von oben sehen und darüber schreiben wollte. Wie Papa es wohl getan hätte. Und später, als es mit den Flugstunden losging und du anfingst, den Musterschüler zu spielen, wollte ich dir beweisen, dass ich das auch alles kann. Aber du? Warum hast du dich auf das Ganze eingelassen? Wirklich nur, um Marie-Heloise zu imponieren?"

Daniel schüttelte den Kopf. „Jenny, ich wollte es noch niemandem sagen, aber ich habe beschlossen, auch Pilot zu werden."

„Aber ich dachte, du wolltest in der Versicherungsbranche arbeiten?"

Daniel lachte. „Jenny, kannst du dir mich wirklich in einem Versicherungsbüro vorstellen? Hinter einem Schreibtisch, mit Schlips und Kragen? Nein, ich will jetzt in Wills Fußstapfen treten. Nicht nur jeden Tag stundenlang an einer Spielkonsole sitzen, wie zu Hause in Bogenhausen, sondern richtig fliegen – etwas für andere tun. Ich denke, Papa wäre stolz auf mich. Aber das ist nicht alles." Er schwieg einige Augenblicke. „Marie-Heloise sagte einmal, dass man da oben alles Mögliche entdecken kann, sogar sich selbst. Ich dachte, wenn ich fliegen lerne, dann kann ich meine Angst besiegen – und meine Schuld loswerden. Und dem Piloten in meinem Traum einmal ins Gesicht, in die Augen schauen. Ich dachte zunächst, es ist Will. Aber er ist es nicht."

„Wieso nicht?"

„Der Pilot in meinem Traum ist verrückt. Er lacht und brüllt. Will würde so etwas nie tun. Er würde nie einen Menschen gefährden. Ich denke, wenn ich weiterfliege, werde ich erfahren, was ich tun muss. Was mein Leben für einen Sinn hat."

Daniel starrte in die Glut. Dass er sich immer noch Vorwürfe wegen Papa machte, dass er sich sogar verantwortlich fühlte, hatte ich nicht geahnt. Dass ihn der Traum immer noch so quälte. Das war doch alles so lange her! Ich wollte ihm etwas sagen, ihm klarmachen, dass er sich nichts vorzuwerfen hatte, dass es ein Unfall war, wie Millionen anderer Unfälle, die sich tagtäglich ereignen. Eine unglückliche Ereigniskette. Etwas, worauf er nicht den geringsten Einfluss gehabt hatte, wo er gar keine Rolle spielte ... aber ich wusste, dass nichts, was ich ihm sagen könnte, irgendetwas an seinen Gefühlen ändern würde. Und ich wusste auch, dass nichts Daniel von unserer Suche nach Will abhalten würde. Für Daniel war das nämlich kein Abenteuer.

Für ihn war es eine Mission.

43

Es kribbelte in meinen Ohren. Ich rollte mich auf die linke Seite und versuchte, es mir auf der knochenharten Erde halbwegs gemütlich zu machen. Da war es wieder: Kratz! Ich rollte mich wieder auf den Bauch und öffnete die Augen. Zwei braune Augen starrten mich aus einem grauen, behaarten Gesicht an. Ich starrte zurück.

Ein junger Pavian saß neben meinem Schlafsack und riss Bananen von dem Bündel, das ich dort liegen gelassen hatte, und warf sie dem Rest der versammelten Pavianfamilie zu, die in einem großen Kreis um mich herum hockte. „He!" Ich richtete mich auf. Der Pavian fletschte die Zähne und zischte mich an, dann schlüpfte er mit dem Bananenbündel unterm Arm unter dem Moskitonetz hindurch und verschwand mit seiner Sippe. Tari, der die ganze Zeit in tiefem Schlaf zwischen mir und Daniel gelegen hatte, sprang auf und versuchte, den Affen hinterherzulaufen. Er blieb aber im Moskitonetz hängen und heulte vor Wut.

„Und du willst ein Wachhund sein?" Ich schüttelte den Kopf und befreite ihn aus dem Netz.

Daniel war auch schon wach und sah dem Geschehen mit einem schläfrigen Grinsen zu. „So viel zu unserem Frühstück." Er gähnte. „Es sieht wieder ganz nach Dosenpfirsichen aus."

„Toll", sagte ich. „Einfach toll."

Es war kurz vor Sonnenaufgang. Der Himmel im Osten leuchtete blau und purpur, während im Westen die letzten Sterne trotzig funkelten. Der Wind wehte geradezu frostig und wir froren beide in unseren Jeans und Pullovern. Ich stand auf und streckte mich. Ich hätte laut aufschreien können, denn mein ganzer Körper fühlte sich an, als wäre er mit hunderten blauer Flecke übersät. Daniel und ich wuschen uns die Gesichter im Bach und machten uns anschließend daran, das Feuer wieder zu beleben. Wir kochten Teewasser und aßen Brotscheiben mit klebriger Feigenmarmelade. Dann schlürften wir unseren heißen Tee am knisternden Feuer und sahen zu, wie die Sonne überm Horizont explodierte und die letzten nächtlichen Schatten zerstob.

Daniel holte die Karte, die wir im Labor gefunden hatten, und breitete sie auf der Erde aus. Während wir unsere Hände an den heißen Blechbechern wärmten, verglichen wir unsere Position laut GPS mit der Karte und sahen, dass wir am Ufer des Muipa-Flusses gelandet waren. Unser Nachtlager lag schon sehr weit vom Ruaha entfernt. Es lag von allem weit entfernt, denn im Umkreis von zweihundert Kilometern war kein einziger Flugplatz eingezeichnet. „Und mit unserem Kraftstoff schaffen wir gerade noch zweihundertfünfzig Kilometer", sagte Daniel. „Auf der letzten Strecke hast du ganz schön aufs Gas gedrückt."

„Und du hast unseren Reservekanister weggeschmissen", konterte ich. „Als Erstes müssen wir Benzin kaufen. Geld haben wir."

Daniel lachte. „Hast du es vergessen? Wir haben keine Pilotenscheine. Ich weiß nicht, ob ein Flugplatzmanager entzückt oder gar bereit sein wird, zwei minderjährigen Piloten Benzin zu verkaufen."

Ein fernes Brummen am Himmel schreckte uns auf. Am Horizont, direkt über der aufgehenden Sonne, hing ein schwarzer Fleck. Daniel und ich sprangen hoch. Ich schüttete den Rest unseres Tees auf die Flammen, während Daniel Sand auf die qualmende Asche schaufelte. Dann hoben wir unser Geschirr auf und verschwanden unter dem Tarnnetz, von wo wir abwechselnd das herannahende Flugzeug durch den Feldstecher verfolgten. Es flog hoch – mindestens dreitausend Meter über unseren Köpfen. Einen Augenblick dachte ich, dass ich rote Sonnenstrahlen auf den Tragflächen sehen konnte – oder war das nur das Nachglühen der Morgensonne auf dem polierten Metall?

„Wer immer das sein mag", sagte ich, „er ist schon längst bei der Arbeit."

Wir verstauten unsere Sachen in der Cessna und bereiteten uns auf den Start vor. Etwas Wasser war in den Kraftstofftanks kondensiert und ich pumpte es ab, wie Will es uns bei unseren vielen gemeinsamen Flügen beigebracht hatte. Daniel füllte Motoröl nach. Der nächstgelegene Flugplatz lag bei einem Dorf namens Lukwati, knapp zweihundert Kilometer südlich. Daniel prüfte die Windrichtung und ließ den Motor an. Zehn Minuten lang rollte er die Maschine humpelnd über den trockenen Boden, wich dabei Sträuchern und Felsen aus und verscheuchte eine Warzenschweinfamilie vom Ufer des Baches. Endlich fand er fünfhundert Meter offenes Gelände und startete.

Eine Stunde später erreichten wir die Position, an der sich Lukwati befinden sollte. Wir mussten das unwegsame Gebiet zweimal umkreisen, bevor wir die winzige Ansammlung von Hütten zwischen zwei Reihen Dornbäumen entdeckten. Kinder rannten aus den Hütten und winkten uns zu. Aber kein größeres Gebäude, kein Fahrzeug und erst recht keine Flugpiste war in Sicht. Erst nach der dritten Runde entdeckte ich eine verlassene Sandpiste etwa einen halben Kilometer vom Dorf entfernt. „Der Motor läuft heiß", sagte Daniel. „Wir müssen runter."

Daniel leitete einen Slip ein, um Höhe zu verlieren, prüfte die Windrichtung anhand der Bewegungen der wenigen Blätter an den Dornbäumen und setzte auf.

„Hier gibt's gar nichts!" Ich sprang hinunter und sah mir den eingestürzten Schuppen und die verrostete Zapfsäule an. „Das ist nur ein Stück Sand!"

Eine Gruppe Kinder versammelte sich auf der Piste und sah uns und die Cessna mit großen Augen an. „Hier ist schon lange keiner mehr gelandet", sagte Daniel. „Lassen wir den Motor ein paar Minuten abkühlen und dann hauen wir wieder ab."

Drei Männer erschienen auf der Piste: Ein junger Mann in einem roten Pullover und alten Jeans, ein älterer in einem karierten Hemd und Shorts und dazu ein bärtiger Greis in einem T-Shirt des FC Bayern München und einer braunen Cordhose. Sie starrten zunächst uns und dann sich gegenseitig an und wechselten einige Worte in einer Sprache, die Daniel und ich noch nie gehört hatten. Tari wedelte unsicher mit dem Schwanz. Dann trat der alte Mann auf uns zu und streckte uns eine verwitterte braune Hand entgegen. „Hamjambo", sagte er und schüttelte uns die Hände. „Wir hoffen, Sie hatten einen guten Flug", sagte er weiter auf Kiswahili. „Willkommen in Lukwati."

„Hatujambo", sagte Daniel. „Können Sie uns bitte helfen? Wir suchen einen Mann. Einen Piloten."

Der Mann lächelte. „Ja?"

„Er heißt Will Chapman", sagte ich. „Haben Sie ihn gesehen?"

„Ja, ich denke schon", sagte der Mann und lächelte weiter. „Kommen Sie mit uns."

Daniel warf mir einen Blick zu. „Nein, wir wollen gar nicht weg", sagte er. „Wir wollten nur erfahren, ob Sie irgendetwas über die Sache wissen. Über Bwana Chapman und Nelson Hobart. Die Black Star Tea Company. Biowaffen. Irgendwas."

„Ja", sagte der Alte. Der Mann im karierten Hemd lachte.

„Oder ... ob Sie etwas Benzin für uns haben", sagte Daniel.

„Wir haben alles, was Sie brauchen", sagte der Alte. „Sie können von Glück reden, dass Sie nach Lukwati gekommen sind. Jetzt kommen Sie mit uns."

„Was wollen die denn?", flüsterte ich.

„Frag mich was Leichteres", sagte Daniel. „Aber wenn sie irgendetwas über Will wissen, dann müssen wir es erfahren. Und wir brauchen dringend Kraftstoff."

Ich wollte ihm etwas erwidern, aber ließ es dann doch sein. Schließlich hatte er recht, egal wie ungemütlich die Situation auch war. Dann hörte ich jemanden lachen. Wir drehten uns um und sahen, wie die Kinder das Flugzeug dicht umdrängten und seinen Rumpf und die Tragflächen betasteten. Ein kleines Mädchen saß auf dem Pilotensitz und zog vergnügt am Steuerknüppel. Daniel rannte zu ihm hin, hob es heraus und stellte es behutsam auf die Erde. Dann sperrte er Tari im Cockpit ein, nahm den Schlüssel und schloss die Türen ab.

„Na gut", sagte er zu den Männern. „Wir gehen mit Ihnen."

Er packte mich am Ellenbogen und führte mich den Männern hinterher. Ich schüttelte seine Hand ab und schnitt eine Grimasse. „Wo bringen sie uns denn hin?", fauchte ich. „Vielleicht ist das der richtige Ort, aber sie führen uns direkt zu Hobart!"

Daniel nickte, antwortete mir aber nicht. Im Dorf kamen uns ganze Familien entgegen. Ein kleiner nackter Junge saß in einem Türrahmen und grinste uns zu. „*Wazungu*!", gurrte er.

„Wissen Sie, eigentlich wollten wir nur nach Bwana Chapman fragen und etwas Benzin kaufen", sagte Daniel.

„Ja", sagte der Alte. „Wir haben alles, was Sie brauchen." Er führte uns durch die Tür einer niedrigen Lehmhütte, die etwas länger wirkte als die anderen im Dorf. Obwohl die Fenster offen standen, mussten wir unsere Augen an die Dunkelheit gewöhnen, bevor wir überhaupt etwas ausmachen konnten. Der alte Mann zeigte auf zwei altertümliche Holz-stühle, die an einem zerkratzen Holztisch standen. Daniel und ich zögerten zunächst, aber nahmen schließlich doch Platz. Die beiden jüngeren Männer setzten sich uns gegenüber und hörten nicht auf zu grinsen. Der alte Mann verschwand und machte die Haustür hinter sich zu. Die Hütte roch nach Holz-rauch und schmutziger Bettwäsche. Obwohl es innen recht kühl war, fingen wir beide an zu schwitzen.

„Bleib ruhig", sagte Daniel.

„Bleib du ruhig!", zischte ich.

Wir sahen uns um. Die Hütte bestand aus zwei Räumen: Einer Art Wohnzimmer, in dem wir jetzt saßen, und einer Schlafzimmer-Küchen-Kombination hinter einer offen ste-henden Verbindungstür. Die verrußten Wände waren mit Bil-dern aus Zeitschriften und Kalendern vollgekleistert. Wir er-kannten Fotos vom Kilimanjaro und vom Hafen in Dar. Wir erkannten auch einige europäische Szenen, wie den Eiffelturm und das Matterhorn. Die New Yorker Skyline erstrahlte in voller Pracht über einem niedrigen Sofa. Und rechts neben der Haustür hing der WWF-Kalender, auf dem Wills Stor-chenfoto prangte.

Die Tür ging auf und der Alte trat wieder ein, nun gefolgt von einer jungen Frau, die einen schmutzigen Baumwollsack mit Flaschen trug, die sie dann auf den Tisch stellte. Es gab Mineralwasser, Cola, Stoney Tangawizi und Orangenbrause. Jeder wählte eine Flasche aus und nahm einen Schluck. Daniel und ich nahmen je eine Flasche Stoney und öffneten die Kronkorken. Die Menschen starrten uns alle wortlos an.

„Tja, es geht um die Sache mit Bwana Chapman", sagte Daniel. „Und das Benzin."

„Ja", sagte der Mann wieder. „Wir haben alles, was Sie brauchen." Wieder Stille. Daniel und ich nippten nervös an unseren Flaschen. Erst jetzt merkte ich, wie ausgedörrt wir waren. In der Stille tickte meine Armbanduhr so laut, dass ich sicher war, dass alle sie hören konnten.

Ich fuhr zurück, als die Tür wieder aufsprang. Ein langer junger Mann mit einem zerbeulten Pappkarton im Arm trat ein. Er stellte den Karton auf den Tisch. „Jetzt haben Sie, was Sie brauchen", verkündete der Alte. Er machte den Karton auf und kippte ihn an, damit wir den Inhalt sehen konnten.

„Filme?", rief Daniel. „Das sind doch Filmrollen!"

Ich langte hinein und entnahm ihm eine Handvoll Kodak-Filmrollen. Der Karton enthielt jede Sorte Film, den man sich denken konnte, samt Memory-Cards für Digitalkameras. „Wir brauchen doch keine Filme!", rief ich.

Das Lächeln auf dem Gesicht des Alten verblich für einen Augenblick. „Aber natürlich brauchen Sie Filme. Alle Touristen brauchen Filme. Um auf die Tiere zu schießen", sagte er und machte eine Bewegung, als würde er Fotos machen. Die anderen lachten.

„Aber wir haben nicht einmal einen Fotoapparat dabei!", sagte ich. Hätte ich bloß den Mund gehalten! Der Alte nickte einfach. Die junge Frau verschwand im Nachbarzimmer und kam mit einem zweiten Pappkarton zurück, den sie neben den ersten stellte. Der Alte griff hinein und zog einen Fotoapparat nach dem anderen heraus.

„Oh nein, das ist doch ein Missverständnis", sagte Daniel. „Wir sind keine Touristen. Wir suchen unseren Stiefvater. Er ist entführt worden und braucht unsere Hilfe. Und wir brauchen vor allem Kraftstoff."

Der Alte hob seine Augenbrauen, dann wandte er sich an die anderen zwei Männer. Sie tuschelten miteinander in ihrer eigenen Sprache. Dann sagte der junge Mann im roten Pullover in perfektem Englisch: „Ich kenne Bwana Chapman. Ich habe Flugstunden bei ihm gemacht. Er ist auch schon oft in ihrem Flugzeug mit Touristen hierher geflogen. Er ist ein guter Mann. Ich habe gestern per Funk erfahren, dass er verschwunden ist."

„Bwana Chapman hat viele Feinde", sagte der Alte nachdenklich auf Kiswahili. Die junge Frau sagte leise: „An dem Tag, wo ein Affe sterben soll, werden alle Bäume glitschig."

„Sie können uns also helfen?", fragte ich.

„Wir haben seit vielen Monaten keine Besucher mehr aus der Luft gehabt. Manchmal fliegen die *wazungu* während der Regenzeit hierher, um auf die Tiere zu schießen." Der Alte hob einen Fotoapparat auf und drückte ein paar Mal auf den Abzug. Alle lachten wieder. „Aber in der Trockenzeit gibt es hier keine Tiere. Jetzt haben wir auch kein Benzin für Sie. Aber wir haben andere Dinge, die Sie brauchen." Er ging zur Tür und öffnete sie. Ein halbes Dutzend Kinder kam mit Taschen und Körben voller abgepackter Kekse, hartgekochter Eier, Obst, Brause und haufenweise Kangas herein.

„Eigentlich haben wir schon alles, was wir brauchen ...", begann ich. Aber es war zu spät. Die Kinder drängten sich um uns und hielten uns Eier und gebratene Fische auf Holzspießen vors Gesicht. „Wir müssen hier weg!", rief ich. „Tu was!"

Daniel zögerte einen Augenblick, dann fischte er seinen Geldbeutel aus seiner Hosentasche. Er war vollgestopft mit den Banknoten, die wir für das Benzin brauchten. Er kaufte ein halbes Dutzend Eier, zwei aufgespießte Fische, zwei Stückchen geräuchertes Ziegenfleisch, ein Bündel Fingerbananen, zwei Packungen Butterkekse, acht Flaschen Mineralwasser und sechs Flaschen Cola. „Mehr können wir nicht mitnehmen." Er legte einige Tausendshillingi-Noten auf den Tisch. Unsere Gastgeber sahen ihn leicht enttäuscht an, packten aber seine Einkäufe in einen großen Plastikbeutel, der vom Duty-free-Shop am Flughafen in Dar stammte, und begleiteten uns zur Flugpiste zurück. Je ein Kind saß mit den Füßen baumelnd auf den Tragflächen, aber ansonsten war die Maschine unversehrt.

„Es tut mir leid, dass wir Ihnen nicht helfen können", sagte der junge Mann im roten Pullover. Er reichte mir den Beutel, den ich hinter dem Rücksitz verstaute. „Ich weiß nicht, wo sich ihr Stiefvater befindet. Aber ich weiß, wo Sie Kraftstoff kaufen können – am Sumbawanga-Flughafen. Nur dort! Bwana Chapman ist dort bekannt. Aber bleiben Sie nicht lange dort und fliegen Sie zu keinem anderen Flughafen, denn wenn Bwana Chapman in Gefahr ist, dann sind Sie es auch! Ich hoffe, Sie finden ihn. Mungu stehe Ihnen bei."

Ich bedankte mich und ging die Checkliste durch, während Daniel eine Büchse Öl in den Motor kippte – unsere letzte. Dann kletterte er auf den Kopilotensitz. Wir setzten uns unsere Kopfhörer und Sonnenbrillen auf. Ich ließ den Motor an, während das kleine Mädchen, das vorhin auf dem Pilotensitz gesessen hatte, mich mit so großen und bewundernden Augen ansah, dass ich lachen musste.

„Wenigstens brauchen wir uns keine Sorgen wegen des Mittagessens zu machen", sagte Daniel. Lukwati lag schon weit hinter uns. „Aber das können wir uns nicht wieder leisten. Außerdem wird unser Besuch kein Geheimnis bleiben. So etwas spricht sich schnell herum."

„Daran habe ich auch schon gedacht."

„Und wenn unsere Suche in diesem Tempo weitergeht, dann werden wir mindestens einen Monat brauchen, um Will zu finden."

„Und wir würden bis heute Abend pleite sein", sagte ich. „Wir brauchen eine Strategie."

Daniel breitete die Karte über dem Instrumentenbrett aus. „Wenn das mit Sumbawanga stimmt, dann können wir unterwegs zwei der eingezeichneten Pisten checken. So viel Benzin haben wir noch. Ich mache mir nur Sorgen wegen des Motors – er frisst Öl." Ich nickte und nahm Kurs auf Südwest. Nach einer Viertelstunde befanden wir uns zweitausend Meter über einem absolut kahlen Stück Erde, auf dem sich eine zweihundert Meter lange Flugpiste erstreckte. „Keine Reifenspuren, keine Straße." Daniel schüttelte den Kopf. „Die ist seit Jahren nicht benutzt worden. Fliegen wir zur nächsten." Ich steuerte nach Westen. Nach dreißig Kilometern erschienen unter uns die blauen Wellen des Rukwa-Sees, eines langen Salzsees, der zwischen zwei Reihen dünnbewaldeter Hügel lag. Hier in dieser Wüstenei war der Landeplatz leicht auszumachen. Ich flog einen weiten Bogen. Auf der Sandpiste selbst waren keine Reifenspuren zu sehen, aber daneben stand ein weißer Land Rover. Mir stockte der Atem, als ich bemerkte, wie uns zwei Menschen durch Feldstecher beobachteten.

„Hast du sie gesehen, Daniel?", fragte ich. „Vielleicht wissen sie etwas. Wir müssen mit ihnen reden." Ich flog noch eine Platzrunde, fuhr das Fahrwerk aus und landete.

44

Was waren das nur für Leute? Sie bewegten sich nicht, als wir ausstiegen, sondern saßen weiterhin auf ihren Campingstühlen unter einem Sonnenschirm und sahen uns wortlos zu. Es waren ein weißer Mann und eine weiße Frau, beide in T-Shirts und kurze Khakihosen gekleidet. Auf dem Kopf trugen sie Buschhüte. Sie schienen beide etwa fünfundzwanzig Jahre alt zu sein und hatten einen deftigen Sonnenbrand. Der Mann, dessen Jutegürtel sich um seinen runden Bauch wölbte, trug einen kurz geschorenen roten Vollbart auf seinem bleichen, pausbackigen Gesicht. Er starrte uns durch eine runde Nickelbrille an. Die Frau war nur wenig schlanker, dunkelhaarig und schaute neugierig zu uns hoch. Sie tranken beide Tee aus blauen Emaillebechern und schmierten dabei eine klebrige gelbbraune Masse auf dünne braune Brotscheiben.

„Hallo", sagte ich. Wir blieben etwa zwei Meter vor den beiden stehen und versuchten zu lächeln.

Der Mann und die Frau sahen einander an und wechselten ein paar Worte in einer völlig unverständlichen Sprache, bevor sie sich endlich wieder an uns wandten. „Hallo", antwortete der Mann.

„Bitte, wir brauchen Hilfe", sagte ich auf Englisch. „Wir sind Jenny und Daniel Sandau von Zimmermann's Bend und wir suchen unseren Stiefvater. Er wurde vor zwei Tagen entführt. Können Sie uns helfen?" Das Paar sprach wieder miteinander. Dann bissen sie beide in ihre Brote und schauten weiter zu uns hoch. „Ich meine, wir hofften, Sie könnten uns irgendetwas sagen." Nun lächelte ich nicht mehr. „Ob Sie ein einmotoriges Flugzeug gesehen haben ... oder ob Sie etwas über die Black Star Tea Company wissen." Nichts. „Über Nelson Hobart. Tierversuche. Irgendwas!"

Die Frau, deren glatte schwarze Haare bis zur Taille hinabhingen, schaute irritiert, dann zog sie ihren Teebeutel aus der Kanne. Ein schwarzer Stern prangte auf dem Etikett. Sie ließ ihn mit einem Plop! wieder hineinplumpsen.

„Können Sie uns wirklich nichts sagen?" Ich hätte vor Wut und Verzweiflung losheulen können.

Der Mann biss noch einmal in sein Brot und nahm einen Schluck Tee. Dann, während er seine Lippen und seinen Bart mit einer rot-weiß-karierten Serviette abwischte, sagte er endlich auf Englisch: „Ich heiße Roloff. Das ist meine Freundin Irma. Wir kommen aus Holland." Er biss wieder in sein Brot und schmatzte mit den Lippen. „Wir wollten von Daressalam nach Kigoma fahren. Also ich ..." Er trank wieder einen Schluck Tee. „Ich wollte unseren Urlaub auf Neuguinea verbringen. Aber meine Freundin wollte unbedingt nach Ostafrika. Es ist so schön da, sagte sie. Lauter Abenteuer, sagte sie. Löwen und Giraffen. Und nun ist unser Wagen kaputt." Er warf Irma einen giftigen Blick zu. „Wir könnten jetzt auf Neuguinea sein."

„Aber Roloff, die Gangschaltung könnte genauso gut in Neuguinea kaputtgehen", sagte Irma. Ihre Stimme klang müde und gelangweilt, als hätten sie dieses Thema schon tausendmal durchgenommen. „Außerdem hast du dich das letzte Mal durchgesetzt. Ich wollte nach Patagonien, aber wir sind stattdessen nach Nepal gereist. Genau wie du es wolltest."

„Nepal war sehr gut." Roloff bestrich eine weitere Scheibe Brot. „Das war ein guter Urlaub. Aber das hier", und er zeigte mit seinem verschmierten Taschenmesser auf die trockenen

Hügel, „das hier ist langweilig. Nächstes Mal will ich nach Neuguinea. Oder nach Venezuela."

„Bitte", sagte Daniel. „Haben Sie ein Flugzeug gesehen?"

„Wir haben überhaupt keine Flugzeuge gesehen", sagte Irma. „Wenn es eins gegeben hätte, dann hätten wir es bestimmt angehalten."

„Wir sitzen seit vier Tagen hier fest", erklärte Roloff und sah dabei zu Irma hinüber. „Es ist kein Mensch vorbeigekommen und wir haben keinen Handy-Empfang. Wir haben nichts außer Tee, Brot und Erdnusscreme. Wollt ihr etwas Erdnusscreme?" Er hielt uns die offene Büchse hin. Sein verschmiertes Taschenmesser stand in der klebrigen Masse aufrecht wie ein Schwert.

Daniel schüttelte den Kopf. „Hören Sie, ich glaube nicht, dass wir einander helfen können."

„Oh doch", sagte Roloff. „Ihr könnt uns sehr wohl helfen. Wohin fliegt ihr?"

„Nein, mitfliegen geht nicht", sagte Daniel. „Wir können die Behörden für Sie benachrichtigen, aber wir haben kaum noch Kraftstoff und müssen direkt nach Sumbawanga fliegen. Danach ..."

Roloff seufzte und sah uns vorwurfsvoll an. „Ihr solltet uns lieber nach Dar bringen. Von dort können wir mit KLM nach Holland zurückfliegen. Und von dort will ich nach Neuguinea weiterfliegen. Wir haben nämlich eine Reiseversicherung."

„Was nützt uns Ihre Reiseversicherung?", fragte ich.

Roloff kniff seine wasserblauen Augen zusammen und richtete sie auf Irma. Er wechselte wieder ein paar niederländische Sätze mit ihr und sah uns wieder an. „Na gut, ihr seid nicht sehr hilfreich. Wenn es nicht anders geht, dann fliegt uns wenigstens nach Sumbawanga. Da finden wir vielleicht einen Mechaniker." Er stand auf und begann mit Irma, die Campingstühle und andere Picknicksachen zusammenzufalten und sie im Land Rover zu verstauen.

„He!", rief Daniel. „Ich habe eben gesagt, dass ..." Aber Irma und Roloff hörten nicht auf ihn, sondern packten weiter ihre Sachen zusammen. Daniel fluchte lautlos und kickte mit seiner Schuhspitze ein Steinchen weg.

„Ich fürchte, wir können euch nicht bezahlen." Irma schnürte ihren Rucksack zu. „Wir brauchen das Geld noch für Holzschnitzereien und andere Mitbringsel."

„Macht nichts, Sie können uns doch mit Erdnussbutter bezahlen", sagte ich. „Wir machen's doch immer so!" Ich hoffte, dass sie den Spott in meiner Stimme hören konnte. Zu Daniel aber flüsterte ich: „Sind wir etwa ihr privater Flugdienst? Wie kann man nur so unverschämt sein?"

Fünf Minuten später waren die Holländer startbereit. Sie kletterten zu Tari auf die hinteren Sitze der Cessna und nahmen ihre Rucksäcke auf die Knie. Daniel öffnete noch einmal die Motorhaube und prüfte den Ölstand – er war sehr niedrig, aber unser Ölvorrat war alle. Ich schnallte mich auf dem Pilotensitz an, nahm den Steuerknüppel in die Hände und startete.

Tausend Meter über dem Rukwa-See stritten sich Roloff und Irma weiter über ihre vielen vorherigen Urlaubsreisen und wechselten dabei ständig zwischen Englisch und Holländisch. „Das wird immer verrückter", sagte ich durch die Kopfhörer zu Daniel. „Nun haben wir unser privates Lufttaxiunternehmen aufgemacht."

Kaum hatte ich die Worte ausgesprochen, lief der rechte Tank leer. Der Motor keuchte und ich schaltete zum linken Tank hinüber, der auch schon fast leer war. Die Motortemperatur stieg weiter an.

„Wir verbrennen mehr Kraftstoff als ich erwartet hatte", sagte ich. „Ich weiß nicht, ob es der Gegenwind oder das zusätzliche Gewicht ist." Ich nickte zu den Touristen hin. Die waren aber völlig ahnungslos und plauderten weiter über die jeweiligen Vorzüge von Lappland und Paraguay. Ich drosselte den Motor noch weiter, um Sprit zu sparen, aber der Gegenwind wehte von Minute zu Minute stärker. Nun kamen wir kaum noch voran. Das tote Wasser des Salzsees schimmerte unter uns. *Wenn wir da abstürzen,* dachte ich, *sinken wir gleich auf den Grund – wenn wir nicht schon auf der Oberfläche zerschellen.*

Ich atmete tief durch, als wir endlich das Ufer erreichten. Das Städtchen Sumbawanga und sein bescheidener Flugplatz tauchten hinter einer Hügelreihe auf.

Ich senkte die Maschine auf dreihundert Meter und kreiste zweimal um den Flugplatz, der aus einer einfachen Graspiste und zwei Bungalows mit roten Wellblechdächern bestand. Der Wind schüttelte die Maschine, die wie ein junges Pferd bockte. Roloff, der seit einigen Minuten wie ein steinerner Götze dagesessen hatte, lehnte sich nach vorn und berührte mich an der Schulter. „Hört mal", krächzte er. „Könnt ihr bald landen? Mir wird schlecht."

Na toll!, dachte ich. *Das hat uns gerade noch gefehlt!* Ich vollendete die Platzrunde und begann das Landemanöver. Der Wind wehte diagonal und ich musste mit dem Steuerknüppel und dem Ruder kämpfen, um die Maschine gerade zu halten. Plötzlich fing der Motor an zu keuchen. Eine Windböe schleuderte uns nach rechts. Ich steuerte der Böe entgegen und wollte die Landung gerade abbrechen, als fünfzig Meter vor dem Ende der Piste der Motor einmal hustete und still blieb. Die Maschine sackte ab. Roloff und Irma schrien.

Dann ging alles sehr schnell. Ohne zu denken, kippte ich die Nase der Cessna nach unten und zog uns aus dem Strömungsabriss. Wir stürzten der Piste entgegen. Im letzten Augenblick zog ich die Nase wieder hoch. Die Maschine sackte erneut ab und fiel die restlichen zwei Meter auf die Flugpiste, wo sie mit einem lauten Knall niederschlug. Aber ich hatte den Seitenwind vergessen. Eine erneute Windböe packte die linke Tragfläche und kippte die Maschine fast um. Ich warf den Steuerknüppel scharf nach links und drückte voll auf das linke Ruderpedal. Die Maschine richtete sich auf und rollte wieder auf allen drei Reifen. Erst in dem Moment bemerkte ich, dass wir schon das Ende der Flugpiste erreicht hatten. Ich ging voll auf die Bremspedale und brachte die Cessna nur zwei Meter vor einem Maschendrahtzaun zum Stehen.

Roloff und Irma stöhnten und drückten panisch gegen die Vordersitze. Daniel sprang mit Tari hinaus und zog dabei seinen Sitz nach vorn. Roloff und Irma stiegen zitternd aus und liefen schwankenden Schrittes ohne zurückzublicken auf die Stadt zu. Trotz ihrer Sonnenbrände leuchteten ihre Gesichter schneeweiß. Aber nach ein paar Schritten blieb Roloff plötzlich stehen, als ob ihm gerade etwas eingefallen wäre. Er stellte seinen Rucksack auf die Erde, schnürte ihn auf und reichte Daniel zwei Büchsen Erdnusscreme. Dann schulterte er seinen Rucksack wieder und setzte mit Irma seinen Weg in die Stadt fort.

Daniel warf beide Büchsen in den Frachtraum und ging zu mir. Ich saß bei offener Tür seitwärts auf dem Pilotensitz, nach vorn gelehnt, die Hände überm Gesicht. „Ich hätte uns alle umbringen können." Ich schluchzte auf und wischte mir die Tränen vom Kinn. „Wer hat uns je gesagt, dass wir ein Flugzeug steuern könnten?"

Daniel legte mir eine Hand auf die Schulter. „Hör endlich auf, okay? Die Tanks waren leer und der Wind war schlecht. Aber du hast es geschafft. Will wäre stolz auf dich."

„Und wo ist Will jetzt?"

Daniel wollte gerade antworten, da bemerkten wir einen schlaksigen jungen Afrikaner, der hinkend auf uns zukam, ein Blatt Papier in der Hand. „Komm", sagte Daniel. „Egal was passiert, wir brauchen Benzin."

„*Hujambo!*", rief Daniel. Der Mann, der jetzt vor uns stand, war kaum älter als zwanzig und trug eine graue Anzughose und ein weißes Hemd. Er biss mit seinen unteren Zähnen auf seinen kurzen Schnurbart und lächelte nicht, als er Daniels ausgestreckte Hand in seine nahm. Er antwortete nicht, sondern schaute auf sein Papier. Er schaute von dem Papier zur Cessna hoch und dann zu uns. Ich blieb mit Tari auf dem Pilotensitz sitzen und sah dem Gespräch aus einiger Entfernung zu.

„Sind Sie der Flugplatzmanager?", fragte Daniel.

Der Mann schüttelte langsam den Kopf. „Der Manager ist heute nicht da. Ich heiße Tumbo. Ich bin sein Assistent." Er schaute wieder auf sein Papier. „Haben Sie kein Funkgerät im Flugzeug? Sie müssen Ihre Landung vorher anmelden. Oder Lichtsignale geben. Haben Sie nie davon gehört? Und sind Sie nicht überhaupt zu jung, um ein Flugzeug zu fliegen?"

„Wir sind gute Piloten", sagte Daniel.

Tumbo lachte. „Gute Piloten? Ach ja, das haben Sie gerade bewiesen. Sehr schön." Er faltete das Papier sorgfältig zusammen und steckte es in seine Hemdtasche. „Also, kein Pilotenschein? Gut. Und können Sie mir sagen, ob Sie eine Genehmigung haben, Passagiere zu befördern?" Er zeigte mit dem Finger auf die beiden Holländer, die gerade das Flugplatzgelände verließen.

„Das sind doch keine Passagiere." Ich sprang hinunter und stellte mich neben Daniel. „Wir haben sie nur mitgenommen."

„Ah, Sie haben sie nur mitgenommen. Ja, ich verstehe. Mein Fehler." Der Mann nickte. „Gut, was haben wir jetzt? Grobe Missachtung der Landevorschriften. Kein Pilotenschein. Keine Zulassung für den Passagierverkehr. Sie denken, Sie sind im Wilden Westen, oder? Dass Sie sich das hier bei uns leisten dürfen, nur weil Sie *wazungu* sind und Ihnen Afrika gehört? Und wie ist es mit der Versicherung?" Daniel und ich schwiegen. „Also keine Versicherung. Dann wissen Sie vielleicht auch nicht, dass dieses Flugzeug als gestohlen gemeldet ist?"

Ich spürte, wie meine Knie zu Pudding wurden. „Das – kann nicht sein. Die Maschine gehört doch uns. Keiner hat sie gestohlen."

„Oh doch." Tumbo nickte, dann zog er das Papier wieder aus seiner Tasche und hielt es Daniel vor die Nase. „Die Polizei in ganz Ostafrika sucht diese Maschine. Erkennungsnummer N-1047K. Es gibt sogar eine Belohnung. Ich weiß nicht, wo Sie hinwollten, aber das hier ist für Sie die Endstation."

45

„Sie verstehen uns nicht", sagte Daniel. „Wir können nicht hierbleiben. Wir wollten nur Benzin und Öl kaufen und dann weiterfliegen."

„Oh, das verstehe ich sehr gut", sagte Tumbo. „Ich verstehe Sie perfekt. Und gleich werden Sie auch mich verstehen. Sie sehen das Haus am Stadtrand? Hinterm Akazienbaum? Das ist die Polizeistation, und da gehen wir jetzt hin."

„Bitte, Bwana Tumbo." Ich ging einen Schritt auf ihn zu. „Es ist nicht wahr. Wir haben dieses Flugzeug nicht gestohlen. Es gehört unserem Stiefvater, Bwana Will Chapman. Er ist entführt worden. Wir suchen ihn."

Tumbo zögerte. „Bwana Chapman ...? Ja, natürlich! Der Pilot, der seine Familie ermordet hat! Der so lange dafür im Gefängnis gesessen hat! Das soll auch noch Ihr Stiefvater sein?!"

„Oh Gott ...", sagte ich.

„Aber warum sollte ihn jemand entführen?", fragte Tumbo weiter. In wenigen Sätzen klärte Daniel ihn über die Black Star Tea Company und die Geschehnisse im Ruaha-Park auf. Tumbo hörte sich alles an. „Ich weiß nicht, ob Sie die Wahrheit sagen", sagte er nach kurzem Nachdenken, „aber ich mag diese Leute von Black Star auch nicht."

„Sie werden uns also den Kraftstoff verkaufen?", fragte Daniel.

Der Mann lächelte. „Es ist nicht nur das Benzin", sagte er und legte den Kopf zur Seite. „Es gibt auch eine Landegebühr. Die müssen Sie doch auch entrichten."

„Oh Gott, ich habe die Landegebühr vergessen", sagte Daniel. „Na gut, wie viel macht das denn?"

Tumbo lachte. „Wie viel haben Sie denn?" Daniel griff nach seiner Brieftasche. „Wir haben nur 300.000 Shillingi", sagte er. „Das reicht gerade für eine Tankfüllung aus."

Tumbo schnaufte. „Sie fliegen quer durch ganz Tansania und haben nur 300.000 Shillingi in der Tasche?"

„Daniel, gib's ihm nicht!", sagte ich.

Tumbo hielt seine rechte Hand auf. „Zeigen Sie mir Ihr Geld." Er nahm Daniel die Brieftasche ab und zog die Banknoten heraus. Er zählte sie rasch durch, steckte sie dann in seine Hosentasche und warf Daniel die Brieftasche vor die Füße. „Ich gebe Ihnen einen Vierteltank", sagte er.

Ich stampfte mit dem Fuß auf. „Das können Sie doch nicht tun!"

„Doch, das kann ich", sagte Tumbo. „Mit einem Vierteltank können Sie dorthin zurückfliegen, wo Sie hergekommen sind – Zimmermann's Bend war es doch, oder? – und da gibt's sicherlich auch Treibstoff. Auf diese Weise" – er lächelte wieder – „können wir uns den Gang zur Polizei ersparen."

Eine Autohupe ertönte vom anderen Ende des Flugplatzes. Ein grüner Geländewagen raste auf uns zu und hielt dicht vor der Cessna. Die Tür ging auf und ein rundlicher Herr mittleren Alters in einem dreiteiligen Anzug stieg aus. Tumbo richtete sich voll auf und fluchte auf Kiswahili.

„Wer ist das denn?", fragte ich.

„Das", sagte Tumbo, „ist der Flugplatzmanager."

Der Mann schnaubte wie ein Stier. Sein schwabbeliges Doppelkinn zitterte. „Tumbo!", brüllte er. „Was machst du da mit diesem Flugzeug?", polterte er weiter auf Kiswahili. „Weißt du nicht, dass es polizeilich gesucht wird?"

Daniel trat einen Schritt zurück und packte mich an der Hand. „Komm, hauen wir hier ab. So schnell können die beiden gar nicht laufen."

„Nein, er hat ein Auto", flüsterte ich. „Einfach dumm stellen."

Tumbo senkte den Kopf. „Ja, ich weiß es, Bwana Kaduma. Ich habe die Nachricht schon heute Morgen erhalten." Ihm ging offensichtlich ein Licht auf, denn auf einmal hob er den Kopf und sagte: „Ich habe sie hier festgehalten, bis die Polizei kommt."

Bwana Kaduma hob beide Arme über den Kopf, und Daniel und ich dachten, er würde mit beiden Fäusten auf Tumbo eindreschen. „Wer hat dir das befohlen?", brüllte er. Die Adern auf seiner Stirn traten bedrohlich hervor. „Diese jungen Leute sind in Lebensgefahr! Du wirst dieses Flugzeug sofort von der Piste runterholen und in den Hangar stellen. Wenn die Polizei sie sieht, was wollen wir dann machen? Hast du eine Antwort darauf?" Daniel ließ meine Hand los. Bwana Kaduma zog ein seidenes Taschentuch aus seiner Jackentasche und wischte sich die Stirn ab. „Hast du die Maschine schon vollgetankt?"

„Sie haben nur genug Geld für einen Vierteltank", sagte Tumbo.

„Du wirst dieses Flugzeug augenblicklich volltanken!", sagte Kaduma. „Ich bezahle es. Und hole auch noch den Mechaniker hierher, damit er die Maschine gründlich durchcheckt." Als Tumbo sich laut vor sich hin murmelnd entfernt hatte, wandte sich der Herr Daniel und mir zu. „Alles in Ordnung?", fragte er in perfektem Englisch. „Es tut mir leid wegen Tumbo, aber er ist der Bruder meiner Frau und was soll ich machen? Ich heiße Jonah Kaduma und bin der Direktor dieses Flughafens. *Karibuni*. Kommen Sie doch mit in mein Büro."

Wir waren beide viel zu überrascht, um etwas zu sagen. Aber wir folgten Bwana Kaduma in ein kleines gelbes Haus, das sich als Flughafengebäude entpuppte. Der Raum, den wir jetzt betraten, diente offensichtlich gleichzeitig als Flugkontrollzentrum und Büro. Die Wände waren pink gestrichen und die sorgfältig geputzten Fensterscheiben boten einen allumfassenden Blick auf die staubige Graspiste und das Städtchen. An einer Wand hing eine zwei Meter hohe Landkarte von Tansania und daneben prangte der WWF-Kalender mit Wills Storchenfoto. Mitten im Raum stand ein schwerer Holzschreibtisch mit einem Funkgerät und einem Laptop. Bwana Kaduma wies auf zwei Klappstühle und holte drei Flaschen Fanta aus einem Kühlschrank. Dann füllte er einen Napf mit frischem Wasser aus einer Keramikkanne und stellte ihn Tari hin.

„Sie brauchen mir nichts zu erklären." Bwana Kaduma setzte sich hinter den Schreibtisch und öffnete die Flaschen. Dann zündete er sich eine Zigarre an und lehnte sich in seinem Schreibtischstuhl zurück. „Bwana Chapman ist verschwunden. Oh, ich weiß alles. Im Funkverkehr redet man über nichts anderes. Zuerst die Kliniken, dann die Missionare, nun sämtliche Buschpiloten. Oder wenigstens die, die noch nicht aus dem Land geschmissen wurden. Außerdem ist er auch hier überfällig, denn das Krankenhaus wartet auf eine Lieferung Polioimpfstoff, den er gestern hätte bringen sollen. Und zwar mit dem Flugzeug da draußen, das die Polizei inzwischen als ‚gestohlen' meldet. Ich habe selbst mehrfach versucht, ihn per Funk zu erreichen, aber er antwortet nicht."

„Kann er auch nicht", sagte ich, „denn das Funkgerät ist zerstört, wie auch der Rest des Hauses, und es ist sowieso keiner mehr da, der antworten könnte."

Bwana Kaduma zog an seiner Zigarre und legte sie dann auf den Rand seines Aschenbechers. „Laut Angaben der Polizei soll die Maschine von Ibrahim Kharusi gestohlen worden sein. Aber wozu? Ich kenne Bwana Kharusi. Der hat ein eigenes Flugzeug und seine Familie besitzt halb Sansibar. Er ist vieles, aber kein Flugzeugdieb." Er schüttelte den Kopf. „Ich glaube, es ist Zeit, dass Sie mir sagen, wer Sie sind und wohin Sie mit Bwana Chapmans Flugzeug unterwegs sind." Als wir zögerten, fügte Bwana Kaduma hinzu: „Ich glaube, unter den gegebenen Umständen haben Sie nichts mehr zu verlieren."

„In Ordnung", sagte Daniel, und nun erzählten wir ihm abwechselnd unsere Geschichte von unserer Ankunft in Tansania über die verendeten Tiere bis zu unserer Landung in der Schlucht und unserem Flug mit den beiden Holländern nach Sumbawanga. Bwana Kaduma hörte uns geduldig zu und paffte immer wieder an seiner Zigarre. Als wir fertig waren, lehnte er sich weit zurück und blies einen riesigen blauen Rauchring in die Luft. „Sie sind verrückte Leute", sagte er endlich.

„Nett", sagte ich.

Bwana Kaduma sah meinen Blick und lächelte. „Können Sie überhaupt ein Flugzeug fliegen?"

„Bwana Chapman hat es uns beigebracht", sagte ich.

„Ich kann mir schon vorstellen, dass Bwana Chapman ein außerordentlich inspirierender Lehrer ist." Bwana Kaduma zerdrückte den Rest seiner Zigarre im Aschenbecher. „Aber hat er Ihnen nicht auch beigebracht, dass man einen Pilotenschein besitzen muss, bevor man sich allein ins Cockpit eines Flugzeugs setzt? Auch in der sogenannten Dritten Welt? Afrika ist doch kein Abenteuerpark für gelangweilte *wazungu*." Als wir keine Antwort gaben, lachte er. „Aber das ist wohl die geringste Ihrer Sorgen, würde ich denken. Ich kenne diese Black Star Tea Company. Das ist eine Scheinfirma für Aktivitäten, die meinem Volk sehr schaden. Sie haben die jetzige Regierung gekauft. Ich will aber nicht, dass sie sich durchsetzen." Er nahm eine neue Zigarre aus dem Kasten und zündete sie mit einem goldenen Feuerzeug an. „Nein, ich will, dass Sie Bwana Chapman finden. Wer sich so viel Mühe gibt, ausgerechnet ihn aus dem Weg zu räumen, der hat etwas zu befürchten. Ich glaube, Will Chapman ist der einzige Mensch, der diese Leute stoppen kann. Wir brauchen ihn. Und Sie müssen ihn finden."

„Dann werden Sie uns helfen?", fragte Daniel.

„Ich persönlich nicht. Ich habe fast zehn Jahre nicht mehr am Steuerknüppel gesessen, und ich würde keine große Hilfe sein. Ich meine, es hat schon Zeiten gegeben, wo ... aber heute nicht mehr." Bwana Kaduma paffte einige Augenblicke vor sich hin. „Sie haben eine außerordentlich große Aufgabe vor sich", sagte er endlich. „Aber Sie sind schon sehr weit gekommen. Zeigen Sie mir doch diese berühmte Landkarte, die Sie so viele Nerven gekostet hat." Daniel zog die Karte aus seiner Hosentasche und reichte sie ihm. Kaum hatte Bwana Kaduma sie auf seinem Schreibtisch ausgebreitet, fing er an zu lachen.

Ich sprang auf. „He, warum lachen Sie? Diese Landkarte hätte uns das Leben kosten können!"

„Sie können sich wieder hinsetzen, junge Dame", sagte Bwana Kaduma. Er wischte sich die Tränen aus den Augenwinkeln. „Sie haben sich sicher viel Mühe gegeben, aber mit dieser Landkarte hätten Sie noch lange suchen können. Oh, sie ist äußerst wertvoll, aber schauen Sie doch – das sind alle Flugpisten im ganzen Land. Zwar zeigt sie einige Pisten, die eventuell von Black Star benutzt werden, aber da sind auch alle anderen drauf, neue und alte. Ich denke, Sie würden Wochen brauchen, sie alle anzufliegen."

„Toll." Daniel seufzte. „Und was schlagen Sie vor?"

Bwana Kaduma lehnte sich weit nach vorn und zeigte mit seiner Zigarre auf uns. „Wenn sie ihn schon außer Landes geschafft haben, dann kann er wirklich überall sein. Aber wenn er noch hier ist, dann können wir die Möglichkeiten sehr scharf eingrenzen. Denn Black Star besitzt noch nicht alles!" Er nahm einen spitzen Bleistift aus dem Lederetui auf seinem Schreibtisch und fing an, einige der Flugpisten auf der Karte einzukreisen. „Man hält ihn wahrscheinlich in einem Gebiet fest, das Black Star gehört, und das kann nur westlich von Iringa sein. Sehen Sie hier. Die meisten Plantagen liegen bei Njombe, im Südwesten, knapp dreihundert Kilometer von hier. Black Star hat auch eine Plantage südlich von Mbeya. Sie besitzen außerdem weitere Häuser und Anlagen in der Region. Also müssen Sie sich auf den Südwesten konzentrieren. Ich weiß nicht, ob er da ist. Aber irgendjemand müsste doch wissen, wo man ihn hingebracht hat." Er schob uns die Landkarte zu, die nun mit einem halben Dutzend Bleistiftkreisen versehen war.

„Glauben Sie ehrlich, dass wir es schaffen?", fragte ich.

Bwana Kaduma zuckte mit den Schultern. „Sie haben jetzt kostenlosen Kraftstoff bekommen und ein Mechaniker ist dabei, Ihre Maschine auf Herz und Nieren zu prüfen. Das wird wohl nötig sein nach allem, was Sie mir erzählt haben."

„Wir verlieren Öl", sagte Daniel. „Wir hätten keinen Meter weiter fliegen können."

Bwana Kaduma lachte wieder und zerdrückte die zweite Zigarre im Aschenbecher. „Wenn mein Mechaniker fertig ist, können Sie überall hinfliegen, wo Sie möchten. In der Zwischenzeit werde ich versuchen, Bwana Kharusi zu kontaktieren, damit er weiß, dass Sie wohlauf sind. Aber Sie müssen sehr aufpassen. Den Flugplatz in Njombe können Sie auf keinen Fall ansteuern. Bwana Hobart hat nämlich ganz Njombe in seiner Tasche." Er zog die Karte wieder zu sich und schrieb ein großes „X" neben eine der Flugpisten. „Sie können hier landen. Das ist eine Sandpiste auf einer der Plantagen. Keine Sorge, sie ist weit von der Stadt entfernt. Fliegen Sie immer hoch und dringen Sie bloß nicht in den Luftraum der größeren Flughäfen ein. Hier ist die Route." Er zeichnete weiter. „Landen Sie dort und versuchen Sie zu erfahren, was die Plantagenarbeiter von Njombe wissen." Er schob uns die Karte wieder zu und schaute auf seine Armbanduhr. „Es ist erst 13 Uhr. Darf ich Sie zu einem bescheidenen Mittagessen bei mir und meiner Frau zu Hause einladen? Leider wird Tumbo auch dabei sein müssen, aber wir haben eine ausgezeichnete Köchin."

„Danke", sagte Daniel, „das ist sehr nett von Ihnen, aber wir haben genug zu essen dabei. Jetzt, wo wir wissen, wo wir zu suchen haben, wollen wir so schnell wie möglich beginnen."

„Ich verstehe", sagte Bwana Kaduma. „Vielleicht ist der Mechaniker auch schon fertig." Er erhob sich und führte uns hinaus auf die Flugpiste. Im Hangar machte ein Mechaniker in einem ölverschmierten blauen Anzug gerade die Motorhaube der Cessna zu. Während Tumbo abseits stand und schmollte, schüttelte Bwana Kaduma uns die Hände – etwas zu feierlich und endgültig für meinen Geschmack, während ich daran dachte, was uns jetzt bevorstand. „Sehr viel hängt von Ihnen ab", sagte er. „Für Sie selbst, für Bwana Chapman und für uns alle. Ich hoffe, Sie werden Erfolg haben. Und das nächste Mal, wenn Sie Ihren Stiefvater mit einem Flugzeug suchen gehen", sagte er zwinkernd, „besorgen Sie sich vorher Pilotenscheine. Einverstanden?"

Nun lachte Daniel. „Wir versprechen es." Tumbo und der Mechaniker schoben die Maschine auf die Flugpiste. Ich machte die linke Tür auf und Tari sprang auf den Hintersitz. Daniel nahm Platz auf dem Pilotensitz und ließ den Motor an. Er schnurrte fast im Vergleich zu vorher. Daniel drehte die Cessna in den Wind und startete. Bei fünfhundert Metern drehte er sie auf den südöstlichen Kurs, den Bwana Kaduma auf der Karte eingezeichnet hatte. „Verdammt!", rief er plötzlich.

Ich schaute erschrocken von der Karte hoch. „Was ist?"

„Das Geld! Tumbo hat's nicht zurückgegeben!"

„Vergiss es", sagte ich. „Wir haben, was wir brauchen. Uns fehlt nur noch Will."

Daniel stieg auf dreitausendfünfhundert Meter. Die dünne Luft drang wie eine eisige Messerklinge in unsere Lungen. Ein Rückenwind schob uns regelrecht voran und der Nachmittag war frei von Turbulenzen. Zum ersten Mal seit dem Beginn unserer Suche entspannten wir uns etwas. Endlich hatten wir eine Spur!

Bwana Kadumas Kurs führte uns wieder diagonal über den Rukwa-See, dann weiter südöstlich über eine kahle, unbewohnte Landschaft.

„Habe ich einen Hunger!", rief Daniel. Er stellte den Autopiloten ein, während ich unsere Vorräte unter dem Rücksitz hervorholte. Wir reichten Tari ein Stück geröstetes Ziegenfleisch und machten uns selbst über die hart gekochten Eier, aufgespießten Fische, Fingerbananen, Kekse und Cola her.

Steile Berge ragten unter uns auf und verschwanden wieder hinterm Horizont. Wir umflogen die staubige Stadt Mbeya von Westen her, so wie Bwana Kaduma es uns auf der Karte eingezeichnet hatte, und an der Straßenkreuzung bei Makumbako begannen wir unseren Sinkflug. Die Landschaft hier war hoch und zerklüftet. Weitläufige Gerberakazien- und Teeplantagen zogen sich über die Berge. *Wunderschön*, dachte ich. *Richtig malerisch, aber ... wo ist die Flugpiste?* Es gab weder eine Straße noch ein Stück ebenen Bodens, wo wir hätten aufsetzen können. Daniel schaute auf die GPS-Anzeige und bemerkte, dass wir schon fünf Kilometer zu weit nach Süden abgedriftet waren. Er drehte wieder nach Norden ab und überflog das ganze Gebiet ein zweites Mal. Nichts.

Ich warf einen Blick auf die Uhr und auf die Kraftstoffanzeige. Der Nachmittag war schon weit fortgeschritten und wir verschwendeten nur noch Benzin. Es gab keine zweite Flugpiste in der Gegend, und wenn wir in Njombe landen würden, würde man uns auf der Stelle verhaften. Bwana Kaduma hatte erwartet, dass wir die Piste finden würden. Er hatte uns aber nicht gesagt, was wir tun sollten, wenn wir sie nicht finden würden. Was dann? Etwa zu ihm zurückkehren? Oder weiterfliegen, bis unser Sprit wieder alle war?

„Jetzt hab' ich sie!", rief Daniel und zeigte dabei aus dem Fenster. Die Piste entpuppte sich als eine formlose, stark erodierte Sandfläche zwischen einem Eukalyptushain neben einer verwitterten Scheune aus Holz. Die roten Markierungen des Pistenrands waren größtenteils vom Wasser weggespült worden. Nur einige verwehte Reifenspuren deuteten darauf hin, dass diese Stelle in letzter Zeit als Flugpiste genutzt worden war.

Da es keinen Windsack gab, schätzte Daniel die Windrichtung von der Bewegung der Teepflanzen im Wind her ein. Er begann den Sinkflug und landete. Völlig verschwitzt stiegen wir aus und teilten uns erst einmal eine Flasche Mineralwasser. „Das hat eine halbe Stunde gedauert", sagte Daniel. „Es würde mich nicht wundern, wenn Hobart und seine Mannschaft uns nicht schon längst gesehen hätten."

Ich griff nach dem Tarnnetz. „Komm." Wir schoben die Cessna an den Rand der Piste und breiteten das Netz darüber aus, so dass die Maschine von oben wie ein dunkelgrüner Strauch aussah. Und dann machten wir uns auch hier an die Arbeit. Wir näherten uns der Scheune, die so aussah, als würden ihre Bretter beim nächsten Windstoß in sich zusammenfallen. Die Tür war abgeschlossen, aber ein Fensterrahmen hing lose und gab nach einem kurzen Druck dagegen nach. Daniel und ich kletterten in die Scheune und schauten uns um. Ein Geländewagen, auf dessen Türen der schwarze Stern der Black Star Tea Company prangte, stand in der Ecke auf Steinblöcken aufgebockt, ohne Räder. Zwei Dutzend Hacken lagen auf einem Haufen daneben. Etwas raschelte im Stroh. Tari stöberte eine Ratte auf, die quietschend an uns vorbeilief und in ein Erdloch verschwand. Sonst war die Scheune gänzlich leer.

Ich lachte. „Klasse! Dafür mussten wir zehn Platzrunden fliegen und unseren Sprit zum Fenster hinausschmeißen. Hier werden wir nicht viel erfahren."

„Aber heute Abend können wir nicht mehr nach Njombe laufen", sagte Daniel. „Die Sonne geht schon in zwei Stunden unter und wir wissen nicht einmal, wo sich die Straße befindet. Am besten schlafen wir hier am Flugzeug, so dass wir morgen früh bei Sonnenaufgang loslaufen können."

Wir verbrachten den Rest des Nachmittags damit, unsere Umgebung auszukundschaften. Mit Tari vorneweg, stiegen wir auf einen Hügel, der uns eine spektakuläre Aussicht auf das ganze Gebiet bot. Gigantische purpurne Wolken segelten wie himmlische Windjammer an uns vorüber. Die niedrigen, mit Wellblech gedeckten Häuser von Njombe erstreckten sich über zwei Hügel im Osten. Die Stadt konnte kaum mehr als fünf Kilometer von uns entfernt liegen, aber mir graute schon vor dem Weg dorthin. Es war kein anderes Gebäude, kein Versteck in Sicht. Wenn Will irgendwo im Umkreis dieser Flugpiste festgehalten wurde, dann nur in Njombe. Das würde morgen eine lange Wanderung sein, und wenn wir es tatsächlich bis dahin geschafft hätten – was dann? Sollten wir, mit unseren bleichen Gesichtern, von Tür zu Tür gehen und nach ihm fragen?

Bei Sonnenuntergang kehrten wir zur Flugpiste zurück und schlugen unser Nachtlager auf. Wir wuschen uns Gesicht und Hände in einem Blechnapf und machten ein Feuer aus alten Teestängeln und Holzresten aus der Scheune. Wir wärmten uns daran, während wir uns über das Ziegenfleisch und eine Jumbo-Büchse ekliger Pfirsiche hermachten. Tari bekam die letzte Büchse Rindfleisch. Der Abendhimmel bewölkte sich und die Sterne schienen uns in dieser Nacht gänzlich vergessen zu haben. Ein leichter Südwind wehte frostig über die Landschaft. Als wir uns schließlich in unsere Schlafsäcke legten, fielen wir in einen traumlosen Schlaf, so wie eine Handvoll Kieselsteine ganz langsam, Stück für Stück in einen Teich geschüttet wird, bis nichts mehr davon übrigbleibt.

Später wussten wir nicht mehr, was uns am nächsten Morgen geweckt hatte. War es die Sonne, die schon längst über den Bergen aufgegangen war? War es Taris Knurren? Ich weiß nur noch, was ich als Erstes erblickte: Den Lauf eines Gewehrs, der direkt auf uns zielte.

46

„*Simama hapohapo!*“, rief eine heisere Stimme. „Bleiben Sie da, wo Sie sind!“ Der dürre Afrikaner mittleren Alters trug zerrissene Arbeitssachen, einen Strohhut auf dem Kopf – und eine Schrotflinte, die er auf Daniels Kopf gerichtet hielt. Ein Dutzend anderer Männer, ebenfalls dünn und ärmlich gekleidet, umringten uns und hielten ihre Hacken in ihren schwieligen Händen über uns bereit.

Daniel und ich richteten uns auf. Tari bellte.

„*Watoto!*“, sagte einer der Männer – „Kinder!“ – und sie fingen an zu lachen. Der Mann, der als Erster gesprochen hatte, warf sein Gewehr auf die Erde und grinste über sein vernarbtes Gesicht. „Wo ist der Pilot?“, fragte er auf Kiswahili.

„Wir sind die Piloten“, sagte Daniel. „Wir haben die Maschine hierher geflogen.“

Die Männer rissen ihre Augen weit auf und tuschelten miteinander. „Arbeitet ihr für Bwana Hobart?“, fragte der Mann, der das Gewehr auf uns gerichtet hatte. „Wenn ja, dann sagt ihm, dass er uns seit acht Wochen nicht mehr bezahlt hat.“ Als Daniel und ich die Köpfe schüttelten, sagte er: „Wenn ihr diese Maschine tatsächlich fliegen könnt, dann macht euch fertig. Wir haben einen kranken Mann, der in die Klinik muss.“ Er zeigte auf eine Gestalt, die etwas abseits auf einer Bahre lag und unter einer zerschlissenen grauen Decke zitterte. „Wir sind Plantagenarbeiter für die Black Star Tea Company. Wir werden krank – einer nach dem anderen. Es ist keiner da, der uns hilft."

„Aber wir können ihn nicht nach Njombe bringen", sagte ich. „Wenn man uns sieht, dann ..."

„Nicht nach Njombe!", rief der Mann. „Die Regierung hat gestern Abend Quarantäne verhängt! Die Polizei bewacht alle Straßen und lässt keinen durch, der krank ist. Aber es gibt eine Feldklinik im Westen. Da müssen wir hin!" Er stützte sich auf sein Gewehr. „Wir können euch nicht für den Flug bezahlen. Aber ihr müsst es tun. Sonst stirbt er."

Daniel und ich erhoben uns. „So – was hat er denn?", fragte ich.

„*Homa*", sagte der Mann. „Fieber. Schmerzen, Durchfall. Ein Feuer verzehrt ihn von innen."

„Malaria?", fragte Daniel. Der Mann schüttelte den Kopf. Der Kranke wand sich vor Schmerzen und fasste sich an den Kopf. „*Maji*", flüsterte er zwischen aufgeplatzten Lippen hervor. „*Maji.*"

Er ist im Delirium, dachte ich. *Es könnte ansteckend sein. Denn wenn er ...* Ich dachte an Doktor Kowalski und erstickte den Gedanken, bevor ich ihn zu Ende denken konnte. „Er stirbt, Daniel. Es ist egal, was er hat. Wir müssen ihm helfen."

Daniel nickte. In wenigen Minuten war die Cessna wieder vollgepackt. Der Mann mit dem Gewehr, der sich als Elijah vorstellte, hob den Patienten in seine Arme und setzte ihn auf den Rücksitz neben sich. „Hören Sie mal", sagte Daniel zu den anderen. „Wir suchen Bwana Chapman, den Piloten, dem dieses Flugzeug gehört. Er ist von Bwana Hobart entführt worden. Weiß jemand, wo er sich befinden könnte?" Die Männer schüttelten nur unverständig den Kopf. *Na toll*, dachte ich. *Endlich Leute, die noch nie von Will gehört haben!*

Ich nahm den Pilotensitz ein, während Daniel Tari auf seinem Schoß festhielt. Zwei Minuten später waren wir in der Luft.

Zwar zeigte der Fahrtmesser eine Luftgeschwindigkeit von zweihundertfünfzig Stundenkilometern an, aber bei dreitausend Metern war der Wind so stark und böig, dass es uns zuweilen vorkam, als ob wir rückwärts flogen. *Was kann ich machen?*, fragte ich mich. *Ich muss einfach weiterfliegen.* Als ich mich kurz nach hinten umschaute, sah ich Elijah aus starren Augen zurückblicken.

Was unter normalen Umständen ein kurzer Zwischenflug über die Berge gewesen wäre, gestaltete sich zu einem anderthalbstündigen Kampf gegen die Natur. Endlich passierten wir die Berggipfel. Ich drosselte den Motor und drehte am Trimmrad, um uns auf eintausendfünfhundert Meter herunterzubringen.

Der Gegenwind schwächte ab. Unter uns lagen wieder Teeplantagen. Zur linken Seite erstreckten sich dichte Wälder und hinter dem Dunst das kühle Versprechen des Malawisees. Wie gern wäre ich jetzt hineingesprungen – hätte mich treiben lassen, sorgenfrei, ohne an etwas denken müssen ...

Daniel schaute auf das GPS und zeichnete unsere Position auf der Karte ein. Er reichte sie Elijah nach hinten, der trotz seiner Nervosität einige Minuten nachdachte und dann mit dem Bleistift die Stelle einkreiste, wo sich die Klinik befand: Etwa zehn Kilometer östlich des Städtchens Tukuyu, wo schon eine Flugpiste eingezeichnet war. Ich folgte einer gut ausgebauten Landstraße und dann einem Schotterweg, bis unter uns ein riesenhaftes grünes Zelt auftauchte, dessen Dach mit einem roten Kreuz versehen war. Nebenan standen kleinere Zelte und Campinganhänger – und daneben lag eine notdürftig angelegte Flugpiste. Ich kreiste einmal über dem Gelände und prüfte die Windrichtung am Windsack. Dann landete ich die Cessna in vier kleinen Sprüngen und brachte sie etwa fünfzig Meter vor dem Hauptzelt zum Stehen.

Zwei Afrikaner, die unserer Landung gelangweilt von einer Bank am Zelteingang aus zugeschaut hatten, stülpten sich

Masken übers Gesicht und kamen mit einer Bahre heran. Sie luden den Patienten fachmännisch darauf, als ob sie seit Tagen nichts anderes getan hätten. Elijah nickte Daniel und mir zu und folgte den Trägern ins Zelt.

„Daniel, es ist doch kein Krieg ausgebrochen, oder?" Ich rückte mein Basecap zurecht und zog mein T-Shirt glatt. „Das sieht ganz nach einem Lazarett aus."

Tari rannte zweimal um das Flugzeug herum, seine Nase auf die Erde geheftet. Auf einmal hob er seinen Kopf und bellte. Er wedelte mit dem Schwanz und rannte zum Zelteingang. „Tari, komm sofort zurück!", rief ich. „Da hast du nichts zu suchen!" Tari blieb stehen und sah mich fragend an. Dann trottete er weiter und blieb abermals stehen. Er hob eine Pfote und zeigte mit der Nase zum Zelt hin. „Ist schon gut, Tari." Ich ging auf ihn zu und hob das Hündchen in meine Arme. „Was hast du denn?" Aber Tari winselte und sah weiter zum Zelt hinüber, über dessen Eingang ein frisch gestrichenes Holzschild mit der Aufschrift „Montoussaint Biotechnology, Mobilklinik Nr. 1" hing.

„Wir können nicht hierbleiben", sagte Daniel. „Das ist ein öffentlicher Ort und wir werden gesucht, hast du das vergessen?"

Tari sprang aus meinen Armen und rannte auf das Zelt zu. „Tari!" Ich stürzte hinter ihm her. Als er durch die Tür schlüpfte, folgte ich ihm.

„*Qu'est-ce qui se passe?*"

Ich blieb stehen. Daniel, der mir dicht auf den Fersen war, lief voll in mich hinein. „Marie-Heloise!", rief er, genauso verblüfft wie ich. „Was machst ...?"

Marie-Heloise starrte uns mit leerem Gesichtsausdruck an. Sie stand in einer Art Vorzimmer, vor einer durchsichtigen Plastikplane, die den Eingangsbereich von den Patientenbetten abtrennte. Sie trug einen fleckigen weißen Laborkittel über zerknitterten Jeans und hielt ein Klemmbrett in der linken

Hand. Mit der rechten stützte sich sie auf einen Holztisch. Ihre ungewaschenen Haare hingen lose über ihre Schultern. Ihre Augen zeugten von vielen schlaflosen Nächten. Ihre Wangen schimmerten nicht mehr rosig. Daniel und ich bemerkten eine Falte auf ihrer Stirn, die wir noch nie zuvor gesehen hatten. An ihren Mundwinkeln traten die Andeutungen von Falten hervor.

Keine Schminke!, dachte ich. *Und kein Lächeln. Sie riecht nicht mehr nach Veilchen und Mandeln, sondern nach ... Schweiß und Zigaretten.*

„Na, ihr beiden?" Nun lächelte Marie-Heloise wieder. „Das ist wirklich eine Überraschung!"

„Das hier ist doch ... so eine Art Krankenhaus", sagte Daniel. „Was ..."

„Du hast recht, Daniel." Sie sprach seinen Namen auf die gewohnte Weise aus – Danièl. Ansonsten war von ihrem französischen Akzent kaum noch etwas zu spüren. Sie kniete nieder und rieb Tari den Rücken. „Das ist in der Tat ein Krankenhaus." Sie erhob sich wieder. „Dieses Gelände gehört Black Star und wir haben eine Feldklinik für unsere einheimischen Mitarbeiter eingerichtet. Es geht nämlich so manches um und schließlich sind wir für das Wohlergehen der Menschen hier verantwortlich."

„Tatsächlich?", fragte ich. „Was geht denn alles um?"

„Ihr wisst doch, die üblichen tropischen Krankheiten. Hauptsächlich Malaria, Masern, aber – man kann nie wissen."

„Aber du bist doch keine Ärztin, oder?" Ich sah in Marie-Heloises bewegungslose Augen. „Ich dachte, du hast Botanik studiert? Teepflanzen ..."

„Mais bien sûr." Drei Schweißtropfen perlten auf Marie-Heloises Stirn. Sie sprach schneller als sonst. „Ich hatte doch einmal ein halbes Jahr Medizin studiert. Und jeder Black-Star-Mitarbeiter macht einen Kurs in Erster Hilfe. Aber – wir hatten doch ein Rendez-vous, dachte ich. Bei Lulu? Ihr seid nicht

gekommen. Was ich mir euretwegen schon für Sorgen gemacht habe!" Sie schüttelte den Kopf und lächelte. „Und wieso fallt ihr jetzt wie zwei Spatzen vom Himmel? Und seid ihr mit den zwei Plantagenarbeitern gekommen? Euren Piloten möchte ich gern kennenlernen. Ist es etwa dieser Monsieur Kharusi aus Sansibar?"

„Wir sind die Piloten, Marie-Heloise", sagte Daniel. „Wir können selber fliegen. Weißt du, ich wollte es dir längst sagen, Will hat es uns beigebracht. Als er dann entführt wurde und Hobart das Missionshaus auf den Kopf stellte, haben wir uns selbst ans Steuer gesetzt. Wir suchen ihn, und wir werden ihn finden."

Marie-Heloise streckte eine Hand nach hinten aus und griff nach dem Holztisch. „Hört mal." Sie atmete tief durch und fuhr sich mit der anderen Hand übers Gesicht. Sie schaute zuerst zum Fenster hin, dann drehte sie sich zu uns zurück. „Das ist keine so gute Idee. Ihr ... ihr könnt gar nicht fliegen, das ist ganz unmöglich, und ich habe euch schon mehr als einmal vor eurem Stiefvater gewarnt, *n'est-ce pas?*" Sie richtete sich wieder auf. „Ihr kommt euch bestimmt sehr mutig vor, wie zwei kleine Helden, aber ihr werdet es nie schaffen. Bleibt hier ... Ich regle alles. Ihr könnt hier in einem der Zelte übernachten, in richtigen Betten – ihr könnt sogar duschen, wenn ihr wollt. Einen Breitbildfernseher und Spiele haben wir auch. Ich organisiere gleich einen Transport für euch nach Dar und ihr könnt dort auf eure Mutter warten."

„Danke", sagte ich, „aber ..."

„Es gibt kein ‚aber'." Marie-Heloise streckte die Hand aus. „Nicht mehr. Und nun brauche ich den Schlüssel zum Flugzeug. Ich sorge dafür, dass ihm nichts passiert, bis euer Stiefvater wieder auftaucht."

„Nein, Marie-Heloise." Daniel schüttelte den Kopf. „Wir wissen, was wir zu tun haben. Wir müssen gleich wieder los."

„Aber das ist doch lächerlich, Daniel." Marie-Heloise trat einen Schritt auf ihn zu, ihre Hand starr vor sich herhaltend. „Gib mir den Schlüssel. Jetzt!"

„Nein!", rief ich. „Du kannst uns nicht zurückhalten. Wir gehen jetzt."

Marie-Heloise zögerte einen Augenblick, dann ließ sie ihre Hand fallen. „Ach, denkt nicht immer nur an euch und euren Stiefvater." Sie wischte sich eine Träne vom dem Gesicht. „Ich dachte immer, wir wollten zusammenhalten, einander helfen. Habt ihr die Musketiere vergessen? Ihr seid meine einzigen Freunde hier. Habe ich mich nicht immer wieder für euch eingesetzt? Habe ich euch nicht Tari geschenkt? Vielleicht denkt ihr wirklich, dass ihr Probleme habt. Aber ich brauche auch Schutz, versteht ihr nicht? Denn wenn Hobart ..."

„Wenn dir Hobart so auf den Geist geht, warum organisierst du keinen Transport für dich selbst nach Dar?" Ich ballte die Fäuste. „Komm, Daniel. Verschwinden wir." Aber Daniel zögerte noch.

Marie-Heloise seufzte laut, dann zog sie ihren Laborkittel aus und hängte ihn an einen Haken. Das Khakihemd mit dem schwarzen Stern über der linken Brusttasche, das sie darunter trug, war zerknittert und verschwitzt. Sie fuhr sich mit der Hand durchs Haar und lächelte Daniel und mich voll an. „Ihr seid einfach nicht zu bändigen", sagte sie. „Ich sehe, dass ich niemals gegen euch ankommen werde. Gut, ich gebe auf. Sucht euren Stiefvater. Ich wünsche euch viel Erfolg. Glaubt mir – ich bewundere euch! Ihr seid mutiger als ich. Aber lasst mich euch wenigstens ein bisschen Proviant mit auf die Reise geben. Wisst ihr, ihr müsst jetzt sehr aufpassen mit dem Wasser. Der Mann, den ihr gerade gebracht habt, ist schwer krank, genau wie viele andere hier. Das bekommen sie alle vom Wasser, *vous savez*? Wartet, ich lass euch reines Wasser bringen." Sie zog den Plastikvorhang beiseite und brüllte wie ein Feldwebel in den Raum hinein: „Abdul!" Ein kräftiger afrikanischer Laborassistent in einer weißen Hose und einem weißen T-Shirt erschien. „*Tafadhali nipatie chupa ya maji!*", sagte sie im selben Befehlston. „Holen Sie mir bitte eine Flasche Wasser."

Seit wann spricht Marie-Heloise Kiswahili?, fragte ich mich.

„*Unataka maji ya kunywa?*", fragte Abdul. „Wollen Sie Trinkwasser?"

„*Hapana*. Nein.", antwortete Marie-Heloise. „*Maji-dawa.*"

Maji-dawa, dachte ich. Das Medizinwasser, von dem Bibi Sabulana gesprochen hatte ...

Abdul neigte den Kopf und verschwand durch die Tür. Wenige Augenblicke später kam er mit einer Literflasche Mineralwasser, auf deren Etikett ein großer schwarzer Stern prangte, wieder zurück.

„Das werdet ihr brauchen", sagte Marie-Heloise. „Es ist unsere eigene Abfüllung. Es wird euch schützen und es ist auch kalt. Na kommt, nehmt einen Schluck. Ich habe Gläser."

„Jetzt nicht, danke." Ich nahm ihr die eiskalte Flasche aus der Hand und steckte sie unter den Arm. „Wir können keinen Augenblick länger warten. Komm, Tari!", und ich packte ihn am Halsband und zog ihn zur Tür.

„Auf Wiedersehen, Marie-Heloise", sagte Daniel und streckte ihr die Hand entgegen. Marie-Heloise nahm sie nicht, sondern strahlte ihn wie früher an und formte die Worte „Ich denke an dich" mit den Lippen. Dann zwinkerte sie uns zu und verschwand durch den Plastikvorhang.

Ich blieb kurz an der Tür stehen und drehte mich um. Marie-Heloises Laborkittel hing nahe der Tür am Haken. *Was wäre, wenn ich ...?* Ich überlegte nicht lange, sondern griff in dessen Taschen.

„Okay, Jenny." Daniel war gerade gestartet und nahm wieder Kurs auf die Flugpiste bei Njombe. „Sag schon. Was hast du da in der Hand?"

Ich hielt zwei Luftpostbriefe hoch. Tari schnüffelte an ihnen und wedelte mit dem Schwanz.

„Ich erkenne dich gar nicht wieder", sagte Daniel. „Was du neuerdings für Sachen machst!"

„Schnauze." Ich hielt die Umschläge hoch. „Keine Briefmarken – wahrscheinlich eine Sonderzustellung. Sie sind beide an jemanden adressiert, der Josephine Charpentier heißt. Der erste ist von Montoussaint Biotechnology in Brüssel, und er ist ... oh Daniel, es ist alles auf Französisch!"

„Tu dein Bestes. Du hast doch zwei Jahre Französisch gehabt."

„Na gut." Ich versuchte mich zu konzentrieren. „Irgendein Geschäftsbrief. Es geht um eine Lieferung von ... *immunisant* – was könnte das denn sein? Ein Impfstoff?"

„Versuch's mit dem anderen."

Ich zog den zweiten Brief aus seinem Umschlag. „Hier lautet der Name Josephine Lautray-Charpentier", sagte ich. „Der Absender ist jemand namens Jacques Lautray, ohne Adresse. Gut, los geht's: ,Liebste Josephine, wir müssen uns nur noch ein paar Tage gedulden, dann wird unser Traum Wirklichkeit und die Verfolgung ist zu Ende. Die letzten ...'" Ich sah mir die Kritzeleien an. „Es ist alles technisches Zeug, ich verstehe kein Wort." Ich sprang zum Ende des Briefes. „... ,Als ich zum letzten Mal den ... den Feuerblitz in deinen Sommeraugen wetterleuchten sah ...' Blablabla ... – oh Gott, was für ein Kitsch, das gibt's doch nicht! – ,Wenn ich an dich, meine liebste Josephine, denke...' Daniel, das ist doch ein Liebesbrief!"

„Danke, darauf wäre ich nie gekommen", sagte Daniel. „Leg ihn wieder in den Umschlag zurück. Ich weiß wirklich nicht, warum du in der Privatpost anderer Menschen herumschnüffelst. Wem auch immer die Briefe gehören, sie gehen uns nichts an."

„Aber ich musste etwas tun! Du hast doch selbst gesehen, wie komisch Marie-Heloise war. Sie hat uns angelogen mit ihrer Krankenschwestergeschichte. Sie wollte doch längst wieder in Frankreich sein!" Ich steckte die Briefe wieder in ihre Tasche. „Und – wie sie aussah. Sie war einfach nicht sie selbst."

„Ja, ich weiß." Daniel drosselte den Motor und drehte am Trimmrad, um die Flughöhe beizubehalten. „Aber wie sehen wir nach drei Tagen in der Luft aus? Schau dich mal im Spiegel an. Dein Gesicht, deine Haare. Wir haben uns auch verändert, oder? Nicht einmal deine Freundin Nadine würde dich bei einer Gegenüberstellung erkennen. Vielleicht will Marie-Heloise uns wirklich nur helfen."

„So ein Quatsch! Sie will uns nur den Mut nehmen. Wie immer eigentlich."

„Wenigstens hat sie uns eine Wasserflasche geschenkt." Daniel grinste. „Echtes *maji-dawa*. Eigene Abfüllung. Du kannst sie aufmachen, wenn du magst."

Ich hob die Flasche hoch und musterte das Etikett mit dem schwarzen Stern. „Ich trinke lieber Cola." Ich verwahrte das Wasser im Rucksack. Dann holte ich zwei Colaflaschen unter dem Rücksitz hervor und öffnete sie.

Mit dem Wind im Rücken segelten wir in einer Dreiviertelstunde über die Berge. Als Njombe in Sichtweite kam, drehte Daniel auf hundertachtzig Grad und flog auf tausend Meter über Grund. Er drosselte die Geschwindigkeit, öffnete das Fenster und steckte seinen Kopf hinaus, um den Schuppen und den Eukalyptushain besser zu erkennen.

Ich spürte das Flugzeug, bevor ich es sah.

Ich packte Daniel an der Schulter und zog ihn gerade noch hinein, ehe ein roter Schatten an uns vorbeisauste. Die Cessna wurde kräftig durchgerüttelt. Ohne zu überlegen, schob Daniel den Gashebel voll ein und zog kräftig am Steuerknüppel. Er rollte das Flugzeug zur Seite und scherte nach rechts aus. Tari wurde gegen die linke Fensterscheibe geschleudert und heulte auf. Wir stiegen auf zweitausend Meter über Grund, wo wir wieder zum Horizontalflug übergingen. Daniel schaute sich um. „Wir haben ihn abgehängt!" Doch in dem Moment stürzte sich unser Verfolger von oben auf uns herab und flog uns um fünfzig Meter voraus, wo er wieder langsamer wurde. Die Maschine kippte ihre Tragflächen dreimal – und gab uns damit das Zeichen zum Landen. „Ich lass mich nicht kriegen!", brüllte Daniel. Er zog mit seiner ganzen Kraft den Steuerknüppel nach hinten, um nochmals an Höhe zu gewinnen und um gleichzeitig Geschwindigkeit zu verlieren. Wir ließen das rote Flugzeug weit unter uns und drehten nach links ab. Dann setzte Daniel zu einem Sturzflug an. Wir rasten im freien Fall den Bergen entgegen. Der Fahrtmesser zeigte dreihundertvierzig Stundenkilometer an – viel zu schnell. Dann zog er den Steuerknüppel nach hinten und flog in einem steilen Looping schräg nach oben. Mitten im Looping drehte er die Maschine auf den Rücken und zog den Steuerknüppel erneut an, so dass sich die Cessna einmal um die eigene Achse drehte. Nun flogen wir mit voller Kraft in die entgegengesetzte Richtung.

„Du spinnst!" Ich holte Tari zu mir und drückte ihn an mich. „Du bist kein Kunstflieger!" Aber Daniel hörte kein Wort. Als er das rote Flugzeug schon wieder durch das hintere Fenster erblickte, drückte er den Steuerknüppel nach vorne, so dass wir wieder zum Sturzflug übergingen. „Hol uns raus! – Hol uns raus!", rief ich. Dreihundertsechzig Stundenkilometer. Die Cessna zitterte und knirschte. Der Steuerknüppel reagierte nicht mehr. *Wir überziehen!*, schoss es mir durch den Kopf. Daniel zog den Gashebel wieder heraus und bewegte den Steuerknüppel. Die Cessna zitterte weiter, aber wurde langsamer. Langsam, sehr langsam richteten wir uns wieder auf. Nur noch zweihundert Meter über einem Teefeld gelang es Daniel, die Nase wieder nach oben zu kippen. Auf vierhundert Meter über Grund flogen wir wieder geradeaus.

Daniel senkte die Geschwindigkeit auf hundertzwanzig Stundenkilometer und atmete auf. Und dann sauste die rote Maschine abermals an uns vorbei und verlangsamte den Flug etwa fünfzig Meter vor uns. Der Pilot kippte die Tragflächen mehrmals hintereinander. Er streckte einen Arm aus dem Fenster und zeigte energisch nach unten. „Daniel, es nützt nichts", sagte ich. „Sie haben uns jetzt. Vielleicht sind sie auch bewaffnet. Wir haben unser Bestes gegeben. Gib's auf, bevor du uns umbringst."

Daniel schwieg und steckte den Kopf wieder aus dem Fenster. Und dann sahen wir den Schuppen und den Eukalyptushain drei Kilometer geradeaus vor uns liegen. Der Pilot der roten Maschine zeigte weiter auf die Erde und blinkte dreimal mit den Positionslichtern.

„Wir müssen runter." Daniel schluckte. „Gleich ist es zu Ende. Es tut mir leid, Jenny." Daniel kippte einmal mit den Tragflächen und das rote Flugzeug drehte ab. Daniel folgte ihm eine halbe Platzrunde um die Flugpiste. Als der Pilot abermals mit den Positionslichtern blinkte, verstand Daniel die Botschaft: Wir sollten zuerst landen. Er gehorchte.

Kaum waren Daniel und ich aus der Cessna gestiegen, setzte das rote Flugzeug ebenfalls zur Landung an und blieb etwa zwanzig Meter hinter uns stehen. Der Propeller hörte auf sich zu drehen und die Pilotentür ging auf. Eine hochgewachsene, kräftige Gestalt stieg aus und schaute uns schweigend an.

„Das gibt's nicht", sagte Daniel.

47

„Ich bin beeindruckt", sagte Ibrahim. Wir saßen zusammen
auf einer großen Karodecke im Schatten der Eukalyptusbäume und schlürften milchigen Tee aus Ibrahims Thermosflasche. Daniel und ich hatten ihm gerade unsere ganze Geschichte erzählt, von Wills Verschwinden bis zu unserem Flug
zur Feldklinik. Zuvor hatten wir die Cessna bis an den Rand
der Flugpiste geschoben und sie wieder mit dem Tarnnetz bedeckt. Ibrahim dagegen ließ seine rote Beechcraft Bonanza im
Freien stehen. „Ich bin wirklich beeindruckt. Bwana Kaduma
hat mir zwar erzählt, was ihr vorhabt, aber – alle Achtung. Ich
bin jedoch nicht sonderlich glücklich darüber. Schließlich habt
ihr mich des Flugzeugdiebstahls bezichtigt."

„Oh je, das wollten wir nicht." Ich fasste mir an den Kopf.
„Das war nur, damit Anita etwas zu erzählen hatte. Hast du
Ärger bekommen?"

„Die Polizei auf Sansibar hat nur gelacht." Ibrahim lachte
nun selber. „Bloß gut, dass ich gerade wieder auf der Insel
war, wo mich jeder kennt – sonst hätte sich das alles bestimmt
etwas schwieriger gestaltet." Er nahm einen Schluck Tee. „Jedenfalls klopfte Joseph gestern früh an meine Haustür. Er erzählte mir alles und überreichte mir euer Paket. Er war den
ganzen Tag und die ganze Nacht getrampt und hatte sich die
letzten zweihundert Kilometer in einem Hühnertransporter
versteckt, unter dem Stroh und dem Kot. Nur so ist er durch

die Straßensperren gekommen. Wie er aussah, mit seinem weißen Hemd und in seiner Anzughose! Er hat sich großer Gefahr ausgesetzt, denn man hat ihn gesucht."

Armer Joseph!, dachte ich. Aber ich hatte gewusst, dass er irgendwie durchkommen würde!

„Aber was können wir noch für Will tun?", fragte ich. „Machst du dir keine Sorgen?"

„Wie könnte ich mir keine Sorgen machen? Ich wünschte, wir könnten ihm helfen. Aber ihr wisst es selbst: Er könnte überall sein. Nicht nur in Tansania, sondern auch im Ausland. Auch wenn wir den Ort wüssten, könnten wir ohne die Hilfe der Polizei wenig ausrichten. Wir könnten seine Lage sogar verschlimmern."

„Aber wir können nicht einfach aufgeben!", sagte Daniel. „Wir sind schon so weit gekommen. Es gibt bestimmt jemanden, der uns helfen kann."

„Es gibt tatsächlich jemanden", sagte Ibrahim. „Als Joseph gestern früh ankam und mir das Paket brachte, flog ich sofort nach Dar und traf mich mit Doktor Lobulu. Er ist äußerst besorgt. Wisst ihr, Will ist nicht nur sein persönlicher Freund. Wenn der Tag kommt, an dem diese ganze Geschichte aufgerollt wird, dann wird Lobulu ihn auch als Zeugen brauchen. Davon hängt jetzt sehr viel ab."

„Dann sollte Lobulu etwas unternehmen", sagte ich.

„Das wird er auch. Sobald die Untersuchungskommission eintrifft, wird er handeln. Er hat zunehmend Einfluss im Land, und er wird Druck auf den Präsidenten ausüben. Dambalas Front bröckelt sowieso schon. Sobald Lobulu als Innenminister eingesetzt wird und die Durchsuchung aller Grundstücke und Häuser von Black Star anordnet, wird man Will finden, falls er noch im Lande ist. Ansonsten ..." Ibrahim schaute zu Boden. „Ich weiß, dass Will sich in großer Gefahr befindet. Ich weiß auch, was Kowalski passiert ist. Aber in der jetzigen Situation können wir nichts mehr machen."

„Doch, wir können ihn suchen!" Daniel erhob sich. „Er ist bestimmt irgendwo hier im Südwesten. Wenn wir genug Leute befragen, finden wir das Versteck bestimmt! Ibrahim, du hast uns doch selbst die Geschichte vom Lebensbaum erzählt. Wir müssen zusammenstehen!"

Ibrahim seufzte. „Es tut mir aufrichtig leid, denn ich habe mich offensichtlich nicht klar ausgedrückt. Euer Abenteuer ist jetzt zu Ende. Versteht mich nicht falsch: Ihr habt alles richtig gemacht. Ihr seid echte Piloten geworden und Will wäre sehr stolz auf euch. Ich bin stolz auf euch. Ich glaube auch, dass ihr ihn unter anderen Umständen gefunden hättet. Aber dazu wird es nicht mehr kommen."

Was war bloß in ihn gefahren? Ich dachte immer, er wäre unser Freund! „Lass es, Ibrahim", sagte ich. „Wie du schon mitbekommen hast, treffen wir inzwischen unsere eigenen Entscheidungen. Wir werden sofort wieder ..."

Ibrahim unterbrach mich: „Heute schon Radio gehört?" Als wir die Köpfe schüttelten, stand Ibrahim auf und stieg in sein Flugzeug. „Seit etwa einer Stunde immer dieselbe Meldung." Das Funkgerät knackte einen Augenblick, und dann hörten wir die Durchsage auf Kiswahili: „... Die beiden europäischen Jugendlichen wurden zuletzt im Südwesten des Landes gesichtet. Sie fliegen eine gestohlene blauweiße Cessna 182 mit der Erkennungsnummer N-1047K. Ihnen wird Sabotage und Terrorismus vorgeworfen. Mit bewaffnetem Widerstand muss gerechnet werden. Die Polizei bittet ..."

„So ein Quatsch", sagte Daniel. „Jenny und ich sollen Terroristen sein? Das wird doch kein Mensch glauben."

„Vielleicht nicht." Ibrahim schaltete das Radio wieder aus und sprang vom Pilotensitz hinunter. „Aber das Kopfgeld werden die Leute sehr wohl verstehen. Hunderttausend Euro auf jeden von euch."

„Ganz schön", sagte Daniel.

„Das ist viel Geld in diesem Land." Ibrahim setzte sich wieder. „Und – wenn ich es so offen sagen darf – zwei junge *wazungu* wie ihr seid recht auffällig in diesen Breiten. Deswegen bringe ich euch jetzt zu jemandem, der zwei oder drei Tage auf euch aufpassen kann, denn Will braucht euch frei und lebendig, und eure Mutter auch."

„Hast du mit Christine sprechen können?", fragte ich.

„Leider nicht", antwortete Ibrahim. „Meine E-Mails bleiben unbeantwortet und die Hotelrezeption in Seoul sagt, sie sei abgereist."

„Auch das noch ...", sagte ich.

Ibrahim nickte. „Ihr müsst irgendwohin gehen, wo euch keiner sieht. Wenn alles klappt, wird Lobulu spätestens dann den Haftbefehl aufheben können, wenn die Untersuchungskommission übermorgen eintrifft. Und dann werden wir wieder eure Hilfe brauchen. Aber wenn euch bis dahin irgendjemand erkennt ..."

„Marie-Heloise", sagte Daniel. „Wir haben doch mit Marie-Heloise Benoit gesprochen, als wir in der Klinik waren."

„Ja, das habt ihr mir erzählt." Ibrahim rieb sich die Augen. „Aber es fällt mir schwer, es zu glauben."

„Warum? Wir waren gerade vor einer Stunde bei ihr!"

„Ja, ich weiß. Aber Daniel ..."

„Was denn?"

„Das ist nicht möglich, denn Marie-Heloise Benoit ..." Ibrahim hielt inne und sah Daniel genau an. „Denn Marie-Heloise Benoit ist tot."

48

Während ich die Cessna mit seitlichem Abstand hinter Ibrahims Flugzeug herflog, saß Daniel auf dem Kopilotensitz und starrte aus dem Seitenfenster. Ich hing meinen eigenen Gedanken nach. War alles eine Erfindung Ibrahims? Er war doch Wills bester Freund und sein langjähriger Geschäftspartner. Warum sollte er uns anlügen? Oder war vorgestern tatsächlich ein Brief von Marie-Heloise Benoits Eltern in Wills Postfach in Dar eingetroffen?

„Will stand kurz vor dem Abschluss seiner eigenen Untersuchung", hatte uns Ibrahim noch bei unserem Zwischenstopp erzählt. „Und deswegen schrieb er Marie-Heloises Eltern, um einige offene Fragen zu klären." Und die Eltern hätten ihm das Wesentliche geschrieben: Dass ihre Tochter in Limoges geboren wurde. Dass ihr ein Onkel, der Pilot bei der Air France war, schon mit jungen Jahren das Fliegen beigebracht hätte. Dass sie als Laborassistentin bei Black Star in Brüssel arbeitete. Dass sie vor einem Jahr einen belgischen Polizisten namens Luc Dumont geheiratet und seinen Nachnamen angenommen hätte. Dass sie kurz davor eine Stelle bei Montoussaint Biotechnology angetreten hätte. Dass wenige Monate später sowohl sie als auch ihr Mann beim Absturz eines gemieteten Leichtflugzeugs ums Leben gekommen seien. Dass alle Zeitungen sowie das Internet von dem tragischen Tod der Marie-Heloise Dumont berichtet hätten ...

„Ich fasse es einfach nicht." Daniel rieb sich die Augen. „Wenn sie nicht Marie-Heloise heißt, wer ist sie dann?" Er schlug mit der Faust gegen die Fensterscheibe. „Ich verstehe gar nichts mehr. Aber was wir jetzt machen, ist idiotisch. Ich würde am liebsten sofort umkehren und wieder anfangen zu suchen. Klar fallen wir auf, aber wenn wir nachts fliegen würden, wären wir unsichtbar. Dann könnte uns keiner stoppen."

„Aber dann wäre Will für uns genauso unsichtbar." Ich drehte am Trimmrad. „Wir haben sowieso noch nie einen Nachtflug gemacht. Gib's doch zu: Die sind zu stark für uns. Manchmal muss man sich den Tatsachen stellen."

„Meinst du etwa die Tatsache, dass Will sterben könnte? Das kann ich nicht akzeptieren. Nicht, solange wir noch da sind."

„Mach's nicht noch schwerer", sagte ich.

Die Graspiste von Mafinga lag etwa auf halber Höhe zwischen Njombe und Iringa. Kaum waren unsere beiden Flugzeuge gelandet, kam ein schmaler Afrikaner in einem grünen Pullover angerannt und winkte uns zu einem türlosen Hangar aus Wellblech hinüber. Der Hangar, der eher einer Garage glich, beherbergte lediglich einen veralteten Armeelastwagen. Daneben war Platz für unsere Cessna. Ein Flugzeug, eine verstaubte Piper Cub, aus deren Motorhaube Unkraut spross, war aufs Gras geschoben worden. Wir stiegen aus und nahmen unsere Rucksäcke mit. Dann halfen wir dem Mann, die Cessna in den Hangar zu schieben. Der Mann legte Holzblöcke vor die Räder und warf eine Plane über den Rumpf und die Tragflächen, bis sie vollständig abgedeckt waren.

Ein grüner Land Rover stand vor dem schuppenartigen Flugplatzbüro. Jack Winston wartete an der offenen Wagentür. Er hatte eine Zigarre zwischen seine gelben Zähne gepresst. Sein aufgedunsenes Gesicht schimmerte rot und speckig. Unter seinem durchgeschwitzten Khakihemd wölbte sich ein praller Bauch. Er hob seine dicke Hand und winkte uns lässig zu.

Daniel und ich waren Jack Winston bereits einige Monate zuvor bei einem Zwischenstopp in Mafinga begegnet. Damals hatte Will uns einige Geschichten über den ehemaligen amerikanischen Anglistikprofessor erzählt, der aus bisher ungeklärten Gründen seine Universitätskarriere, sein Heimatland und seine Familie aufgegeben hatte, um den Rest seines Lebens im ostafrikanischen Busch zu verbringen und seine Existenz dem Buschfliegen und dem Whiskey zu widmen.

Ibrahim ging auf Winston zu und schüttelte ihm die Hand. Er sprach ein paar Worte, während Winston uns im Blick behielt und gelegentlich nickte. Er war einen Kopf kleiner als Daniel und neben Ibrahim wirkte er wie ein verschwitzter, khakigekleideter Gartenzwerg. Als Ibrahim geendet hatte, drehte sich Winston zur Seite und spuckte ins Gras.

„Es ist alles geklärt." Ibrahim winkte Daniel und mich zu sich hinüber und legte uns die Hände auf die Schultern. „Jack weiß, was zu tun ist. Ihr wisst es doch auch, oder?"

„Keine Sorge." Daniels Stimme klang flach und apathisch. Er schüttelte Winstons klebrige Hand. Tari schnüffelte an Winstons Schuhen und schaute verwundert zu mir hoch. „Wir werden uns schon benehmen."

Winston lachte so laut, dass wir für einen Moment dachten, es wäre eine Art Anfall. Er zog die Zigarre aus dem Mund, um nicht daran zu ersticken. „In meinem Haus braucht ihr euch nicht zu benehmen!" Er biss wieder auf die Zigarre. „Geht nur nicht ohne mich auf die Straße und es wird euch bei Onkel Jack gaaanz gut gehen. Und Sie ..." Er wandte sich wieder an Ibrahim. „Sie werden dafür sorgen, dass sie ihren Alten wiederbekommen, ja?"

„Geduldet euch ein paar Tage", sagte Ibrahim. Er versuchte zu lächeln, aber Daniel und ich konnten den Zweifel, der sich auf seinem Gesicht ausbreitete, nicht übersehen. „Und nun brauche ich den Schlüssel zur Cessna." *Nein!*, dachte ich. Das konnten wir wirklich nicht zulassen. Aber was konnte ich machen? Erst nachdem Daniel mich leicht in die Rippen stieß, griff ich in meine Hosentasche und zog den Schlüssel heraus. Ibrahim nahm ihn und übergab ihn Winston, der schnaubte und ihn in seiner linken Hosentasche verschwinden ließ. Ibrahim neigte seinen Kopf zu uns hinunter und flüsterte: „Es war Wills Idee, falls ihm etwas passierte. Aber glaubt mir, es ist die einzige Möglichkeit. Ich hole euch raus, sobald ich kann. Dann suchen wir Will gemeinsam, okay?" Wir gaben uns wortlos die Hand und Ibrahim ging zu seiner Maschine zurück.

Die Fahrt nach Mafinga verlief in völligem Schweigen. Das Getriebe des Land Rovers knarrte sowieso dermaßen laut, dass man kein Wort verstanden hätte. Aber als wir endlich an Winstons Backstein-Bungalow ankamen und eintraten, mussten wir uns eingestehen, dass es doch sehr angenehm war, sich mal wieder in einem anständigen Badezimmer heiß zu duschen und die Sachen zu wechseln. Winstons Hausdiener Yussuf, ein langer, magerer Somali in einem weißen Kaftan, brachte uns frisch duftende Handtücher und Bademäntel.

Als wir mit dem Duschen fertig waren, gingen wir ins Wohnzimmer, wo Winston uns zugrunzte und mit seiner Zigarre bedeutete, dass wir uns auf sein langes Ledersofa setzen sollten. Tari hatte sich schon an einem Ende des Sofas zusammengerollt und döste unter Winstons skeptischem Blick. Sobald Daniel und ich uns gesetzt hatten, kam die Erschöpfung wie eine kühle Welle über uns. Nach drei Tagen auf harten Flugzeugsitzen und mit hämmernden Motorgeräuschen in den Ohren kam ich mir in Winstons unaufgeräumtem, aber vornehm möbliertem Wohnzimmer, in dem die absolute Stille nur durch das langsame Ticken einer antiken Standuhr unterbrochen wurde, wie eine Einbrecherin vor. Benzinabgase hatten sich so lange in unsere Atemwege gefräst, dass das saure, aber nicht ganz unangenehme Aroma von Winstons Zigarre fast wie ein Blumenstrauß roch.

Winston saß uns gegenüber und fixierte uns die ganze Zeit mit einem ironischen Grinsen. Er kaute an seiner Zigarre und schob sie von einem Mundwinkel in den anderen. „Wollt ihr einen Drink?", fragte er endlich. Dabei hob er seine halbleere Whiskeyflasche von dem geschnitzten arabischen Couchtisch und richtete den Flaschenhals wie einen Gewehrlauf auf uns.

„Jetzt nicht, danke", sagte ich.

Winston grunzte und rief nach Yussuf, der auf Winstons Wink in die Küche verschwand und einen Augenblick später mit zwei Flaschen Stoney Tangawizi zurückkam, die er öffnete und vor uns auf den Tisch stellte.

„Und nun werdet ihr mir erzählen, was ihr euch alles eingebrockt habt." Winston schenkte sich ein Glas Whiskey ein und leerte es in einem Zug. „Alles, was ich weiß, ist, dass euer Alter ganz schön was ausgefressen hat. Das Radio ist voll davon."

Nicht schon wieder erzählen!, stöhnte ich innerlich. *Ich will nur noch schlafen.* „Wir erzählen Ihnen alles, was Sie wissen wollen, Mr. Winston", sagte Daniel. „Aber nach allem, was wir durchgemacht haben, sind wir ein bisschen nervös. Wenn wir sicher wüssten, dass wir Ihnen ganz vertrauen können, dann ..."

Winston spuckte seine Zigarre aus. „Vertrauen?" Er lachte. „Glaubt mir, ihr beiden, wenn ich euch der Polizei übergeben und die Belohnung kassieren wollte, dann würdet ihr längst im Kittchen sitzen. Na gut, wenn ihr mir nicht vertrauen wollt, dann bitte! Genießt ruhig meine Gastfreundschaft so lange ihr wollt, bringt mich ruhig in Gefahr. Mir macht es gar nichts aus." Und er machte ein so verletztes Gesicht, dass Daniel und ich nur noch lachen konnten.

Und dann erzählten wir ihm unsere Geschichte. Winston hörte so aufmerksam zu, dass er fast vergaß zu trinken. „Das ist eine echte Geschichte", sagte er, nachdem wir eine ganze

Stunde erzählt hatten. In der Zwischenzeit hatte Yussuf den Tisch auf der Veranda gedeckt. Wir beendeten die Geschichte beim Abendessen, während die letzten Sonnenstrahlen die gelben Backsteine des Bungalows aufleuchten ließen. Yussuf hatte Rindfleisch in einer würzigen Nelkensoße, dazu Kartoffeln, Kochbananen und Bohnengemüse gekocht. Daniel und ich schaufelten das Essen geradezu in uns hinein.

„Ich hätte nie gedacht, dass sich der alte Will für so was interessiert", sagte Winston und spuckte auf die Dielen. Yussuf hatte gerade die leeren Teller weggeräumt und uns allen arabischen Kaffee in winzigen Kupfertassen eingeschenkt. Er duftete schwer und süß nach Kardamon. „So wie er immer redet, dachte ich, dass der alte Knastbruder nach Afrika kam, weil er nicht mehr den Helden spielen wollte. Ganz schön ironisch, nicht? Na ja, ihr kennt doch den Spruch über den Affen und die glitschigen Bäume. Aber jetzt weiß ich endlich Bescheid."

„Es tut uns aufrichtig leid, dass wir an Ihrer Ehrlichkeit gezweifelt haben, Mr. Winston", sagte ich. „Wir wissen doch, dass Sie gar nichts mit dieser Geschichte zu tun haben."

„Ich danke dir für das Vertrauen, junge Dame", sagte Winston. Er lehnte sich in seinem Stuhl zurück und zündete eine neue Zigarre an. „Zufällig bin ich selbst bei der Black Star Tea Company angestellt."

Daniel und ich fielen fast von unseren Stühlen. Winston schüttelte sein Streichholz aus und sah uns einige Sekunden prüfend an, während er an seiner Zigarre paffte. Dann lachte er wieder. „Da habe ich euch ganz schön reingelegt, was?" Er schnaubte. „Aber es stimmt. Ich transportiere seit einem halben Jahr ihre Techniker zwischen Dar und Njombe. Ich bin sozusagen ein freier Mitarbeiter. Ihr werdet verstehen, dass ich diese Tatsache bisher für mich behalten habe. Und Mr. Hobart kenne ich inzwischen recht gut. Allerdings würde ich ihn nicht direkt zu meinem engeren Freundeskreis zählen."

„Aber haben Sie von den biologischen Experimenten im Ruaha-Park gewusst?", fragte Daniel.

„Es ist das erste Mal, dass ich davon höre. Aber wenn ihr meine ganz persönliche Meinung hören wollt, reißt mich das keineswegs vom Hocker. Black Star ist ein kleiner Betrieb. Sie bauen zwar Tee an, das stimmt, aber es gibt kaum Personal. Fast die Hälfte ihrer Felder liegt brach. Und ich habe mich tatsächlich auch schon gefragt, ob sie wirklich im Teegeschäft sind oder ob das nur eine Art Tarnung für etwas Größeres ist. Ich denke, da hatte ich nicht ganz Unrecht." Er schenkte sich wieder nach. „Was mich immer gewundert hat, ist, dass die Belegschaft so gut ausgerüstet ist. Die Firma hat Dutzende von Geländewagen und zwei eigene Flugzeuge. Alles vom Feinsten. Ich frage mich, wozu sie das alles braucht."

„Schon was eingefallen?", fragte Daniel.

Winston zuckte mit den Achseln und nippte an seinem Whiskey. „Warum fragst du mich? Aber Piloten werden trainiert, aufmerksam zu sein. Wisst ihr, was ich meine? Und ich habe mich über ihre Sprüh-Ausrüstung am Flugplatz in Njombe gewundert. Wozu brauchen sie die? Und medizinisches Gerät. Wozu brauchen sie die ganzen Spritzen, wenn sie nur Tee anbauen und trocknen? Oder die Medikamente, die ich letzte Woche von Dar nach Njombe gebracht habe. Und die ganzen Armeezelte? Ist etwa eine Grippewelle im Anmarsch, oder was geht hier vor?"

„Sind Sie sicher, dass es Medikamente waren?", fragte ich.

Winston kratzte sich an der Glatze. „Na ja, es war alles in blauem Plastik verpackt. Aber während ihre Leute alle da draußen auf der Rollbahn standen und ihre Glimmstängel zu Ende rauchten, konnte ich der Versuchung nicht widerstehen, einen Blick reinzuwerfen. Ich will doch wissen, was ich transportiere, wenn ihr mich versteht. Habe ich euch schon erzählt, wie ich einmal eine ganze Ladung Kobras von Sansibar nach Mombasa geflogen habe? Mann, oh Mann! Wisst ihr, der

Kunde hatte auf fünf Korans geschworen, es sei nur ein Korb voller Seile. Aber plötzlich, bei dreitausend Metern, fühlte ich so ein Kitzeln am Ohr, wisst ihr? Ich drehe mich um, und …" Er grinste. „Als ich Will davon erzählte, ist er fast von der Veranda gefallen, so hat er gelacht." Er kicherte und zündete seine Zigarre wieder an.

„Und was haben Sie dann transportiert?" Ich tat mein Bestes, um meine Ungeduld in Schach zu halten.

„Na ja, ich habe in einen Karton gegriffen und mir so ein Päckchen herausgeholt. Da klebte so ein verrücktes Etikett drauf mit der Aufschrift ‚Achtung! Biogefahr!' oder irgend so ein Zeug. Keine Ahnung, was es wirklich war. Es kam von einer belgischen Firma, glaube ich."

„Hieß sie etwa Montoussaint?", fragte Daniel.

„Ja, so in etwa. Ich weiß nur, dass sie die Kartons sofort geliefert haben wollten, und dass ihre eigenen Flugzeuge sonst wo in der Weltgeschichte unterwegs waren. Eins ist sicher: Die arbeiten nicht nur auf ihren Plantagen. Ich weiß nur, dass dieser Hobart selten an seinem Schreibtisch anzutreffen ist. Aber er versteht es, das Leben zu genießen, das könnt ihr mir glauben."

„Das verstehe ich nicht", sagte Daniel.

„Nanu?" Winston zog die Zigarre aus dem Mund und zögerte. „Es gibt einen alten Spruch, dass Geld die Zungen lockert. Aber das Gegenteil ist auch wahr. Stimmt der Preis, dann hält man schon seine Zunge im Zaum – wenigstens bis ein besseres Angebot kommt."

„Sie bekommen Schweigegeld?", fragte ich.

„Tja, nennen wir es ein gelegentliches Trinkgeld. Hobart will, dass sein Privatleben unter uns bleibt. Ich bin ein diskreter Mann und natürlich habe ich ihm volle Diskretion zugesichert. Aber jetzt, da Will involviert ist, bin ich wohl nicht mehr daran gebunden. Ich will zwar meinen Ruf nicht verlieren aber – na ja, wie viel ist ein guter Ruf schon wert? Wenn ich nach einem langen Leben eins gelernt habe, dann ist es, dass nichts das Leben angenehmer macht als ein schlechter Ruf!" Er schnaubte und schenkte sich ein frisches Glas Whiskey ein.

„Mr. Winston, was Sie uns da erzählen, könnte wichtig sein", sagte Daniel.

„Na denn, los geht's." Winston paffte einmal kräftig an seiner Zigarre und legte sie auf den Rand des Esstischs. „Vor etwa einem Monat flog ich Hobart von Iringa zu einem riesigen privaten Landgut in der Arusha-Gegend, am südlichen Hang des Kilimanjaro. Was für eine Anlage, sage ich euch! Ein richtiges Herrenhaus mit gepflegtem Rasen und mit Gärten voller Blumen, mit einer eigenen Flugpiste, mehreren Wirtschaftsgebäuden, einem privaten Sicherheitsdienst und einem Elektrozaun ringsherum. Mindestens dreihundert Hektar, wenn nicht viel mehr. Da hat sich irgendein Millionär verkrochen, oder vielleicht gehört es irgendeinem multinationalen Konzern. Auf jeden Fall ist das die feinste Immobilie zwischen Kapstadt und Kairo, so viel ist sicher. Und er war nicht allein, denn die beiden Firmenflugzeuge standen auch schon da – das blaue und das andere, ganz flotte mit den roten Sonnen auf den Tragflächen."

Daniel neigte sich nach vorn. „Haben Sie eine Ahnung, was er dort zu suchen hatte?"

„Du fragst mich? Tut mir leid, ich wurde nicht eingeladen. Aber auf dem Hinweg hatte mich Hobart mit einigen schlüpfrigen Geschichten unterhalten, und es hörte sich jedenfalls so an, als ob er sich da ganz schön amüsieren wollte. Er hat sehr dick aufgetragen. Etwas zu dick, vielleicht. Von alldem habe ich jedenfalls persönlich nichts mitbekommen. Ich habe lediglich sechs Stunden am Swimming Pool gewartet. Das einzige, was ich davon hatte, war eine Flasche warmes Bier und ein Sicherheitsbeamter, der mir ein Gewehr in die Nase drückte und mir sagte, dass ich gefälligst den Mund zu halten hätte. Na ja, mehr war da nicht." Er lachte und griff wieder nach seiner Zigarre. „Ich habe später aufgeschnappt, dass das Anwesen einem europäischen Geschäftsmann namens Jacques Lautray gehört. Den Namen kenne ich aus der Zeitung: Ein reicher Pinsel aus Belgien, politische Ambitionen, Skandal. Gegen Abend tauchte Hobart wieder auf und ich flog ihn nach Iringa zurück. Obwohl ich ganz ehrlich sagen muss, dass er nicht gerade so aussah, als ob er sich sonderlich amüsiert hätte."

Daniel sah zu mir herüber. „Wissen Sie noch genau, wo sich das Landgut befindet?"

„Sorry", sagte Winston. „Es war ein reiner Instrumentenflug. Hobart ließ mich nicht auf die Karte gucken und ich musste das GPS zwischenzeitlich ausschalten. Ich weiß nur, dass es irgendwo zwischen dem Kilimanjaro und der Stadt Moshi lag. Aber wartet einen Augenblick, ihr beiden." Er richtete seine winzigen Augen auf uns und paffte unruhig an seiner Zigarre. „Ihr denkt hoffentlich nicht daran, in euer Flugzeug zu springen und dorthin zu düsen, oder? Denn wenn das so ist, dann könnt ihr die Idee gleich wieder streichen. Auch wenn ihr den Weg dorthin finden könntet, ist die Anlage eine einzige Festung. Landen kann man da schon, aber wieder starten ist was ganz anderes. Denkt nicht im Traum daran."

„Hören Sie mal", sagte ich. „Will versucht seit Monaten, das Hauptlabor der Organisation zu finden. Es kann sein, dass Sie es schon gefunden haben. Lasst uns Ibrahim anrufen und ihm von dem Landgut erzählen. Wenn er sich dann mit Lobulu in Verbindung setzt, kann die Polizei die Anlage stürmen. Vielleicht ist ja Will genau dort."

Winston zögerte. Dann nahm er einen weiteren Schluck Whiskey und sagte entschieden: „Einverstanden! Aber ich werde ihn anrufen. Wenn man eure Stimmen im Funkverkehr hört, dann haben wir die Polizei und Hobarts Leute in nur fünfzehn Minuten vor der Tür. Lasst Onkel Jack alles regeln. Denn ihr bleibt erst mal hier. Schon mal von dem armen Sultan Mkwawa von Iringa und der deutschen Schutztruppe gehört? Wenn diese Leute wirklich so sind, wie ihr und Will sie euch vorstellt, dann werden sie euch fangen und eure Schädel als Trophäen an die Wand nageln!" Und darauf brach er in ein hysterisches Gelächter aus, bis er wieder hustete und einige Augenblicke nach Luft rang.

„Aber seien Sie bitte vorsichtig, was Sie über Funk sagen, Mr. Winston", sagte Daniel. „Man hat insgesamt zweihunderttausend Euro auf unsere Köpfe ausgesetzt. Ich möchte nicht wissen, wie viel Hobart privat zahlen würde, wenn er uns in die Finger kriegt."

Winston schaute zur Decke hoch und kaute stumm an seiner Zigarre. Er kratzte sich am Doppelkinn. „Eine interessante Frage", sagte er endlich. „Wenn ihm die Geschichte so wichtig ist ..." Er schnaubte wieder und erhob sich. „Gut, genug für heute. Morgen wird die Festung gestürmt! Aber jetzt werdet ihr beiden eure Betten stürmen. Ihr habt heute schon genug Unsinn angestellt."

49

Die Sonne stand schon hoch am Himmel, als wir am nächsten Morgen aufstanden. Wir hatten zum ersten Mal seit Tagen wieder richtig geschlafen, und ich fühlte mich wach und frisch wie lange nicht. Winston arbeitete draußen am Getriebe seines Land Rover und klimperte mit seinen Werkzeugen. Yussuf brachte uns ein kräftiges Frühstück aus Beefsteak und Spiegeleiern, das wir auf der Veranda verschlangen. Als wir uns satt gegessen hatten, trat Winston auf die Veranda. Seine schmutzigen Hände wischte er an einem verschmierten Lappen ab. Er war wie am Vortag gekleidet und roch schon wieder nach Whiskey. „So, nun fährt die alte Dame wieder. Sie wird nicht so schnell wieder aufmucken. Nun ist mein Flugzeug dran. Kommt ihr mit zum Flugplatz? Keine Angst, um diese Zeit ist garantiert keiner da."

Wir stimmten zu und saßen zwei Minuten später zusammen mit Tari im Land Rover. Winston gab Vollgas und fuhr fluchend im wilden Zickzack um die Schlaglöcher und Spurrinnen herum, die die Straße zum Flugplatz verunstalteten. Eine leere Whiskeyflasche rollte von einer Seite des Wagens zur anderen.

„Sie wollen nicht etwa irgendwo hinfliegen, oder?" Ich hielt mich am Türgriff fest und stützte mich mit den Füßen ab.

„Kommt nicht in Frage, junge Dame!" Winston schnaubte. „Ich trinke nur, wenn ich die gute Mutter Erde fest unter meinen Füßen spüre. Schließlich hat man seine Prinzipien!"

Die Flugpiste war tatsächlich wie ausgestorben. Winston hatte sein eigenes Flugzeug in einem verrosteten Wellblechschuppen etwa hundert Meter von der Graspiste entfernt stehen. Er schloss die Schuppentür auf und wir halfen ihm, die Maschine aufs Gras zu schieben. So heruntergekommen der Schuppen – und Winston – auch waren, das Flugzeug war eine Augenweide. Winston verlor aber keine Worte darüber, sondern klappte die Motorhaube der schwarzweißen Piper Arrow auf und begann, den Motor auseinanderzubauen. „Also, lauft mir nicht weg, meine Küken", rief er, „denn sonst kommen die Kopfjäger!" Er lachte. „Hört ihr? Sie wetzen schon ihre Macheten!" Winston paffte an seiner Zigarre. Während er seine Hände tief in den Motor hineinsteckte, begann er einen Monolog über seine zwanzig Jahre als Buschpilot in Ostafrika.

Obwohl er seine Erzählungen von Bruchlandungen im Busch und kenianischen Schlangenfarmen denkbar eindrucksvoll zum Besten gab, riefen sie bei mir nur noch Gähnen hervor. „Tari muss sich die Beine vertreten", sagte ich in einer seiner häufigen Whiskey-Pausen. Ich brauchte ein paar Minuten Stille!

Winston senkte die Flasche. „Das ist mir recht, junge Dame, aber geht bloß nicht irgendwo in der weiten Welt spazieren! Ich bin für eure Sicherheit verantwortlich. Und eure Maschine da drüben könnt ihr gleich vergessen. Ich habe den Schlüssel hier in meiner Hosentasche und gebe ihn nicht so schnell wieder her. Das wird euer alter Onkel Jack nicht zulassen!"

Während Tari in großen Kreisen um uns herumrannte, schlenderten Daniel und ich in Gedanken versunken wie zwei Philosophen über die Graspiste. Dann gab ich Daniel einen Wink. Wir drehten nach rechts ab und gingen schnellen

Schrittes geradewegs auf den anderen Hangar zu. Ein Glück! Da stand die Cessna unter ihrer Plane. Nur die Spitze eines Propellerblatts ragte aus einer Falte hervor. „Wie sollen wir das bloß aushalten?" Ich seufzte und lehnte mich gegen die heißen, sandpapierartigen Mauern des Hangars. „Will könnte gerade im Sterben liegen und wir sitzen hier fest mit einem betrunkenen Buschpiloten und seinen Karl-May-Märchen. Ich könnte ..." Ich wischte mir die Tränen von den Wangen.

Daniel blickte zu Winston, der gerade noch in Sichtweite an seinem Motor arbeitete und weiter vor sich hin redete. Daniel pflückte einen Strohhalm und steckte ihn zwischen die Zähne. Er setzte sich ins Gras, mit dem Rücken an den Hangar gelehnt. „Ich weiß zwar, dass Mr. Winston ein Kollege von Will ist, aber ich frage mich, wie weit wir ihm wirklich trauen können. Wir haben ihm wahrscheinlich schon viel zu viel gesagt. Ich meine, jetzt wo Will aus dem Spiel ist, was hindert ihn daran, uns tatsächlich an die Polizei zu verraten und sich das Kopfgeld selbst einzustecken?"

„Es sei denn, Hobart bietet ihm noch mehr."

„Daran habe ich auch schon gedacht." Daniel spuckte den Grashalm aus. „Ich glaube, er kann sich nicht entscheiden. Nur deswegen sind wir wohl überhaupt noch am Leben. Scheiß drauf, ich brauche Bewegung." Er erhob sich und ging los, Tari folgte ihm. Das Dorf lag in einiger Entfernung von uns und die Hauptstraße war noch weiter weg. Außer Winston, der uns hinter der Motorhaube hervor misstrauisch beäugte, war kein Mensch in Sicht. Sogar der Flughafenaufseher schien heute einen freien Tag zu haben.

Daniel ging auf das kleine Bürogebäude zu. Als er sich dem Haus näherte, sprang ihm ein riesiger brauner Hund entgegen. Der Labrador-Mischling wedelte mit dem Schwanz und ließ seine lange rosa Zunge in den Staub hängen. „Tari!", brüllte Daniel. Aber die Hunde liefen schon mit wedelnden Schwänzen geradewegs aufeinander zu. Dann blieben sie direkt voreinander stehen und berührten sich mit den Nasen. Nachdem sie auf diese Weise Bekanntschaft geschlossen hatten, trabte der Labrador zu Daniel hinüber, stellte sich auf die Hinterbeine und begann, Daniel im Gesicht zu lecken.

„Ich wette, ihr beide habt ganz schön Durst", sagte Daniel. Auf der anderen Seite des Hauses entdeckte er ein Wasserfass und eine leere Plastikschüssel. Daniel schöpfte Wasser aus dem Fass und stellte die Schüssel für die Hunde auf die Erde. Sie steckten die Nasen hinein und schlürften es gierig auf, bis ihr Durst gelöscht war. Dann wollte der unbekannte Hund mit seinen neuen Freunden spielen. Daniel fand einen zernagten Stock neben dem Wasserfass und spielte eine Viertelstunde lang Stöckchenwerfen mit den beiden. Er spürte wohl, wie gut es tat, nach den Tagen im engen Flugzeug die Arme wieder richtig auszustrecken. Er nahm den Stock in die Hand, holte aus und warf ihn, so weit er konnte. Der Stock schoss geradezu durch die Luft und blieb neben einem weißen Gegenstand auf der anderen Seite der Flugpiste liegen. Die Hunde stürzten beide darauf los. Der braune Hund schnappte nach dem Stock, während Tari den weißen Gegenstand beschnüffelte und ihn in die Schnauze nahm. „Was hast du denn da?" Tari trottete zu Daniel zurück und übergab ihm stolz seine Beute. Es war eine Zeitung, ein Exemplar der aktuellen Ausgabe des „East African Guardian", die der Flughafendirektor oder ein Fluggast wohl am früheren Morgen dort verloren hatte. Daniel rollte die Zeitung zusammen und klemmte sie unter den Arm. Er hatte seit Tagen kein Wort gelesen. Er streichelte beiden Hunden über den Kopf und setzte sich auf einen verwitterten Holzklappstuhl, der auf der Schattenseite des Flughafenbüros stand.

Daniel breitete die Zeitung auf seinem Schoß aus und fing von hinten an zu lesen, wie es seine Gewohnheit war. Es stand jede Menge Tratsch aus Dar und Sansibar drin. Dann las er den Wetterbericht, der einen frühen Beginn der Regenzeit

418

verkündete und für die nächsten Tage Regenstürme im ganzen Land voraussagte. In einem kleinen Artikel daneben las er, dass schon die ersten Störche im Serengeti gesichtet worden waren. Er übersprang die Sport- und Finanzseiten und ging dann zur ersten Seite über. „EBOLA-VIRUS IM SÜDWESTEN AUFGETAUCHT". Daniel zuckte zusammen und las weiter: „Sechs Fälle beim Nyakusa-Stamm am Malawisee werden gemeldet"; „Fünfzehn Fälle bei Njombe"; „Mögliche Fälle in Daressalam und Arusha". Er überflog den Rest des Artikels. „Neuartiger Krankheitserreger befürchtet"; „Weltgesundheitsorganisation stellt Gelder zur Verfügung, verhängt Reisewarnung", „Landesweite Quarantäne", und zum Schluss: „Internationaler Untersuchungskommission aus Sicherheitsgründen die Einreise verwehrt".

Daniel stopfte die Zeitung in seine Hosentasche und kam rennend zu mir in den Hangar zurück. Dort fand er mich mit einer Farbbüchse und einem Pinsel in der Hand. „Bist du verrückt?", fragte er. „Was machst du mit der Cessna?"

„Schau's dir an", sagte ich. Ich trat einen Schritt zurück. Ich hatte das Wort KORONGO in schwarzen Kursivbuchstaben auf die Motorhaube gepinselt. „Du weißt doch, dass Will diesem Flugzeug noch keinen Namen gegeben hat. ‚November-Kilo' hört sich einfach blöd an. Und ich denke, bis wir Will gefunden haben, gehört sie uns, und sie wird von nun an ‚Korongo' heißen. Denn wir sind echte Störche geworden, genau wie Opa es uns damals aufgetragen hat. Wir haben das Fliegen gelernt und wir sind auch geflogen. Wir haben unser Bestes getan."

Daniel grinste. „Mir gefällt der Name. Und Will würde er auch gefallen. Aber schau dir das mal an."

Ich nahm ihm die Zeitung aus der Hand und las den Artikel durch. „Das gibt's nicht!", rief ich. „Ich meine, das erklärt wenigstens die Feldklinik bei Tukuyu, wo Marie-Heloise ..." Ich ließ die Zeitung fallen. „Wir müssen jemandem sagen, was wir wissen! Ob Winston schon davon weiß?"

„Ich glaube nicht mehr, dass uns Winston sonderlich behilflich sein wird. Wir müssen hier weg, und zwar gleich."

„Aber wir können nur fliegen und er hat unseren Schlüssel! Oder willst du die Türen etwa aufknacken?"

„Hm, du hast recht. Ohne Schlüssel geht's nicht. Wir müssen einfach unsere Chance abwarten."

50

„He, ihr beiden Mkwawas!" Winston hatte gerade die Motorhaube zugeklappt und brauchte offenbar unsere Hilfe, um die
Maschine wieder in den Hangar zu schieben.

Wir fuhren wortlos zum Bungalow zurück. Nach dem Mittagessen verkündete Winston, dass er den Rest des Tages freinehmen wollte. Er nahm eine volle Flasche Whiskey aus dem
Schrank unterm Funkgerät und schleppte sich zu einer Hängematte, die im hinteren Garten zwischen zwei Eukalyptusbäumen aufgespannt war. Er öffnete die Flasche und nahm
einen kräftigen Schluck. Dann legte er sich in die Hängematte
und blätterte in einer Luftfahrtzeitschrift. Daniel und ich hingen unruhig im Wohnzimmer herum, wo wir in alten Ausga-
ben des „National Geographic" blätterten. Alle paar Minuten
schauten wir durch die offene Hintertür und merkten, dass
der Whiskeypegel in Winstons Flasche wieder um zwei Zentimeter gesunken war. „So wie er an die Sache rangeht", sagte
Daniel, „wird er bald nur noch Sterne sehen. Das ist unsere
Chance."

Aber Winston schien gar nicht schläfrig zu sein. Er las seine
Zeitschrift zu Ende, dann warf er sie auf die Erde, nahm einen
alten Band von Charles Dickens' „David Copperfield" in die
Hand und fing an, darin zu schmökern.

Daniel schaltete das Radio ein und suchte vergeblich nach
einem Nachrichtensender. Die Mittelwellensender hatten bei

Tageslicht alle einen grässlichen Empfang. Als er einen halbwegs annehmbaren Rock-Sender fand, drehte er die Musik
laut auf. „Dreh das verdammte Ding leiser!", brüllte Winston
von draußen. Daniel drehte die Lautstärke ganz nach unten
und setzte sich direkt vor die Lautsprecher.

Ich trat auf die Veranda und schaute in den Himmel. Zwei
Bussarde kreisten fünfhundert Meter über meinem Kopf. Warum konnten wir jetzt nicht da oben sein? Die Luft war still,
außer dem Zirpen von Grillen und dem fernen Pochen eines
Hammers war kein Laut zu hören.

Daniel schaltete das Radio ganz aus. „Gibt's hier nichts anderes zu tun?", rief er zu Winston hinüber. „Haben Sie einen
Internetanschluss?"

„Aha, ihr wollt also Spiele, was?", sagte Winston. „Mein
Laptop steht auf dem Schreibtisch. Verbindet ihn mit dem Satellitenlink und legt los. Passwort: SPASSVOGEL. Aber passt
gut auf – ich will nicht, dass ihr damit irgendetwas anstellt,
was eurer Mutter nicht gefallen würde!" Er lachte.

Daniel entdeckte den Laptop und steckte das Kabel in die
Dose für den Satellitenlink. Während ich im Türrahmen stand,
fuhr er den Rechner hoch, tippte das Passwort ein und wartete, bis sich die Homepage des Servers aufbaute.

Auf der Erde neben ihm lag mein Rucksack. Ein Flaschenhals ragte heraus. Daniel nahm die Flasche Mineralwasser in
die Hand und musterte den schwarzen Stern auf dem Etikett.
Er drehte den Schraubverschluss auf und stellte die Flasche
auf den Schreibtisch.

Die Internetverbindung war aufgebaut. „Keine Spiele jetzt",
sagte er. „Ich brauche Antworten." Ich kam dazu und sah
über seine Schulter. Er öffnete eine Suchmaschine und tippte
„Marie-Heloise Dumont" ein. Nach wenigen Sekunden standen ihm dreißig Dokumente zur Verfügung, einige auf Französisch und andere auf Englisch. Er ging sie einzeln durch.
„Die Ermittler sind immer noch im Unklaren über die Ursa-

che des tödlichen Flugzeugabsturzes vom 6. Mai, bei dem Kommissar Luc Dumont und seine Frau Marie-Heloise bei Brüssel ums Leben gekommen sind." In einem anderen Dokument las er: „Der Polizeipräsident hat heute eingeräumt, dass eine Verbindung bestehen könnte zwischen dem Unglück und der gegenwärtigen Untersuchung gegen Montoussaint Biotechnology, die Kommissar Dumont leitete. Seine Frau Marie-Heloise, die ebenfalls bei dem Absturz ums Leben kam, arbeitete im Virenforschungslabor von Montoussaint." Er klickte weiter. Fotos der Unglücksstelle. Ein Foto von Luc Dumont, einem langen, dunkelhaarigen Mann um die dreißig, der gerade mit einer Ehrenmedaille der belgischen Regierung wegen seines Einsatzes bei der Aufklärung eines Falls von genetischer Lebensmittelmanipulation ausgezeichnet wurde. Dann ein Foto von Marie-Heloise Dumont, geborene Benoit, die neben einer Cessna 152 des Brüsseler Flugklubs stand – eine kleine junge Frau mit kurzen aschblonden Haaren und einem stolzen Lächeln auf dem pausbackigen Gesicht.

Daniel ging zurück und klickte auf das nächste Dokument. Wir überflogen die Seite, bis wir zu diesem Satz gelangten:

„Einer der Ermittler wies auf den offensichtlichen Zufall hin, dass Max Sandau, ein Journalist des Münchner MONITOR, mit dem Kommissar Dumont zusammengearbeitet hatte, im vergangenen Dezember direkt nach einem Treffen mit Dumont in Bergamo auf ähnliche Weise über den Alpen verunglückt ist ...‟

Ich erstarrte. Ich las den Satz ein zweites Mal, dann ein drittes.

„Oh scheiße, scheiße ...‟, murmelte Daniel.

„Daniel, das kann nicht sein‟, sagte ich. „Sag's mir doch! Das kann doch nicht sein, oder?‟

Er schüttelte den Kopf. „Wie hieß der Name auf dem Umschlag in Marie-Heloise' Tasche?‟

„Charpentier", antwortete ich. „Josephine Charpentier."

Daniel klickte wieder auf die Suchmaske und gab den Namen „Josephine Charpentier" in das Kästchen ein. 6.489 Dokumente. Daniels Finger zitterten, als er das erste Dokument anklickte. Es war ein zwei Jahre alter Artikel der „Frankfurter Allgemeinen Zeitung". „Jüngste Nobelpreisträgerin der Geschichte – (Brüssel) Heute hat das Karolinska-Institut in Stockholm der belgischen Mikrobiologin Josephine Charpentier den diesjährigen Nobelpreis für Medizin verliehen. Mit nur sechsundzwanzig Jahren ist sie die jüngste Trägerin dieses begehrten Preises in der Geschichte ..." Er ging zum nächsten Dokument. „Doktor Charpentier, das Wunderkind, das seit drei Jahren ein Team von Mikrobiologen am Massachusetts Institute of Technology in Boston leitet und schon mehrere bahnbrechende Erkenntnisse im Bereich der Gentechnik erzielt hat, erhielt den Preis für ihre revolutionären Beiträge zur Entwicklung von synthetischen Krankheitserregern ..." Er klickte weiter. „Der Schwerpunkt von Charpentiers Arbeit liegt auf dem Gebiet der Entwicklung künstlicher Krankheitserreger und der entsprechenden Antikörper. Es wird gehofft, dass durch diese Methode bald synthetische Antikörper zur Überwindung einiger Geißeln der Menschheit industriell hergestellt werden können." Weiter. „Doktor Charpentier, die schon vor acht Jahren eine synthetische Milzbrandart als Diplomprojekt vorlegte, arbeitet heute in den Labors von Montoussaint Biotechnology in Brüssel an Plasmodium falciparum, dem Krankheitserreger der tödlichen Malaria tropica, sowie am tödlichen Ebolavirus." Nächster Link. „Doktor Charpentier ist seit Januar letzten Jahres mit Montoussaint-Geschäftsführer Jacques Lautray verheiratet."

Daniel sprang einige Seiten weiter und klickte auf ein neues Dokument. „Ein Montoussaint-Sprecher hat heute bestritten, dass das Forschungsprogramm der Firma gegen den neuen Biowaffenvertrag verstößt. Vorwürfe, dass Montoussaint unzulässige Menschenversuche an illegalen Einwanderern durchgeführt habe, bezeichnete er als ‚Unfug‘." Weiter. „Neue Vorwürfe gegen Montoussaint-Forschungsleiterin Charpentier – Anklage erwartet." Nächster Link. „Jacques Lautray, der bekannte belgische Multimillionär, Waffenhändler, Geschäftsführer von Montoussaint, Europapolitiker und Ehemann der Nobelpreisträgerin Josephine Charpentier protestierte heute gegen den neuen Biowaffenvertrag, da nach seiner Auffassung …" Daniel klickte weiter, dann griff er nach der Flasche und hob sie an seine Lippen, während sich die nächste Seite aufbaute. Es war ein wissenschaftlicher Aufsatz von Josephine Charpentier zum Thema „Die Übertragung des Ebolavirus durch verunreinigtes Trinkwasser. Eine Forschungsagenda."

„*Maji-dawa*", flüsterte ich – und mir stockte der Atem. „Daniel …"

Daniel senkte die Flasche und schielte wieder auf den schwarzen Stern. Er dachte einen Augenblick nach und schraubte den Verschluss wieder drauf. Dann schob er die Flasche weit von sich.

Weiter. „Den wohl spektakulärsten Auftritt bei der diesjährigen Londoner Luftshow verdanken wir Josephine Lautray-Charpentier. Die erstaunlich jugendlich wirkende Charpentier, die durch ihren Nobelpreis weltweiten Ruhm erlangt hat, ist auch eine geniale Pilotin. Privat fliegt sie eine weiße Piper Warrior mit roten …"

Weiter. „Die Nobelpreisträgerin Josephine Lautray-Charpentier ist seit dem Erlass des Haftbefehls gegen sie und ihren Mann weiterhin flüchtig. Ihr wird der Mord an den Polizeiagenten Luc und Marie-Heloise Dumont durch Sabotage vorgeworfen. Interpol ermittelt."

Und schließlich: Ein Pressefoto von Doktor Josephine Charpentier bei der Nobelpreiszeremonie in Stockholm. Eine große, schlanke, elegant gekleidete Frau, deren braune Haare zu einem langen Zopf gebunden waren, stand vorm schwedischen König und posierte für die Kameras. Augen wie Sterne, ein strahlendes Lächeln – ich konnte den Veilchenduft fast riechen.

„Lass mich jetzt mal ran hier." Ich verdrängte Daniel von seinem Stuhl und öffnete mein E-Mail-Konto. Da warteten E-Mails von Bridget Cunningham vom BBC World Service sowie von Richard Bergmann vom MONITOR. Ich klickte auf letztere Nachricht.

Liebe Jenny,
danke für Deine Nachricht, die mich zutiefst beunruhigt hat. Einiges von Deiner Geschichte ist mir schon bekannt. Eine Lücke kann ich gleich füllen: Laut den Aufzeichnungen Eures Vaters, die er mir unmittelbar vor seinem Tod anvertraute und die ich in den vergangenen Monaten ergänzen konnte, gehört die Black Star Tea Company einem flüchtigen belgischen Multimillionär und Politiker namens Jacques Lautray. Er besitzt unter anderem eine Firma namens Montoussaint Biotechnology, die gegen nationales und internationales Recht verstoßen hat. Sein Ziel war es, in naher Zukunft und aus bisher unerklärlichen Gründen neuartige biologische Waffen gegen die dortige Zivilbevölkerung einzusetzen. Aufgrund neuer Dokumente und aktueller Informationen, die ich gerade von Eurem Freund Ibrahim Kharusi zugeschickt bekommen habe, bin ich davon überzeugt, dass Lautray sich in Tansania aufhält und seine Pläne noch in diesen Tagen in die Tat umsetzen wird. Ich bin jetzt schon dabei, die betreffenden Regierungsstellen sowie die internationale Presse zu informieren, und wir werden am Sonntag einen großen Artikel darüber bringen. Du musst aber zusehen, dass Du und Deine Familie SOFORT von dort wegkommt. Ihr sollt Euch vor allem vor zwei Männern in Acht nehmen: Nelson Hobart und Carlos Figueira. Ihr seid in unmittelbarer Lebensgefahr!

Aus der Ferne brummte ein Flugzeugmotor. Daniel und ich sprangen beide zur Tür hinaus und rannten in den Vorgarten. Hinter den Bäumen erblickten wir ein einmotoriges Flugzeug, das von Osten her kam. Eine zweite Maschine kam der ersten aus dem Westen entgegen. „Schalte das Funkgerät an", sagte ich. „Vielleicht kommunizieren sie ja gerade miteinander."

Daniel stürzte wieder ins Wohnzimmer und schaltete das Funkgerät ein. Ich folgte ihm. Gespannt warteten wir, ob wir etwas erhaschen würden. Zuerst kamen Störgeräusche, gefolgt vom Klicken einer Mikrofontaste. Dann schließlich hörten wir menschliche Stimmen.

„Verstanden", sagte eine Stimme. „Leichter Wind aus West, klarer Himmel, Sichtweite sechzig Kilometer. Ein schöner Tag zum Fliegen, die ganze Strecke. Was gibt's Neues bei Ihnen? Ende."

Figueira. Der portugiesische Akzent war nicht zu überhören.

„Eine kleine Aufräumaktion im Ruaha, keine schöne Sache", sagte eine zweite Stimme.

„Hobart!", sagte ich.

„Und was gibt's Neues über unser Päckchen zu berichten?", fragte Hobart. „Ende."

„Unser Päckchen ruht sich aus und genießt Phase zwei unserer Gastfreundschaft. Na ja: Fieber, Gliederschmerzen, die üblichen Symptome. Aber wir versorgen ihn gut. Er wartet nur darauf, von Ihnen aufgewickelt zu werden. Ende."

„Schön, genau wie zu Weihnachten", freute sich Hobart. „Hat er schon etwas gesagt? Ende."

„Kein Wort, Sir. Er fragt nur nach seinen Kindern. Ende."

„Rührend, nicht? Aber da braucht er sich keine Sorgen zu machen. Sie sitzen bei Ferkel fest – er hat's mir gestern Nacht durchgefunkt. Er hatte mich lediglich nach dem Kopfgeld gefragt, aber ich habe ihn schnell durchschaut. Unser gutes altes Ferkel! Die beiden Gören schnappen wir uns dann morgen früh. Wir kommen jetzt gerade vom Berglabor – alles verwüstet, vor laufenden Kameras. Das werden wir diesen Zwergen heimzahlen. Nein, unser Freund hat jetzt größere Probleme, aber es liegt alles in seiner Hand. Macht er nicht mit, dann ist morgen früh Phase drei dran. Schnell und schmerzlos. Spurlos auch. Ende."

„Verstanden. Schade um ihn eigentlich. Ein richtiger Störenfried, kein Zweifel, aber trotzdem ein verdammt guter Pilot. Ende."

„Wenn ich einen Piloten brauche, dann rufe ich dich an, Carlos. Oder, wenn's gar nicht anders geht, eben unseren alten Freund Ferkel." Hobart lachte. „Ist die Strandpiste frei? Ende."

„Alles markiert und freigeräumt. Ende."

„Gut, dann sehen wir uns heute Abend in Matema, und kommen Sie nicht zu spät wieder, denn wir brauchen Sie ja für den letzten Akt. Gute Landung! Ende."

Damit war das Gespräch beendet, es kam nichts mehr. Wir saßen etwa eine Minute schweigend nebeneinander. „Dieses verdammte Ferkel", fauchte Daniel dann und zeigte auf die Hintertür, „verkauft uns an Hobart! Und sie werden Will umbringen."

„Will ist in Matema", sagte ich. „Da kennen wir uns doch aus! Wir müssen zu ihm. Matema ist nicht mal zwei Flugstunden von hier entfernt. Daniel, es ist nicht zu spät!"

„Ja", sagte Daniel und erhob sich. „Du hast recht. Wenn wir hier bleiben, dann kriegen wir morgen auch ‚Phase drei'. Komm, Jenny. Jetzt holen wir uns den Schlüssel!"

51

Winston lag schlaff in seiner Hängematte und schnarchte wie
ein Bluthund. Die leere Whiskeyflasche balancierte auf seinem
Bauch, bis sie schließlich mit einem dumpfen Klirren neben
das offene Buch auf die Erde stürzte. Winston zeigte keine
Reaktion.

„Los geht's." Daniel trat auf Winston zu. „Bleib du an der
Tür stehen. Wenn ich den Schlüssel habe, werfe ich ihn dir zu,
und dann verschwinden wir."

Ich nickte und bezog an der Tür Stellung. Daniel schlich
sich an Winston heran. Der Pilot furzte dreimal hintereinander und schnarchte weiter. Aus seinen schlabbrigen Lippen
tropfte Speichel. Der Gestank von Schnaps und saurem
Schweiß drehte mir den Magen um. Daniel kam näher und
streckte seine rechte Hand nach Winstons rechter Hosentasche aus und griff hinein. Leer! Daniel fluchte still vor sich
hin. Kaum hatte er seine Hand vorsichtig wieder zurückgezo-
gen, rollte sich Winston keuchend auf die rechte Seite. Nun
kam die lockere linke Hosentasche zum Vorschein. Wir sahen
beide eine leichte Wölbung im Stoff, etwa in der Form eines –
Schlüsselbunds? Daniel ging ein paar Schritte zurück und
schlich sich nun an die linke Seite der Hängematte heran.
Dort streckte er seine Hand wieder aus, bis sie nur noch dreißig Zentimeter über der Tasche war. Er blickte prüfend in
Winstons Gesicht, um zu sehen, ob er auch wirklich fest

schlief. Der ganze Mann war von einer unsichtbaren Alkoholwolke umgeben, die bis in jede Ecke des Hauses waberte. Daniel hielt den Atem an und bewegte seine Hand zentimeterweise tiefer, tiefer, bis er gerade den Taschenrand berührte.

„He!" Winston sprang plötzlich hoch und schnaubte. „Was zum Teufel machst du denn da?"

Daniel blieb ganz kühl. „Tut mir leid, Sir, aber da ist gerade eine Eidechse über sie hinweggekrochen. Ich wollte sie verscheuchen."

„Eidechse?" Winston grunzte und schielte den Jungen an. „Eidechse? Willst du sagen, dass du mich wegen einer lausigen Eidechse geweckt hast? Hör mal, Söhnchen, wenn diese Eidechse wieder mal vorbeigekrochen kommt, dann fang sie einfach, und ich lasse sie Yussuf morgen zum Frühstück braten." Er lachte. „Aber wenn ihr schon unter meinem Dach wohnt, warum macht ihr euch nicht endlich nützlich? Ich habe lange genug geschlafen. Ich will Kaffee."

„Natürlich, Mr. Winston." Daniel nickte unterwürfig. „Mit Milch und Zucker?"

„Darum brauchst du dich nicht zu kümmern. Sag Yussuf einfach, er soll ihn kochen und hierher bringen, und zwar sofort! Und danach wird gearbeitet, Freundchen. Schaut euch nur diesen Garten an! Ich will euch endlich schwitzen sehen. Oder dachtet ihr etwa, ihr verbringt ein Wellness-Wochenende mit Room Service im Grand Hotel ,Vier Jahreszeiten'?"

„Nein, Sir." Daniel nickte und ging ins Haus zurück. „Nun will der Kerl Kaffee", flüsterte er mir zu. Er schlug wütend die Faust gegen die Wand. „Wir werden diesen Schlüssel nie kriegen, es sei denn, wir ziehen ihm eins über die Rübe."

Ich schüttelte den Kopf. „Gib nicht gleich auf. Wir kriegen den Schlüssel schon noch."

Wir fanden Yussuf in der *shamba* am Rande von Winstons Grundstück, wo er gerade Tomaten erntete. Als wir ihm

Winstons Befehl auf Kiswahili zuriefen, kam der Somali angerannt. Sein weißer Kaftan schwappte im Wind. „Der hat vielleicht ein Schicksal", sagte ich. Wir folgten ihm ins Haus zurück. „Stell dir vor, jahrein, jahraus für so ein Scheusal schuften zu müssen. Aber warte – mir ist soeben etwas eingefallen."
Yussuf verschwand in die Küche. Ich schaute auf meine Uhr.
Hobart müsste schon auf halber Strecke sein! Als Yussuf zehn Minuten später wieder herauskam, trug er ein Silbertablett mit einem dampfenden arabischen Kaffeetopf aus gebürstetem Messing und einer goldumrandeten Porzellantasse. Ich stoppte ihn. „Das nehme ich Ihnen gerne ab", sagte ich und nahm ihm das Tablett aus der Hand. „Ich bringe es der Herrschaft persönlich." Aber zu Daniel flüsterte ich: „Schau mal zu und du wirst sehen, wie wir an den Schlüssel rankommen."

Einen Augenblick später stand ich vor Winston, der aufrecht in der Hängematte saß und sich gerade eine Zigarre anzündete. „Eine Portion Kaffee, ganz wie gewünscht."

„Na endlich." Winston drehte sich um und spuckte auf die Erde.

„Soll ich Ihnen das Tablett reichen?"

„Ja doch, her damit."

Ich trat nicht näher, sondern reichte ihm das Tablett mit ausgestreckten Armen. Ich lehnte mich weit nach vorn.

Die Kaffeekanne fing an zu wackeln.

„Oh nein!", rief ich. Zu spät. Die Kanne stürzte auf Winston und der heiße Kaffee schwappte auf seine Hose. Winston schrie auf, sprang aus der Hängematte und vollführte einen wilden Tanz über den Rasen. „Entschuldigung, das tut mir furchtbar leid!" Ich hob rasch die Kanne auf. „Entschuldigen Sie vielmals!"

„Zum Teufel mit dir!" Winston hüpfte nun wie Rumpelstilzchen auf einem Bein. Ich fürchtete fast, er würde sich entzweireißen. „Willst du mich etwa bei lebendigem Leibe kochen? Hol Yussuf. Ich muss mich umziehen." Und mit einer

Bewegung zog er seine fleckige Hose herunter, so dass zwei unbehaarte rosa Beine und eine rot gepunktete Boxershorts zum Vorschein kamen. „Was guckst du denn? Sag' Yussuf, er soll mir augenblicklich eine neue Hose bringen!" Ich nahm ihm die speckige Hose aus der Hand und hielt sie wie ein verendetes Stinktier mit zwei Fingern von mir weg. „Sofort!"

Ich kicherte, als ich wieder neben Daniel im Haus stand. „Leichter als ich dachte!" Ich steckte meine Hand in die linke Tasche. Ich fühlte etwas Hartes, Metallenes zwischen den Fingern. Ich zog es heraus – eine Dose Kautabak. Ich fluchte und durchsuchte alle Taschen. Da war nichts, außer einer durchschwitzten Streichholzschachtel und einem verklebten Taschentuch. „Das glaube ich einfach nicht!" Ich schmiss die Kautabakdose gegen die Wand, so dass sie aufging und ihren Inhalt auf dem Perserteppich zerstreute.

Jemand räusperte sich. „Sucht ihr etwa nach Bwana Winstons Schlüsselbund?" Wir drehten uns um und sahen Yussuf vor uns stehen. Zum ersten Mal sahen wir ihn lächeln. „Schaut im Land Rover nach. Er vergisst ihn immer auf dem Armaturenbrett. Bestimmte Dinge lernt er einfach nicht mehr."

„Yussuf, Sie sind ein Engel", sagte ich.

„Immer zu Ihren Diensten." Yussuf verneigte sich. „Kann ich jetzt bitte die Hose haben?"

Wir sprangen mit Tari zur Vordertür hinaus und liefen zum Land Rover. In der Tat: Da lag Winstons Schlüsselbund, an dem auch der Schlüssel zur Cessna hing, auf dem Armaturenbrett. Daniel griff nach dem Zündschlüssel des Land Rover und ließ den Motor an. „Oh Gott!", sagte er. „Wir können ein Flugzeug über halb Afrika fliegen, aber wir können nicht mal Auto fahren!"

„Das spielt keine Rolle mehr." Ich schlug die Tür auf der Beifahrerseite zu. „Fahr einfach los." Daniel drückte voll aufs

Gas und wir rasten im zweiten Gang über die Schlaglöcher in Richtung Flugplatz.

Als wir am Hangar ankamen, warf er mir den Schlüssel zu. Ich schloss die beiden Türen der Cessna auf, während Daniel die Plane herunterriss. Ich zog die Holzblöcke weg und wir legten beide Hand an und schoben die Maschine aufs Gras. Ich nahm auf dem Pilotensitz Platz und ließ den Motor an.

Als wir auf die Piste rollten, kam der Flugplatzaufseher laut brüllend angerannt und winkte uns mit beiden Armen zu. „Vergiss ihn", sagte Daniel. „Starte!" Ich fuhr die Landeklappen aus und gab Gas. Der Flugplatzmanager warf sich in den Staub, als die Cessna in die Luft sprang und über ihn hinwegbrauste.

Als ich eine Linkskurve einlegte, erhaschte ich einen Blick auf Winstons Bungalow. Sah ich wirklich einen fettleibigen, halb nackten Mann, der uns die Faust entgegenhielt – oder lebte er nur in meiner Fantasie ...?

52

Ich nahm Kurs auf Südwest. Als wir nach knapp zwei Stunden das Bergland erreichten, drosselte ich den Motor. Wir glitten über grüne Teeplantagen und verschlafene Bergdörfer hinweg. Langsam breitete sich ein gewaltiger Urwald unter uns aus, hinter dem die blauen Wellen des Malawisees funkelten. Am Nordufer entdeckten wir die verschlafenen Hütten Matemas. Am breiten Sandstrand war ein weißes Kleinflugzeug mit roten Sonnen auf den Tragflächen geparkt.

Unsere Landkarte zeigte die Flugpiste, auf der wir schon wenige Tage zuvor mit Will gelandet waren. Erst bei der zweiten Platzrunde entdeckte ich die versteckte Landebahn, die eher einer einfachen Waldschneise glich. Es war kein Gebäude, sondern nur ein Windsack zu sehen. Ich prüfte die Windrichtung und landete. Die Cessna hüpfte zweimal und kam kurz ins Schleudern, als die Reifen in den weichen Sand einsanken, kam aber kurz vorm Waldesrand zum Stehen.

„Das war leichter, als ich gedacht habe." Ich sprang vom Pilotensitz. „Wenn ich nur wüsste, was wir als nächstes tun sollen!"

„Zunächst müssen wir hoffen, dass uns keiner gesehen oder gehört hat", sagte Daniel. Er half mir dabei, die Maschine bis unter die ersten Tamarindbäume zurückzuschieben. „Und dann warten wir hier, bis die Sonne untergeht. Wir können nicht einfach wie zwei Touristen nach Matema spazieren und uns eine Cola bestellen."

Wir breiteten das Tarnnetz über dem Flugzeug aus. Dann bemerkte ich eine Reihe von Metallfässern auf der anderen Seite der Flugpiste. „He, was ist das denn?!" Ich ging darauf zu und schraubte einen der Verschlüsse auf. „Das kann doch nicht ...!"

„Flugbenzin!", grinste Daniel. „Genug für eine ganze Flugzeugflotte."

Wir fragten uns nicht, wem die Fässer gehörten. Ob Black Star oder irgendwelchen Waffenschiebern, das spielte keine Rolle mehr. Wir nutzten die Gelegenheit und rollten ein Fass zum Flugzeug. Da keine Pumpe aufzutreiben war, nahmen wir einen verrosteten Eimer und einen Trichter und verbrachten eine halbe Stunde damit, die Tanks bis zum Überlaufen zu füllen.

Danach ruhten wir uns im Schatten der Cessna aus. Im Frachtraum entdeckten wir die letzten zwei Flaschen Cola und eine Packung Kekse, die wir gierig verzehrten, während Tari eine Packung Zwieback mampfte.

Als die Sonne endlich hinter den Bäumen verschwand, griffen wir nach unseren Rucksäcken und füllten sie mit unseren Taschenlampen, zwei Flaschen Wasser und einigen Werkzeugen. Ich gab Tari einen Kuss auf die Nase und schloss ihn im Flugzeug ein. Dann traten wir auf den zerfurchten Sandweg, der von der Flugpiste ins Dorf führte.

Als die Schatten immer dunkler wurden, griffen wir nach unseren Taschenlampen und knipsten sie an. Die Abendluft fühlte sich kühl und feucht an und roch nach Holzrauch und verrotteten Baumstümpfen. Mücken umschwirrten und stachen uns gnadenlos. Ein paar Einheimische, die offensichtlich ganz gut ohne Taschenlampen auskamen, gingen an uns vorüber und warfen uns das verwunderte Lächeln zu, das sie wahrscheinlich allen europäischen Rucksacktouristen schenkten. Aber wir waren keine Touristen. Jetzt nicht mehr.

Als wir an ein ausgetrocknetes Flussbett kamen, kletterten wir hinunter und liefen weiter, bis wir das Schlagen der Wellen auf den Sand hörten. Plötzlich standen wir am Ufer des Sees, wo wir schon einmal einen Abend mit Will verbracht hatten. Der Himmel schimmerte saphirblau und die ersten Sterne funkelten wie Brillanten. Fischnetze hingen zwischen Holzpfählen gespannt. Zwei Dutzend Einbäume lagen auf dem Sand aufgereiht. Auf dem dunklen Wasser flackerten die Petroleumlampen der Nachtfischer. Nun stampften wir durch den Sand, dem Dorf entgegen. Zu unserer Rechten lockerte sich der Wald auf und die ersten Strandhäuser kamen zum Vorschein. In einigen von ihnen brannten Kerzen oder Kerosinlampen in düsteren Räumen. Da war eindeutig wieder der Generator ausgefallen.

Nun lag die Nacht tiefschwarz über uns. Der Tanz der Taschenlampenstrahlen auf dem Sand machte mich schwindlig. Weit vor uns tauchte der Umriss eines Kleinflugzeugs auf. „Licht aus!", flüsterte Daniel. Wir knipsten unsere Taschenlampen aus und schlichen wie zwei Diebe weiter. Dann blieben wir wieder stehen. Fünfzig Meter vor uns stand ein Mann und rauchte eine Zigarette. Sie glimmte wie ein Glühwürmchen. Er summte einen Schlager vor sich hin. Wir konnten ihn zwar kaum sehen, aber wir hörten deutlich, wie er eine Pistole hervorholte, das Magazin herauszog und es mit einem lauten „Klick!" wieder hineinschob. Dann summte er weiter. Wir traten einige Schritte zurück.

Irgendwo im Hintergrund knatterte ein Generator. Hinter einer Reihe Palmen entdeckten wir den Strandbungalow, der noch vor kurzem so leer und verlassen gewirkt hatte. War Will da drin? Ohne zu überlegen, warfen wir unsere Rucksäcke über die Hecke und krochen durch sie hindurch. Von hier aus konnten wir das Haus ungehindert sehen. Eine blitzblanke Satellitenschüssel stand auf dem Blechdach und in einem der erleuchteten Räume schaute jemand CNN bei voll aufgedrehter Lautstärke. Wir umrundeten das Gelände. Der Vorgarten glühte weiß unter vier Scheinwerfern. Ein Wächter mit einer Maschinenpistole stand lässig am Eingangstor. Er nickte im Rhythmus der Musik, die offenbar durch seine Kopfhörer dudelte. Aber die hintere Seite des Hauses, zum Strand hin, lag noch in Dunkelheit.

Da sahen wir wieder die Treppe, die in den Keller hinunterführte. Wir bückten uns und gingen halb in der Hocke die Betonstufen hinunter. Eine neue Stahltür hing in den Angeln, aber sie stand weit offen. Kein Wunder bei dem Kloakengestank, der die Luft verpestete.

Plötzlich ging im Keller ein Licht an. Daniel und ich sprangen in den Schatten zurück. Wir hörten Schritte auf einer Holztreppe. Eine Tür öffnete sich auf ungeölten Angeln.

„So sehen wir uns also endlich wieder", ertönte Hobarts Stimme. „Ich bitte Sie um Entschuldigung wegen des Geruchs. Aber versuchen Sie einmal, um diese Uhrzeit einen Klempner aufzutreiben." Hobart lachte, bevor er weitersprach. „Ich muss ehrlich sagen, dass es zum Gotterbarmen ist, dass Sie nicht mit uns kooperieren wollen. Dabei will ich Ihnen tatsächlich helfen. Es handelt sich doch lediglich um Ihre Unterschrift unter eine eidesstattliche Erklärung, dass Sie von alledem nicht die geringste Ahnung haben, sowie um das Versprechen, künftig den Mund zu halten. Keine Aussagen vor Journalisten, kein Wort vor Gericht. Hat Figueira Ihnen unsere Bedingungen nicht ausreichend erklärt, oder was ist mit Ihnen los? Diese einfache Unterschrift ist der Preis für Ihr Überleben in dieser ohnehin verlogenen Welt. Zwischen jetzt und morgen früh haben Sie nun reichlich Zeit, Ihre Entscheidung zu überdenken. Ich warte so lange."

„Die Mühe können Sie sich sparen." Die Stimme klang schwach, heiser, kaum noch menschlich. Aber es bestand kein Zweifel, wem sie gehörte.

53

Die Tür öffnete und schloss sich wieder. Die Tritte auf der Holztreppe verstummten. Daniel und ich warteten zwei ganze Minuten, bevor wir lautlos durch die Kellertür schlüpften. Der lehmige Fußboden klebte an unseren Turnschuhen. Die schwere Luft stank nach Sickergrube. Wir knipsten unsere Taschenlampen an und tasteten den Kellergang ab. Vier Türen gingen vom Gang ab, und eine davon war aus Stahl. Ich steckte die Taschenlampe zwischen die Gitterstäbe des Fensterchens und leuchtete ins Innere des Raumes. An einer Wand stand eine Pritsche. Darauf lag eine große, zusammengekrümmte Gestalt, das Gesicht zur Wand gerichtet.

„Will!" Ich richtete den Lichtstrahl auf sein Gesicht. „Wach auf, wir sind's."

Will drehte den Kopf herum und starrte mich an. Sein Gesicht schimmerte bleich, seine Augen waren weit und gerötet. „Wer ist da?", flüsterte er zurück.

„Wir sind's, Jenny und Daniel. Wir sind gekommen, um dich hier rauszuholen."

Wills Gesicht erstarrte. „Ich glaub's nicht." Er versuchte, sich aufzurichten. „Wie seid ihr hier reingekommen? Figueira hat mir gesagt, dass Hobart euch längst hinter Schloss und Riegel gebracht hätte."

Nun schaute Daniel durchs Fenster. „Glaub nicht alles, was du hörst", flüsterte er. „Wir haben dich gesucht und gefunden. Und wir haben das Flugzeug."

Will schüttelte den Kopf. „Ihr erstaunt mich immer wieder." Er hustete. „Aber es gibt nichts, was ihr noch für mich tun könnt. Die Zellentür ist aus Stahl und am Tor steht ein Wachposten."

„Will", raunte Daniel. „Wir bleiben so lange hier, bis wir eine Möglichkeit finden, dich hier rauszuholen."

„Es ist zu spät", entgegnete Will. „Der Plan läuft schon. Eure Freundin Marie-Heloise ist in Wirklichkeit eine Mikrobiologin namens Josephine Charpentier. Sie führt Freilandexperimente mit biologischen Erregern durch. Zuerst Milzbrand und jetzt eine neue Variante des Ebolavirus ..."

„Das wissen wir alles schon", flüsterte ich durch die Gitterstäbe. „Sie vergiftet das Trinkwasser."

„Gut, so viel habt ihr selbst herausgefunden." Will saß nun mit dem Rücken zur Wand. „Aber nun ist es kein Experiment mehr. Sie setzt die Seuche gezielt ein – bei den Plantagenarbeitern hier im Südwesten und auch in Dar. Sie ist bald nicht mehr aufzuhalten."

„Komm, ich versuche, das Schloss aufzubrechen", sagte Daniel.

„Vergiss das Schloss!" Will brüllte fast. „Wenn ihr das Flugzeug habt und wenn ihr irgendwie unentdeckt hier rauskommen könnt, dann müsst ihr sofort zu Ibrahim fliegen und ihn warnen, damit er das Ausland alarmiert. Für mich ist es aber zu spät."

„Nein, Will, es geht jetzt um dich", sagte ich.

Will schüttelte wieder den Kopf. „Ihr versteht nicht. Figueira und seine Leute haben mich mit dem Malaria-tropica-Erreger infiziert. Die Krankheit ist tödlich. Keine Sorge, sie wird sonst durch Mücken übertragen – ich kann euch nicht anstecken. Sie sagen, sie werden mir die Antikörper verabreichen, wenn ich mein ganzes Wissen verleugne und eine Erklärung unterschreibe. Das tue ich aber nicht. Ich habe Fieber und ich kann nicht mehr stehen, geschweige denn laufen. Für mich könnt ihr nichts mehr tun."

„Will ...", begann ich.

„Weg jetzt! Denkt nicht an mich, sondern an eure Mutter, denn sie braucht euch lebendig. Und denkt an die vielen Menschen, die sterben werden, wenn ihr die Nachricht nicht nach außen tragt!"

„Wie ist das Außenfenster befestigt, Will?" Daniels Stimme klang kühl und seltsam erwachsen.

„Die einzelnen Gitterstäbe sind mit Kreuzschrauben an einem Stahlrahmen befestigt. Fest wie ein Schiffsrumpf. Vergiss es."

Daniel steckte eine Hand in seinen Rucksack und zog einen Kreuzschraubenzieher heraus. „Ich habe eine Idee. Ruf' nach Hobart und sage, dass du oben mit ihm sprechen willst. Wenn sie die Tür aufschließen, dann schlüpfe ich da rein und mache mich so lange am Fenster zu schaffen. Mach's doch!"

„Das ist verrückt."

„Will, du bist nicht mehr in der Lage, zu verhandeln", antwortete Daniel.

Will seufzte tief. „Na gut, ihr beiden. Mut habt ihr. Verschwindet wieder und ich rufe ihn. Ich werde versuchen, Zeit zu schinden. Ihr müsst aber versprechen, beim ersten Anzeichen von Gefahr von hier abzuhauen."

„Versprochen", sagte ich.

Daniel und ich schlüpften wieder durch die Kellertür, während Will mehrmals Hobarts Namen rief. Einen Augenblick später hörten wir Schritte auf der Treppe. „Was gibt's denn?", fragte eine raue Stimme. Figueira wieder. „Haben Sie es sich anders überlegt?"

„Richtig", hörten wir Will sagen. „Ich will Hobart sprechen."

Ein Schlüssel drehte sich im Schloss. Wir hörten, wie Will unsanft auf die Füße gezogen und keuchend durch den Keller geschleppt wurde. Als das Licht wieder ausging, schlüpften Daniel und ich in den Keller. Figueira hatte die Tür tatsächlich offen gelassen. Daniel stellte seine Taschenlampe auf den feuchten Fußboden, so dass sie nach oben strahlte und die ganze Zelle mit gelbem Licht durchflutete. Erst jetzt sahen wir, wie dreckig die Zelle wirklich war. Staubige Spinnennetze hingen an den grauen Steinwänden und ein riesenhafter Tausendfüßler raste von der verfaulten Holzdecke über die Wand in einen Haufen Kehricht hinunter, auf dem zwei tote Ratten lagen. Will hatte sie vermutlich selbst erschlagen. Daniel setzte den Schraubenzieher an der ersten der zwanzig Schrauben im Rahmen des Gitterfensters an. So sehr er sich anstrengte, konnte er sie nicht bewegen. „Nichts zu machen?", flüsterte ich. Daniel kramte leise weiter in seinem Rucksack, bis er einen langen Drillschraubenzieher mit auswechselbaren Teilen entdeckte. Er baute ihn mit wenigen geschickten Handgriffen zusammen. Dann fand er eine Flasche Silikonspray. Er besprühte die erste Schraube und legte den Drillschraubenzieher an. Er wandte seine ganze Kraft auf – und der Schlüssel drehte sich. „Ich komme klar, Jenny." Er drehte die Schraube, bis sie ganz locker war. „Geh zur Treppe. Wenn jemand kommt, sag mir sofort Bescheid!"

Ich trat wieder auf den Gang und bezog Stellung unter der Holztreppe, die kaum mehr als eine Leiter war. Sie führte zu einer geschlossenen Falltür, an deren Rändern helles Licht eindrang. Über meinem Kopf knarrten die Dielen, als würde jemand unruhig hin und her gehen. Nun vernahm ich Stimmen. Ich setzte mich vorsichtig auf eine Stufe und hörte zu.

„Ich weiß wirklich nicht, wozu Sie mich wieder sprechen wollen", hörte ich Hobart sagen. „Sie haben unser wohlverdientes Abendessen unterbrochen, und ich habe noch heute Abend einen langen Flug vor mir. Das finde ich gar nicht freundlich von Ihnen, es sei denn, Sie wollen tatsächlich Ihre Entscheidung ändern ...?"

„Ich habe noch keine Entscheidung getroffen." Wills Stimme kam schwach und undeutlich. „Es ist mir nur eingefallen, dass ich zwar weiß, was Sie machen, aber nicht, wozu Sie es machen. Wenn Sie mir einen guten Grund dafür nennen könnten, warum ich Ihnen helfen sollte, dann würde ich mir Ihr Angebot noch einmal überlegen."

Hobart blieb stehen. Die Falltür knarrte und ein Schatten fiel auf meine Augen. Nun stand er direkt über mir. *„Well I'll be stuffed!* Höre ich jetzt die Stimme der Vernunft? Halleluja! Ich muss sagen, dass mir Ihre ewige Unbestechlichkeit allmählich auf den Geist gegangen ist." Er lachte. „Na gut, Mr. Chapman. Es geht ums Geschäft. Genauer gesagt: um Entwicklung. Und wir sind beide im selben Geschäft. Sie haben durch Ihre Arbeit ganze Gebiete dieses Landes für den Kommerz und für soziale Dienstleistungen erschlossen. Genau das wollen wir auch."

„Aber warum Milzbrand und Malaria tropica?", fragte Will. „Und warum das Ebolavirus? Was könnten synthetische Krankheitserreger mit Fortschritt und Entwicklung zu tun haben?"

„Sie halten sich immer gern bei den unangenehmen Aspekten auf, nicht wahr, Mr. Chapman? Hören Sie: Wir leben in einem neuen Jahrhundert, einem neuen Millennium. Alles ändert sich, alle Grenzen verschwimmen. Nur der große Zusammenhang zählt. Stellen Sie sich vor: Meine Firma, Montoussaint Biotechnology, ist jetzt in der Lage, die Gesundheitsversorgung zu revolutionieren. Nicht nur in diesem Land, sondern weltweit. Der Anfang ist gemacht und ausgerechnet Sie stellen sich uns in den Weg."

„Ich verstehe gar nichts. Sie zerstören die Tierwelt im Ruaha und stecken ihre eigenen Arbeiter mit unheilbaren Krankheiten an!"

„Nicht unheilbar, Mr. Chapman! Sie unterschätzen uns. Wir haben die Situation voll im Griff – oder hatten sie im Griff, bis Sie und dieser idiotische Kowalski Ihre unsinnigen Nachforschungen anfingen. Es stimmt, was man immer sagt: Die Natur ist der größte Schatz dieses Landes, und wie hätte die Welt reagiert, welche Gelder wären von Umweltstiftungen und Tierfreunden aus der ganzen Welt geflossen, wenn wir tatsächlich Ende des Monats den Milzbranderreger im Serengeti-Nationalpark ausgesetzt hätten? Und zwar, wo wir selber als Firma bereitstehen, den entsprechenden Impfstoff zu liefern und gezielt einzusetzen? Und wie werden wir jetzt erst in die Schlagzeilen kommen? Als die Firma, die das erste Heilmittel für die tragische Ebolaseuche, die sich jetzt von hier aus über ganz Afrika ausbreitet, entwickelt hat! Als die Firma, die dieses Mittel in nur wenigen Tagen in großen Mengen auf den Markt bringen und durch ein eigenes Kliniknetzwerk zielgerichtet und professionell einsetzen kann, bevor Europa, Amerika und Asien betroffen sind! Montoussaint wird wachsen. Die Firma wird nicht nur die Entwicklungspolitik der Erde bestimmen, sie wird die Entwicklungspolitik selbst sein."

„Das ist nicht Entwicklung, sondern Mord", sagte Will.

Hobart ignorierte ihn. „Eigentlich war das Ebolaprojekt erst für Januar geplant, aber Ihre Einmischung und der Besuch der UNO-Kommission haben unseren Zeitplan dramatisch durcheinandergebracht. Der Malaria-tropica-Erreger, dessen Wirkung Sie jetzt am eigenen Leib spüren, war für ein weiteres Projekt in Angola vorgesehen. Aber wir werden uns durchsetzen, Mr. Chapman. Was wir in diesem Land machen, ist nur ein Test, denn wir werden die Welt neu erschaffen. Es beginnt eine neue Zeitrechnung. Da wird uns keiner mehr Vorschriften machen und unsere Forschung behindern. Sie und ihresgleichen am allerwenigsten."

Eine Tür ging auf und Schritte knarrten auf den Dielen.

„Machen Sie's kurz, Hobart, Sie verschwenden nur unsere Zeit." Die bekannte weibliche Stimme klang jetzt gereizt und gelangweilt.

„Mr. Chapman, darf ich Ihnen die Autorin unseres Projekts vorstellen?", sagte Hobart. „Frau Doktor Josephine Lautray-Charpentier, Forschungsleiterin von Montoussaint Biotechnology."

„Aha. Das ist also der berühmte liebestolle Buschpilot, der uns so viele Nerven gekostet hat", sagte Charpentier. „Der diese süße Familie aus München hierher holen musste. Hobart, Sie hätten ihn schon damals zusammen mit Kowalski erledigen sollen. Seinetwegen wäre das Projekt beinahe aufgeflogen. So eine Verschwendung von Ressourcen. Sie wissen doch, dass ich permanente Lösungen bevorzuge. Und wenn ich bedenke, wie viel Zeit ich mit seinen unsäglichen Stiefkindern verplempert habe …! An das Kasperletheater, das ich immer wieder für sie veranstalten musste! *Ce n'est pas possible!*"

„Aber Frau Doktor ..." Ich konnte schon in Hobarts Stimme spüren, wie er vor ihr den Kopf verneigte. „Wir wollten nicht so viel Aufsehen erregen. Vor allem nicht, als er Frau Doktor Sandau heiratete. Das hätte einen Skandal gegeben. Schließlich kann man nicht alle seine Feinde so aus dem Weg räumen, wie Sie es bei Max Sandau sowie bei Marie-Heloise Benoit und ihrem Mann gemacht haben."

Ich keuchte. Was sagte er da ...?

„Diesen Vorwurf weise ich weit von mir, Hobart. Wenn die drei ihre Nasen nicht in meine Forschung gesteckt hätten, dann würden sie heute noch am Leben sein."

„Also haben Sie letzte Woche mein Flugzeug sabotiert?", fragte Will.

„Etwa ein Jahr zu spät, Mr. Chapman", sagte Charpentier. „Ich hätte Figueiras besondere Fähigkeiten früher einsetzen sollen. Mein Projekt war absolut perfekt, bis Sie anfingen, darin herumzustochern. Vor allem meine eigene bescheidene Rolle. Das kann ich nicht tolerieren."

„Der Preis Ihrer Entwicklungspolitik scheint sehr hoch zu sein", sagte Will.

„Da hat wohl unser Freund Hobart wieder von seinen ‚Visionen' geschwafelt, nehme ich an." Charpentier lachte. „Er will zuerst Afrika entwickeln, danach die ganze Welt. Aber ich kann nicht behaupten, dass es mir sonderlich viel ausmacht, ob die Menschen hier in diesem Dorf in zehn Jahren noch in Einbäumen herumpaddeln oder auf Rollerblades hin und her flitzen. Hobart ist ein Geschäftsmann und sieht nur Dollarzeichen. Meine Vision ist viel größer – und kleiner! Natürlich brauchen wir Geld und Infrastruktur, um unser Projekt durchzuführen, und dafür hat mein Mann Sie eingestellt, Hobart – nicht um Ihre eigenen Zukunftsutopien zu spinnen!" Sie machte ein paar Schritte und ich stellte mir vor, wie sie sich aufrichtete und sich auf einen Vortrag vorbereitete.

„Was ist Macht?", fragte sie. „Kommt sie vom Geld? Vom Ruhm? Von Waffengewalt? Es sind die Mikroorganismen, die Krankheitserreger, die die Welt regieren, Mr. Chapman. Nicht das Geld, erst recht nicht einzelne Personen. Haben Sie jemals darüber nachgedacht? Milzbrand, Pest, Pocken, Malaria, Vogelgrippe, Aids – was wäre die menschliche Geschichte ohne diese heimlichen Herrscher? Ohne die Angst, die sie verbreiten – die nackte Angst vor Krankheit, vor dem Tod? Die Erreger agierten schon immer global, grenzüberschreitend, und zwar lange bevor das Wort ‚Globalisierung' überhaupt erfunden wurde. Krankheitserreger sind tolerant, weltoffen, sogar demokratisch. Sie fallen jeden an, der ihnen nicht widerstehen kann, und zwar ohne Rücksicht auf Personen. Sie sind modern, Mr. Chapman. Sie praktizieren die perfekte Gleichberechtigung. Aber wir wissen noch so wenig. Wie sie sich ausbreiten, welchen Einfluss sie auf die menschliche Entwicklung haben. Auf Kultur und Gesellschaft. Und dazu sind wir hierhergekommen – um die Antworten zu finden."

„Aber ich kann mich an Ihren Nobelpreis erinnern", sagte Will. „Sie haben ihn doch erhalten, weil man dachte, Sie würden Ihre Erkenntnisse dazu einsetzen, Krankheiten wie Ebola und Aids zu besiegen – nicht, um sie selbst zu erzeugen und zu verbreiten."

„Dafür ist später Zeit, Mr. Chapman." Charpentier sprach geduldig, wie mit einem einfältigen Schüler. „Natürlich haben wir die Antikörper für unsere synthetischen Erreger auf Lager und unser engerer Mitarbeiterkreis ist geimpft. Eines Tages, wenn unsere Arbeit hier und anderswo vollbracht ist, wird es eine Welt ohne Krankheit geben. Ist nicht jedes Opfer, das man für diese Vision bringt, millionenfach gerechtfertigt? Aber warum sollte ich Krankheiten vernichten, bevor ich überhaupt weiß, wie sie funktionieren? Wie sie die Welt von Grund auf verändern können? In Europa und Amerika hat man meine Forschung wegen eines sinnlosen Biowaffenvertrages verboten. Als wir trotzdem weitermachten und einige harmlose Experimente an illegalen Einwanderern durchführten, die uns übrigens alle ihre schriftliche Einwilligung gegeben hatten, tauchte dieser Idiot Sandau vom MONITOR mit seinen Fragen auf. Dann hat die belgische Polizei meine eigene Forschungsassistentin als Spitzel gegen mich eingesetzt! Diese Leute haben keine Spur von Fantasie, keine Augen für meine Träume. Deshalb sind wir nach Afrika gekommen. Die Regierung hier hat sich äußerst kooperativ gezeigt. Hier sind uns keine Grenzen gesetzt."

„Das ist bestimmt nicht angenehm für Sie", sagte Will. „Sie waren doch einmal eine gefeierte Naturwissenschaftlerin. Nun leben Sie hier selbst als Flüchtling, und zwar mit der Identität eines Menschen, den Sie selbst ermorden ließen. Und wozu? Sie haben die perfekte Biowaffe entwickelt. Ich frage mich die ganze Zeit, warum Sie sie nicht in Washington oder Moskau anbieten? Da hat mal wohl eher Verwendung für so etwas."

„Biowaffen? Ich?" Charpentier stampfte mit dem Fuß. „Ich baue keine Biowaffen! Und das ist kein Terrorismus! Das ist Wissenschaft, Mr. Chapman. Das ist die Zukunft. Aber davon verstehen Sie nichts. Sie und Ihre Frau sind lächerlich mit Ihren Penizillinspritzen und Malariatabletten, Ihren Krankentransporten und Blutkonserven. Sie wissen gar nicht, was ich und mein Team in den letzten Jahren geleistet haben: Die neue Ebolaart, die wir konstruiert haben, hat eine Virulenz, die fünfmal höher ist als die der herkömmlichen Arten, und sie kann mühelos durch Trinkwasser verbreitet werden. Unsere ersten Experimente an Affen im Ruaha waren ein voller Erfolg. Dann haben wir vor einer Woche angefangen, das Virus durch das Trinkwasser, das wir auf unseren Plantagen zur Verfügung stellen, zu verbreiten. Jeder trinkt davon, denn wir haben den Arbeitern erzählt, dass es *maji-dawa* ist, Medizinwasser, und dass es sie vor Krankheit schützen wird." Sie lachte. „Man würde denken, sie hätten schon vor hundert Jahren begriffen, dass Wasser allein weder vor Kugeln noch vor Krankheit schützt! Übermorgen gehen wir dazu über, den Krankheitserreger hier in der Nyakusa-Region aus der Luft zu versprühen. Seit gestern werden kleine Mengen im Trinkwassernetz von Dar freigesetzt. Schon jetzt breitet sich die Krankheit von Mensch zu Mensch über das Straßennetz in ganz Ostafrika aus. Nach meinen Berechnungen wird das Virus in spätestens zwei Wochen ganz Afrika im Griff haben, und glauben Sie nicht, dass es dort haltmachen wird. Denn die Zukunft ist global, Mr. Chapman. Und kein Mensch wird die Hintergründe je erahnen, denn schließlich erwartet jeder schlimme Nachrichten aus Afrika, habe ich nicht recht?"

„Das ist Mord. Ein anderes Wort gibt es dafür nicht."

„Mord nennen Sie das?" Charpentier lachte. „Schon mal in ein Geschichtsbuch geschaut? Manche Leute verstehen den

Sinn von Kollateralschäden nicht, Mr. Chapman. Wie dieses Mädchen auf der Straße bei Iringa, deren bedauerlicher Unfall so viel Staub aufwirbelte. Kann ich etwas dafür, wenn sie vor mein Auto rennt? Wer wird sich in sechs Monaten an sie erinnern, wenn ich bitten darf? Vor allem jetzt, wo endlich wieder Großes auf diesem Erdteil passiert."

„Sie haben das Mädchen überfahren?"

„Wer denn sonst? Hobart? Er hätte bestimmt Erste Hilfe geleistet und auf die Straßenpolizei gewartet, und die Menge hätte ihn in Stücke gerissen. Die ganze Operation wäre aufgeflogen, und wozu? Mein Mann und ich werden diesen Kontinent wie eine Nuss knacken, Mr. Chapman, und wo gehobelt wird, da fallen Späne. Dann wird Mr. Hobart seine Entwicklung erleben, und wie! Denken Sie bloß nicht, dass andere Akteure nicht auf unsere Ergebnisse warten – in Washington, Peking und anderswo –, so dass sie selbst einsteigen und Profit daraus schlagen können. Sobald die Krankheit die Grenzen dieses Landes überschreitet, wird die Welt die Bedeutung meiner Forschung ganz anders einschätzen. Dann werde ich mich nicht mehr verstecken müssen. Zwar fehlt Ihnen die nötige Perspektive, aber bei einem Projekt wie meinem, wo es ums Ganze geht, zählen einzelne Menschenleben eher wenig, meinen Sie nicht?"

Hobart sprach mit kleinlauter, unterwürfiger Stimme. „Lassen Sie mich bitte wiederholen, Doktor Charpentier, dass ich mit der Sprühaktion nicht einverstanden bin. Denn angesichts der möglichen ..."

„Früher waren Sie nicht so sentimental, Hobart", sagte Charpentier scharf. „Sie haben schon manchen Sonderauftrag für meinen Mann erfüllt. Was war noch mit Ihrer Arbeit für Holidair? Haben Sie das Choleraexperiment in Kalkutta vergessen? Die Milzbrandbriefe nach dem 11. September in Amerika? Damals waren Sie nicht gerade zimperlich."

„Ich muss wirklich protestieren, Frau Doktor. Ich kann nicht einfach zusehen, wie Sie ein solches Verbrechen begehen. Sie wissen doch, dass ein einziger Anruf bei den Behörden genügen würde, Ihnen das Handwerk …"

Charpentier lachte. „Das werden Sie natürlich nicht tun, Hobart. Wenn alles auffliegt, wer, glauben Sie, wird zuerst über die Klinge springen? Im Vergleich zu Ihnen sind mein Mann und ich ein unbeschriebenes Blatt. Denken Sie gut nach, und lassen Sie das mit dem Telefonieren, wenn Sie wissen, was für Sie und ihre Familie gut ist."

Will hustete. Seine Stimme klang schwach und resigniert. „Wozu nur? Wozu diese Grausamkeit?"

„Mr. Chapman, wir stehen vor einer echten neuen Zeitrechnung! Hören Sie: Als im 19. Jahrhundert die deutschen Kolonisten ins Land kamen, eroberten sie es mit Kanonenbooten und einer Handvoll Soldaten, die mit einfachen Gewehren und Bajonetten ausgerüstet waren. Und damals ging es nur um Baumwolle und Arbeitskräfte! Im 20. Jahrhundert bedeutete Macht die Beherrschung der Massen durch Ideologien und Medien und Atombomben. Aber die wahre Macht lag schon immer bei den Mikroorganismen. In der sehr nahen Zukunft wird derjenige, der die Mikroorganismen beherrscht, die Welt beherrschen. Alles im Namen der Wissenschaft, natürlich, oder wofür halten Sie mich eigentlich? Mein Mann und ich haben ein Netzwerk in vielen Ländern aufgebaut. Es bricht ein neues Zeitalter an, und Afrika ist wieder der Schauplatz. Ein Schock muss her, um die vielen, vielen Ressourcen, die Afrika noch in sich birgt, endlich zugänglich zu machen! Ein biologischer Schlag, und dieser verdammte Kontinent mit seinen absurden Grenzen und seinen korrupten Staaten wird wie ein Kartenhaus in sich zusammenfallen. – Aber ich fürchte, Sie werden die neue Zeit nicht mehr erleben, Mr. Chapman. Heute Nacht werden Sie in ein Koma fallen und nach circa achtundvierzig Stunden ist es mit Ihnen vorbei. Aber ich lasse Sie schon morgen früh abwickeln. Es war übrigens Hobart, der die Idee mit der eidesstattlichen Erklärung und der Malariaspritze hatte, der Ihnen Zeit zum Nachdenken geben wollte. Er hat ein weiches Herz. Ich habe nicht so viel Geduld wie er."

„Um Gottes Willen, Doktor!", sagte Hobart. „Wollen Sie noch einen Mord auf ihrem Konto haben? Sie könnten ihm doch eine letzte Chance geben!"

„Solange diese beiden Gören noch leben, ist es zu gefährlich", sagte Charpentier. „Seine Unterschrift nützt mir gar nichts mehr. Er muss weg."

„Und was ist mit meinen Kindern?", fragte Will.

„Ihre *Stief*kinder sind ganz üble Lügner, Mr. Chapman. Vor allem dieser Junge. Wie sie mich getäuscht haben! Wenn ich daran denke, wie viel Zeit mich das alles gekostet hat, in ihre sozialen Netzwerke einzudringen, ihre Persönlichkeiten zu recherchieren, dieses Klassenfoto aufzustöbern und mich wie diese blöde Freundin zu verkleiden, diese endlosen E-Mails über seine verpfuschte Liebe und seinen toten Vater über mich ergehen zu lassen, und dazu noch von einem Tag auf den anderen diesen elenden Köter für diese Jenny, Ihr zartes kleines Goldlöckchen, das Tiere so sehr liebt, aufzutreiben und ihm diesen blöden Sender einzupflanzen. Nach alledem hätte ich ihr Vertrauen verdient, oder? Aber was tun die beiden Süßen? Sie lernen hinter meinem Rücken zu fliegen und bespitzeln mich. Genau wie Benoit! Dann haben sie unser Berglabor vor laufenden Kameras demoliert! Dabei habe ich es vom ersten Moment an wirklich gut mit ihnen gemeint. Sie könnten jetzt in einem Internat wohnen oder in Korea am Pool sitzen und den Ausgang der Geschichte in der Zeitung lesen. Aber sie wollten es wohl selbst so haben." Sie seufzte. „Die beiden sind eine riesige Enttäuschung. Daran sind ihre Mutter und ihr Vater schuld, und auch Sie tragen Verantwortung, Mr. Chapman. Nun war es kein Problem, ihren Vater zu beseitigen, nachdem er sich mit Luc Benoit getroffen hatte. Das hat Figueira am Flugplatz in Bergamo persönlich übernommen. Er hatte eigentlich vor, Sandaus Mietwagen zu präparieren, aber der unüberlegte Flug nach München bot ihm eine einmalig elegante Lösung: eine Kapsel im Kaffeebecher dieses idiotischen Piloten ... Die Geschichte konnte gar nicht anders ausgehen. Leider standen die beiden Jugendlichen mittlerweile zu sehr im Licht der Öffentlichkeit, als dass ich sie auf die einfache Art hätte loswerden können – wie damals, wie mein Mann mit ihrem eigenen Fleisch und Blut in Seattle verfahren ist. Oder glaubten Sie etwa wirklich an einen Unfall?"

Will schwieg.

„Aber ich habe den Kleinen schon eine Flasche von unserer Ebola-Lösung geschenkt", sagte Charpentier weiter. „Wenn sie sie schon getrunken haben, dann wird die Krankheit ihren Lauf nehmen. Bis dahin sitzen sie jetzt bei Ihrem Duzfreund Winston fest."

„Sie sind doch Kinder", sagte Hobart leise.

„Und da Sie so kinderfreundlich sind, Hobart, überlasse ich den letzten Akt Ihnen. Nachdem Sie die beiden aufgesammelt haben, soweit sie noch am Leben sind, holen wir die Cessna und lassen sie mit der Maschine im See versenken. Das wird ein sauberer Tod sein: Keine Überlebenden, keine Zeugen, sondern nur ein weiterer tragischer Absturz im Busch. Wenn das ihre Mutter nicht dazu bewegt, ihre Koffer zu packen und nach München zurückzukehren, dann weiß ich auch nicht mehr weiter. Aber die Pflicht ruft – wir müssen zu unserem Hauptlabor zurück und die nächsten Schritte beraten. Ich lasse meinem Mann Ihre Grüße ausrichten, Mr. Chapman. Sind Sie so weit, Hobart?"

Stühle kratzten auf dem Fußboden und Schritte waren zu hören. Ich stand rasch auf.

„Warten Sie einen Augenblick", sagte Will. Seine Stimme war noch schwächer und heiserer als zuvor, aber seine Worte kamen langsam und deutlich. „Sie scheinen sich Ihrer Sache sehr sicher zu sein. Ich glaube aber nicht, dass Sie gewinnen werden. Die Kanonenboote, von denen Sie sprachen, wurden wieder abgezogen, die Ideologien haben sich wie böse Träume aufgelöst, die Atombomben wurden nach und nach abgebaut. Das funktionierte alles nur, solange die Menschen Angst hatten. Ihre Macht basiert ebenfalls auf Angst und auf nichts anderem. Ohne Angst, Doktor Charpentier, gibt es keine Macht. Ich habe keine Angst vor Ihnen. Deshalb haben Sie keine Macht über mich."

„Ach, wir haben also keine Macht über Sie?" Charpentier lachte. „Ich lasse Sie das morgen früh beurteilen, Mr. Chapman, sofern Sie noch bei Bewusstsein sind. Wissen Sie, es ist wirklich schade. Ein Mann mit Ihrer Erfahrung und Begabung hätte es mit uns sehr weit bringen können. Aber ich bin entgegenkommend, und da Sie darauf bestehen, ein Märtyrer zu werden, bekommen Sie jetzt Ihren Wunsch erfüllt." Sie durchquerte den Raum. „Und nun wartet mein Flugzeug. Ihr Flug, Mr. Chapman, startet bei Sonnenaufgang. Sie entschuldigen uns?"

Ich rannte zur Zellentür zurück. „Daniel, sie kommen jetzt", flüsterte ich.

„Gut, ich bin so weit." Daniel steckte seine Werkzeuge in den Rucksack und verschwand mit mir durch die Kellertür auf die Treppe zum Garten. „Ich habe alle Schrauben herausgenommen, bis auf zwei oben. Will braucht sie nur mit den Fingern aufzudrehen."

Das Kellerlicht ging an und Schritte kamen die Treppe herunter. Einen Augenblick später hörten wir, wie die Stahltür ins Schloss fiel.

„Eine Frage noch!", rief Will.

„Machen Sie's kurz", drängelte Figueira.

„Was meinte sie gerade mit einem Flug bei Sonnenaufgang?"

„Verstehen Sie es wirklich nicht? Sie haben einfach unsere Gastfreundschaft überzogen. Morgen heißt es ‚gute Landung‘.“

„Und was soll das bedeuten?“

„Das ist ein Pilotentod. Eine letzte Ehre. Sollten Sie eigentlich wissen. Wir pumpen Sie voll mit Beruhigungsmitteln, binden Ihnen einen Sandsack ans Bein, fliegen mit Ihnen auf viertausend Meter über den See, klappen die Tür auf und dann *bon voyage*, wie Doktor Charpentier sagen würde. Aber so wie Sie jetzt aussehen, werden Sie wohl keine Beruhigungsmittel mehr brauchen. Ich verspreche Ihnen, Kollege: So oder so, Sie werden nichts mehr spüren.“

54

Figueira stieg die Treppe hoch und schaltete das Licht aus.

Dann war alles still, bis auf die Nachtmusik der Grillen. Daniel und ich stiegen wieder in den Keller hinunter und richteten durch die Luke in der Tür eine Taschenlampe auf Will. Er lag auf seiner Pritsche und hielt seinen Kopf fest in beiden Händen.

„Will!", flüsterte Daniel. „Jetzt geht's los! Das Gitter ist schon ganz locker. Du brauchst nur an den letzten Schrauben zu drehen. Wir ziehen dich dann raus."

Will nickte und richtete sich auf der Pritsche auf. Dann atmete er tief durch und erhob sich. Er konnte kaum stehen – Figueira hatte ihn vermutlich halb getragen. Er stützte sich an der Wand ab, dann griff er nach dem Gitter und zog die Schrauben heraus. „Schon geschehen."

„Warte jetzt", befahl Daniel. „Nimm es noch nicht runter. Wir helfen dir von der anderen Seite."

Wir verließen den Keller und umrundeten das Haus, bis wir den weiten Vorgarten vor uns erblickten. Zwar stand der Rasen im Scheinwerferlicht, aber es gab blinde Flecken, die im Halbdunkel lagen. Ein einziger Wachposten stand etwa vierzig Meter vor uns und schaute über den Zaun. Er hörte weiter Musik über seine Kopfhörer. Unter einem Baum neben ihm lag ein Dobermann an der Kette und knabberte an seinem Stummelschwanz.

„Verflixt, an Hunde habe ich nicht gedacht!", flüsterte ich.

„Wir haben keine Zeit", sagte Daniel. Er griff nach meiner Hand und schlich mit mir zum Kellerfenster, das im Schatten lag. „Okay, Will", raunte Daniel in den Keller. „Halte das Gitter fest und stelle es vorsichtig auf den Boden." Dann lehnte sich Will nach vorn und streckte die Arme durchs Fenster. Es war gerade breit genug, um ihn hindurchzuziehen. Daniel und ich nahmen je eine Hand und zogen. Plötzlich rutschte Daniel auf dem sandigen Boden aus. „Verdammt!" Will fiel auf den Boden der Zelle zurück.

Ich sah mich erschrocken um. Der Wachposten stand weiter gelangweilt da, aber der Hund hatte schon die Ohren gespitzt. „Daniel, der Hund hat uns entdeckt! Er steht auf!" Daniel rappelte sich auf und sah sich hilflos um. „Die Ratten!", sagte ich. „Schnell, Will, gib mir die beiden toten Ratten vom Kehrichthaufen!" Will reichte mir die Kadaver durchs Fenster. „Schnell jetzt", sagte ich. „Wir müssen sie so weit werfen, wie wir können!" Daniel verstand. Wir nahmen jeder eine Ratte in die Hand und schleuderten sie bis in die Büsche am anderen Ende des Gartens. Der Hund bellte – zuerst zu uns hin, dann in die Richtung der Büsche.

„He, was hast du denn?", sagte der Wachposten. „Ist da jemand?" Er löste den Hund von seiner Kette. Der flitzte über den Rasen und verschwand in die Büsche. „Hast wohl eine Ratte entdeckt, was?"

Nun griffen Daniel und ich wieder nach Will und zogen ihn heraus. Wir legten uns seine Arme über die Schultern und führten und zogen ihn an die andere Hausseite und durch die Hecke hindurch. Carlos stand weit weg von uns und unterhielt sich mit Hobart und Josephine am Flugzeug. Wir entfernten uns noch ein Stück vom Bungalow und brachen erschöpft zusammen. „Daniel, er verglüht geradezu!", sagte ich. „Und wir werden ihn nie den ganzen Weg durch den Wald zum Flugzeug schleppen können, auch wenn wir die ganz Nacht Zeit hätten."

„Holt Hilfe." Wills Worte waren kaum noch hörbar. „In den Strandhütten drüben wohnen immer Übernachtungsgäste. Geht hin und findet jemanden, der uns zur Flugpiste fährt."

„Gut", sagte Daniel. „Will, ich bringe dich zur Straßenseite. Dort warten wir auf dich, Jenny. Finde jemanden."

Ich drehte mich um und lief in Richtung Strand. Ich zog mir die Schuhe aus und lief ganz ohne Taschenlampe durch das Dunkel. Der Sand knautschte lautlos unter meinen Füßen und ich spürte, wie mir die immer noch warmen Sandkörner zwischen die Zehen rannen. Die Sterne leuchteten noch klarer und majestätischer als zuvor. Ich wusste, dass es noch lange dauern würde, bis der Mond aufgehen würde, aber auch in der Dunkelheit würde sich mein blondes Haar deutlich von den Schatten abheben. Ich nahm die Kanga, die ich am Morgen um meine kurze Hose geschlungen hatte, und band sie mir über Kopf und Schultern. So bedeckt rannte ich so schnell ich konnte am Wellensaum entlang. Das Wasser, schwarz wie Tinte, fühlte sich eisig an.

Die Ruhe war beinah gespenstig. Bis auf das sanfte Rauschen der Brandung und das Pochen meines Herzens war kein Laut zu hören. Dann tauchten der tintenschwarze Umriss einer hohen Palme und die undeutliche Form einer Bambushütte von mir auf. In einem Fenster flackerte eine Kerosinlampe hinter dem Vorhang. Ich rannte darauf zu und verstauchte mir den großen Zeh, als ich über einen schweren hölzernen Liegestuhl stolperte und der Länge nach in den Sand fiel. „Verdammt!", fluchte ich und rieb mir den Zeh. Ich rappelte mich aber schnell wieder auf und hinkte zur Hütte. Durch das Fliegengitter klang New-Age-Musik. Eine männliche Stimme redete in einer mir unbekannten Sprache. Afrikaans? Ich trat an die Tür und klopfte. Von drinnen hörte ich ein verwundertes

Grunzen. „Machen Sie bitte auf!“, rief ich. „Wir brauchen Hilfe!“

Die Tür ging knarrend auf und ein schwabbliger, hemdloser Mann in einer roten Boxershorts stand da und blickte mich verdutzt an. Er hielt eine Büchse Bier in der Hand. Einen Augenblick lang dachte ich, Winston vor mir zu haben.

Aber es war nicht Winston. Die zottelige rote Haarmähne, der struppige Bart – nur ein Mensch sah so aus ...

„Roloff!“, sagte ich. „Erkennen Sie mich nicht? Ich bin Jenny. Wir haben Sie damals nach Sumbawanga geflogen!“

„Ich werde euch so schnell nicht vergessen“, sagte Roloff.

Irma steckte ihren Kopf durch die Tür. „Na, hallo!“, sagte sie. „Wie schön, dass du uns gefolgt bist! Komm doch rein.“

„Ich kann nicht“, sagte ich. „Bitte, ich brauche Ihre Hilfe. Haben Sie ein Auto? Wir müssen meinen Stiefvater sofort zur Flugpiste fahren. Sonst wird er sterben!“

Roloff wandte sich an Irma und sagte etwas auf Holländisch. „Unser Land Rover steht draußen“, sagte Irma dann. „Aber jetzt geht's nicht. Wir sind schon den ganzen Tag gefahren und brauchen unseren Schlaf. Kannst du nicht nach dem Frühstück wieder vorbeischauen? So ab elf?“

„Wir können keine Sekunde warten!“, rief ich und stampfte mit dem Fuß auf. Langsam wurde ich hysterisch. „Und wenn die merken, dass er entkommen ist, werden sie das ganze Dorf durchkämmen, bis sie ihn wiedergefunden haben! Verstehen Sie das nicht?“

Roloff sagte noch etwas zu Irma, dann wandte er sich wieder an mich und sagte einfach: „Ich bin müde. Erzählen Sie uns morgen davon.“ Und er schlug mir die Tür vor der Nase zu.

Das glaube ich einfach nicht!, dachte ich. „Ihr könnt uns nicht alleine lassen!“ Jetzt schrie ich. „Mein Stiefvater stirbt gleich und wir haben Informationen, die viele Tausende von Menschen vor einem sicheren Tod retten können. Nur Sie können uns helfen, und Sie müssen es sofort tun!"

Die Tür ging wieder auf und Irma sah mich mitleidig an. „Natürlich wollen wir behilflich sein." Sie gähnte. „Aber sei doch vernünftig. Es war ein harter Tag für uns. Du siehst doch selbst, wie spät es ist."

„Aber wir haben Sie doch nach Sumbawanga geflogen!"

„Das stimmt", sagte Roloff und richtete einen fetten Zeigefinger auf mich. „Aber wir haben euch dafür bezahlt!" Schon ging die Tür wieder zu.

„Sie haben uns mit Erdnusscreme bezahlt, verdammt! Ihr seid so was von bescheuert ..." Ich wusste nicht mehr, wann ich je so wütend gewesen war wie in diesem Augenblick. „Mein Gott, das Zeug rollt immer noch im Flugzeug herum!"

Die Tür ging wieder auf. Roloff warf Irma einen bedeutungsvollen Blick zu. „Wir haben keine Erdnusscreme mehr", stellte er fest. Dann sah er wieder zu mir und nickte. „Ich hole den Wagen."

Na endlich!, dachte ich. Roloff und Irma zogen ihre Khakisachen über und gingen mit mir zu dem kleinen Parkplatz gegenüber dem ehemaligen Missionshaus. Dann stiegen wir in den Land Rover und fuhren die Straße entlang, die zu den Häusern am Dorfrand führte. Ich ließ sie ein Stück vom Haus entfernt anhalten, wo Daniel und Will auf uns warteten. Roloff öffnete die Hecktür des Land Rover und half Daniel, Will zwischen die Klappstühle und die Campingausrüstung zu legen.

Auf dem Weg zur Flugpiste stritten sich Roloff und Irma die ganze Zeit auf Holländisch und bogen zweimal falsch ab, bis wir endlich ankamen. Roloff ließ die Scheinwerfer an, während Daniel und ich Will zum Flugzeug schleppten.

„Lasst mich fliegen", sagte Will. „Ihr habt noch nie einen Nachtflug gemacht."

„Tut mir leid, Will, aber heute Nacht bist du nur Passagier", sagte Daniel. Wir schlossen die Maschine auf und Tari sprang heraus, wedelte mit dem Schwanz und leckte Will das Gesicht. Unter Aufbietung unserer letzten Kräfte hievten wir Will auf den Rücksitz und schnallten ihn an.

„Einverstanden", murmelte Will. „Ich glaube an euch. Das habe ich schon immer getan, vom ersten Tag an. Fliegt nach Osten und nehmt Kurs auf Ifakara. Da kann uns Doktor Andersson weiterhelfen. Bringt uns einfach hin."

„Machen wir, Will", sagte ich. Plötzlich fiel mir auf, dass Roloff immer noch breitbeinig an der offenen Tür stand und uns anstarrte. Ich griff unter den Rücksitz, zog die zwei Büchsen Erdnusscreme hervor und warf sie ihm zu. „Fast vergessen!", sagte ich. „Entschuldigung!"

Roloff fing die Büchsen auf. „So ein Theater für nur zwei Büchsen Erdnusscreme!" Dann schlurfte er zum Land Rover zurück.

„Ich wünsche euch alles Gute!" Irma winkte uns hinterher. „Einen guten Flug, bis zum nächsten Mal!"

Dann verschwand der Land Rover hinter den Bäumen. Daniel setzte sich auf den Pilotensitz und ging seine Checkliste durch. Dann legte er seine Hand auf den Anlassknopf.

„Stopp!", ächzte Will. „Hört ihr es nicht?"

„Was denn?", fragte ich.

„Ein Flugzeug. Hört hin!" Aus weiter Ferne, vom Gezirpe der Grillen und dem Gequake der Frösche kaum zu unterscheiden, ertönte das Brummen eines Flugzeugmotors. Das Brummen wurde immer lauter, bis einen Augenblick später ein Flugzeug über uns hinwegraste, weiß mit roten Sonnenstrahlen, die Positionslichter rot-grün leuchtend. Die rote Heckleuchte glänzte wie ein polierter Rubin am Seitenleitwerk. „Es ist Charpentiers Flugzeug!", sagte Will aufgeregt. „Sie fliegen doch heute Nacht zu ihrem Hauptlabor. Wir müssen ihnen folgen!"

55

Daniel schaltete die Positionslichter und den Landescheinwerfer ein. „Was machst du da?! Schalte sofort alle Lichter aus!", schimpfte Will. „Volle Verdunkelung! Sie dürfen uns nicht sehen. Ihr müsst an ihrer Heckleuchte dranbleiben. Wenn sie landen, vergleicht die Position mit dem GPS und notiert sie. Dann fliegt zum erstbesten Flughafen und ruft Ibrahim an!" Daniel fuhr den Motor hoch und startete.

„Wir glauben, dass er in Richtung Kilimanjaro fliegt", sagte ich.

„So weit?", fragte Will. „Großer Gott, habt ihr die Tanks gefüllt?"

„Bis zum Überlaufen", sagte Daniel.

„Dann wird's trotzdem knapp werden. Aber danach müsst ihr sofort landen, in Arusha oder Kilimanjaro International. Da oben wird wohl keiner mit euch rechnen. Ihr habt sowieso keine Alternative."

Jetzt, wo alle Lichter ausgeschaltet waren, wurde das Innere der Maschine nur noch vom schwachen roten Glühen des Instrumentenbretts erleuchtet. Während wir höher stiegen, tastete ich den Himmel mit dem Feldstecher nach der blinkenden Heckleuchte und den Positionslichtern der Warrior ab. Unter den Tausenden von Sternen wusste ich gar nicht, wo ich nach den Lichtern der Warrior suchen sollte. Zwei rote und ein grünes. Wo bloß?

Noch viele Kilometer von uns entfernt, kaum von den umliegenden Sternen zu unterscheiden, erblickte ich endlich das bunte Dreigestirn der anderen Maschine. Daniel nahm Kurs darauf. Er gab Vollgas und folgte dem Flugzeug mit einem leichten vertikalen Abstand, um nicht in seinen Rückstrom zu geraten. Bei dreitausendfünfhundert Metern hörte die Warrior auf zu steigen. Daniel holte sie allmählich ein und blieb circa einen Kilometer hinter ihr zurück.

Ich zog die Tansaniakarte hervor und verglich die GPS-Anzeige mit dem magnetischen Kompass. Dann nahm ich einen Bleistift und zog einen geraden Strich quer durchs Land. „Will, unser Kurs ist achtundzwanzig Grad. Wir fliegen direkt hinter ihnen her, Richtung Kilimanjaro." Aber Will antwortete nicht. Ich sah mich um. Unser Stiefvater hing schlaff in seinem Sitzgurt. Tari lag mit dem Kopf auf seinem Schoß und schaute ihm ins Gesicht. „Daniel", sagte ich. „Er stirbt!"

Daniel antwortete nicht, sondern flog immer weiter, seine Augen starr auf die Lichter der Warrior gerichtet. Die Digitaluhr am Instrumentenbrett zeigte 23.04 Uhr. Über uns schienen die Sterne wie ein Kerzenmeer. Die Milchstraße war ein silberner Fluss. Während sich der Himmel mit Leben füllte, hatte die Erde scheinbar aufgehört zu existieren. Nur im Westen wurde das Schwarz der Landschaft durch einen fahlen, unförmigen weißen Fleck unterbrochen. Welche Stadt war das denn? Ich zog die Karte wieder hervor und verglich sie mit dem GPS. Mbeya. Ich markierte mit dem Bleistift ein „x" auf der Stadt und notierte daneben die genaue Uhrzeit.

„Was hast du gehört, während Will oben bei Hobart war?", fragte mich Daniel.

Ich erzählte. Von Charpentiers Plänen. Von dem Mord an der echten Marie-Heloise und ihrem Mann. Von dem Anschlag auf Wills Frau und Tochter.

Von unserem Vater.

Daniel sagte währenddessen kein Wort, als ob er tief in seinem Inneren all das längst wusste.

Die Außentemperatur lag schon unter null. *Kein Wunder bei dieser Höhe*, dachte ich. So hoch waren wir noch nie geflogen. Daniel schaltete die Heizung ein, während ich mich nach hinten wandte und Will, der weiterhin bewusstlos im Sitzgurt hing, eine Decke um die Schultern legte.

„Übernimm mal einen Augenblick", sagte Daniel zu mir. Er zog seinen Pullover, der noch in seinem Rucksack unterm Rücksitz steckte, über sein T-Shirt und legte seine Hände wieder auf den Steuerknüppel. Ich knotete meine Kanga fest um meine Schultern. *Was ist, wenn wir einschlafen?*, durchfuhr es mich plötzlich. Bis zum Kilimanjaro waren es noch viele Stunden. Die Uhr ging auf Mitternacht. Jetzt waren wir bestimmt über dem Ruaha. Berge, Tiere, Affenbrotbäume ... Aber ich sah nur die Sterne. Es kam mir vor, als wären wir jetzt mitten drin – in fernen Konstellationen, im Blindflug dem Rande der Galaxie entgegen.

Ich dachte an ein Erlebnis im Sommerlager ein Jahr zuvor, als ich mit einem Betreuer und einigen anderen Jugendlichen eine nächtliche Segeltour auf der Ostsee vor Usedom machte. Alles um uns herum war dunkel, aber der Mond schien hell und malte auf das eisige Wasser einen langen silbrigen Pfad, dem wir mit unserem Segelboot folgten. Ich hatte damals große Angst, die ich so gut es ging vor den anderen versteckte, aber der Betreuer war ein erfahrener Segler und merkte, wie es mir ging. Aber natürlich kamen wir sicher wieder in den Hafen. Eigentlich stand das von vornherein fest. Aber dieses Mal ... Ich sah wieder geradeaus. Dunkelheit unten, blendendes Licht oben. Ja, ich erkannte den silbrigen Pfad von damals. Aber dieses Mal lag der silbrige Pfad, die Milchstraße, über uns ... Oder wo war er wirklich? Wo war oben?

Nun sah ich überall Sterne. Was war passiert? War die Maschine umgekippt? Panik ergriff mich. Ich sah zu Daniel hinüber. Er hielt den Steuerknüppel so fest, dass seine Knöchel weiß wurden. Rollten wir jetzt? Oder rollten die Sterne? Verlasst euch nicht auf eure Sinne, verlasst euch auf die Instrumente, hatte Will uns beigebracht. Ich schaute auf den künstlichen Horizont. Wir rollten doch nach links!

„Ich habe sie verloren!", rief Daniel. Kein Wunder – wie sollte er drei kleine Sterne unter diesen Millionen von Pünktchen wiederfinden? Nach fünf Minuten zeigte ich wieder mit dem Finger nach links. Daniel sah nichts, aber legte die Cessna in die Kurve. Einige Sekunden später erkannte auch er die blinkende Heckleuchte wieder. Er atmete durch und sah geradeaus.

Ich schaute auf die Uhr. 1.12 Uhr. „Lass mich übernehmen", sagte ich. Obwohl wir schon über zwei Stunden geflogen waren, hatte ich nicht schlafen können. Zu viele Gedanken kreisten in meinem Kopf. Ich schaltete das Radio ein. Auf einer der Mittelwellenfrequenzen erwischte ich einen Wetterbericht eines Senders in Mombasa. Für die ganze ostafrikanische Küste wurden Stürme gemeldet. Sie zogen landeinwärts, und bis zum Mittag des nächsten Tages müsste man in der östlichen Hälfte Kenias und Tansanias mit den ersten Gewittern der Regenzeit rechnen. Ich übersprang einige langweilige Talkshows auf Kiswahili und Englisch, bis ich bei einem Musiksender aus Dar landete, der diverse zeitgenössische afrikanische Bands präsentierte. Während im Hintergrund die Musik lief, schwirrte mir der Kopf. Ich sah wieder die toten Zebras vor mir. Ein knorriger Affenbrotbaum streckte seine Äste nach mir aus. Dann spürte ich Josephs Händedruck, sah sein Lächeln. Ich erblickte den Scheiterhaufen vor mir und fühlte den beißenden Brandgeruch in meiner Nase. Ich schüttelte den Kopf und versuchte, ruhig zu atmen.

Ein riesiger Lichterteppich entrollte sich unter uns. Dodoma, stellte ich fest. *Wir haben erst die Hälfte der Strecke absolviert! Der Gegenwind ... schaffen wir es bis zum Kilimanjaro?* Das rotierende Leuchtfeuer eines Flughafens blinkte. *Was ist, wenn Charpentier und Hobart hier zum Tanken zwischenlanden? Was machen wir dann?* Aber das rot-grüne Dreigestirn flog unbeirrt weiter.

Die Lichter Dodomas verblassten hinter uns und die Landschaft verschwand wieder in absoluter Dunkelheit. *Der dunkle Kontinent*, dachte ich. So hieß Afrika in der Kolonialzeit. Hieß es so, weil es den Europäern unbekannt war und weil die Menschen eine dunkle Hautfarbe haben? Oder vielleicht ganz einfach, weil es hier nachts kein Licht gab? Oder aber weil jede Nacht die Zeit wieder auf null zurückgedreht wird?

Ich schaute auf die Uhr. 1.59 Uhr. Dann plötzlich leuchtete etwas. Eine weiße Scheibe erhob sich über dem Horizont. Vollmond! Er glänzte wie ein Silberteller. Während er höher stieg, erwachte die rohe Landschaft der Massaisteppe aus ihrem Tiefschlaf und schimmerte matt. Die Erde wurde wieder lebendig. Jetzt entdeckte ich Hügel und Waldstücke, Straßen und Flussbetten, wo vorher nur Dunkelheit geherrscht hatte. „Schau mal, Daniel", sagte sie. „Es ist wunderschön!"

Aber Daniel schlief schon längst. Er saß gekrümmt und unbequem auf dem Pilotensitz, seinen Kopf hatte er schief nach hinten gelehnt. Ich sah, wie sich seine Augäpfel unter den Lidern bewegten. Er rollte die Schultern. Ein Arm bewegte sich, als wollte er nach etwas greifen. „Nein ...", wimmerte er. „Nein, ich will nicht ... Aufpassen ...! Bitte ...!" Ich wusste, wo er war – im Flugzeug seines Alptraums, mit dem verrückten, gesichtslosen Piloten, im Schneesturm im Gebirge ...

Dann zuckte er zusammen und war mit einem Schlag wieder hellwach. Er zitterte an allen Gliedern und blinzelte verwirrt ins Mondlicht. Er sah zur Uhr. 3.14 Uhr. „Wo sind wir?"

„Hundertzwanzig Kilometer vor Arusha."

Daniel nickte und überprüfte die Instrumente. Öldruck normal. Motortemperatur leicht erhöht. Kraftstoffanzeige auf ein Drittel voll. Das Dreigestirn der Warrior schwebte weiter vor uns her. „Lass mich jetzt, Jenny." Er nahm den Steuerknüppel wieder zwischen die Hände.

„Schau mal, da!", rief ich und zeigte aus dem rechten Fenster. „Sturmwolken ..." Vom Osten her näherte sich eine glitzernde Wolkenbank. „Und Blitze auch. Der Wetterbericht sagte, dass die ersten Gewitter der Regenzeit übers Land ziehen. Daniel, in so einem Wetter können wir gar nicht fliegen." Daniel schwieg und konzentrierte sich ganz auf die Warrior. Der Vollmond war so hell, dass wir sogar die Konturen des Flugzeugs vor uns erkennen konnten. Waren wir jetzt ebenso sichtbar?

Ich schaute einen Augenblick auf die Massaisteppe unter uns. Plötzlich waren wir nicht mehr allein.

Die erste Wolkenreihe bestand aus harmlosen weißen Brocken, wie einzelne Rauchsignale. Es folgten einige geheimnisvolle weiße Inseln in einem grauen Lichtermeer. Die Hauptmasse der Wolken lag zwar unter uns, aber einige Nimbostratuswolken wurden schon wie mächtige Belagerungstürme von unsichtbaren Händen in Position gebracht. Wir flogen durch einen Wolkenfetzen. Einen Augenblick lang waren wir von eisiger Dunkelheit umgeben. Dann wurden wir wieder ins Licht geschleudert. Das Dreigestirn flog geradeaus weiter. Daniel gähnte und rieb sich die Augen. Ich schaute auf die Uhr. Es war genau 4.00 Uhr.

Vor uns schwebte nun eine riesige Wolke, groß wie eine Stadt. Die Warrior verschwand darin, als wäre sie nie dagewesen. Daniel flog uns direkt in die Wolkenmasse hinein. Fünf Minuten lang wurden wir in völliger Dunkelheit von den Turbulenzen hin und her geschleudert. Als wir endlich wieder hinausflogen, hielten wir erneut Ausschau nach dem Dreigestirn.

Mir blieb der Atem weg.

Vor uns ragte ein planetengroßer schwarzer Kegel in die Höhe. Seine weiße Kuppe leuchtete hell wie poliertes Silber.

„Das ist doch ..."
Der Kilimanjaro.
Hell-leuchtender-Berg.
Der Kaiser Afrikas.

56

Die Warrior – wo war sie jetzt? War sie schon wieder in einer Wolke verschwunden? *Nicht doch!*, dachte ich. *Nicht jetzt, wo wir schon fast am Ziel sind!*

Ich schaute mich um. Aus dem linken Fenster, tief unten, erblickte ich das Dreigestirn, bevor es gleich wieder aus meinem Sichtfeld verschwand. „Da!" Daniel nickte und zog den Gashebel sofort ganz heraus. Die Maschine verlangsamte den Flug und begann zu sinken.

„Sie landen", sagte Daniel. „Vergleiche unsere Position mit dem GPS, sobald wir den Flugplatz sehen, und notiere die Stelle auf der Karte. Sie muss genau sein."

Ich zog die Karte heraus und verglich die Koordinaten. „Zwanzig Kilometer südlich von Moshi", sagte ich. „Wenn du aus dem linken Fenster schaust, müsstest du schon das Leuchtfeuer von Kilimanjaro International sehen."

„Und der Boden unten – wie ist die Ortshöhe über Meer?"

„Etwa tausend Meter, leicht ansteigend."

Wir durchbrachen die Wolkendecke. Die spärlichen Lichter der Stadt Moshi blitzten kurz auf und verschwanden wieder. Die Warrior verlangsamte den Flug weiter und legte sich in eine Linkskurve. Daniel fuhr die Landeklappen voll aus, um uns abzubremsen. Wir sanken tiefer. Die Erde unter uns war absolut schwarz. Nun war außer der Warrior überhaupt nichts zu sehen. Hatte ich die Bodenhöhe richtig von der Karte abgelesen? Sollten wir abdrehen, bevor es zu spät war?

Wir durchflogen eine Nebelbank. Als wir wieder herauskamen, blitzte ein Licht auf. Vor uns lag ein weitläufiges, rechteckiges Gelände, das mit Scheinwerfern beleuchtet war. Zwei Lichterreihen tauchten direkt vor uns auf. „Da ist ihre Flugpiste, Jenny!", rief Daniel. „Trag die Position ein!"

Die Warrior wurde noch langsamer. Ihr Landescheinwerfer leuchtete auf und sie begann ihren Landeanflug. Daniel griff instinktiv nach dem Lichtschalter und schaltete auch unseren Landescheinwerfer an.

„Was machst du da?", rief ich. „Bist du total übergeschnappt?"

Daniel fluchte und schaltete den Scheinwerfer wieder aus. Aber es war zu spät. Die Warrior löschte auf einmal alle ihre Lichter und scherte nach rechts aus. Trotz des Brummens unseres eigenen Motors hörten Daniel und ich deutlich, wie der Motor der Warrior hochgejagt wurde.

„Toll hast du das gemacht!", sagte ich. „Jetzt haben sie uns gesehen!"

„Halt die Klappe! Nun ist es sowieso egal. Trag die Position ein." Daniel fuhr die Klappen ein, regelte das Gemisch und gab Vollgas.

„He, was machst du jetzt?" Ich kritzelte gerade die Koordinaten auf die Karte und warf den Bleistift hin. „Gib's auf! Jetzt haben wir, was wir brauchen. Flieg sofort zu Kilimanjaro International. Unser Sprit ist fast alle und Will muss ins Krankenhaus!"

„Wir dürfen sie nicht aus den Augen verlieren", sagte Daniel. „Nicht jetzt. Nicht, nachdem wir so weit gekommen sind."

„Aber Will –."

„Will würde es genauso machen."

Damit hatte er natürlich recht. „Wir können aber doch nicht ...!"

„Dieses Mal lasse ich es nicht wieder zu!"

Die Warrior verschwand im Nebel, aber Daniel flog auf demselben Kurs weiter. Wir flogen höher. Nach wenigen Minuten durchbrachen wir wieder die Wolkendecke. Die Tragflächen der Warrior funkelten im Mondlicht. Wir stiegen noch höher: Auf zweitausend, dreitausend, viertausend Meter, bevor wir wieder in den Horizontalflug übergingen. Minute für Minute holte unsere Cessna die Warrior ein. Der Drehzahlmesser lag schon tief im roten Bereich. Die Warrior scherte nach rechts aus, Richtung Kilimanjaro. Sie bewegte sich zackig, hektisch. *Sie hat Angst*, dachte ich. *Marie-Heloise hat Angst.*

„Pass auf, Daniel", sagte ich. „Es ist eine Falle. Sie führt dich an den Berghang ran. Sie will dich in den Mondschatten führen und dich wieder abhängen."

Die Warrior schwenkte nach rechts und links. Wind kam auf. Daniel beschattete die Warrior und machte jedes ihrer Manöver nach. Einen Augenblick schaute er zu Will zurück. Er hing weiterhin wie gefesselt in seinem Gurt und schwankte bei jeder Bewegung des Flugzeugs hin und her.

Wir näherten uns dem schwarzen Berghang. Plötzlich scherte die Warrior nach links aus und stieg scharf an. Daniel zog den Steuerknüppel und flog hinterher. Im Mondschein konnten wir jede Ritze und jeden Felsen am Berghang klar erkennen. Viertausendzweihundert Meter. Im Cockpit knisterte die Luft vor Kälte. Ich schnappte nach Luft. Mein Herz raste.

„Wir fliegen zu hoch!" Meine Stimme klang schrill und panisch. „Wir haben nicht genug Sauerstoff. Wenn wir noch höher fliegen, ersticken wir!"

„Genau das sollen wir auch denken", sagte Daniel. „Aber ich will sein Gesicht sehen." Daniel zog weiter am Steuerknüppel. „Ich will endlich sein Gesicht sehen."

Bald merke ich, wie sich Daniels Griff um den Steuerknüppel langsam lockert. Die Luft ist so dünn geworden, dass die winzigen Höhen- und Seitenruder der Cessna kaum noch Wirkung zeigen. *Wie hoch können wir noch fliegen, ohne das Bewusstsein zu verlieren? Fünftausend Meter? Sechstausend Meter? Noch höher? Egal. Einfach folgen, folgen.* „Ich will's sehen!" *Sie können auch nicht ewig nach oben fliegen,* denke ich, *es sei denn, sie haben eine Sauerstoffausrüstung an Bord. Aber wenn sie eine haben ... Nicht daran denken! Einfach folgen.*

„Ich will's sehen!"

Viertausendfünfhundert Meter. *Sie werden doch nicht bis zum Gipfel fliegen? 5.895 Meter! So hoch kommen wir gar nicht!*

Mein Kopf explodiert. Ich kann weder Arme noch Beine spüren. Fliegt Daniel noch das Flugzeug? Oder fliegt das Flugzeug ihn? Wo sind wir überhaupt? Was machen wir überhaupt? Wir sind doch keine Piloten!

Meine Augen tränen. Ich drücke sie fest zu. Als ich sie wieder öffne, sehe ich, dass der Berghang funkelt. Er ist weiß. Ist es nur der Mondschein, oder ist es – Schnee?

Schnee in Afrika ...?

Die Warrior ist nur noch zehn Meter vor uns. Die Cessna bockt und schaukelt im Wirbel ihres Propellerstrahls. „Ich habe euch! Ich habe euch!" Daniel keucht, er schnappt nach Luft. Sein Kopf dreht sich, sein Schädel platzt. Für einen Augenblick nimmt er seine Hände vom Steuerknüppel und fasst sich an die Ohren. Dann nimmt er den Steuerknüppel wieder in die Hände und hält ihn fest zwischen seinen Fingern.

Er kippt seinen Kopf nach hinten und kneift seine Augen zu. Er grinst. Er lacht.

Er träumt.

Fünftausendzweihundert Meter.

Daniel schnappt nach Luft und dreht sich nach hinten um. Da sitzt Max Sandau, gefesselt und geknebelt, Panik in den Augen. „Es dauert keinen Augenblick, Herr Sandau. Sie werden gar nichts spüren, Herr Sandau. Gute Landung, Herr Sandau!"

Seine rechte Hand streift blindlings über einen Schalter. Das Innenlicht springt an.

Vor ihm, auf der Scheibe, spiegelt sich sein eigenes Gesicht und grinst ihn schief an.

Eine verschneite Nacht.

Ein gefesselter Mann.

Ein Flugzeugabsturz in den Bergen.

Ein Windstoß erschüttert das Flugzeug. Daniel blinzelt ins Mondlicht. Er drückt die Augen zu.

„Nein!", ruft er. „Es ist nicht Max Sandau. Das ist Will auf dem Rücksitz. Es ist Will! Es ist Will!

Und das ist mein Gesicht! Meins!

Der verrückte Pilot ...

Ich bin's ....

Ich bin's!

Und ich entscheide, was jetzt passiert!!"

Ich reiße die Augen auf. Das Heck der Warrior fliegt direkt vor uns. Und davor liegt der verschneite Hang des Kilimanjaro.

„ICH ENTSCHEIDE!!!"

Es gibt einen lauten WUUUSCH! Schnee explodiert wie Silberstaub, als die Warrior in eine Schneewehe hineinpflügt und auf ihrem Bauch liegen bleibt. Daniel reißt den Steuerknüppel nach rechts und stellt sich voll auf das rechte Ruderpedal. Langsam, ganz langsam dreht sich die Cessna nach rechts in den Schatten des Berges hinein. Eine Windböe erfasst das Seitenleitwerk und reißt sie herum. Die Maschine stürzt sich in die Dunkelheit. Daniel lässt den Steuerknüppel los und fühlt, wie schwarze Wellen über seinem Kopf zusammenschlagen.

57

Als Daniel wieder zu sich kam, flog die Maschine wieder gera
de. Er öffnete die Augen und schaute instinktiv auf den Höhenmesser. 2.500 Meter. Er sah zu mir hinüber. Ich hielt den
Steuerknüppel in den Händen und lächelte ihm zu.

„Du hast uns gerettet", sagte Daniel.

„Das hast du gemacht", sagte ich.

Daniel drehte sich zu Will um. Er hing immer noch regungslos auf dem Rücksitz. Tari auf seinem Schoß. „Er lebt",
sagte ich. „Er atmet, sein Herz schlägt. Wir haben noch eine
Chance."

Daniel riss sein Fenster auf und sog die eisige, frische Luft,
die jetzt in das Cockpit strömte, tief in seine Lungen. Wir flogen schweigend weiter, knapp über den Wolken.

„Die Tanks sind gleich leer", sagte Daniel. „Wir müssen sofort landen." Er prüfte unsere Position auf dem GPS. „Da ist
es", meldete er. „Kilimanjaro International, fünfundzwanzig
Kilometer auf hundertsechzig Grad."

„Das schaffen wir locker."

Daniel schaltete das Funkgerät ein – zum ersten Mal, seit
wir unseren Flug begonnen hatten. „Kilimanjaro Traffic, Cessna November one-zero-four-seven Kilo. Bitte um Notlandung. Kommen."

„Cessna November one-zero-four-seven Kilo, hier ist Kilimanjaro Traffic. Wir haben Sie auf unserem Schirm. Landung genehmigt auf Landebahn L 09. Den Transponder bitte einschalten und auf 1400 stellen. Folgen Sie unserem Leuchtfeuer. Bitte warten, da will Sie jemand sprechen."

„Uns sprechen?", sagte ich. Wir glitten durch die letzten Wolken und sahen das Leuchtfeuer deutlich vor uns blinken.

„Cessna November one-zero-four-seven Kilo, willkommen am Kilimanjaro International! Wir warten schon die ganze Nacht auf euch. Wo habt ihr euch so lange herumgetrieben?"

„Ibrahim!", rief ich. „Was machst du denn da unten?"

„Wir warten auf euch und eure Informationen."

„Ibrahim, wir haben Will hier an Bord", sagte Daniel. „Er muss sofort ins Krankenhaus. Und wir haben die Position ihres Hauptlabors."

„Genau das haben wir gehofft", antwortete Ibrahim. „Die Sanitäter werden benachrichtigt. Und nun lies sie vor." Daniel gab ihm die Koordinaten durch. „Verstanden", sagte Ibrahim weiter. „Lobulus Männer stehen bereit. Und jetzt will noch jemand mit euch reden."

„Seid ihr's wirklich?" Eine wohlbekannte Stimme tönte durch die Kopfhörer.

„Mama!", riefen Daniel und ich.

„Seid ihr okay? Wie geht's Will?"

„Es ist alles okay, Mama." Ich lachte. „Ab jetzt wird alles okay sein. Wir kommen nach Hause."

Die Flughafenlichter funkelten vor uns wie ein riesiger Weihnachtsbaum. Die knapp vier Kilometer lange Landebahn, die sonst große Passagierjets aus aller Welt empfängt, stand nun für uns bereit. „Bring uns runter", sagte Daniel. „Bring uns einfach runter. Wir haben's geschafft."

Ich fuhr das Fahrwerk aus und landete die Cessna in drei wenig eleganten Sprüngen.

„Was sage ich die ganze Zeit?" Daniel schüttelte den Kopf. „Du wirst nie richtig landen können." Ich drehte mich um und boxte ihn an den Oberarm.

Während wir die Landebahn verließen und auf das Vorfeld abbogen, plätscherten die ersten Regentropfen auf die Windschutzscheibe.

58

Der Regen hatte aufgehört. Ich sah von meinem Tagebuch auf und schaute durchs Schlafzimmerfenster. Ein prächtiger Regenbogen strahlte über den Hügeln des Ruahaparks. Ein frischer Wind zerstreute die Wolken und die leuchtende Mittagssonne kehrte siegreich aus ihrer zeitweiligen Verbannung zurück und tauchte das blühende, tropfende Grün des Klinikgeländes in einen goldenen, versöhnlichen Glanz.

Joseph überquerte gerade die Flugpiste. Er hielt einen Fotoapparat lässig in der Hand, schlenderte auf den Akazienbaum zu und schien ganz seinen Gedanken nachzuhängen. Ich zog meinen weißen Angora-Pullover über meine rote Baumwollbluse und sauste die Treppe hinunter. Im Flur wich ich geübt einem Stapel zerbrochener Glasscheiben aus und zog mir die Gummistiefel über. Dann lief ich schnellen Schrittes über den matschigen Rasen. Tari flitzte hinter mir her.

„*Hujambo.*" Ich holte Joseph am Akazienbaum ein und ging neben ihm her. „Gehst du zum Bus?"

„*Sijambo*, Jenny. Nein, ich will ein paar Fotos machen. Meine Mutter sagt, sie hätte heute früh die ersten Störche am Fluss gesehen."

„Hast du etwas dagegen, wenn ich mitkomme?"

Joseph lächelte. „Wenn du nichts dagegen hast, nass zu werden ..."

Wir gingen schweigend an der Akazie vorbei und nahmen den Trampelpfad zum Flussbett hinunter. Tari platschte vergnügt im Schlamm. Frösche quakten. Der Fluss stand zwei Meter höher als vor zwei Wochen. Äste glitten flussabwärts, zusammen mit einem halben Dutzend Krokodile. Am gegenüberliegenden Ufer im Park rumpelte ein Geländewagen des WWF entlang.

Und tatsächlich: Etwa fünfzig Meter weiter flussaufwärts stand ein Storchenpaar. Gelegentlich tauchten sie ihre Schnäbel in den Schlamm und pickten zappelnde Frösche heraus, die sie gleich verschlangen. Joseph und ich schlichen uns an sie heran, bis wir nur noch wenige Meter von den Vögeln entfernt standen. Tari knurrte sie kurz an, aber dann entdeckte er selbst einen Frosch und sprang hinter ihm her. Joseph zog den Fotoapparat aus seiner Tasche und schoss ein Bild nach dem anderen.

„Es ist komisch, sie hier zu erleben", sagte ich. „Für mich waren Störche immer etwas Europäisches. Ein Teil unserer Kultur. Aber sie gehören ebenso zu euch."

„Richtig." Joseph machte sein letztes Bild. „Die Korongo gehören auf beide Kontinente. Sie sind das Bindeglied zwischen uns." Die Störche sahen uns skeptisch an, dann drehten sie sich um und stakten auf ihren Stelzbeinen weiter flussaufwärts.

„Joseph ..." Wir waren wieder auf dem Pfad zum Klinikgelände angelangt. „Wann fährst du wieder zu deiner Schule nach Dar zurück?"

„Am Sonnabend. Ich habe schon zwei Wochen versäumt."

„Es war wirklich toll von dir, dass du zu uns gekommen bist. Das war uns sehr wichtig. Wir stehen alle unter Schock. Vor allem unsere Mutter."

Wir gingen schweigend nebeneinander her, bis wir am Missionshaus standen. „Bleibt ihr jetzt in Afrika?", fragte Joseph.

„Ich weiß es nicht. Nach allem, was passiert ist ... Ich weiß es einfach nicht."

„Ich hoffe, ihr werdet bleiben."

Daniel stand mit einem Spaten in der Hand bis zu den Knöcheln im Schlamm des Hintergartens. Als ich hinzukam, sah ich, wie er Christine einen der neuen Rosenbüsche, die gerade aus Iringa eingetroffen waren, reichte und wie sie ihn jetzt vorsichtig einpflanzten. „Ich verstehe nicht, warum sie die Rosen zertrampeln mussten." Christine drückte den Busch fest in die Erde. „Die haben niemandem etwas zu Leide getan."

Ich hob einen neuen Busch aus der Holzkiste. „Anita sagte, dass Hobart sie alle einzeln mit dem Stiefel zerdrückt hat, als er das zweite Mal kam und uns nicht fand. Sie dachte, er würde auch noch das Haus in Brand stecken, aber dazu war er offenbar viel zu sehr in Eile."

„Na ja, jetzt wo wir die neuen Fenster drin haben, sieht alles nicht mehr so schlimm aus. Ich will nicht, dass Will in ein verwüstetes Haus zurückkehrt. Ich bin nur froh, dass sie die Klinik halbwegs in Ruhe gelassen haben. Sonst könnten wir hier gleich einpacken." Christine stand auf und wischte sich eine blonde Haarsträhne aus den Augen. „Schade, dass ich nicht hier war, als sie kamen. Ich hätte Hobart einiges zu sagen gehabt. Will hätte mich nicht einfach abreisen lassen dürfen."

„Er wollte dich schützen, Mama", sagte Daniel. „Und er hat richtig gehandelt. Sie hätten dir wehgetan. Und die Menschen hier brauchen dich."

„Ich weiß, dass sie mich brauchen. Aber ich brauche euch. Alle drei. Tut so was nie wieder, verstanden? Das halte ich kein zweites Mal aus."

Daniel lachte. Dann nahm er den Spaten und hob ein weiteres Loch aus. „Wir werden uns Mühe geben, Mama. Wir – wir alle – sind einfach in die Fieberträume anderer hineingezogen worden. Ich habe keinen Augenblick gedacht, dass uns etwas anderes übrig blieb. Und nach dem, was Papa damals passiert ist ...“

Christine nahm ihn in die Arme und drückte ihn. „Nein, euch blieb nichts anderes übrig. Ihr habt das Richtige getan und ich bin stolz auf euch.“

Ich reichte Christine einen weiteren Rosenbusch. „Ich werde nie verstehen, wie du alles andere von Korea aus organisiert hast.“

„Ach, das“, sagte Christine. Sie steckte den Busch in das Loch und drückte die weiche Erde fest. „Ich habe euch schon erzählt, wie absurd die ganze Konferenz war. Sie war nur eine Gelegenheit für die Pharmakonzerne, einem Saal voller Ärzte ihre Waren vorzuführen. Na ja, als ich meine Dias zeigte, war auch eins von den Fotos von Marie-Heloise, ich meine Josephine Charpentier, dabei, die du damals ohne ihr Wissen geschossen hast, Daniel. Ihr hättet dabei sein sollen! Die Hälfte der Menschen dort kannten sie und ihren Mann, den Geschäftsmann und Waffenhändler – sie wussten, wie sie mit ihm verschwunden ist, nachdem ihre Laborassistentin und deren Ehemann in einem mysteriösen Flugzeugabsturz umgekommen waren. Sie wurde doch von Interpol wegen Mordes gesucht, und man munkelte, dass Max' Unfall auch etwas damit zu tun haben könnte. Plötzlich war alles klar. Der belgische Kulturattaché war auch da, und er hat sofort das Heft in die Hand genommen. Gleich darauf bekam ich einen dringenden Anruf von Richard Bergmann vom MONITOR. Ich nahm den ersten Flug zurück. Ich erreichte Ibrahim per Handy, als ich in Dar eintraf. Bis dahin hatte die belgische Regierung ihre Information an Lobulu weitergeleitet. Als Präsident

Dambala begriff, dass das Spiel aus war, hat er kapituliert und Lobulu zum Innenminister ernannt."

„Da hat unser Umschlag doch nicht viel bewirkt", sagte Daniel.

„Oh doch, der war für die Untersuchungskommission sehr wichtig, als sie endlich trotz des Einreiseverbots am nächsten Tag in Dar eintraf, und seine bloße Existenz hat Lobulus Position gestärkt. Aber der Umschlag war nur ein Stein im Mosaik. Wir dürfen auch euren Freund Winston nicht vergessen. Als ihr mit dem Flugzeug geflohen seid, hat er es selbst mit der Angst zu tun bekommen. Er flog sofort nach Sansibar und hat Ibrahim alles gebeichtet. Er hat ihm auch die ungefähre Position des geheimen Hauptlabors verraten. Ibrahim flog mit mir zum Kilimanjaro International, wo Lobulus Spezialeinheiten schon auf ihren Einsatz warteten, und den Rest wisst ihr schon."

„Aber ihr konntet nicht wissen, dass wir ausgerechnet dorthin kommen würden", sagte Daniel.

„Nein, das konnten wir nicht wissen. Es war eher ein Gefühl, das Ibrahim und ich hatten. Wer so weit reist, wie ihr schon gereist seid, gibt nicht kurz vorm Ziel auf." Christine stand wieder auf. „Das war der letzte. Reichst du mir das Handtuch?"

Daniel wischte sich selbst die Hände ab und reichte das blaukarierte Handtuch an Christine weiter. „Wie lange wird es dauern, bis Will wieder auf den Beinen ist?"

„Als sich der Chefarzt heute früh per Funk bei mir meldete, sagte er mir, dass Will das Krankenhaus zu Fuß verlassen hat. Wie lange es wirklich dauern wird, wissen sie dort nicht, denn es kommt nicht jeden Tag vor, dass ein Patient von Malaria tropica geheilt wird. Aber wenn er sich zwei Wochen richtig ausruht, wird er ganz der alte sein. Vorausgesetzt, er benimmt sich!"

Eine neue Wolkenbank bedeckte die Sonne. Der Wind wehte stärker und brachte den Geruch frischen Regens mit sich.

Ein Flugzeugmotor brummte von Osten her. „Hoffentlich ist das Will und nicht schon wieder Journalisten!", sagte Christine. „Ich habe nichts mehr, was ich ihnen vorsetzen könnte!"

Die Cessna landete und hielt nah am Missionshaus an. Auf der Motorhaube, wo ich einst „Korongo" mehr schlecht als recht hingepinselt hatte, prangte der Name jetzt in schönster Kursivschrift. Die Pilotentür ging auf. Ibrahim stieg aus und winkte. Dann ging er zur rechten Tür und öffnete sie. Langsam und vorsichtig stieg auch Will aus. Er war abgemagert und musste sich auf einem Stock abstützen, aber als Christine auf ihn zugelaufen kam, nahm er sie in seine Arme und drückte sie fest an sich.

Eine Stunde später trafen wir uns alle zum Nachmittagstee auf der Veranda. Mitten auf dem Tisch hatte Anita die kleine Lebensbaumskulptur aus dem Klinikbüro platziert. Will hatte seine Khakis gegen einen Pyjama und einen Bademantel getauscht. Er freute sich wie ein Kind, seine Familie zusammen mit Ibrahim, Anita und Joseph am Tisch zu sehen. Bibi Sabulana saß an einem Ende und strahlte vor sich hin. Tari lag zu Wills Füßen und ließ sich genüsslich hinter den Ohren kraulen.

In wenigen Worten erzählte Ibrahim uns das Neueste über den Fall Montoussaint. Noch in derselben Nacht, in der wir von Matema zum Kilimanjaro geflogen waren, hatten tansanische Polizeikräfte das Hauptlabor gestürmt. Jacques Lautray konnte wenige Stunden später an der Grenze zu Kenia festgenommen werden. Kurz darauf wurden Montoussaint-Büros in Brüssel, London und anderen Städten durchsucht. Nur Carlos Figueira und einigen seiner Mitarbeitern gelang die Flucht. Am darauffolgenden Morgen wurde das Wrack der Warrior am Osthang des Kilimanjaro entdeckt. Josephine Charpentier und Nelson Hobart hatten die Bauchlandung unverletzt, wenn auch stark unterkühlt, überlebt und wurden von einer Bergsteigereinheit verhaftet und ins Krankenhaus gebracht. Die unzähligen Prellungen, die Hobarts Körper aufwies, rührten offenbar nicht vom Absturz selbst, sondern von Josephine Charpentiers Stiefelabsatz her.

Inzwischen wurden die Ebola-Impfstoffe, die am Kilimanjaro und in Brüssel gelagert wurden, an das Rote Kreuz verteilt und eingesetzt. Die Epidemie wurde im Keim erstickt und es war bisher kein einziger Todesfall gemeldet worden.

Inzwischen hatte die tansanische Regierung eine umfassende Untersuchung aller ungewöhnlichen Vorkommnisse angeordnet. Die Rede war von mehreren Prozessen, bei denen wir bestimmt alle mehrmals als Zeugen aufgerufen werden würden.

„Eigentlich ist es ganz schön komisch, gell?", sagte Christine, als Ibrahim seine Erzählung beendet hatte. „Hobart und Charpentier haben ständig von den globalen Netzwerken geredet, die sie schaffen wollten. Aber letztendlich war es doch unser eigenes kleines Netzwerk, das die beiden zu Fall brachte."

„Es war der Lebensbaum", sagte Will. „Ich denke, er ist die einzige Form der Globalisierung, die wirklich eine Zukunft hat. Und das haben Charpentier und Hobart einfach nicht begriffen."

„Ich werde aber nie verstehen, was Charpentier eigentlich getrieben hat", sagte Christine. „Ein wahres Genie, mit allen Privilegien und Auszeichnungen ausgestattet, die diese Welt zu bieten hat, und die die einmalige Möglichkeit erhielt, die schlimmsten Geißeln der Menschheit endgültig auszurotten – und sie wählt Massenmord und das Streben nach Macht. So eine Verschwendung ... Es geht mir einfach nicht in den Kopf."

„Das kann keiner so richtig nachvollziehen", sagte Will. „Ich wette, nicht einmal sie selbst könnte es erklären. Aber Frau Charpentier hatte ein echtes Problem. Was bleibt noch, wenn man schon so früh den Nobelpreis bekommen hat? Die üblichen Ehren und Medaillen reichten ihr nicht aus. Dabei waren immer mehr Wissenschaftler zu dem Schluss gekommen, dass ihre Forschung, die nur bei der Entwicklung von Terrorwaffen Verwendung finden konnte, medizinisch wertlos war. Sie selbst war aber nach wie vor der Überzeugung, dass ihre Projekte wichtiger waren als das menschliche Leben. Sie glaubte offenbar allen Ernstes, dass sie durch die Zerschlagung Afrikas die Menschheit beglücken und sich ihren Platz in der Geschichte sichern würde. Und als sie Jacques Lautray begegnete, der selbst politische Pläne hegte und dessen Verbrechen die Polizei bisher nur erahnen kann, und ihn sogar heiratete, sah sie sich kurz vor der Erfüllung ihrer Träume. Und sie war bereit, einiges in Kauf zu nehmen, darunter die Anschläge auf euren Vater, der vor zwei Jahren von dieser Geschichte Wind bekommen hatte, auf Luc Dumont und Marie-Heloise Benoit sowie auf Kowalski. Zusammen mit Hobart, der viele Jahre für Lautray gearbeitet hatte und schon immer ein Mann fürs Grobe war, sowie Figueira, einem Söldner und Experten für Sabotage, der auf drei Kontinenten wegen Kriegsverbrechen gesucht wird, bildeten sie das perfekte Team. Sobald Charpentier sich für diesen Weg entschieden hatte, gab es keine irdische Kraft mehr, die sie hätte zurückhalten können."

„Es wäre der perfekte Plan gewesen", meinte Ibrahim. „Wenn nicht ..."

„... Wenn nicht ihr drei auf den Plan getreten wäret." Will blickte auf Christine, Daniel und mich. „So clever Charpentier auch war, hat sie sich doch einige tödliche Fehler geleistet. Sie konnte nicht ahnen, dass eine von Christines besten Freundinnen für Kowalskis Organisation arbeitete, und dass sie Christine aus purer Empathie an Dr. Kaiserwetter vermitteln würde. Sie konnte außerdem nicht wissen, dass Kaiserwetter Christine als Aushängeschild für ‚Doctors Without Limits‘ missbrauchen würde. Dass sie, mit ihrer fabelhaften Karriere, sich einer solchen Herausforderung stellen würde. Geschweige denn, dass jemand wie Christine sich jemals für jemanden wie mich erwärmen könnte.“ Er lächelte Daniel und mich an. „Und sie hat vor allem eure Standhaftigkeit krass unterschätzt. Oder war es eure Starrköpfigkeit? Jedenfalls passte euer Verhalten in den letzten Monaten keineswegs zu den paar Informationen, die sie über euer altes Leben in München eingeholt hatte.“

„Wir wollten einfach fliegen lernen“, erwiderte ich. Meine Finger glitten über den aufgeschlagenen Bericht über unsere Erlebnisse, der, mit einer Einführung von Richard Bergmann versehen, unter meinem eigenen Namen auf Seite 9 der aktuellen Ausgabe des MONITOR prangte. Ich war Journalistin geworden – genau wie mein Papa!

„Was auch immer es war, es passte ganz und gar nicht in ihr Weltbild. Sie hatte trotz ihres enormen Wissens über die Welt der Mikroorganismen keinerlei Verständnis für die menschliche Komponente – dass Individuen wachsen können, sich verändern können, dass man nicht nur auf seinen eigenen Vorteil bedacht sein kann.“

„Hauptsache, es ist alles vorbei“, sagte Christine.

„Vorbei?“ Will nahm einen Schluck Tee. „Für den Augenblick, ja. Aber ist so etwas jemals wirklich vorbei? Ich wünschte mir, der arme Kowalski und ich könnten die Ehre entgegennehmen, aber ohne euch – Daniel und Jenny, aber auch dich, Christine, und Joseph und Ibrahim, und natürlich auch Sie, Anita, und sogar diese beiden holländischen Touristen –

wäre die Geschichte ganz anders ausgegangen. Ich glaube, die MONITOR-Titelseite hat recht: Wir sind alle Helden."

Plötzlich fing Bibi Sabulana, die seit einer Viertelstunde absolut seelenruhig und stumm in ihrem großen Rattansessel gesessen hatte, an auf Kihehe zu reden. Joseph zeigte mit dem Finger auf die Tischgesellschaft und tuschelte mit ihr.

„Was sagt sie denn?", fragte ich.

„Sie will wissen, wovon wir reden. Ich habe ihr geantwortet, dass wir alle Helden sind." Bibi Sabulana sagte noch etwas. „Jetzt will sie wissen, was der Topelkele-Junge und das Topelkele-Mädchen gemacht haben."

„Erzähl's ihr, Joseph", sagte Daniel.

Und Joseph erzählte Bibi Sabulana in wenigen Worten auf Kihehe den Lauf der Ereignisse. Als er fertig war, lachte sie laut auf und schlug sich auf die Knie.

„Was gibt's da zu lachen?", fragte ich. „Es ist überhaupt nichts Lustiges daran. Wir hätten alle sterben können!"

Bibi Sabulana ratterte ein paar unverständliche Sätze herunter und kicherte weiter. „Sie sagt, die Topelkele waren schon immer verrückt", dolmetschte Joseph. „Das sei vor hundert Jahren so gewesen und es sei heute genauso."

„Nett!", sagte ich und verschränkte die Arme.

Bibi Sabulana hörte auf zu lachen und lehnte sich nach vorn. Sie legte je eine Hand auf Daniel und mich und sagte auf Kiswahili: „Aber mutig seid ihr! Ihr seid eurem eigenen Stern gefolgt, und das tat mein Mann damals auch! Macht immer so weiter, kleine Topelkele, und aus euch kann noch etwas werden."

„Sollen wir das als Lob auffassen?", fragte Daniel.

„Ein größeres gibt's nicht", sagte Joseph. „Ich denke, ihr könnt damit zufrieden sein."

„Na gut, ihr Helden", sagte Christine. „Ich denke, ihr seid jetzt genug gelobt worden. Wir müssen über unsere Zukunft reden."

„Du hast doch keine weiteren Abenteuer für uns geplant, oder?", fragte Will.

„Ich meine es ernst, Will! Hört mal, Daniel und Jenny. Ich habe schon seit langem Zweifel, ob es richtig war, euch hierher zu bringen. Ich wusste, dass es Probleme geben würde, aber ich hätte nie im Leben geahnt, dass es so weit kommt. Jetzt weiß ich aber, dass es der größte Fehler meines Lebens war, euch ohne eure Zustimmung nach Afrika zu schleppen, und ich bitte euch um Verzeihung. Ich sehe nur noch zwei Möglichkeiten für euch: Dass wir euch zu euren Großeltern nach Deutschland schicken ..."

„Mama, soll das ein Witz sein?" Ich stand auf.

„... Was keiner wirklich will. Die andere Option ... Wisst ihr, ich habe mich nie für unersetzlich gehalten. Die andere Option ist nämlich, dass wir als Familie Zimmermann's Bend und Afrika verlassen und gemeinsam nach München zurückgehen. Will, ich weiß, dass dieser Schritt das Ende von Simba Airways bedeuten würde, aber alles in allem ist es wohl das Beste." Keiner sprach ein Wort. Ich schaute zu Joseph. Daniel sah zu Boden. „Wir müssen entscheiden, wo unser Zuhause liegt", fuhr Christine fort. Wieder Schweigen. Christine sah zu Daniel, dann zu mir und schließlich zu Will.

„Ich bin mobil", sagte Will. „Ich kann überall auf der Welt fliegen, solange ich einen Himmel über mir habe. Ob zum Kilimanjaro, zur Zugspitze oder zum Everest, das ist mir einerlei. Aber ich glaube nicht, dass die Frage an mich gerichtet ist. Jenny, Daniel – ihr müsst selbst entscheiden, wo ihr hingehört."

Schon wieder Schweigen. Da berührte mich Joseph am Arm. Er zeigte auf die Flugpiste, wo gerade zwei Störche angeflogen kamen und direkt vor der Cessna landeten. Sie musterten den riesigen metallenen Vogel neugierig, bevor sie dann mit ihren beringten Storchenbeinen zwischen den Reifen hindurchschritten und nach Nahrung suchten.

Ich drehte mich wieder um. „Ich bin gar nicht mehr so sicher, was ‚zu Hause‘ wirklich bedeutet", sagte ich. „Ich kann mir zwar nicht vorstellen, dass wir den Rest unseres Lebens in Afrika verbringen werden. Aber ich will auch nicht von hier weggehen. Noch nicht. Es kommt mir so vor, als hätten wir je ein Bein auf beiden Kontinenten."

„Was willst du damit sagen?", fragte Christine.

Daniel hob Tari vom Boden der Veranda und setzte ihn auf seinen Schoß. „Ich denke, sie will damit sagen, dass unser Zuhause dort ist, wo wir alle zusammen sein können."

Anita zwinkerte Joseph zu. Will drehte sich fragend zu Christine. Bibi Sabulana lächelte und schaute in die Ferne.

Ibrahim zuckte mit den Schultern. „Ich denke, die Frage ist geklärt."

„Das denke ich auch", sagte ich. „Wir bleiben hier."

Tanja Bädecker
Fünf Faden tief
Die Afrika-Chronik, Band 2
Ca. 450 Seiten
ISBN 978-3-944704-33-3

Hallo! Ich bin's, Jenny. Wenn euch „Afrikaflug" gefallen hat, dann solltet ihr unbedingt meine neue Geschichte „Fünf Faden tief" lesen. Hier geht es um Liebe, Verlust, Abenteuer und Vertrauen. Was liegt wirklich auf dem Grund des Victoriasees verborgen, und warum will der junge, geheimnisvolle Engländer Paul Reynolds es auf Teufel komm raus finden? Ist die Vergangenheit wirklich tot, und ist sie überhaupt vergangen? Was wird aus Daniel und Joseph? Meine neue Geschichte führt uns alle nicht nur in den Himmel über Afrika, sondern auch tief unter die Oberfläche, wo die Wahrheit liegt: Fünf Faden tief, um genau zu sein …

Tanja Bädecker

Fünf Faden tief

Roman

1

„Du hast es schließlich so gewollt."

Worte wie Fleischhaken. Meine Augen wandern dorthin, wo ich die Stimme vermute. Ich sehe aber niemanden – nur einen schwarzen Fleck, wo Sterne leuchten sollten.

„Ich soll das gewollt haben?", sage ich. „Du spinnst."

Ich bekomme keine Antwort.

Das Holzboot ächzt unter mir. Der See hebt und senkt sich, unsichtbar, als würde sich ein Ungeheuer auf seinem Grund ringeln. *Ngassa windet sich im Schlaf*, denke ich. Ngassa, der gleich unser Schicksal besiegeln wird, aber vorher noch seinen Spaß mit uns treiben will.

Ja, er ist da. Das brauche ich nicht zu wissen. Ich spüre es.

Da draußen, wo ich den Horizont vermute, schimmern noch die Laternen der afrikanischen Nachtfischer auf ihren Einbäumen und Daus. Der Verwesungshauch des Sees steigt in meine Nase, dazu der beißende Neoprengeruch meines klammen Tauchanzugs. Der Anzug kneift um die Brüste, um

Hüfte und Schenkel, als wäre er für ein kleines Mädchen gemacht. Das bin ich aber nicht mehr. Jedenfalls nicht, seitdem ich ihn kenne. Einen Augenblick lang habe ich Lust, zurückzufahren und Matthew um einen größeren zu bitten – aber Matthew wird nie wieder Tauchanzüge aushändigen. Matthew wird nie wieder etwas tun.

Ich soll das also gewollt haben? Ich hasse das Wasser. Nicht, dass ich Angst davor hätte. Ich gehe gern an den Strand und ich schwimme ziemlich gut. Wasser ist einfach nicht mein Element. Es ist dieses Gefühl, *nicht zu wissen, was unter mir ist*. So wie jetzt. Und es soll mein Wunsch sein, mit diesem Spinner in Victoria Nyanza tauchen zu gehen?

Ich hasse den See. Ich hasse diese Nacht. Und ich hasse ihn.

Tue ich's wirklich? Kann ich meinen Reisekameraden tatsächlich hassen, nach allem, was uns schon verbindet? Ich suche ihn wieder, taste die Dunkelheit mit meinen Augen ab, finde aber nur seinen Schatten. Für einen Moment vergesse ich sogar, wie er aussieht. Ist er weiß oder schwarz? Ein Mensch oder ein Geist? Spielt das alles jetzt, wo wir beide gleich unter die Wellen verschwinden, zu Ngassa hinabsinken werden, überhaupt eine Rolle?

Ich weiß aber, wie er aussieht. Ich weiß inzwischen auch, wie er wirklich heißt, wo er herkommt und was er sucht. Was er tun wird, wenn er es findet, kann ich mir aber nicht vorstellen.

Nein, ich habe diese Nacht nicht gewollt. Dennoch fällt mir ein, dass ich mich tatsächlich eines Tages vor nicht sehr langer Zeit *für ihn* entschieden habe. Denn eigentlich treffen wir ständig Entscheidungen, oder? Wir treffen sie jede Minute des Tages, ohne zu ahnen, dass es überhaupt Entscheidungen sind. Der einfachste Gang zum Eckladen besteht aus hunderten, tausenden von Entscheidungen, und jede einzelne von ihnen kann unvorstellbare Konsequenzen nach sich ziehen.

Ich habe in letzter Zeit eine ganze Reihe von Entscheidungen getroffen, und nun bin ich hier. Dabei wollte ich die ganze Zeit nur behilflich sein. Aber wenn wir uns einmal für einen Menschen, für einen Reisekameraden entscheiden, wissen wir nie, wo die Reise enden wird.

Das alles haben mir meine „wunderbaren Ideen" eingebrockt. Nein, ich will nie wieder eine wunderbare Idee haben. Eine Prise gesunden Menschenverstands würde mir völlig ausreichen.

Ein Streichholz zischt und blitzt auf. Mein Reisekamerad zündet eine Kerosinlampe auf dem Boden des Bootes an. Seine dunklen Augen, die helle Stirn leuchten kurz auf. Wir machen uns fertig. Schultern unsere Sauerstoffflaschen, checken unsere Ausrüstung. Ich stecke meine blonden Haare so gut es geht unter die Kopfhaube und verschlucke meine Angst, während sich meine Därme zu Knoten schnüren.

Ich schaue aufs Wasser. Meine Mutter hatte mich doch eindringlich vor tropischen Gewässern gewarnt. Vor der Blutwurmkrankheit, vor diesen Parasiten, die buchstäblich in deinen Blutkreislauf eindringen, so dass der See ein Teil von dir wird und für immer in dir weiterlebt.

Das Wasser ist schwarz und ölig wie Tinte. Tue ich, was er von mir verlangt, wird es sein, wie in einen See aus Tinte einzutauchen und vielleicht nie wieder zurückzukehren. Wie entsetzlich. Und ich weiß jetzt schon, dass wenn ich versuche, das alles einmal aufzuschreiben, es so sein wird, wie in einen See aus Tinte einzutauchen und erst wieder das Licht der Welt zu erblicken, wenn alles endlich auf Papier gebannt ist. Aber ... wer weiß? Vielleicht kann ich den See, den Geist Ngassas tatsächlich von meinem Körper abstreifen, aus meinem Blut spülen, und endlich zum Reich der Lebenden zurückkehren. Einfacher geht's nicht: Mein Heft aufschlagen, einen Füller zwischen die Finger nehmen und losschreiben. Tinte wie

Herzblut verschütten, bis alles gesagt ist. Erst dann werde ich meinen Frieden finden.

Aber zunächst gilt es, mich um *seinen* Frieden zu kümmern. Ich hab's doch gewollt, behauptet er. Wer weiß? Vielleicht hat er doch recht.

Er setzt sich die Maske auf, nimmt das Mundstück zwischen die Zähne, das schwarze Wasser schlägt über seinem Kopf zusammen und weg ist er. Ohne ein Wort zu sagen, denn es ist schon alles gesagt.

Kann ich ihm einfach so folgen? Auf den Bodenbrettern liegt eine Traube Fingerbananen. Ich denke nicht nach, sondern packe sie, reiße die Bananen einzeln ab und schmeiße sie ins Wasser, während ich laut vor mich hin sage: „*Ntale Ngassa nakulomba*!" Ich weiß, das ist der blanke Aberglaube. Aber was kann es mir jetzt noch schaden?

Ich werde nie bereiter sein als in diesem Augenblick. Die Gesichtsmaske beschlägt, das Mundstück schmeckt bitter. Ich setze mich auf den Rand des Bootes, kippe mich nach hinten ...

... und übergebe mich dem Geist des Sees.

Die Autorin

Die gebürtige Münchnerin Tanja Bädecker hat viele Jahre als Entwicklungshelferin und Journalistin in mehreren Ländern Afrikas gelebt. Die begeisterte Weltenbummlerin und Privatpilotin ist die Autorin zahlreicher Kinder-, Jugend-, Sach- und Reisebücher. Heute lebt sie mit ihrem Mann und ihren zwei Kindern in Kapstadt.